21世纪年度报告文学选

2014报告文学

人民文学出版社编辑部　编选

人民文学出版社

图书在版编目(CIP)数据
2014 报告文学/李炳银编. —北京:人民文学出版社,2015
(21 世纪年度报告文学选)
ISBN 978-7-02-010871-8

Ⅰ. ①2… Ⅱ. ①李… Ⅲ. ①报告文学—作品集—中国—当代
Ⅳ. ①I25

中国版本图书馆 CIP 数据核字(2015)第 071067 号

责任编辑 王永洪
责任印制 王景林

出版发行 人民文学出版社
社　　址 北京市朝内大街 166 号
邮政编码 100705
网　　址 http://www.rw-cn.com

印　　刷 三河市宏盛印务有限公司
经　　销 全国新华书店等

字　　数 388 千字
开　　本 880 毫米×1168 毫米 1/32
印　　张 14.625 插页 2
印　　数 1—3000
版　　次 2015 年 6 月北京第 1 版
印　　次 2015 年 6 月第 1 次印刷

书　　号 978-7-02-010871-8
定　　价 36.00 元

出 版 说 明

上个世纪八九十年代，我社曾编辑出版过小说、散文、诗歌、报告文学等各种文学体裁的年选本，其后，这项工作一度中断。进入新的世纪，我社陆续恢复编辑出版短篇小说年选、中篇小说年选、散文年选，对当年我国中短篇小说及散文创作实绩进行梳理、总结，向读者集中推荐，取得了良好效果，也为新世纪的文学积累做出了贡献。

报告文学敏锐及时地把握时代脉搏，反映社会生活。根据文学界人士和读者的建议，同时与小说年选、散文年选形成系列，我社又恢复编辑出版报告文学年选；编选范围原则上为当年全国各报刊上发表的报告文学作品，入选篇目的排列以作品发表时间先后为序。

我们希望年度报告文学选能够反映当年报告文学的创作概况，使读者集中阅读欣赏当年最优秀的报告文学作品。我们的努力是否达到了这样的效果，期望得到文学界和读者的批评和建议。

人民文学出版社编辑部

目录

朋　友

——习近平与贾大山交往纪事

李　春　雷

农历癸巳年末，河北作家康志刚在其博客上贴发了中共中央总书记习近平于 1998 年发表的一篇悼念文章《忆大山》，记述了一段尘封的往事，情真意切，感人肺腑。文章经《光明日报》等多家报刊转载后，引起国人强烈关注。腊月二十三，我赶到正定，拜访了几位当事人。旧事重温，感慨良多……

1982 年 3 月，习近平到正定县任职后，登门拜访的第一个人就是贾大山。

但是，两人的初次见面并不顺利。

关于这次见面的地点和人员，坊间流传多种说法：有说是在大山家里，有说是在其办公室，有说他正在与众文友聊天，还有文章明言在座者只是李满天。

采访中，笔者曾多方考证，得到的事实是：当天晚饭后，习近平请李满天陪同，一起去寻访大山。先是去家里，不遇，后又赶往其供职的县文化馆。

李满天不是他人，正是经典歌剧《白毛女》故事的第一位记录整理者，时任中国作协河北分会主席，在正定县体验生活，是大山无话不谈的好朋友。

彼时，大山正在办公室里与几个文友讨论作品。他当过老师、编剧、导演和演员，博闻强记，口才极佳。那是一个文学的年代，到处是文学青年，到处是文学论坛。他的屋内，更是常常访客盈门。

李满天是常客了，不必客套，而习近平穿着一件褪色的绿军装，虽然态度谦恭，满脸微笑，但毕竟年轻啊，像一名普通的退伍兵，又像一个青涩的文学青年。或许正是因此，当两人进来的时候，谈兴正浓的大山就没有停止他的演说。

习近平悄悄地坐下来，静心地听，耐心地等。

等了一会儿，趁大山喝水的间歇，李满天上前介绍。大山这才明白，面前这位高高大大、清清瘦瘦的青年，就是新来的县委副书记。

接下来，贾大山的反应让习近平印象深刻。2009 年 7 月号出版的期刊《散文百家》，整理发表了习近平 2005 年回正定考察时的录音："我记得刚见到贾大山同志，大山同志扭头就说：'来了个嘴上没毛的管我们！'"尽管这话是大山对着满天压低声音说的。

我们实在无法臆想当时的场景，抑或大山的语气和表情。但可以肯定的是，此时的贾大山还不到 40 岁，已获得全国大奖，作品收入中学课本，声名正隆，风头日盛，加之天生淡泊清高的性格，面对这个比自己年轻十多岁的陌生的县领导，有一些自负是可以想象的，也是可以理解的。

但是，习近平并没有介意，依然笑容满面。

现场的空气似乎停滞了一下。但不一会儿，气氛就重新活跃起来。主人和客人，已经握手言欢了。

习近平在《忆大山》一文中记录了当时的情景："虽然第一次见面，但我们却像多年不见的朋友，有说不完的话题，表不尽的情谊。临别时……我劝他留步，他像没听见似的。就这样边走边说，竟一直把我送到机关门口。"

那是一个早春的晚上，空气中飘浮着寒意，也一定弥漫着芳香。因为，所有的花蕾，已经含苞待放了……

正定古称常山、真定，春秋时期为鲜虞国。秦立三十六郡，常山有其一。自汉至宋元，真定始终居于冀中南龙首之位，与北京、保定并称"北方三雄镇"。明清至民初，包括石家庄在内的周围 14 个州县，皆属正定府辖区。

正定城墙周长 24 华里，设四座城门。每座城门均用青条石铺基、大城砖拱券,并设里城、瓮城和月城三道城垣。这种格局十分鲜见,足以说明正定作为京南屏障的特殊地位。高大的城圈内,有九楼四塔八大寺,更有着众多的商铺、戏院、酒肆和茶楼。“花花正定府,锦绣洛阳城”,此之谓也。

古城正定,敦厚、传统且深邃,像一株繁茂的大槐树,绽放着细密的叶芽和花穗,散发着浓郁的清香和氧气。

贾大山 1942 年 7 月生于古城西南街,祖上经营一家食品杂货店铺,家境小富。说起来,他的出世颇具传奇。父母连着生产八个姑娘,直到第九胎,才诞下这个男丁。他从小备受宠爱,吃、穿、玩、乐悉听尊便。他喜欢京剧,爱唱老生,还能翻跟头,拿大顶。他更爱好文学,中学期间便开始发表作品。

高中毕业后,因为出身历史等原因,大山未能走进大学。他先是去石灰窑充当壮工,后又被下放农村。

正是这种特殊的人生际遇,他熟悉了市井文化和农村文化。这两种文化交融发酵,蒸腾升华,促使他成为一名作家。1977 年,他发表短篇小说《取经》,震动文坛,并在首届全国优秀短篇小说评奖中折桂,成为河北省在“文革”之后摘取中国文学最高奖的第一人。无限风光,一时无两。

大山身材中等,体魄壮实。关于他的面貌,他的朋友铁凝曾经有过一段精准的描述:“面若重枣,嘴阔眉黑,留着整齐的寸头。一双洞察世事的眼:狭长的,明亮的,似是一种有重量的光在里面流动,这便是人们经常形容的那种‘犀利’吧。”

贾大山,的确是一位奇才。

他的创作习惯也迥异常人:打腹稿。构思受孕后,便开始苦思冥想,一枝一叶,一蘖一苞,苞满生萼,萼中有蕊,日益丰盈。初步成熟后,他便邀集知己好友,集思广益。众人坐定,只见他微闭双目,启动双唇,从开篇第一句话,到末尾最后一字,包括标点符号,全部背诵出来,恰似京剧的念白。他的记忆,犹如一个清晰的电脑屏幕。朋友提出意见后,他仍在腹内修改。几天后,再次咏诵。

三番五次之后,落笔上纸,字字珠玑,一词不易,即可面世。

几天后的一个晚上，贾大山走进了习近平办公室。

关于他们相约的方式和过程，我专门采访当年的县委办公室副主任朱博华和王志敏。他们告诉我，那时没有别的通讯手段，是近平打电话到文化馆，与大山约定的。

县委大院在古城中心，坐北朝南，历史上即是正定府衙所在。走过门口的两棵老槐树，在过去正堂的位置，是一座主体建筑——穿堂式组合瓦房。瓦房的北面，是两条甬道，甬道中间和两侧，共有三路五排平房，灰砖青瓦，南北开窗。近平的办公室兼宿舍，就在西路最前排的东段。

只有一间屋子，两条板凳支起一个床铺，一张三屉桌，两把砖红色椅子，一个暖瓶，一盏灯泡。没有书架，成群的书们，或躺在桌面上，或站在窗台上。屋内最醒目的物品，是窗台上的两尊仿制唐三彩：一峰骆驼和一匹骏马，那是北京朋友赠送的纪念品。

坐下之后，他们认真地互通了年庚。大山属马，近平属蛇。大山年长 11 岁，自是兄长了。

然后，开始一边喝茶抽烟，一边聊天。茶是那种最普通的花茶，烟呢？名曰“荷花”，每包 1 角 5 分钱。聊天的内容由远及近，先是古往今来，国外国内，后来便集中于正定的历史和现实。

他们的确有着那么多的相似啊。都曾因家庭问题而下乡：“文革”开始后，年少的近平受父亲冤案的牵连，挨过批斗，受过关押！到陕北农村插队时，他还不满 16 岁；大山也是因为出身商人之家，被打入另册，1964 年即被迁出县城。都在农村里风雨磨砺：那些年，近平种地、拉煤、打坝、挑粪，什么累活脏活都干过，窑洞里跳蚤多多，他被咬得浑身水泡；大山一年四季干粗活，秋后种麦拉石砘，两个肩膀红肿如绛。他们又都在磨砺中收获成果：为了拓广农田面积，寒冬农闲时节，近平带领乡亲们修筑淤地坝。他还组织村里铁匠成立铁业社，增加集体收入，后来，他被群众推举为大队党支部书记；大山在村里担任宣传员，自编自演了多部小戏，不仅搞活了小村的文化生活，还多次获得河北省和华北地区文艺汇演一等奖。

最让人称奇的是,他们的知青岁月,竟然都是七年。

对现实问题,他们也有着惊人的相同看法。比如对正定“高产穷县”的剖析,对如何修复和整理正定文物,对社会上某些不正之风……

两人分手时,已经凌晨三点了。

县委大院已经关闭,门卫的窗户漆黑漆黑。大门两侧是两个高大威武的砖垛,中间是两扇铁门。铁门下部是硬硬的厚板,上部是空格的栏杆,足有两米高。

两人面面相觑。夜半天寒,实在不忍打扰熟睡的门卫。

这时,近平蹲下身去,示意大山上去。大山不知所措,却又别无选择,只得手把栏杆,小心翼翼地踩上近平肩膀。近平缓缓地站起来,像是一台坚实的起重机,托起了大山。大山练过功夫,身手矫健,双手一撑,噌的一下,便翻越而过……

两人相视一笑,隔门道别。

以后的日子里,每隔一段时间就要约见一次。有时是在近平办公室,多数是在大山家里。

晚饭过后,近平安步当车,款款而来。

走出县委大院,沿府前街南行,路东是常山影剧院和百货商店,路西则是一些小商铺、酱菜厂和服装厂。府前街尽头是中山路,西北拐角处便是大山家世代经营店铺的原址。西行20余米,路南是文化馆、印刷厂和建筑公司,北侧则是各种杂货门市和住户。走到育才街,向南300米,左边一个低矮的门楼,便是贾府了。

大山老宅是一个东西狭长的院子,院内有一棵大槐树。夏天到了,槐花如雪,满院馨香。

近平见到大山爱人,颔首,微笑,称一声“嫂子”。

嫂子和大山便把客人迎进北屋。这是大山夫妇的卧室兼会客室,只有10平方米。里面有一床、一柜、一桌、一对沙发和一张茶几。

宾主落座,女主人在茶杯中注满开水后,便到隔壁孩子房间休息去了。

总是有着说不完的话题。

大山是地道的正定通，对家乡历史的来龙去脉，每一座塔、每一尊佛都了如指掌。初来乍到的近平，在不长时间内也能对本土文化说古论今、谈笑自若，着实让他刮目相看。大山二十多年来潜心钻研戏曲、文学等，但没有想到的是，近平对这些领域的阅读和思考同样广泛深入，很多见解令人耳目一新。大山年届不惑，历经坎坷，对社会人生深有体悟。然而，比自己年幼十多岁的近平，很多看法竟然不谋而合。大山对近平的尊重之情油然而生，总喜欢同近平交流，也非常看重近平的意见和见解。

当然，他们也有着诸多差异。

近平看书多且杂，更侧重于政治、哲学和经济，而大山尤专注于文学、史学和佛学；对于现实，近平是一个积极者，即使身处逆境，前途迷茫，他也始终乐观，胸怀梦想。当时，知识青年"返城热"余波未了，城市青年"出国热"高潮渐起，别人都在想方设法地回城或出国，他却主动申请回到农村去，从基层干起。而大山则是一个逍遥派，淡泊名利，无心仕途。他上学时未入团，上班后未入党。省作家协会多次调他去省城工作，他坚决不去，专门为他举办了一次作品研讨会，他居然没有出席。

但大山毕竟是一名作家，职业特点就是关注现实，解剖现实。他得奖的《取经》《花市》等作品，就是以政治视角描写基层干部和普通农民。对这座县城、这个国家、这个民族，他有着深深的热爱和关注，心如烈火燃烧，眼似灯盏明亮。

所以，在根本上，他们又是相同的。

同与不同，相互沟通，互通不同，通而后同。

这样的聊天，不知不觉就到了午夜两三点钟。

为什么总是这么晚呢？他们都是"文革"的过来人，开会到凌晨是家常便饭，而且当时也没有别的娱乐形式，读书，或与好友聊天是知识分子最好的消夜方式了。最关键的，还是他们心意相通，志趣相投，言之有味，言之有物，相守难舍。

出门后，大山会执意相送。于是，他们便接续着刚才的话题，一路边走边聊，直到县委门口。如果大门关闭，大山会自然地蹲下去。这时,近平也不再客气,踩上大山肩膀,轻手轻脚地翻越过去……

关于他们聊天的日期,我也常常疑问。近平身为县委领导,每天工作繁忙,而且又是嗜睡的年龄。他们相约深谈的时间,是否多在周六晚上?因为只有这样,他才能利用第二天的休息日(当时每周只休星期日一天)补充睡眠。

我曾就此询问时任副县长的何玉女士,她说这属于私人交往,工作日志没有记载。而大山夫人则说,大山没有日记,具体日期无法查询,但他们俩的熬夜是功夫,经常彻夜不眠,聊到天明。

这期间,正是近平最忙碌的时候。他马不停蹄地奔走于各个公社和大队之间,以最快速度熟悉着县情。

县委有两辆吉普车,他很少乘坐。他总是骑着自行车,穿梭于滹沱河两岸。从河北到河南,是一片大沙滩,常常需要扛着自行车前行。

老干部张五普回忆说:"那时我在西兆通公社任书记,他一个人来调研,骑一辆旧自行车,下自行车就和我握手。我问:'习书记怎么你自己来了,你认得路啊?'习书记用衣袖擦一擦满头大汗,说:'打听,我打听着就来了。'"

这一年,习近平办成了一件最令正定人振奋的大事。

正定县是全国闻名的农业高产县,却又是有苦难言的"高产穷县"。多年来,国家规定每年上缴征购粮7600万斤,每亩平均负担200多斤。由于征购任务过重,很多老百姓口粮不继,不得不到外地购买红薯干度日。习近平了解这些情况后,无比痛心。可要摘掉"高产县"的帽子,无疑是自曝其丑,虽然能够减轻老百姓的负担,县委有关领导却有可能"犯错误"。

是坐等中央调整政策,还是主动向上呼吁?

县委主要领导考虑到习近平刚来工作,不愿让他出面,担心会对他造成不利影响。可习近平说:"实事求是向上级反映问题是我党的优良传统,你们不用担心。"于是,他和另一位县委副书记吕玉兰一起,多次跑省进京,向上级部门如实反映正定人民的生活状况和现实困难。

1982年初夏,国务院终于派出调查组。这一年秋后,上级决定把正定粮食征购任务减少2800万斤。

这是一件影响正定历史的大事,为正定农业结构的调整和未来的大发展,奠定了坚实的基础。

在他分抓的领域,更是事必躬亲,脚踏实地。

县委门口的两株古槐,花开花落,几多春秋,大家熟视无睹。有一次在文化局参加座谈会,近平问槐树是什么年代的。众口无语。他提出请林业专家鉴定。结果竟然是元末明初,是这个古城里年龄最大的植物。于是,围上铁栏,写明文字,加以保护。

城里有一家玉华鞋店,是土地革命时期中共在正定县成立的第一个秘密工人党支部,他指示修缮保护。

"岸下惨案"是1937年10月日军侵占正定时发生的一起屠杀事件。近平请人挖掘整理,开辟成爱国主义教育基地,并亲自审定纪念碑碑文……

1982年12月23日下午,近平打来电话,约大山见面。

"好啊。但是,今天你就不要去机关食堂了,在我家吃晚饭吧。"大山说。交往就要一年了,近平还从来没有在家里吃过一顿饭,作为地主,大山总是自责呢。邀请过几次,他总是笑笑说,君子之交淡如水,我们每次都喝茶水,已经够奢侈了,何必要喝酒呢。今天,大山再次提出了这个请求。

近平怔了一下,居然答应了。

那天晚上,大山准备了几个精致的小菜:雪里蕻炒肉、莲藕片、花生米和凉调菜心。主食呢,就是涮羊肉。没有专用火锅,把铝盆放在蜂窝炉上,权当涮器。虽然器具简陋,但材料却不含糊:麻酱、韭花、蒜末、香菜、酱豆腐一应俱全。

近平如约而至。陪同者仍然是李满天。

炭火红红,蒸汽腾腾,几杯小酒下肚,话题也热烈起来,不知不觉就聊到了县文化局。文化局下属剧团、新华书店、文化馆、文保所等七家单位,三四百人,大都是知识分子和演员,情况复杂,矛盾重重。最主要的是,正定有九处国家级文物,这在全国各县中也是屈指可数的，却长久失修，没有发挥应有的作用。

李满天半开玩笑地问：“大山，如果让你当局长，能收拾这个摊子吗？”

大山从小与这个圈子打交道，现在又是文化馆的副馆长，自然深知其中矛盾根蒂，于是，借着酒兴，脱口而出：“当然可以，只要给我权力，让我说话算数。”接着，便豪情万丈地谈起了自己的“施政纲领”。

这时，近平果断地说：“好，就让你当局长！”

大山惊呆了。

原来，针对文化局的乱象，作为县委分管领导，近平一直在暗暗地寻找和选择。正定作为一座历史名城，无论对内还是对外，文化系统都需要一位硬邦邦的领军人物。考虑多日，他和主管文教工作的副县长何玉想法形成一致：最合适的人选只能是贾大山。大山成熟稳健，刚直正派，不仅善写小说，而且也很有行政能力，最关键的是他对文化事业有着近乎痴迷的热爱。但大山不是党员，无意仕途。不过，经过这么多次的深入交往，他对大山的个性又是了解的。于是，在多方征求意见并与主要领导沟通后，在常委会上，他提议大山担任文化局局长，并获得了通过。那天晚上，他就是前来通报的。

近平说：“你不能只是自己写小说，还要为正定的文化事业作贡献啊，而且要把你的好作风、好思想带到干部队伍中。”

大山难以置信：“可是，我不是党员啊。”那个年代，党外人士在县里担任领导干部，而且是部门正职，是不可想象的。

近平说：“你不用担心，组织已经有了安排。”

原来，县委常委会已经形成决议：文化局由局长主持全面工作。

第二天上午，非党人士贾大山，从文化局下属的文化馆副馆长，连升三级，直接上任文化局局长。

正定历史上，这是绝无仅有的！

习近平在《忆大山》一文中，全面评价了贾大山此后几年的工作：“上任伊始，他就下基层、访群众、查问题、定制度，几个月下来，便把原来比较混乱的文化系统整治得井井有条。在任期间，大山为正定文化事业的发展和古文物的研究、保护、维修、发掘、抢救，竭尽了自己的全力。常山影剧院、新华书店、电影院等文化设施的兴建和修复，隆兴寺大悲阁、天宁寺凌霄塔、开元寺钟楼、临济寺澄灵塔、广惠寺华塔、县文庙大成殿的修复，无不浸透着他辛劳奔走的汗水。”

士为知己者死。大山是一个文化人，却又是一个血性汉子。

在这里，且讲述几个细节。

常山影剧院，被称为正定的“人民大会堂”，县里重大会议都在此举行。但这座新中国成立之前的木结构建筑，已成危房。近平提议重新建造。为了保证质量，为了保证工期，大山毅然决然地把铺盖搬到工地，日夜监工，虽然他的家就在千米之内。

正定隆兴寺是闻名世界的宋代大型寺院，更是一处国宝级文物。但由于年代久远，破破烂烂。若要全面修复，需要资金3000 万元。如此巨大的投资，是当时全国文物系统除了布达拉宫项目之外的第二大工程。为此，近平频频出面邀请国内权威专家前来考察评估，而大山则奔走于京城、省城和县城之间，往返数十趟，直累得心力交瘁，胃肠溃疡。他蜷卧在吉普车后座上，牙关紧咬，冷汗直流。由于长期出差在外，药罐只得带在身边，白天跑工作，晚上熬中药。最后，终于得到上级部门大力支持，落实巨资。

这项浩大的工程，还需要征地 60 亩，拆迁 60 户。其中困难，可想而知。

经过千难万难，隆兴寺修复工程终于圆满完成。

至此，隆兴寺真正成为正定最鲜亮的文化名片！

春节期间，是别人最欢乐、最放松的时候，却正是他最紧张、最揪心的时刻。九处国保单位，全是砖木结构建筑，最易着火。每逢此时，他昼夜巡视，废寝忘食。别人劝他，他说：“祖宗的遗产，国家的宝物，我负责守护。出一点点问题，我就对不起正定，对不起县委，对不起习书记啊！”……

正定的文化事业进入了新中国成立之后最辉煌的时期。

历史已经证明，贾大山用自己的聪明才智，按照自己的理想，为家乡的文化事业尽到了最大力量。虽然极其苦累，但也极其快活，极其酣畅。

不啻说，贾大山是那个时期全中国最得意、最幸福的文人！

……

这期间，近平升任县委书记，工作更忙了。但他仍然忙中偷闲，一如既往地和大山相约见面，夜聊。

春雨润青，夏日泼墨，秋草摇黄，冬雪飞白。岁月如歌，他们共同享受着友谊的芬芳……

1985年5月的一个午夜，大山已经休息。突然有人敲门，近平请他去一趟。

原来，近平要调走了，第二天早晨七时乘吉普车离开。白天交代工作，直忙到半夜，送走所有同事，才腾出时间约见老朋友。好在这个时间正是他们最畅快的时光。

关于这一次离别，大山后来从未提起。倒是在近平的笔下，有一段清楚的记载："……那个晚上，我们相约相聚，进行了最后一次长谈。临分手时，俩人都流下了激动的泪水，依依别情，难以言状。"

两人分手时，正好又是凌晨三点。近平最后一次送他到县委门口，四目相对，心底万千话语，口中竟无一言。与往常不同的是，这一次，县委大门敞开着。

采访时，大山妻子告诉我，那天晚上，大山回来时，怀里抱着两尊唐三彩：一峰骆驼和一匹骏马。他一言不发，倒头便睡，直到第二天中午。起床后仍是呆呆地发愣。

妻子以为他病了，催他吃药。他摇摇头，慢慢地说一句："习书记调走了。"

49岁那一年，大山辞去局长，功成身退，回归文坛。

这个时候，整个文学评论界惊奇地发现，他的小说已经发生了脱胎换骨的蜕变。"梦庄纪事"和"古城人物"系列数十篇短篇小说，微妙而又精确地发掘出文化和人性的敏感共通之处，禅意浓浓，芳香四溢……

大山已经完全醉心于文学。如果说早年的他曾有过文人孤傲的话,那么后期的他,则十足是佛面佛心了,慈眉善目,与世无争,笑看风云,其乐融融。

这其中,有一个细节让人惊叹:大山名闻遐迩,却从无一本著作出版。那些年,文学市场冷清。虽然出版界和企业界不少朋友主动提出帮助,但他笑笑说,不要麻烦你们了,还是顺其自然吧。

贾大山,肯定是当时全中国唯一没有出版过任何图书的著名作家!

他的书房里,悬挂着两句自题诗:小径容我静,大路任人忙。

近平在南方的工作越来越繁重了,但他没有忘记正定,没有忘记大山。每遇故人,都要捎来问候。每年春节,都要寄来贺卡。

但大山却鲜有回应。他知道,他的年轻的朋友,肩上有着太多太多的担负。除了满心的祝愿和祝福,他不忍心有任何打扰。

1995 年底,大山不幸患染绝症,近平十分挂念。1996 年 5 月,他听说大山在北京治疗,便特意委托同事前往探视。春节之前,近平借去北京开会之机,专门去医院看望。近平后来写道:“我坐在他的床头,不时说上几句安慰的话,尽管这种语言已显得是那样的苍白和无力……为了他能得以适度的平静和休息,我只好起身与他挥泪告别。临走,我告诉他,抽时间我一定再到正定去看他。”

近平没有食言。仅仅十多天过后,1997 年 2 月 9 日,正是大年初三,他专程赶到正定。在那个他们无数次晤谈的小屋里,两人又见面了。

还是那张桌子,那个茶几,那一对沙发。只是眼前的大山,枯槁羸弱,目光暗淡,再也没有了当年的红光满面和言辞铿锵。

近平强作笑颜,佯装轻松,提议合影。大山说,我这么难看,就不要照相了吧。话虽这样说,他还是努力地坐起来,倚靠在被垛上,挺直身子。近平赶紧凑过去。

11 天后,大山走了。

这是大山在人世间的最后一张留影。陪同他的，是他的朋友，他的好朋友。

癸巳年末，我去正定采访。

大山的家里，一切依旧，还是三十年前的模样。当年的房屋，当年的木床，当年的书桌，当年的茶几。坐在那里，凝视时空，如幻如梦。恍恍惚惚中，我仿佛看到了当年的影子，隐隐约约里，我似乎听到了那时的笑声。唯有那两尊唐三彩骆驼和骏马，依然新鲜如初，精神而挺拔地伫立着，伫立在时光的流影里，相互顾盼，心照不宣，像一对永恒的朋友……

哦，朋友，朋友，两心如月，冰清玉洁，肝胆相照，辉映你我。

（原载《光明日报》，2014年4月21日）

曙光中的足迹

——一本《共产党宣言》的中国传奇

铁流　徐锦庚

2014 年的春天,我们再次来到广饶县大王镇刘集村。阳春时节,这里桃红柳绿,草长莺飞。九十年前的 1924 年,也是这样一个春天,刘集村秘密成立共产党支部,这是大革命时期中国最早的农村党支部之一。战争年代,刘集是远近扬名的堡垒村,被誉为“小莫斯科”。

我们在一座农家小院前驻足,门前的大槐树,花缀满树,正飘着醉人的清香。走进小院里,窗前的石榴树绿影婆娑,枝头上榴花灼灼,蕊珠如火,仿佛在给我们讲述着那个遥远年代的火红故事。当年的党支部,就设在眼前这座小屋里。透过紧闭的门窗,我们似乎看到,油灯摇曳的炕桌上,摆着一本印错书名的小册子——《共党产宣言》,一群农民兄弟正在低声热烈地讨论着。

一

1920 年 2 月的北京,寒风凛冽。无法立足的陈独秀,被迫离开险地,避往上海。

天还没亮,李大钊扮成账房先生,乘一辆骡车送陈独秀出城。他从怀里取出一本英文小册子,郑重交给陈独秀:这是我从学校图书馆借出来的,想办法把它译成中文,欲知马克思主义为何物,共产党是什么样的政党,这是第一把开锁钥匙,中国的出路和希望就在这里。

陈独秀轻声念出书名:《共产党宣言》,太好了!

1920 年 3 月底,上海。中国马克思主义研究者之一的戴季陶找到《民国日报》主笔邵力子:托你物色一高手,把我从日本带来的《共产党宣言》日文版翻译成中文。

邵力子眉目一展说:此等重任,非杭州的陈望道莫属!

戴季陶深知翻译难度极大,担心陈望道难以胜任,让他试译。

听说戴季陶找人翻译《共产党宣言》,陈独秀大喜过望,让邵力子把他那本英文版《共产党宣言》一道捎上,供陈望道参考——三十四年后的 1954 年 10 月,陈望道出席第一届全国人代会时,周恩来特意问他,《共产党宣言》主要根据什么版本翻译的?陈望道说,主要根据英文版,同时参考日文版。

陈望道带着重托,扛着一箱沉甸甸的书籍,回到家乡浙江义乌分水塘村。他知道自己刚刚在杭州"犯过事",已引起当局的注意,决定先找一个隐蔽处。

躲到哪里翻译合适呢?

他屋前屋后转了几圈,相中自家屋旁的柴屋。

他在饭桌上对家人说:从今天起,我要在柴屋里干一件极重要的大事,不能让人家晓得,也不能让外人来打搅,大家多长个心眼。

看着他那严肃的表情,一家人惶恐地使劲点头。

要准确翻译《共产党宣言》,实在不是一件易事。文中有大量的新名词、新思想、新观点,译者从未遇到过,理解把握的难度相当大。国内只有一些对其段落的零星翻译,且谬误百出,如把社会主义思想同中国传统的大同思想、安民思想混为一谈。

陈望道中文功底深厚,又力推白话文,还精通英文和日文,留日期间还接触了大量的社会主义概念。可是,细细诵读多遍后,他仍感到十分棘手,也理解戴季陶为什么请他"试译"的原因了。

"宣言"开宗明义的第一句,就让他颇费踌躇。他在纸上写了划,划了写,绞尽脑汁,反复修改,最后敲定为"有一个怪物,在欧洲徘徊着，这怪物就是共产主义”。

虽是开天辟地第一人，陈望道对《共产党宣言》的翻译还是大致准确的，奠定了中文版的基石。在这基石之上，一些词语，在后来其他人的译本中，逐渐准确、通达、雅致起来。

整整一个月，陈望道足不出户。到4月底，终于大功告成。陈望道钻出柴屋，想舒展一下酸胀麻木的筋骨。没想到，被头顶上明晃晃的太阳一照，竟一阵头晕目眩，幸亏扶着墙，才没摔跟斗。

这一年，陈望道二十九岁，比撰写《共产党宣言》时的马克思小一岁，比恩格斯大一岁。

1920年8月，上海共产主义小组成立后，把出版《共产党宣言》中译本作为首要任务之一。陈独秀约陈望道和李汉俊碰头，商议出版的事。

李汉俊挠挠头：眼下局势紧张，公开出版《共产党宣言》会惹来麻烦。

陈望道眉头紧锁，叹了口气：是啊，他们哪里能容忍《共产党宣言》公开印刷发行。

李汉俊接着说：还有一个难题——到哪里筹集出版经费呢？

陈独秀踱着步子：钱的事，我来想办法。听说维经斯基带来一大笔共产国际经费，我找他去商量。

拿到钱后，陈独秀、陈望道立刻在拉斐德路成裕里12号租了一间房子，秘密开设印刷所，承印《共产党宣言》。

这天，陈独秀和陈望道、李汉俊等人悄悄来到印刷所，心情急切得就像等着自己的孩子降生。

过了一会儿，工人送来几本刚装帧好的小册子，一股清新的油墨香沁人心脾。几个人迫不及待地捧在手里，一边端详，一边压低嗓门，兴奋地议论着。

眼尖的陈望道惊叫一声：糟糕，印错了！怎么印成“共党产宣言”了？

陈独秀仔细一看，可不是嘛，封面上果然印着“共党产宣言”！

快停下，快停下！陈望道连忙朝印刷工人喊。可是已经晚了，几百册都已经装订好。怎么办？毁掉重印？几个印刷工人慌了。

陈独秀摇摇头：不行！我们本来就缺经费，毁掉重印太浪费。

李汉俊安慰道：好在扉页和封底的书名没印错，没关系，内容比形式更重要。

陈独秀思忖片刻，果断决定：这样吧，这些书就不要出售了，全部免费赠送。把封面重新排一次版，这个月再印几百册，封面改成蓝色的。

二

1926年春节前，年轻的女共产党员刘雨辉回乡过年时，把一本《共产党宣言》带回广饶的刘集村。

一天晚上，刘考文陪着姐姐刘雨辉到了村民刘良才家。刘雨辉从衣袖里拿出本薄薄的书：这本《共产党宣言》就留给你们了。这里面很多话都是革命的道理，能让人眼明心亮。

刘良才拿过书看了又看，指着封面上的马克思像，笑道：第一次看到长成这样的人……这把大胡子，长得可真有样子。

刘雨辉也笑了：他叫马格斯，是个外国人。

刘考文疑惑地问：咱是庄稼人，能看懂这种书？

刘良才说：既然这书这么要紧，就算一个字一个字地啃，也得弄懂它。咱庄稼人生下来就会种地，不都是边干边学吗？

当晚，刘良才掌灯读到天亮。

《共产党宣言》开篇，就让刘良才不知所云：一个怪物，共产主义的怪物，在欧洲徘徊。

刘良才反复念叨，到了能背诵的程度，也难得其解。每翻开一页，他都读得磕磕绊绊，就像推着一车东西，走在坑洼不平的路上。

刘良才觉得，不认识的字还好办些，可书里有些话，就像潭水一样深不可测,像迷宫一样找不到方向。

夜已深,妻子姜玉兰说:你别瞎琢磨了,等天明,去问问子久兄弟。

刘良才哪里等得了明天,他说:不行啊,不弄明白我睡不踏实。说着就要起身。

姜玉兰急忙阻拦:鸡都快叫了,人家正睡得香呢!

刘良才不理她,顾自跑了。

刘子久是中共地下党员,春节回家小住。在刘子久的小屋里,两人借着煤油灯,度过了一个不眠之夜。

《共产党宣言》里有这样一段话:在古罗马,有贵族、骑士……

刘良才读后,对姜玉兰说:我们刘集不也这样?有地主、农民、佃户。我觉得,大胡子的很多话,细细琢磨一下,都好像是说给咱们刘集的。

几个月的时间里,刘良才都在反复读《共产党宣言》。他决定举办农民夜校,让更多的农民兄弟学习。

刘集村党支部组织学习《共产党宣言》,是在1926年春天的一个晚上。晚饭后不久,刘集村的党员和积极分子就陆续来到刘良才家。

刘良才拿着一本书说:召集大家来,就是为了学这本书。它叫《共产党宣言》。

有人问:这上面的大胡子是谁呀?

刘良才回答:大胡子姓马,他是马大胡子呀!

有人凑近细端详,看着看着,就扑哧一声笑了:咱村姓马的,可没长大胡子呀!这马大胡子的模样也怪稀罕……

刘良才也笑了:这可不是咱村哪个姓马的,也不是附近十里八乡的。这个大胡子叫马格斯,是外国人呢!这本书是他和别人写的,里面写了咱穷人的事。

有人惊道:外国人写的书也到了咱这里?这外国离咱村有百八十里地吧?

刘良才笑道:哪有这么远,就在咱家的炕头上呢!

刘良才给大家念道:“从封建社会的灭亡中产生出来的现代有产阶级并没有消灭阶级对立。他只是用新的阶级、新的压迫条件、新的斗争形式代替了旧的。”

刘良才看了大家一眼,见大家都面面相觑,就笑着说:我开始时也犯迷糊,也是擀面杖吹火——一窍不通。可看多了,琢磨多了,就琢磨出道道来了。这本书能让咱们有衣穿,有饭吃。

刘良才接着说:我从里面悟出个道道——这个阶级、那个阶级,到现在也没换来咱穷人的好日子。旧社会再怎么换,也是换汤不换药,欺负咱的人该怎么欺负还是怎么欺负。咱们穷人家,走得慢了穷撵上,走得快了撵上穷,不快不慢往前走,扑通一声,还是掉进穷窟窿。说白了,就是永无出头之日!马大胡子说到无产阶级,啥叫无产阶级?就是穷得叮当响的穷人,咱庄稼人也是无产阶级呀!咱村里地主,有时不是说的比唱的还好听?可他给佃户涨工钱了吗?他们脸上挂着笑,嘴比蜜甜,可袖筒里揣了把刀子,肚子里装满了坏点子!如今出了共产党,咱的出头之日也快来了。共产党说白了,就是和咱一个鼻孔眼出气的。

大家都七嘴八舌开了腔:咦!这大胡子咋就知道咱这边的事呢?说的话句句都在理道道上!

我敢打赌,这大胡子肯定也是庄稼地里的好把式,他要是没扶过耩子(一种播种的工具),说不出这样知根知底的话!

坐在墙角的一个中年汉子突然发话:大胡子的话,说到咱心坎上了。照大胡子的话去干,不会错。说这话的人叫刘世厚,平日里沉默寡言,不显山不露水的。

刘良才摆摆手,大家都停止了议论。他扬扬手里的书说:世厚说得对,咱们就得按这本本来。那些有钱人可不是纸扎的,一戳就破。怎么才能把他们摔在地上爬不起来?这大胡子给了咱一个办法,是啥?他号召咱联合起来!就是穷伙计们抱成团跟他们斗!

就这样,一帮子农民兄弟,在1926年的这个夜晚,认识了被称为“大胡子”的德国人。他的《共产党宣言》,不仅被中国共产党人接受,也正被鲁北平原上顶了一脑袋高粱花子的农民慢慢接受着。

如果马克思、恩格斯能活到二十世纪二十年代,也许在《共产党宣言》再版的某一篇序言中,会提及中国鲁北平原上的这帮农民兄弟呢!

在陈望道翻译的《共产党宣言》中,有这样一句话:用暴力推翻有产阶级而建立自己的统治。刘集村的农民兄弟从这句话中受到启发,开始建立自己的武装组织。一年以后的1927年,毛泽东提出"枪杆子里面出政权"和"农村包围城市"的战略方针。

当中国革命处于低潮的时候,鲁北平原上以刘集村为中心的革命斗争,却是如火如荼。1928年春天,广饶县一些地方闹起春荒,刘良才带领吃不饱的农民,掐了大地主谢清玉地里的谷穗,后又开展反对苛捐杂税的"砸木行"斗争。

在德国,《共产党宣言》曾被普鲁士当局作为禁书列入《警察指南》;而在中国,蒋介石把《共产党宣言》列为禁书之首。

广饶县国民党政府为找到这本《共产党宣言》,派出数百人到刘集挨家挨户搜索,连一张纸片都不放过。

刘良才身份暴露后,在广饶县难以立足。组织上调他到潍县,担任中心县委书记。

这天晚上,刘良才和共产党员刘考文在地道里焚烧文件。刘考文拿起那本熟悉的《共产党宣言》,捧在手里看了很久:这本书也要烧?

刘良才接过来,轻轻地抚摸良久,说:它比咱们的生命还重,我把它交给你了。

刘考文用力点点头:人在书在!

1933年夏,刘良才被捕。11月19日上午,他被刑车拉到潍县城门,这是县长厉文礼为刘良才精心挑选的刑场。在城门行刑,可能是潍县有史以来第一次。城门口人来人往,天南海北的人都有。厉文礼的用意不言而喻。

厉文礼高声宣读了判决书,罗织的罪名是刘良才到处散布《共产党宣言》。

刘良才哈哈一笑，高声道：错！《共产党宣言》对穷人来说，是一剂救世良药；对反动派，是一剂毒药。毒死旧社会，天下才太平！

一个戴眼镜的军医跑来，用粉笔在刘良才胸口做了标记：这里是心脏，县长有令，不要一下子把他钉死了。

刘良才背靠在城墙上，七个彪形大汉围上来，其中五人分头按住刘良才的头、手、脚，另外两人一人拿起铁钎按在刘良才的腿上，那持锤子的大汉，张口"噗"的一声向手心里吐口唾沫，举起锤子比画几下，说声"好！"那锤子在空中划过一道弧，裹挟着一股阴风落下来，重重地砸在铁钎上，铁钎扎进刘良才的腿里，好像遇上骨头，那壮汉又用力抡起锤子，铁钎透过大腿穿进城墙里。

刘良才一声惨叫，晕了过去。围观的人，有的转过身，有的闭上眼睛。一桶冰冷的水浇在刘良才的头上。他慢慢醒过来，睁开眼睛，吐出一口血水，血水里有几颗被他生生咬掉的牙齿。

又一根铁钎穿进刘良才的另一条腿。刘良才再次晕过去。又是一桶水浇在他身上。

刘良才双腿被牢牢地钉在城墙上。他挣扎着，痛苦地扭动着身躯，脚下两洼血水。

刘良才强忍剧痛，横眉怒目：老子生为《共产党宣言》生，死也为它死，早点送老子上路吧！

这喊声，掷地有声，如雷贯耳。

厉文礼指着刘良才高声道：这本书都把你毒成什么样子了?！马上送他到十八层地狱见马克思！

厉文礼说罢一挥手。

那铁锤在空中又划了一道弧线，重重地落在刘良才胸口的铁钎上。

铁钎刺进刘良才的胸膛，穿过心脏，扎进城墙里。他猛地张开嘴，竭力想吸一口气，可挣扎了几下，最终也没能成功，脸上的痛苦慢慢凝固，头也无力地垂在胸前。

冬日的阳光终于照过来，洒在阴暗的城墙上，也洒在刘良才渐渐失去体温的躯体上。

三

1940年初，中共四边县政府给刘集村的刘学福家送来一块光荣匾。匾长一米有余，宽七十多厘米，上面刻有“一门三英”四个大字。刘学福的两子一孙，都是响当当的抗日英雄。

刘学福膝下三子，长子刘泰山，次子刘寿山，三子刘仁山。刘泰山、刘寿山都是刘集的中共早期地下党员，每次兄弟俩从夜校回来，都把《共产党宣言》中的道理说给父亲听，刘家人是学了《共产党宣言》起来革命的。

刘泰山之子刘端智，二十岁参军，之前早就定下婚事。就在赠匾的这年，因为作战勇猛，火线上成了班长。听说女婿当了官，岳父高兴之余，担心刘端智将来变成陈世美，就找亲家催婚。

刘学福说：男大当婚女大当嫁，板子（刘端智小名）也不小了，那就结吧。

当时，刘端智就在刘集村附近一带活动，接到家里传来的口信，就向队长报告。

队长哈哈一笑：这是好事，过几天你就回去入洞房！

结婚当日，女方的花轿已在路上，刘家门口也响起唢呐声。

刘端智前一日带回口信，说要骑着一匹高大的枣红马回来。一大早，街筒子里就站满人，眼睛齐刷刷盯着村口，等着枣红马出现。

有人来飞报，说花轿马上就到村口。大家都急了。刘学福说：怎么还没听到马蹄声呢？

太阳升到一竿子高，花轿落到刘家门口。刘端智还是不见踪影，刘泰山就带着一帮人迎到村口。

这时，远远看到几个人抬着口棺材走过来。有人就喊：不要从这里走，这里有结婚的！

那些人不听，抬着棺材转眼就到了跟前。

刘泰山急了，刚要发脾气，对方为首的开口了：老乡，刘泰山家在哪里?

刘泰山慌了:我就是刘泰山!

对方一脸的悲戚,上前握着刘泰山的手说:刘端智同志昨天晚上牺牲了,我们把他送回来。

一场喜事,转眼就变成一场丧事。

1947 年 10 月,在国民党军队飞机的空袭中,独立营营长刘仁山为掩护战士,先被炮弹炸飞胳膊,后被飞机机枪射中。

1950 年 3 月,南下四川任云阳县委组织部部长的刘寿山,遭国民党特务暗杀。

一块"一门三英"光荣匾,化成三张烈士证明。

1966 年秋,刘泰山母亲重病不起,气息奄奄。刘泰山喊来木匠打棺材。老木匠扫了一眼木材说:还缺一块板子。

刘家穷得没钱买木板。刘泰山突然想起那块"一门三英"匾。

这块匾一直由刘仁山遗孀李月英珍藏。她的泪水一下子涌出来,尖声喊道:不!决不!

刘泰山没想到弟媳反应这么强烈,吓了一跳。

过了一会儿,李月英默默搬出那块匾,轻轻打开裹在上面的薄布。

匾很洁净,一尘不染,透着一种肃穆和凝重。这是一块承载三条生命的匾啊!每一缕纹理里,都浸润着英雄的血!

李月英用自己衣袖擦着,泪水像断了线的珠子。最后,李月英扭过身去,示意搬走。

刘泰山搬起来放下,放下又搬起来,心里沉重得像压了一个秤砣。

刘泰山抱着那块匾,跪在母亲的床前:老娘啊,这是您的儿子、孙子孝敬您的,就让他们替您遮风避雨吧。说完磕了几个头。

刘泰山的母亲好像一下子清醒了,指着匾上的字说:我的寿限是苦命的儿子和孙子给的……跟师傅说说,上面的字,留着。

刘泰山对老木匠说:老娘说了,"一门三英"留在板上,不要推掉。

老木匠震撼了，双手接过放在长凳上，鞠了个躬，一脸凝重，然后用长锯分成两块，大的，为棺木前彩头，中间刻上一个大大的“寿”字，四面有花纹相衬；小块，为棺木后彩头，其余边料做了日月（指棺材底部左右两块板子）。末了，刘泰山让在后彩头上雕上一个“孝”字。

“一门三英”四个字掩在棺材里面，“一门”二字在前彩头上，“三英”则在后彩头上。

一门两代英烈，以这种方式守护着老人。

刘老太出殡那天，刘集村的人几乎都站在街上。棺材前那大红的“寿”字被阳光照得红彤彤的。

人群里有个老人突然喊道：老少爷们啊，替烈士送送老人吧！人群中哭声一片。

四

1975 年 1 月，全国四届人大会议期间，重病的周恩来总理又向陈望道打听《共产党宣言》首译本的下落。

陈望道先生无奈地摇摇头。

周恩来怅然若失：这是马列老祖宗在中国的第一本经典著作，找不到它，是我的一块心病啊。

这年秋天，广饶县文物所所长颜华来到大王镇刘集村，搜集革命文物。

得知失踪多年的《共产党宣言》在刘世厚手里，大家七嘴八舌地动员他献出来。刘世厚一声不吭地回到家中，一袋接一袋吸着旱烟。良久，他打开墙角边上的箱子，拿出一个黑漆匣子，捧出一个花纹蓝包袱。

包袱一层层揭开，里面赫然露出一本小册子，封面有一幅水红色的马克思半身像，几乎占据整个封面。刘世厚将它捧在手里，反复端详，口里喃喃道：四十多年，四十多年了啊……

四十多年前那个夜晚，刘考文匆匆跑到刘世厚家，从怀里拿出这本书,郑重地对刘世厚说:我已经暴露,随时都有坐牢杀头的危险,这本书是咱的革命之本,你记着,人在书在!

不久,刘考文果然被捕入狱,全家被抄。

从那时起,刘考文的话就时常响在刘世厚的耳边。

在刘集村口,有一座巨大的台式日历雕塑,上面的时间,永远定格在 1941 年 1 月 18 日。

2013 年春天,我们第一次站在雕塑前,不禁好奇,这串数字代表什么?后来得知,这串数字是刘集人七十二年前的一场梦魇,是那天驻扎在这个村里的抗日队伍的生死牌。凝视着这座庄严的雕塑,七十多年前的枪炮声由远及近,在我们耳边骤然响起来,惨烈的场面也从岁月的深处凸显出来。这次惨案,光八路军就死了八十多个。日本鬼子在焚烧刘集村房子时,原本逃到村外的刘世厚撒腿往家跑,他的妻子喊道:孩子他爹,你疯了吗?! 小日本还没走,你要回去送命?刘世厚急得直跺脚:有个东西可不能烧了,就算搭上我这条命,也得把它抢出来!

刘世厚舍命抢出的,正是刘考文交给他的这本《共产党宣言》。在白色恐怖时期,刘世厚有时把书藏在床底下,有时藏在粮囤的透气孔里。

新中国成立后,每到清明节,刘世厚先去祭奠烈士。在烈士坟前,他纸钱烧完,一杯清酒敬罢,就捧出当年那本《共产党宣言》,端端正正地放在墓旁。

每次,他都像老伙计相聚拉呱儿那样开了腔:这本书我又带来了,我保管得好着呢!你们在天之灵就放心吧。伙计们,咱们再学学《共产党宣言》吧。说完,刘世厚老人就在墓前磕磕巴巴地念上一段《共产党宣言》的话。

在众人动员他献书的那天晚上,刘世厚辗转难眠,第二天,一向早醒的刘世厚竟没有起床,在床上连续躺了三天。

这天上午,刘世厚提着那个蓝包袱,来到烈士坟前。田野里一片葱绿,风暖暖的,一些不知名的小花盛开在坟冢上。

刘世厚拿出那本书,轻声道:老伙计们,今天我就把它交给国家了,我是舍不得啊,可我老了,往后也要到你们那边去,书留在我这里，咋办？交给国家世世代代地管着，咱们更放心，也让世世代代的人学下去，不能到咱们这就断了，是不？

刘世厚离开坟地，径直来到大队办公室。他轻轻地打开包袱，碎花包袱像莲花一样绽放开来。他双手捧起书，低头看了很久，低沉地说：可要保管好它呀，为了它，咱们死了一摞摞的人哪……

这本薄薄的小册子，后经多方考证，正是中国最早的中文译本《共产党宣言》。如今，作为国家一级革命文物，被珍藏在山东东营市历史博物馆里。

鲁北农民与《共产党宣言》的这段传奇故事，已经湮没在了历史深处，但是他们用生命传承的这本小册子、这道照亮中国最初的曙光，到今天已然光芒万丈，呈现给我们一个充满希望的明媚世界。

（原载《人民日报》，2014 年 6 月 30 日）

命运断想

黄 宗 英

我，黄宗英。1925年7月13日，即民国十四年农历五月二十三日生于北京，属牛。母亲怀我产期未到，忽阵痛，赶忙遣人去请产婆。产婆未到，我就已经生出来了。家人都说我是急性子。母亲很开心，她头胎二胎生的都是儿子，就盼生个女儿，女儿就来了。我有两个姐姐，是前娘生的。母亲（陈聪）是续弦。父母都格外疼我。夜里，我睡在童室自己的床上，天不亮就醒了，就被抱到北屋父母睡的大床上，焐在父母的大被窝里玩耍。

五岁时，我到京都第一蒙养园（幼儿园）去，进园时，须口试。试罢，我听一老师说："我要这个小斜眼儿。"那时我的左眼的黑瞳仁跑到鼻边了，要多难看有多难看，亏得姜老师要我。而小我一岁的大弟弟宗洛，就没老师要。因考试时，老师问他："你在家跟谁玩？"宗洛答："跟小妹玩。"问："小妹是你什么人啊？"答："小妹是我姐。"老师对家人说："这孩子连大小都分不清，在家再玩一年吧。"一家人都叫我小妹，所以宗洛也叫我小妹。他真是冤枉。

到我七岁时，父亲黄曾铭（字述西）从北京西城电话局调青岛电话局，任总工程师，全家迁居青岛。我非常喜欢青岛，喜欢在海边沙滩玩沙子，堆沙坑，盖房子，用蚌壳做锅、碗、瓢、勺，与宗洛过家家玩，我当主妇伺候他。

我们家住青岛龙口路2号。这是一座有大院子的两层楼房，前院空地很大，我和宗洛在里院小片空地上种了花生、芝麻。我父母从来惯着孩子。母亲是世袭中医世家。孩子病了，她会开小药方抓药，分量都写的是古字。母亲西式小学毕业，闲来教我们诵读唐诗、宋词、《千字文》,还教我们孟子曰。父亲则领着我们爬墙上树跳沟。他说:“孩子小时不淘气,大了没出息。”

我八岁时,父亲给我买了辆四个轱辘的自行车,是后轱辘旁有两个保险小轱辘,待我能骑上去走了,就摘掉一个小轱辘。青岛是丘陵地,我在江苏路第一小学读书,就从坡上骑车去上学,只有大狗吉利跟着我送我到学校。

我九岁时祖母去世。我和大弟随父母回祖籍浙江温州府瑞安县奔丧。这一年冬天,我父亲也死了,他是生伤寒病死的。父亲病时,没住医院,是请日本医生来家看病的。眼看病情好些,他想吃火腿大米粥,把火腿切得细细的煮粥。父亲吃下去不久就腹泻,泻个不停……我被老张妈从被窝里喊醒,去到父亲房里,老张妈叫我跪下。我只见父亲被人架着站起套丝绵(套丝绵是为了在棺材里骨头不散),我叫了声“爸爸”,爸爸瞄了我一眼,就低下了头。母亲大哭起来,我也痛哭不止。待我大哥二哥被从青岛中学叫回家,父亲已穿好寿衣了,是中式的短袄长裤,而他从来是穿西装的。我和大弟被老张妈叫去,学着用锡箔纸折银元宝。小弟宗汉则开心地绕着来奔丧的客人们的汽车、黄包车,敲着小锣戏耍。当天,也搭起了竹棚,设了灵堂。我们的四叔从瑞安来奔丧,他长得特像我父亲,小弟见到他忙大叫:“爸爸从木头匣子里跑出来了!”母亲哭笑不得,精神有些失常了。

因父亲的死,家道陡落,从月入360元大洋到无分文收入。无奈只好投靠亲友,举家去了天津我大姐的婆家。我在树德小学上学,上四年级时我曾代表学校参加全市小学生演讲比赛,讲题是“废铁救国”,劝慰大家捐出废铁制造枪弹,打击侵略者。我是端着锈铁锅、铁铲、锈钉子上台的,穿着从张家花园张二小姐处借来的蓝色蓬袖短上衣。我获得全市比赛第四名,奖品是一横的匾额,上书“舌粲群英”,我把它献给了学校。

我的斜眼儿是怎样治好的呢?原来在北京,父母带我去看了全国最有名的中医孔伯华。孔大夫说:“不用开刀。每天厨子买菜时,切一片薄牛肉片,贴在眼左侧。孩子觉得黏得慌,就老要向左眨眼，眨着眨着就正过来了。”果然，到我十三四岁时，就再也看不出是个斜眼儿的丑丫头了。由于我爱织毛线，又会做鞋，看起来颇贤淑，就相继有富裕人家来说媒了。说媒的条件都是允上学、允出国留学、允照顾母亲弟弟。我和母亲都觉得要被人买了似的，何况我还小，就哪家也没答应。

我在学校里功课挺好，老考前三名，直到算术四则题讲“鸡兔同笼”时，我的名次才落下来。放学回家，我半个钟头把作业做完，就临成亲王大字帖，临灵飞经小字帖，还在家里的旧英文打字机上练习盲打，想着可以去当秘书，也想当护士。开滦矿务局招考培训护士，不收学费，还发津贴。娘不让我去报名，说当护士太苦。

待我长到十六岁时，大姐已经在金城银行工作，当簿记；二姐在齐鲁医院工作，搞社会调查。她俩都有钱补贴家用，母亲也靠卖首饰支撑。每次我陪母亲去兴业银行开保险箱时，我眼看箱中的首饰渐渐见底，只有一条金项链、一些碎珠子了。母亲顶真地告诉我，待她死时，一定要在她嘴里塞两三粒珠子，到了阴间，阎王爷看到珠子，就判她投身为人，不投身猪和狗了（我没做到）。

正此时，大哥宗江从上海来函，说参加了新组成的上海职业剧团，剧团正是用人之秋，小妹若能来，总有用得着的地方。我特兴奋，娘也高兴，就回信说去。

大姐为我找了个旧皮箱，并送给我一件新的猫皮短大衣，说：“这件我没穿过，只适合 teenagegirl 穿，送给你正好。”还给了我 20 元钱。母亲也凑了 20 元给我，生怕我到了上海一时不能就业，吃不上饭。如此这般，我出门谋生去了。那是 1941 年深秋。

大哥当时住在上海桃源村的亭子间里，是在灶间的楼上，房间很小，我搭了个地铺在小铁床前，就已经挨着书桌了。大哥如下地，就踩着我的铺盖了。

上海职业剧团是黄佐临、吴仞之、姚克三位戏剧界巨头主办的。第二天，大哥就带我去剧团后台见头头。我一进后台，就听见有人说："啊，好高的个儿。""绿豆芽。""我可不能跟她配戏。"我见了领导，他们却很欣赏地看着我："你先跟着吴仞之导演，看他有什么活儿先干什么活儿吧。"吴仞之说："明天，你跟我一起先登记道具和效果吧。"

待晚上，哥散戏回家。我问他："什么叫道具？"哥说："你不是看过话剧剧本吗？"我说："看过《秋瑾》《家》《莎士比亚》，没写道具。"哥说："哎，道具就是大幕拉开来后，台上的桌椅、板凳、床等就是大道具，演员身上的钢笔、别针、耳环叫小道具。"我又问："被服叫什么道具？"哥答："……你明天听吴仞之的，他叫你怎么登，你就怎么登。"我又问："那效果呢？我怎么能登观众是笑是哭呢？"哥说："哎，效果是指制作成声响的用具，如打雷是摇铁皮，下雨是用笸箩摇黄豆，枪声是摔炮仗，亏得你说来就来了，要是等公开招考，说不定考都考不上，有两千人报名呢！"我庆幸自己不用考试就进了剧团。

第二天，我跟着吴仞之边走边登记台上的道具、效果。傍晚，我去买了两个新本子，还买了一盏简易台灯。晚上，我就把潦草的登记本誊写得清清爽爽。哥回家先洗脚上床，我在灯下开夜车。

第三天，会计把我叫去，发给我16元月薪。我不愁饿肚了。

领导很满意我的登记本，又吩咐我在前台楼上右侧包厢（灯光厢）看戏。黄导叫我做实习生，特别要看女演员的戏，每场都要看，熟悉台词、位置，以备代戏。

那时，剧团正在卡尔登剧场上演曹禺的《蜕变》。石挥演梁专员，宗江演况西堂，这是一出爱国戏。梁专员的台词常常被观众的掌声哄起。当台上的人物喊："打倒日本帝国主义！""中国万岁！"台下也跟着喊起来。我激动地落起泪来。我来自沦陷的华北，很久没听见口号声了。戏闭幕时，我肿着眼睛去后台找宗江，他看到我红红的眼睛问："怎么啦？"我嗫嚅地说："戏好。"

兄妹俩默默地步行在南京路到拉斐德路的大街上，我庆幸自己是在进步的团体。

双十节的时候，卡尔登剧场的门口挂起："庆祝《蜕变》演出双满月纪念”的牌子。剧团发给每人一个月的奖金。我也有。我说:“我才来半个多月,也还没上戏。”头头说是“同喜”。我赶去邮局,给母亲寄了10元,仅显示我已赚钱了,有饭吃了。

这时候,剧团演员严俊和梅村要结婚,请假一星期。黄佐临让我代梅村的戏,饰演伪组织(小的儿)。我并不怵台。小时候,在青岛电话局的舞台上,我曾演过秋瑾的小姑子王淑华。是跳着绳上台的,如今,演小的儿,还让我手里拿着香烟,我哪儿会抽烟啊?糟糕,导演没排我哪句话上场,直到有人慌慌张张往外推我,我才上了台。哎呀,台上的灯怎么这么亮啊,我什么也看不见,也听不见台上人说什么。我只好嚷嚷一番,被人拖下台。第三幕还上场,要撒泼撒野。我在台上吵,被人拖着往外拉,我的绣花鞋掉了,我就坐在地上,用绣花鞋拍打地板,被人拽起一跳一跳跳下台。戏台下鼓起掌来。总算演下来了,我谁也不敢看。忽然黄导来到我身边,对我说:“明天还你上。”呀,认可我了。桌上的蛋炒饭早已凉了,我囫囵吞下,我兴奋得睡不着觉。第三天上台,我看见脚光了,还看见第一排加座上坐着黄导、吴导、周剑云、李健吾……后来大哥告诉我,是黄导请他们来,说剧团来了个新演员,扮相好,北京话特棒,嗓门特亮。我的职业演员生涯就这样开始了。

不久,上职剧团分成两拨人。一拨跟着石挥另组剧团,另一组就跟着黄宗江。宗江见自己的老同学郭元同(艺名异方)也跟了石挥,很不开心。元同是团里的乐队指挥兼演员。我就去找元同,跟他说了宗江的心思,并对他说:“如果你追求英子,你在我们剧团照样可以追求英子。”郭元同说:“我没有追求英子,我的心里只有你。”我愣住了,没接这茬。后来元同就来到我们剧团。

我和大哥住的亭子间的二房东,把整幢房子卖掉了,要去香港,我和大哥就到处找房子。一听说我们是演戏的,都不肯把房子租给我们,直到我们找到西爱咸斯路和平村1号,才租到一间前客堂,一间楼顶的双亭子间。此时,丁力、孙道临、卫禹平都先后来到我们剧团。丁力、李德伦、郭元同和我们住在一起。

我们五个人，每人出两元钱，用10元一月租了一架钢琴，放在前客堂。琴上还放着元同和德伦抄在谱纸上的乐谱。他俩靠抄谱赚些零用钱，有时还去歌舞厅奏乐赚些外快。

1941年12月8日珍珠港被炸，日军暂时取胜。上海孤岛租界也被日军占领。一天黄导说："大家都到排练厅去吧，（我们那时在兰心大剧院演出，前台三楼排练厅很大。）有事和大家说说。"团里所有演员和后台工作人员都来到排练厅。我坐在卷起的地毯上，只见大低音提琴的影子照在黄导的脚边。黄导说："我们不给日本鬼子卖命。"全体怵然。他又说："剧团决定解散，发一个月工资，大家各奔前程吧。"我正愁怎么奔前程，黄导走过来，轻轻对我说："你们兄妹和石挥就先住我家吧。"于是石挥和我兄妹就搬进卫乐园1号黄寓的楼下。我住饭厅，靠北墙，有一张小铁床；石挥、宗江睡客厅，搭行军床。每人每月象征性地交一斗米包食宿。黄导和夫人金韵芝（艺名丹尼）居住二楼。丹尼也是名演员。黄导夫妇都是欧美留学回来，是我国戏剧界学术最高的专家。他们都用斯坦尼斯拉夫斯基体系教育青年艺人。

石挥每天抱着他的吉他弹，宗江在翻译，我则大看其书。二楼有大书房，我把《莎士比亚全集》再看一遍，还看亚里斯多德、伯来西特……

日本占领上海租界后，政客川喜多控制了上海电影界，建立了上海联合电影厂。幸亏金星电影公司经理周剑云卖了个交情，没把我们二十多人的名单往上送。那时我们剧团的头面人物，刚被周剑云网罗不久，签了长期合同。记得合同上还有五年内不许结婚条款。当时，让我饰演一名被强盗掠去的少女。少女在灯节时出来看灯，被强盗看中。要拍一个长长的美少女特写。

我在兰兰大姐的介绍下，把一颗小虎牙换掉了。全片只两个女演员，另一个是强盗婆，由端木兰心饰演。戏还没拍，上海就沦陷了。

我们在黄导家，平平静静地住了些日子。黄导吴导觉着川喜多无意控制话剧界，就又悄悄排起戏来，给我排了独幕戏《侬发痴》，说的是一位犹豫不决的考虑博士向少女求婚，问了许多稀奇古怪的问题，把少女气得假装发痴，把博士赶走，迎来帅气的青年的拥抱。少女发痴时，要唱游龙戏凤，唱京韵大鼓，唱活捉三郎，用围巾捉住博士。总之，这戏就像京剧中的《十八扯》《纺棉花》，演员发挥得淋漓尽致。台下观众不以我荒腔走板不搭调为意，我大过戏瘾，内行也以我要得开为赞。

彼时，石挥、张伐、韩非、林榛、英子、崔超明、白穆、莫愁八人组织了一个"八大头牌"剧团，临时雇用些班底，演出了不少好戏。如《风雪夜归人》《梁上君子》《秋海棠》等。我都去观摩了，很佩服。不过，我们两个剧团的上座都不怎么好，因为夜里交通管制。这时，上海大亨黄金荣的儿子黄伟喜欢上话剧，串联两个剧团合作，组成荣伟剧团，规模宏大，角色整齐，日夜两场，演出轰动，掀起话剧运动的新高潮。

至此，我以演出《甜姐儿》《魂归离恨天》等青春剧而大红大紫。由于我长大了，又演了青春剧，我的私生活也变得复杂了。演《上海屋檐下》时，舞台上搭起二层楼的横剖面。我演舞女。幕启时，我睡在前楼的床上。别的人在楼下演戏，我竟真的睡着了，直到舞台监督用长竹竿把我捅醒，才赶忙装作打了个大哈欠，起床演戏……

这时，著名的电影导演马徐维邦来找宗江，邀请他去香港拍摄《秋海棠》中的秋海棠。大哥觉得他应该离开上海了，就和地下党员戴云谈，戴云为他接好关系，并给了路费。在我演《晚宴》的晚上，宗江悄悄地离开了上海，辗转千里，去到大后方重庆，并没去香港。

宗江走后，元同等三位男性搬到亭子间，我搬到前客堂。一天晚饭后，天已经黑了，李德伦下楼来找我说："元同不知怎么啦，他吐了，又躺不下。"我忙上楼去看他。只见元同靠在被垛上哼哼。我让他喝点水，但喝了就吐。我摸他脑门，很烫，不腹泻，不像是吃坏了。我决定去找我们的粉丝夏其昌医生。我到了夏家，夏医生取过诊药箱，开汽车来到和平村，为郭查了体，说:“不要紧,心律不齐,不能动,我留下几片药吧。”夏其昌下楼时对我说:“疑是急性感染性心内膜炎。”我听不懂。第二天天亮,我上楼见元同还熟睡着。等到八点后,我上街买了一只高脚痰盂、一支体温表、一罐奶粉、一斤白糖。回家后我又上楼服侍元同。我把他的小便倒在楼下公用盥洗室男性小便池里,把脚盆洗干净。夏医生又来了,给郭听了听心脏说:“好一点儿。”又给他打了一针,说,“不要让他动,明天我会再来。”如此三五天,我倒屎倒尿,帮他量体温,帮他洗脸擦身,给他读《希克梅特诗选》,哄着他。夏医生每天来,并每天打一针针剂。郭渐渐复原了,能自己穿衣服了。经医生允许,能走路,能下楼上厕所了。他对我说:“真对不起你,让你为我倒屎倒尿,辛苦服侍我那么多天,抱歉。”我说:“那没什么,如果我病倒了,你也会这么待我的。”不久,郭元同的母亲从北京来看病后的元同。丁力说:“婆婆来相儿媳妇了。”我没反驳。郭伯母来后,我陪她逛了大上海。临走时,她送我一只玉镯。以后,元同告诉我,那是他家祖传的宝物。我明白是婆婆相中我了。我也不再推辞。

1943 年 10 月下旬,我和郭元同请假回北京结婚。元同的家在北京香山一棵松,有一个院子。第二天,伯母、元同和我,就张罗办喜事。为办得光彩,决定租用西交民巷六国饭店礼堂。我不知道郭伯母的家底,我不言声,只和元同一起估计邀请的贺客名单,有六桌人哩。

伯母赠一座三合院给我们做新房。院子里有一棵无核的枣树,已经结枣了。第三天,元同去城里办事,我也随去,去租白纱礼服,并买些皱纹纸、亮光纸、剪纸、窗帘布等。郭伯母家大院有一座大铁门,门上有个匾额写着伯大尼。我不知什么意思,问元同,他也不明白。(以后,我通读《新旧约全书》,才明白伯大尼是悲苦之家的意思。元同的父亲是去年在香港去世。)我先清扫了新房,擦了窗玻璃,贴了龙凤呈祥的剪纸,又把花纸制成纸环,串起来,吊在屋顶上。我见房内有缝纫机,又踏了贴玻璃的白纱布窗帘和厚的细格布窗帘。我要把几年来没敢拥抱元同的思念,统统给他,拥抱个够。近婚期,我和郭伯母下山进城了。

我们发现元同病倒了,是忙得累病了吧?礼堂租好,请帖已发出,想延迟婚礼已不可能。届时,就勉强扶他走完红地毯,说完“我愿意”,就送他回石驸马大街他舅舅的医所,躺在为病人查体的病床上。新婚第一夜,我在元同舅妈家写大楷。

元同的病,一天重一天。一夜,他抖个不停,体温41℃,哼哼不止。元同家都是基督徒,全家为他祷告不停。我大声说:“送医院,必须送医院!”终于把元同送入羊市大街中央医院。送医院后的第三天,元同的母亲和弟弟就不大来医院了,仅留元同妹妹和我守着。第八天的夜里,元同闹了一天后很平静地睡了。我和元同妹妹守夜,我织毛线手套撑着,只听元同的呼吸很粗重,一声比一声长,妹妹急得跑去找医生。我只听到元同的喉咙里“咯”的一声,就什么声音也没有了,待医生护士进来,才发现元同已经停止了呼吸,打强心针、做心脏按压……什么都来不及了。他死了。我只说:“他被痰卡住了。”没人理我。医生用床单罩住了他的脸……当我们推着他的尸体往太平间走时,我觉得通道特别特别地长。我说:“他会冷的。”没人理我。元同连前带后一共病了十八天,我十八岁成了寡妇。

次日,郭伯母和元同弟弟出现了,寿衣和棺材出现了。化妆师也出现了。至此,我方才知道郭家人都知道元同必死,只瞒了我一人。

我这单身新娘在郭家过起了日子,郭伯母待我极好。郭伯母曾劝我信基督,要把我奉献给上帝。我说:“我从小接受自由平等博爱的教育,我没法让自己相信上帝的儿子基督。”

冬天,山上的风很冷。有一天,我在山上拣松塔,秦妈来叫我:“上海来人啦!”我回家去,见是戴云和林葆龄,我引他们来到新房里坐着说话。他们说:于伶、吴仞之、吴琛和李伯龙的意思,接我回上海,剧团需要我回去,说我的前途还很远大,不能把自己幽闭在山沟里,于是我向郭伯母说了。她知道我决意离开,也就不再劝我,并让元同弟赶快下山,给我买来一件卷毛黑羊皮大衣,是那年代时髦的式样,送我穿了上路。临走,伯母带我去见宋神父,宋神父惋惜地说:“你一定要走毁灭的道路吗。”我告别了伯大尼,重新回到上海。

我住在柯刚和柯姐的亭子间里。一天她俩都不在家,来了一个人,让我给柯刚传个小纸条。柯刚回来看过纸条,点燃火柴把纸条烧了,就开始收拾行李,说母亲病了,她要回乡,只带简单衣物,就匆匆走了。

柯刚走后,剧团的头头李伯龙叫我住到他家去,渐渐地我觉得住在头头家总不是个事,就让好友朱修勤给我租了间房,与我同住,并让她小妹每天来给我们买菜、烧饭、洗衣、收拾房间(付工资)。姐妹俩有时把我反锁在屋里读书,修勤嘱咐我,工资多了花不完,可买圈圈金戒指,需要花钱时,还可以到银行换现钱。

我又复演看家戏《甜姐儿》。上座奇好,演了下不来,共演了一百多场。剧中 Mr 刘问甜姐儿:“你爱吃什么糖?”本来剧本上回答:“我爱吃巧克力糖。”ABC 糖果公司的销售经理和剧团接洽,说回答我爱吃甜甜蜜蜜糖。他们除付现金外,还每日给剧团两大包甜甜蜜蜜糖新产品。从此每天两包糖,我一人一包,另一包剧团大家分,我从一包中取了几块给前台工作人员。其实甜甜蜜蜜糖就是牛轧核桃糖,很好吃的,还外加我个人每周得一盒巧克力。

剧团赚钱了,给我送来一包 50 斤的面粉、两包 20 斤的大米、几斤油票,还给我一笔钱,让我寄给母亲。

以演《家》中鸣凤著称的英子病了,是当时无药可治好的肺病,她起先住在虹桥医院二等病房。我们团里每人凑了些钱,给她送去片装火腿、肉松、乐口福、酱瓜和腐乳。没多久,英子钱紧了,搬到三等病房,再没多久,她交不起任何费用了,医院就停了药。去探望她的人赶快翻空口袋,为她交了半个月的费用,于是话剧界就张罗给英子演“秋风戏”(梨园行演艺界的一种自助方式)为她筹款。义演当场剧场最佳位置不售票,而由名演员去到各商家老板、企业经理门上去劝募,有的老板听说是为英子义演,一百元一张的戏票买十张,一家人连保姆厨子都来看戏。我们演《家》,我饰演英子的角色鸣凤,当我跪在地上,求大奶奶不要把我嫁给冯乐山时,我哭得把大方手绢可以拧出水来,妆也哭花了。当第三幕我在三少爷窗外，与他告别，慢慢走向湖边，独白："我……去……了。"更泣不成声。我想，今天我为英子演"秋风戏"，他年谁为我演"秋风戏"呢？我跳下台，湖水漾了上来，我已经哭得站不起来，被人挽往后台，我痛苦，为了英子，也为了自己。

我越来越成熟。我身边的男友多了起来。我的私生活复杂了起来。青春戏越演越腻味，趁我不当主角的档期，悄悄离开了上海，留了封信："我回北方读书去了。"我打算去大学旁听。不久，我就去北京辅仁大学旁听，选读三门课：中国文学史、左传、世界美术史。后来，上海的剧团因亏损而解散了。卫禹平、孙道临家在北方。他俩来找我说："剧团解散，我们无所谓，但有人有老婆孩子，如丁力和端木兰心有一对双胞胎女儿就很紧张了，希望你再出来演戏。"于是成立了南北剧社，请燕京大学的同学程述尧任经理，在天津大光明电影院演出《甜姐儿》《魂归离恨天》《疯狂世家》三出戏。演就演吧，一时兴起，我在北京和程述尧结婚了。述尧是个好人，可是我俩没什么话可说。他总想带我去参加朋友家的 party，可我懒得应酬。他在银行任职襄理，每到他下班时刻，我就紧张。银行福利很好，分给他一间大北屋（可隔成三间）、两间西屋。我就把母亲接来，把养病的大哥和大嫂也接来住，把老张妈也找来烧饭。述尧孝悌有加。

我们在北京迎来了抗日战争胜利。我很高兴。忽然间出版了很多报纸，我就买来，用翻过来的白报纸剧本贴剪报消遣。贴过一篇《爱国演员赵丹返渝》。当时我并不认识赵丹（1915—1980），只不过看过他的影片《马路天使》《十字街头》，很欣赏。也还知道他在新疆蹲过五年监狱，他能回到老行当、老朋友身边，颇为之欣慰。

胜利了。中央电影三厂邀请我拍摄影片《追》，是写官僚资本挤压民族资本，沈浮导演。我饰演一个买办资本家的大小姐，与"表哥"谢添演对手戏。《追》公映后，叫好不叫座。接着上海中央电影二厂来京邀我演《幸福狂想曲》一片中的女主角。他们是从李伯龙家我的照片上看到我，说："这就是我们要找的眼睛。”来找我的是陈鲤庭导演。赵丹任男主角。我很高兴地答应了。程述尧知我要离家,很不高兴。我说:“你的太太是个演员,有自己的事业嘛。”到了中电二厂,厂里为我在福履理路租了一间前楼。我在剧组里见到赵丹,觉得他比想象中的要朴实得多。他不修边幅,上衣常扣错扣子,脚上的袜子一只一个颜色,后跟破了,还露出脚后跟来,像个没人管的大孩子。我们合作得很愉快。在《幸福狂想曲》片中,我饰演一个被恶霸霸住的被侮辱与被损害的女人。赵丹和顾而已饰演为生活所逼,奇思异想卖减肥药片的摊贩。当时中国已拉开反饥饿反内战的民主第二战场。卖减肥药片实是对当局的讽刺。一天,恶霸叫我送一个点心盒子给他的朋友,拎在我手里的点心盒子被小偷抢跑了,警察来追,小偷把点心盒子一扔,盒子破了,露出毒品。警察转而要逮我。赵丹顾而已掩护了我,因而相识,因而相恋。片尾,是三个没有出路的人,相偕走向远方。我们演得很投入,很舒展。只有男女主角 kiss 时,我们很矜持,过后也自自然然了。当影片拍完最后一个镜头我卸妆时,在镜中我发现阿丹愣愣地端详我,表情有些异样。我对他说:“我们还要合作呢。”

1948 年,上海戏剧学院校庆纪念大会邀请赵丹和我参加演出。赵丹朗诵《屈原》剧中的《雷电颂》,我则准备化妆彩排安徒生的童话《卖火柴的小女孩》,请赵丹为我导演。赵丹又请来他的好友朱今明来布置灯光。我穿上了破烂的衣裳,剧院舍监见了,叱道:“小赤佬,侬哪能进来咯?”被人劝开了。我赤着脚走上台,走在飘着雪花的寒冷的冬夜里,为避风,走向墙边,一直哆嗦地读着《卖火柴的小女孩》的作品原文。墙上大玻璃窗里,点着明亮的灯光,映着桌上热气腾腾的烤鹅。小女孩又冷又饿,就擦起火柴取暖,一根又一根,直到她把盒中仅余的火柴全部燃起。她虚弱地坐在地上。灯光转暗又复明。天亮时,小女孩死在墙边。当台上大亮后,观众热烈地鼓起掌来。幕落,观众依然鼓掌。幕起,我从地上坐起鞠躬,观众大鼓掌。我从幕侧拉出赵丹,与我一同向观众鞠躬。这是一次成功圆满的演出。

当卸妆后我们走出剧院时,虹口的出租车已经很少了,好容易有一辆出租车,挤了赵丹和我等好几个人,我只好坐在赵丹的腿上。每当经过警察厅时,我就得紧紧弯下身子,以避免被警察发现(按规定只能坐四人),赵丹紧紧地抱住我,我全身都酥软了。到了我的住处,我俩都下车来,他紧紧握住我的手说:"我们不应该分开了,你应该是我的妻子。"我搂了他一下,说:"等我回北京离了婚再说。"

也是在这年11月里,赵丹和我都先后参加了昆仑影片公司,签了长期合同。虽然"昆仑"是个新公司,工资也不高,但它是地下党领导的啊!

我回到了北京,向述尧坦白了我的情感现状。程述尧坚决不同意离婚。我在他上班去的一个早上,给他留了张纸条写着:"我决意走了,不要找我。让我们好聚好散吧,一封信请转宗江。"给宗江的信我说:"我决意离开述尧了,留下身边一些钱,请不要再叫老张妈向述尧要饭菜钱了。我以后会给娘寄钱来。"

我是坐轮船回的上海。因海河结冰,滞留了许多旅客,又买不到火车票。赵丹来码头接我,对我说:"可急死我了。我到徐家汇教堂去祷告,祷告你回来。"他瘦了,他真的是爱我。我俩都先后接了新片子。我演《街头巷尾》,与张伐合演。他演《遥远的爱》,与秦怡合演。我们手头开始有钱了。我先在郑君里、黄晨夫妇家住几天,赵丹已在昆仑公司一条小街上"顶"下了一间前客堂,在王为一的隔壁。房租一斗米一个月,面积不到20平方米,住址是三角地顺德里36号。赵丹和我到浦石路旧家具商店,买了一张新制的小号双人床、一张书桌和一把椅子,又在街头摊上买了一组藤编的躺椅和茶几。够了。前客堂没有窗,只有四扇狭长的门,门开了就是弄堂。弄堂里晾着新刷好的马桶,晒着一家一家的棉被。上海人有个好习惯,只要一出太阳,家家都要晒棉被。我俩到东方公司买来床上用品,买来锅、碗、瓢、勺和一个有12支捻的煤油炉,就如此这般过起日子来。

我们和昆仑公司的小兄弟们,在上海广播电台开播"昆仑星期晚会”，朗诵马凡陀的诗，唱“哥哥你要走西口”和“山那边好地方”，暗暗地以迎接解放。解放军节节胜利，天快亮了。

我俩和沈浮高依云、郑君里黄晨、王林谷陈白尘等，在昆仑公司经理任宗德家里，以打麻将掩护写作《乌鸦与麻雀》，以迎接全国解放。

阳翰笙找到赵丹，要他参加中央电影制片厂的《武训传》的拍摄，说剧组导演已经去中制了。本子是孙瑜写了好多年的，基础很好。中制在拍摄“戡乱”片，拍飞机轰炸解放区的新闻片，放在故事片前播映。阳翰笙又说：你去中制，要狮子大开口要高片酬，要把他们的摄影棚全搭起布景，占住主要创作人员，让他们拍不成“戡乱”片。这是个政治任务。赵丹严肃地领了任务。

某天夜里有零落的枪声，我们很兴奋。天亮时，知道上海解放了。赵丹和我参加上海解放大游行，参加上海在公园里举办的劳军大义卖，参加了新的上海电影家协会选举活动。

昆仑公司找出藏在摄影棚灯光台上的《乌鸦与麻雀》电影剧本，略作增改，重新开拍。《乌鸦与麻雀》荣获全国影片第一届比赛一等奖。我和赵丹各获一枚金奖章。

《武训传》也重新开拍了。赵丹在电影厂、在家，都穿起一身破棉衣。我把服装间里穿回来的破棉袄，在大太阳底下晒过，洒了花露水。赵丹进入了角色，又不理我了。我很爱他进入角色的模样。他（武训）身上常有被踢、被打的伤痕，因为他要求对方真踢真打。

《武训传》放映了，得到一致的好评。在为市政协常委放映第一场后，常委们都站起来，向我们演职员久久地鼓掌。

没想到，无论如何没想到，一天早上读到《人民日报》上批判反动影片《武训传》的消息。“反动！”多么刺激的字眼，怎么会和我们联系起来？赵丹在乘电车时，乘务员问他：“侬呒没进去啊？”票务员以为他已进了牢房，可见这个批判在市民中也很震撼。

全国掀起了批判《武训传》的高潮。孙瑜、赵丹都是批判的重点，我也被批判了。因为在影片中，是我把武训的故事讲出来的。赵丹想不通，不肯检讨，于伶、黄源到我们家里，规劝赵丹检讨，说赵丹不检讨，运动没法结束。半年后，他们终于帮着赵丹写出一份“不深刻的”检讨。赵丹当然没说，拍《武训传》是地下党交给他的政治任务。

赵丹蔫了，吃不下饭，睡不着觉，认为自己的政治生命、业务和前途都完蛋了。他不知怎么办才好。我真担心他会寻短见或疯了。

赵丹演的《我们夫妇之间》也受到批判，导演的《为孩子们祝福》也默默地退出。

组织上让赵丹去抗美援朝，去到朝鲜炮火前线，以助他“转变立场”。他从朝鲜回国后，只道与浴血苦战的志愿军比，自己实在不应该消极，可又不知道怎样积极。他还是失魂落魄。

直到1955年，沈浮来请他拍摄《李时珍》。赵丹看完电影剧本说：“这只是个提纲，没戏。”沈浮说：“正是它没戏，咱们就可以有戏了。”沈浮和赵丹给李时珍配了个徒弟、一个卖草药的，赴黄山拍外景去了。黄山美丽的风景，让赵丹重新拿起了画笔。他饰演的李时珍，从十七岁演到七十岁，演得很细腻、流畅。放映后，令人耳目一新。赵丹也恢复了做演员的自信。

这时，我们已有了女儿赵橘，并已搬到诺曼第公寓的新楼二层，面对孙夫人的花园。

1958年开始，拍摄国庆十周年献礼片，赵丹先后拍摄了《聂耳》和《林则徐》，在1959年放映后，被誉为献礼片的“红烧头尾”。

上影厂集中了优势力量，打算拍摄《鲁迅传》，聘请陈白尘编剧，夏衍任顾问；聘北影厂于蓝演许广平、于是之演瞿秋白，还从总政治部请来兰马……当然是赵丹演鲁迅。上海电影局把从外地请来的演职员，安排在淮海中路150号的一幢楼中，并也给赵丹一间屋。于是赵丹就布置了鲁迅的书房。他不回家来住了。他蓄起了小髭，开始用毛笔写字，进入角色了。

《鲁迅传》资料组在全国各地采访，编辑了好几册采访记录，细节非常生动。

可是,上海市的第一书记柯庆施提出了“大写十三年”的口号,凡是不写建国后十三年的剧组都停拍了,连有重大意义的《鲁迅传》也停了,剧组解散了。赵丹很想不通,又蔫了,饭又吃不下,胃又痛了。在《烈火中永生》中,赵丹饰演许云峰,于蓝饰江姐。体验生活时,让他去渣滓洞白公馆,他犹豫,说监狱的生活我已经体验够了,可还是跟大家一起去了。当他看到江竹筠住的牢房,他落泪了。这部影片,因为赵丹有生活,演得很好。群众称:“赵丹是电影皇帝,演什么像什么。”

文化大革命中,阿丹和我都受到冲击。他被禁闭在红旗厂(海燕)时,我在东方红厂(天马厂),还能知道点他的讯息。一天,我在“日托牛棚”中,只见“管牛”的尹进才师傅走进来,对我说:“黄宗英,赵丹去吃‘人民食堂’了,你和小把戏日后有什么困难找我好啦。”他走后,白穆告诉我,今天一早,赵丹被公安局用吉普车抓走了。又说:“宗英啊,你一生在业务上算很顺的了,经不起折腾。今后,你什么事,都往最坏处想,也就过得去了。你还有三个孩子,凑合着过吧。”白穆“哲学”管了我后半辈子。

赵丹被捕后,我和孩子们以及保姆洪娘娘,过着每人每月吃饭不得超过9元的日子。那时,造反派对被批判的牛鬼们的工资和存款全扣了,每月只发25元生活费。

赵丹是罩着一只眼睛被捕的。头天我问他:“又挨打了?”他说:“是青话的人打的。他们手套里有硬东西,专往脸上打,还说‘让你还演戏!’”他拿给我一张诊断书,是徐汇医院周医生开的。“瞳孔破裂,休息二周”,给了眼药水、药片,我吓坏了。

赵丹被捕的次日下午,天马厂的工人师傅通知我回家,只见红旗厂的两位造反派一前一后地押着我往家走,命令我为赵丹收拾被褥、衣服、漱洗用具。上得楼来,进入卧室,我忙找出一床大被单铺在地上,然后找出新棉被、棉袄、棉背心、毛线裤、袜子等。我压着一条腿,把厚厚的行李卷捆好,仿佛我下乡八年,就为演好今天这出戏。造反派一人一个屋角站着,我又拿了面盆、漱口杯、牙膏、手纸等装在网袋里。造反派拎铺盖网兜噔噔噔下楼了。洪娘娘从门外探头过来。我说:“快扶我坐下,我的腿没了。”我转过脸一看,床头柜上放着眼药水和药片,我大叫一声:“来不及了。”赵丹眼要瞎了。

赵丹被关在监狱里五年零三个月才放出来。还好,他眼没有瞎。押他的人训话后走了。我让他坐下,我一说话,他又站起来。我说:“阿丹,你回家啦!快好好坐着吧。你看两个孩子长得有多大啊!阿橘在乡下,我打电话让她回家来。”阿丹还是不说话。幸亏他吃饭吃得老香,好像饿极了。

夜晚,我和一个一米八三、一个一米八七的儿子横睡一张大床,给赵丹搭了个钢丝床,铺上暖和的被褥,烧了热水,让他洗漱完毕睡下。半夜里,我被他的自言自语惊醒。我喊他:“阿丹,你想说话,就把我叫醒,别自己跟自己说话,怪吓人的。”他说:“关着我时,就怕自己不会说话,演不成戏,才练着自己跟自己说话。”还演戏!这戏痴!

赵丹缓过来了,看着比自己高许多的两个儿子笑了,还夸张地站在小板凳上吻了他俩,可他在家才待了一个礼拜,又被造反派押着去“五七干校”强迫劳动。阿丹从干校休假返家时,晒黑了。他说干活虽累,可以锻炼身体。又说:“我和富华在一起,可以悄悄画画。”家里的绘画颜料早干裂得挤不出来了,各式精选毛笔也早被造反派拿去刷大字报了。我赶紧去书画店为他置办一些书画用具,好在我的工资已全发了,还补发了扣的工资,我有钱啦。

粉碎“四人帮”,我们可盼到头了,满心欢喜。我买来三公一母螃蟹给阿丹配酒。一天,一个朋友来说:威海卫路街墙上,贴了一张大字报,说赵丹的女儿赵青是江青的女儿。我赶忙叫小儿子赵劲用照相机去给拍下来,但已被覆盖了。简直是无稽之谈!幸亏赵丹的原夫人叶露茜在分娩时,赵丹正在摄影棚拍摄《十字街头》,是好友金山去产院看望了产妇和襁褓中的女儿赵青。但谣言已传播开了。当大家上街欢呼胜利游行时,阿丹也拿了面小旗打算参加游行队伍,被一个好心的老工人劝了下来。老工人说:“万一在人群中,有人说你和江青有关系,打起你来,你可吃不消兜着走。你别往人多的地方去。”冤哉枉也!赵丹苦也!

如此这般,阿丹的运动结论久久没消息,好容易有一天,市委文教办的一位干部,拿了一纸赵丹的运动结论来让他签字。阿丹一看上写着:“说了些错话,办了些错事……”赵丹说:“你们是以叛徒罪立案,应全部推翻!什么错话错事啦?我不签!”干部说:“已经做人民内部矛盾处理了,你不签,将来用你时,还是要看档案的。”赵丹怒道:“谁要看了我的档案才用我,我还不给他用呢!”

阿丹惦记的只有演戏。他到处求人给他写电影剧本。当然,他从来也不是什么剧本都演的,有个剧本《曙光》,来找他演,内容是写党肃清 AB 团的错误路线的。赵丹说:“三十年代,我们只要听到共产党这三个字,都要热血沸腾的,哪能说那时候就错杀那么多人呢?”他还是想演鲁迅。阿丹求我写《红楼梦》,说他在新疆监狱,就把《红楼梦》的许多章节分好镜头了。我说我驾驭不了那么大的题材。他又让我给他写《齐白石》,说小白石骑在牛背上顺流而下……我说我给你写闻一多吧。我参加过民主运动,参加过烈士于子三的追悼会,朗诵了《海燕》。我可以到昆明去采访……我给你写一稿吧。

还好。北影厂请他去北京,饰演《大河奔流》片中的周恩来总理。赵丹大喜过望。

我陪他去了北京(我作为编剧不坐班),住到北京电影厂招待所的小房间里。导演让工人搬来一个大穿衣镜,为他定制了总理的服装、道具(包括文房四宝)。第一次试镜时,给他剃掉半寸鬓角,又装了两只假槽牙,以显脸宽。第二次试镜时,导演说总理的人中比赵丹长,就以塑胶制作人中,贴在上唇上,照相还好,就是不能说话了。赵丹说:“表演要形似,还要神似,演起戏来,没人会对比人中的,别管它了。”直到第五次试妆,试拍周总理办公批阅文件镜头。播放试片中,赵丹吓得不敢看,缩在椅子里。待他抬眼看时,愣住了,“好像啊,小兔崽子,你真行啊!”“小兔崽子”是普希金写出好诗后,称赞自己的口头语。赵丹试妆后,走在北影大院里,人们都惊异地站住了,真像周总理出现了。赵丹对角色充满自信。

一天晚上,我和赵丹潇洒地闲坐,剥吃着薄壳核桃,以清肺润咽。厂长汪洋来了,我忙起身为他沏茶。他嗫嚅说:“上边说,你演周总理不适合。大家会觉得是赵丹,不是总理。”

阿丹说:“这不是理由。”

汪洋只得说:“要换个新人来演周总理。”

阿丹愣住了,站起来。汪洋补充说:“这是中央决定的。”汪洋走了。

阿丹痛苦地搂了一下大镜子。他无法躺下。十一点多了,他又去找汪洋。汪洋只叹无奈,扶他回招待所。阿丹在床边坐了一晚上,男人不能像女人痛哭一场,真可怜。天不亮,他就穿起大衣,离开了北影,离开了他的伤心地。

我收拾了衣物,结了账,也离开了北影。找到阿丹,我陪他到文化部,找到黄镇部长。我对黄镇说:“黄部长,你派人把赵丹逮捕了吧,人不能不明不白地活着。”

赵丹说:“我演了一辈子戏,还从来没让人把我换下来过!”

黄镇说:“不就是一个角色嘛,下次再演嘛。”

我气得说:“你不就是个部长嘛,换下来,以后再当嘛!”

外屋听到我们吵起来,推门进来,把我和赵丹劝走。

阿丹和我怏怏地离开北京,回到上海家里。他病倒了,什么也吃不下,吃一点就干呕。我陪他去华东医院看病,医嘱查胃镜。因他胃是空的,当时就插管子查胃,查后就嘱他住院,给他输液。他要求下午输液,上午好画画消遣。我给他送了画画工具。他随画随送医生、护士和工友。一天,我的好友薛素珍的侄子向他求画。他画好后说:“我就不题款了,我死了,你卖画值钱些。”

我责怪他:“别死啊死的,不吉利。”

他说:“我说的是实话。”

一天傍晚我去医院，阿丹说："你怎么才来啊，急死我啦！"

我问："怎么啦？化验报告出来啦？"

他说："今天是你生日，我给你画了张画。"

我一激灵，他从来不管我生日不生日。我有不祥之感。他给我画了一张大寿桃。

他一天天消瘦，吃不下去什么，一天他又干呕，大便呈黑色，体温升高。上海电影局决定送赵丹去北京治疗。因那时，只有北京肿瘤医院有 CT 机，让张万年同志陪我们去。于是让我的大儿子阿佐背着爸爸到了机场，又背爸爸上了飞机，到了北京，已经有小汽车等着，把我们接到了北京医院 412 室。北京医院是中央空调，阿丹进病房就喊冷。病房不能调空调，只得喊来木匠，用木板把空调口封住。我服侍他喝了几口热水，盖好棉被让他睡下。阿佐为他搓手，我为他搓脚，冰凉冰凉，病人真不能和常人比，我已经冒汗了。

其实，我们一行已经在 6 月 28 日来过北京了，住在虎坊桥北纬饭店，然后到北京肿瘤医院做 CT 检查。那时候，上海还没有 CT 机。29 日阿丹从 CT 机上下来，医生笑着握住阿丹的手："恭喜你，好啦，没事。你可以安心疗养了。"阿丹很高兴。晚饭时，他还吃了两片溜鱼片，小半碗莼菜汤，他很久没吃正餐了。

30 日回到上海。7 月 2 日，上海电影局局长袁文殊找我去告诉我："赵丹生的是胰腺癌，肿瘤生在胰腺的中部，不易发现，发现时已长到 8 厘米，已扩散，是晚期，很严重。"

我说："为什么在北京不告诉我？"

袁说："总要商量商量。"

我又问："没办法医疗了吗？"

袁说："除非手术打开肚子直接照光。"

我说："他现在还能撑着画画。腹部开刀后，只能躺在床上等死。没有质量的生命，我们不要，先撑撑看吧。他现在情绪不错。谢谢组织操心，真是谢谢。"

袁说："我认识阿丹比你早十年，应该的。"

赵丹以为自己的病没有危险。他请求上午不输液，好画画，还到医院大花园去写生。

到了7月15日,他早上醒来就干呕,大便呈黑色,有热度,人痛苦不堪。上海电影局紧急决定:还派万年同志陪同送北京诊治。我赶快去银行提取现金两万元,是运动中的扣款储蓄,又取了些换洗和防寒衣裤,匆匆上路。

孩子们都知道爸爸活着的日子不长了,都陆续来北京陪爸爸。

长女赵青在北京歌舞剧团。赵矛住在北京电影学院同学的家里。周民说到北京来组稿。赵橘说地里没活干回家来歇歇。阿佐是注定要陪爸爸的。小儿子赵劲在北京电影学院读书,已值暑假,于是平时没工夫管孩子的爸爸,这回可补回来了。孩子们按钟点排好次序,来看守服侍爸爸。我在《红旗》杂志招待所里,租了两张床,给男孩子轮换住。病房里有一张小床,是橘子和我的专利。橘子买来一只小熊打鼓的玩具。每当阿丹输液完毕,小熊就哔哔啪啪打起鼓来。病房里笑声不断,不像有垂危的病人。

阿丹日益衰弱。医生在病房门口贴了张"谢绝探望"的纸条。到9月下旬,床位医生对我说:"朋友们想看阿丹,就让他们来看吧。"我知道这不是好兆头,就去买来几册新出版的《赵丹角色创造》,放在病房窗台上,打电话给熟悉的朋友说可以来看阿丹了。有的朋友来时,阿丹睡着了,也就凄然地取一本书,依依离去。

一日,我坐在病房靠背藤椅上,对孩子们说:"以后,谁来了也别让人家和爸爸握手。外边细菌多,病人身体弱……"义子周民说:"如果华主席来了呢?"正说着,护士进屋来说:"华主席来看赵丹同志了。"说时迟,那时快,华主席已走进来伸出两只大手和赵丹握了起来,并勉励说:"既来之,则安之。要好好养病,心情要开朗。"

这下可热闹了。党中央的一些领导人和他们的秘书、子女,都先后来探望。病房里摆满鲜花和花篮。邓颖超同志住在三楼病房,送来自己种的栀子花,并劝慰我要想开些。过后,中央电影局局长陈荒煤来看望赵丹,问他有什么要求。赵丹说:“有些话想和乔木谈。”荒煤说:“我来联系。”

于是,阿丹每日和我说要和乔木说什么,我简记了下来。他断断续续出口成章,连南通腔也没了。

某日下午,胡乔木和贺敬之来到病房。我对他们说:“《人民日报》文艺版专栏讨论电影问题。阿丹有话要说。他很弱,由我代说,有不对的,他来补充改正。”乔木说:“有什么说什么,我洗耳恭听。”

我说:“第一个问题,是关于党对文艺的领导问题。对具体的文艺创作,党究竟怎样来领导,党领导国民经济的制订,领导工业、农业制度的制订和贯彻执行,但党不会领导怎样种田、怎样做板凳、怎么裁裤子、怎么炒菜,所以,大可不必领导作家怎么写文章、演员怎么演戏。文艺,是文艺家自己的事,如果党管文艺管得太具体,文艺就没有希望,就完蛋了。”“‘四人帮’管文艺管得最具体,连身上一块补丁、一根腰带都要管,管得八亿人只剩下八个戏,难道还不能从反面给我们以教训吗?”乔木听后,说:“很难得,赵丹在重病期间还思考问题,不简单。宗英整理出文字吧。”

我笑说:“还有第二个问题呢!给领导者以欣赏艺术的自由。”他们也笑了。

“我是说电影和话剧的审查排演问题。咱们别‘麻秆打狼两头害怕’。台上怕,台下更怕,该笑的地方不敢笑,不敢点头也不敢摇头,生怕表错了态。其他领导也瞄着第一领导,简直活受罪。生怕把毒草夸成鲜花,上台来握手,只说辛苦了,不敢说好也不敢说孬。建议取消审排。领导来看戏,鼓掌也好,拂袖而去也好,都无所谓,有意见,形成文字由文件表达,这样双方都解放了,都诉诸理性了。一个戏,岂止十月怀胎,有时是若干年的积累而成,一摇头就否了,岂不遗憾。”

乔木和贺敬之都没表态。

我固执地说:“第三个问题,是要重视北京电影厂‘创作大师室’的成立和发展。北影成立了‘谢铁骊创作室’‘成荫创作室''崔嵬创作室'。创作室配备了固定的摄影、录音、美工、剪辑、编剧,以求创作默契,是值得重视的探索。没有默契便没有艺术嘛。我的话完了。"

乔木说:"不简单,整理成文字吧。"他们走了。我打电话给《人民日报》文艺版的老友袁鹰同志。袁鹰把我早已整理好的第一部分稿子取走了。

和乔木说完话后,赵丹像办成一件大事,松弛了下来,呼呼睡去。

夜里,他把我叫醒,清晰地说:"我不开追悼会。"吓我一跳,我忙说:"不开,不开。"丹又说:"我不要哀乐,要贝多芬、柴可夫斯基、德彪西。"我说:"我记住了。"他又说:"一个人活着或死了都不要给人以悲痛,要给人以美以真……我祝愿天下都乐。""我都记住了,你放心吧。才三点多,你再踏踏实实歇歇吧。"

10月8日,《人民日报》发表了赵丹的《管得太具体,文艺没希望》一文。

也是10月8日,赵丹到阎王殿逛了一趟。他全身冰凉,没有一丝生的气息。医生抢救无效。杨护士长为赵丹导尿,尿撒出来了,人也缓过来了。我和孩子们为他全身按摩捏搓,像摆弄一只停泊的船。我跟他说:"文章发表了,许多朋友打电话来,都说你写得好。"他的眼珠动了一下,这是他最后的欣慰。

1980年10月10日午夜2时10分,赵丹在睡梦中逝世。

也是10月10日,上午黄苗子、郁风来到北京医院,给赵丹送来中国美术家协会的会员证。

我忙张罗着阿丹丧事事宜。有朋友打电话给我说:"宗英你别紧张。"我说:"我还有什么值得紧张的呢。"他说:"上头有人说话了,说'有个演员临死还放个屁',这句话要传达到县团级,要组织批判,你要挺住,要坚强。"我思索着说:"谢谢你告诉我,我骄傲,赵丹是死在火线上。"

10月23日,中国美术展览馆将举行"赵丹遗作画展"。北京有那么多张报纸,只有一张报发了一条拇指大的消息,其他报都没动静。开幕那天早上八点多钟,我在馆前忙着扎彩球,我的老友袁文殊、陈荒煤、丁峤等来了。他们说："真抱歉，部里九点钟要开个重要的会，不能请假。我们不能来剪彩了。"

我缓缓答道："我明白，我和曹孟浪（一位上了年纪的小公务员）剪彩。"

我给在国家旅行社工作的刘小妹打了个电话："小妹啊，我在你阿丹叔叔的展览会会场，十分冷清。请你拉两车外国人来冲冲喜。"

刘小妹说："我给你拉四车来。"

我穿上一件鲜艳的红背心，我为赵丹的第二次艺术生命——书画喝彩。展览会第一天有一千人，是路过，惊喜地发现才进来参观的。夏衍（时未复职）拄着拐杖来了。他仔仔细细地看过，对我说："以前我以为阿丹只是画画册页和小条幅，至今一看，方知他丈五丈六的大画也拿得起，基本功扎实，可喜可贺……可惜！"

一传十，十传百，第二天两千人，第三天三千人……第六天六千人，是展览馆历届展览参观的最高人数。

美展圆满结束后，我和孩子抱着赵丹的骨灰回到上海。我已经为骨灰盒织了一件鲜艳的彩虹花的披巾。我们回到家，一打开房门，我傻了！屋里打扮得像灵堂，是我的好友薛素珍为我重新精心地布置过了。阿丹放大的照相镜框上缠了黑纱，大床架子上也缠了黑纱，把原来屋子里一切带红色的物件统统撤了。

上海的冬天，本来屋子里就冷，如今更像个冰窖。我忙对从乡下叫来看家的张惠珍阿姨说："打个电话叫洪娘娘过来。两人一块打开樟木箱，拿出狗皮褥子，放在大圆沙发上。有绛红的细格布料，让我踏（缝制）出一套新窗帘，再缝几只花布方椅垫，放在长沙发上，又去买个放在桌上的大圆金鱼缸，买几条杂色的金鱼，让它们活泼地游……总不能死了一个人，一家子都蔫了。赵先生有灵回来也不放心。"

我挺着活了下来，直到如今。

有人问：你一生中最难演的角色是哪个？

答：难为赵丹妻。

又问:赵丹演的最精彩的戏,是哪一出?

答:是他的死。

(原载《时代报告·中国报告文学》,2014 年第 1 期)

面对大海的倾诉

朝　煜

是国土就得有人守。寸寸国土寸寸金，寸寸海域寸寸银。我们夫妻俩为国家坚守1000多平方公里的国土、海域，为了坚守这个海岛，吃尽了千般苦，受尽了万般罪，觉得非常值。

——守岛者语

灌云人的开山岛情结

江苏省灌云县是一个东临黄海的沿海大县，海中有一岛，名曰开山岛。这个开山岛面积只有一个足球场那么大，在浩渺无边的大海里就如一片小小的树叶。别小看了这片“树叶”，它却有着重要的战略意义，当年日本人入侵江苏，就是首先落脚在这片“树叶”上，然后疯狂登岸，用滴血的屠刀划遍江苏大地的。灌云人每每提到此事，至今仍愤恨不平：

“杀了多少中国人啊，灌云吴凤庄大屠杀，灌云县城板浦大轰炸，灌云南岗乡血案……”

“要是当年国民政府派一个排的兵力守岛，日本人也不至于这么顺利地上岸。”

“国民政府腐败，就是没有这样的战略眼光。”

这么一说，开山岛就不是一个小小的海岛了，而是中国黄海中一个小小的门户，难怪灌云县志称其为“兵家必争之地”。

建国后，党和政府高度重视开山岛的建设，派解放军一个工兵连进驻开山岛。这个连在开山岛整天“叮叮当当”“轰轰隆隆”，不分昼夜地搞军事建设，修战壕、筑堡垒、开山洞、挖壕沟，忙得不亦乐乎。于是乎开山岛成了一级军事禁区，当地的一些消息灵通人士每每提到开山岛，总是神秘地耳语着：

“你知道吗？开山岛几乎被解放军掏空了，山洞里安装的都是解放军最先进的武器。”

“山上的炮筒子比洗脸盆子还粗。”

灌云人放心地笑了，说有解放军给我们守岛，小鬼子想再次登陆，就做他娘的大头梦去吧，我们老百姓总算可以睡一个安稳觉了。

1988 年全国大裁军，开山岛的一个炮兵连硬是被活生生地裁掉了。开山岛没人守了，老百姓的心又悬了起来，纷纷写信给县政府，说开山岛没人守，我们睡觉都不踏实。这也难怪，这开山岛离日本太近了，家门口有贼，而且又被人偷过一次，屋里的主人能睡得踏实吗？事关民心民意，灌云县政府马虎不得，要求县人武部把这件事当作大事来抓。县人武部讨论来讨论去，决定派民兵去守开山岛。第一批百里挑一，挑了一个人去守开山岛，这个人好不容易守了 20 天，下岛了，说岛上生活太苦了，没法坚持下去。县人武部又千里挑一，再挑一个人去守开山岛，一个月后这个人又下岛了，说这哪里是守岛？是坐水牢，他娘的，不是人过的日子。县人武部又万里挑一，再挑了一个人去守开山岛，没过十天，这个人又下岛了，说苦啊，苦啊，一辈子都没过过这样的苦日子。再选第四批，仅过了三天又下岛了。

谁能挑起这守岛大任？谁能做这第五任岛主？难道灌云县就没有能勇于献身、为国戍边的守岛大将了？真是愁坏了灌云县人武部一班人。

第五任岛主王继才横空出世

初登开山岛

1988 年 7 月正是盛夏季节，灌云县鲁河乡鲁河村 28 岁的小伙子王继才，背着一些简单的生活用具，去开山岛赴任了。

王继才一米七八的个子，敦敦实实的，站在那里犹如苏北无边的高粱地里一株熟透的红高粱。苏北的高粱地那可是个惊心动魄的去处，如无边的血海、无际的哨兵，王继才就是这无边无际高粱地里的一株。灌云县人武部干事王长杰叫王继才上午八点到燕尾镇码头会合，八点半登岛。他激动得一夜没睡好觉，一早六点钟就到了。

几天前，王长杰对他说："给你一个绝密任务，派你为祖国戍边，去守开山岛，燕尾镇人都说那地方是水牢，条件非常艰苦，但你还不能说不去。"王继才说："不就是苦吗？苦点算什么，为国戍边，我认了。"王长杰说："好。你父亲是老干部，老退伍军人，我们已向他老人家打过招呼了。你母亲、你妻子都不知道，你就别对他们讲了。"王继才说："你放心，我绝对不讲。"王长杰又说："你去之前要少拿衣服，带多了会引起你爱人的怀疑。""知道了。"

开山岛属于灌云县燕尾镇。此时的燕尾镇正是夏季捕鱼的黄金季节（那时还没有休渔一说），来往的渔船在港口出出进进，整筐整筐的马鲛鱼、大黄鱼从船上抬上抬下。闲不住的王继才放下行李，帮起忙来，一大筐马鲛鱼，他"嘿"的一声，便端下船来。"好一块干力气活的料。"有人暗暗地说。有人仔细地打量这小伙子，只见他生得人高马大，结结实实，一双解放鞋，一件老头衫，黄军裤，戴一块当地人号称是"山芋干"的钟山表，一看就知道是农村来的。忙了一会儿，就有人放过话来："哪里人？""灌云鲁河乡人。""是来找工做？""不，上级派我去守开山岛。""你是去守开山岛的？"不少人惊奇地围了过来。"是呀。""失敬、失敬，原来是开山岛第五任岛主来了。"

王继才从渔民那带有几分嘲讽的言语中，觉察到了他们话中有话。

有一位年纪大一点的、像是渔老板的人说："小伙子，留下来吧，我看你是块干活的料。燕尾镇到处都是黄金，我给你每月1000元，另外还包吃、包住。这一年下来，就是小1万元，怎么样?”王继才想,月工资1000元不少了,这年头是天价了,县人武部要我去守开山岛,每月才300元。王继才说:“不行,我要守开山岛。”有个汉子听罢横插一句道:“小子,你执意去守开山岛,你知道开山岛吗?”“不知道。”“不知道你守什么开山岛。”“真不理解,好好的小伙子为什么要去坐水牢!”又有人插上一句。

王继才有点不高兴了,说:“话怎么说得这样难听,怎么叫坐水牢呢?”

“上开山岛就是去坐水牢,我们燕尾镇人就是这样叫的。不信,你去了就知道了。”

有人悄悄地告诉王继才:那开山岛是个十分险恶的地方,岛上的蒿草里有害人的双头蛇,有目如铜铃、口如血盆、专吃人心肝的海怪,山崖下有吃人的大鲨鱼,山上有海盗出没,岸边还有“大元宝”。

“大元宝?那我多捡它几个。”

众人哈哈大笑。王继才被笑红了脸,被笑得一时不知所措。

“这小子,连大元宝都不懂,还去守什么开山岛?”

还是那个渔老板说:“不要拿一个不懂海事的人开玩笑了。”又和颜悦色地对王继才说,“大元宝是海中漂着的遇难者的尸体。渔民为了讨吉利,称其为大元宝,这样的大元宝,你也敢捡吗?”

王继才被吓得两眼发直。

“傻小子,自从部队撤走以后,派上去四批人都纷纷下岛了,难道你真的要成为第五批?”

正说着,县人武部干事王长杰来了。王继才带着无限的疑虑和忐忑不安的心情,在王长杰的带领下,登上一叶扁舟,经过一个多小时的航行,终于登上了开山岛。在开山岛,王长杰指点江山说:“开山岛向东12海里,是我国的海域,向南、向北、向西都是我们的海域。开山岛周围1000多平方公里的海域,从现在开始就交给你了,这块阵地你一定要守好了。”

“行。请领导放心。”

“说说你的责任和任务。”

面对这片辽阔无垠的海域,王继才从心底里“腾”地升起了一种使命感,不由得双腿立正,背诵着在人武部经过简单培训而熟记于心的、开山岛哨所职责和使命:

“一、观察监视和报告海上和空中情况;二、防敌内潜和外逃;三、防敌小股袭扰;四、协助维护社会治安,救护海上遇险船只和人员。”

王继才一字不漏地回答出来了,王长杰很满意,说:“把任务再说得具体点。”

“是。及时通报敌对国家或地区的飞机、舰船活动。及时通报特务船和敌特分子偷渡登陆。及时通报不该进入我规定海域的不明国籍的外国飞机和舰船。及时通报海漂和空漂物品及异常信号弹。及时通报形迹可疑船只或人员活动,我方船只外逃和遭袭击时协助抓捕。”

王继才又一字不漏地背了下来。

王长杰拍着王继才的肩膀说:“好小子,行。领导说你与众不同,你果然与前四位守岛人有明显的不同。”王继才嘿嘿地笑笑。说:“这算啥,我在村里传达上级会议精神时,一讲就是一个多小时,不带落下一件事的。”说完又嘿嘿地笑笑。王长杰说:“你小子三天后还能笑得出来吗?”

“没问题。”王继才说。

接着交代生活。

“年工资 3700 元,平均每月工资 300 多元,是少了点,但开山岛四周都是海,你可以在这里捕鱼捉蟹,以劳养武,生活应当没有问题。部队撤走了,岛上留下几十间营房,门窗完好。房子住哪间,随你便。有床、有被子,生活用具应有尽有。吃水也没有问题,岛上有部队撤走时留下的几口淡水井,够你吃用的。还有煤、炉子,够你用一阵子的。”

王长杰又从船上搬下大米 100 斤,挂面 50 斤,云山白酒 6 扎,烟 6 条。王继才说,我不抽烟,不喝酒,用不着这个。王长杰说,到时候你就用着了。

最后王长杰又交代几句:刮大风时千万不要出门,好生待在屋里,不要让风刮到海里。每天晚上七点钟用这里的手摇电话和我联系一次,汇报这里的情况。一个月后我再来看你,记住,一定要先坚持一个月。

王长杰布置完这里的一切,便下岛去了。

第五任岛主王继才面对大海的第一次诉说

王长杰走了,小小的开山岛变成了一个人的世界,开山岛一下子静了下来。

王继才认真打量着这个曾经是一号军事机密的开山岛。这岛实在太小了,绕着岛转一圈,用不了半个小时。岛的西边,面对大陆,有三排营房。今天天气晴朗,隔着茫茫的大海,远远望去,对岸燕尾镇的几座高楼,犹如竖起的火柴盒;高大的烟囱,犹如竖起的火柴棒。这就是所说的12海里的距离了,据说稍一有雾气,便什么都看不见了。向北望,是无边的大海。向东望是无边的大海,向南望是无边的大海,王继才忽然觉得这开山岛就是这无边无垠的大海里的一片树叶,而他就是这树叶上的一粒尘埃。

一种无尽的孤独感产生了。

海浪拍打着礁石,发出永无休止的"哗——轰!""哗——轰!"的响声,几只海鸥在蓝蓝的大海上翱翔,高声鸣叫着:"啊——!""啊——!"

有三条大鱼,围着开山岛,在海面上优哉游哉地游弋着,那大鱼喷出一丈多高的水柱,王继才可清晰地听到"呼——!呼——!呼——!"的响声,王继才看了好长一会儿,入了神。

岛上没有一棵树,到处都是一人高的蒿草,王继才一不留神就掉进这一人多高的蒿草里,想起蒿草里有"双头蛇"的传说,王继才便吓出一身冷汗。奇怪了,解放军在这岛上生活了多年,怎么不栽一棵树?"我一定要把这些该死的蒿草拔掉,全部栽上树,让这岛上绿树成荫。"王继才想。

想起"双头蛇",王继才就想起了这岛上种种可怕的传说:

海怪、海盗、大元宝。这些东西真会出现吗？一旦出现了我该怎么办？

王继才毫无目的地沿着山上的小路走着。

“妈呀，大鲨鱼！”

王继才不知不觉走到崖底下，无意中与崖底下的一群大鲨鱼相遇了，那是一群饥饿的大鲨鱼，个个张开血盆大口，对着王继才，有一条大鲨鱼竟然蹿起一人多高，直冲王继才，只差几厘米就把王继才拖下水了。王继才吓得魂飞魄散，连连后退，跌跌撞撞地瘫坐在一块岩石上。

“妈呀！还真有吃人的大鲨鱼呀！”

惊出一身冷汗后，王继才突然憋足了劲，一声长吼，“啊——！”

这一声长吼，便吼出了许多故事来。从此王继才紧张了，便一声长吼；遇到险情了，便一声长吼；孤独难受了，便一声长吼。王继才像野人一样一声声地长吼，漫山遍野奔跑着长吼，有时喉咙都喊哑了，还是止不住自己狂吼的欲望。尤其是雾天，开山岛上的大雾才叫真正的大雾，雾浓得对面看不见人，雾浓得你心里发慌，雾浓得你只想大吼一声。后来王继才觉得，光是狂吼是排解不了自己孤独的心情的，得找人说说话，找谁呢？这个荒岛还有谁？只有大海了，于是王继才把狂吼变成一种诉说，变成一种向大海的倾诉。于是就有了王继才一幕幕感人肺腑、催人泪下的诉说。

天渐渐地黑下来，起大风了，大海上空乌云密布，大风掀起阵阵巨浪，撞击在礁石上，发出阵阵震耳欲聋的“轰轰”声。今晚是既无星星，又无月亮的“双黑月头”。村里也有这样的双黑月头，但要比开山岛好多了，至少远处会有村灯，有一闪一闪跳动的鬼火，可这开山岛连一闪一闪跳动的鬼火都没有，更别说有村灯了。王继才活在这个世界上二十多年了，这才真正体会到海岛上的黑夜才是真正的黑夜，那是一个黑得可以把人压垮的黑夜。

岛上没有电，王继才胆战心惊地点起那盏如豆的煤油灯，开始摇动那台老式的手摇式电话机,汇报一天的工作。

“王干事吗?我是王继才,我这里一切都正常。”

“岛上起大风了吧?”

“是的,你怎么知道的?”

“电话里听到了哗哗的海浪声。一个人在岛上,紧张吗?”

王继才使劲地挤了挤脸颊,好不容易才“挤”出点干瘪的笑容来,说:“嘿嘿!还好。”

“不要紧张,岛上除了大风大浪,其他啥也没有。”

“谢谢,知道了。”

“还有,岛东边的山崖下,你不要去,那里有大鲨鱼。”

“知道了,领教过了。”王长杰听得出,王继才回答时似乎有了几分哭腔。

王继才刚挂了电话,一个黑影在窗户上一闪。

“海怪!”王继才头一炸。

那黑影在窗户上又一闪,又一闪,而且是和真人一般大小的黑影,绝对不是幻觉!

王继才头一炸,又一炸,又一炸,汗毛一根根竖了起来,骨架儿都几乎吓塌了。

海怪,一定是海怪,因为这个岛上除了他王继才绝对没有第二个会喘气的。王继才头又一炸一炸的,全身冒冷汗。弄得不好,我王继才今晚就被海怪当作点心吃了。真要是被海怪吃了,我王继才情何以堪,命何以堪啊?他唯一能做的,就是把门关得更紧了,窗户关得更严了。相持了一段时间,他突然想到了王干事送给他的那些白酒,他抓过一瓶白酒,想起“酒壮英雄胆”这句古训,一仰脖子,把这瓶白酒喝个精光,然后手握空酒瓶,摆出一副要和海怪搏斗的架势。奇怪的是,海怪并没有来,一阵阵酒意袭来,王继才支持不住,倒在床上,心里却明白,好呀,好呀,一醉方休,一醉解千愁。

第二天,天大亮,王继才酒醒了。推开门窗,哇!是个大晴天,昨天夜里下了一夜的暴雨,自己却浑然不知!

出门去看看。一抬头,“海怪”的谜全解开了,原来对面墙壁上挂着一件军用的破雨衣,夜里风一刮一刮的,活像海怪的鬼影。王继才觉得自己好笑,真是草木皆兵了。他大步登上山顶,这才发现,开山岛美极了,瓦蓝瓦蓝的天空,飘着一朵朵白云,大的如一堆堆棉花堆,小的又如一只只肥羊。大海平静得如一位美丽的少女,又如一块硕大的蓝宝石。王继才忽然觉得,自己脚下的开山岛多么像无边的蓝宝石上镶嵌的一块白色的象牙雕啊。白云在天空移动,似乎这块白色的象牙雕也在移动。王继才觉得自己心潮激荡,作一首诗吧,赞美一下这美丽的海景!王继才搜肠刮肚,也没想出一个字来。自嘲说,自己上高中的那点语文底子,大部分还给老师了。

王继才想起了俄国大作家高尔基的名篇《海燕》,这篇散文他在中学里学过,现在面对大海他想朗诵这篇散文,可怎么也记不起来了,只记得文章的最后一句:

“让暴风雨来得更猛烈些吧!”

王继才想,他的妻子王仕花在校时语文成绩很好,又是小学语文教师,她一定记得。

三条大鲸鱼又出现了,巨大的黑色鱼背像是浮动的山脊,“呼——!呼——!呼——!”喷着高高的水柱。

“大鱼你好,我叫王继才,今后我们就是邻居了。”

“呼——!呼——!呼——!”

大鱼喷着高高的水柱,像是回答。渔民告诉王继才,这三条大鱼是开山岛的鱼神,常年不离开开山岛。

向崖底下看,一种叫“靠山红”的红色海蟹成群结队地爬上礁石,把一大片礁石都染红了。那蟹一个个傲慢地竖起两只眼睛,冷冷地打量着王继才。这么多蟹呀,看来在开山岛捕鱼捉蟹,生活是不成问题的了。

整个上午,王继才的心情好多了,初上岛时那种紧张、恐惧的心情开始平静下来。

晚上,王继才关好门窗,准备好好地睡一觉,这才发现海岛的夜晚真热啊,热得像蒸笼。蚊子也特别大,大得几乎像陆地上的“豆娘娘”,一咬一个紫疙瘩,钻心地痛。这些倒也罢了,最难熬的是海涛声，已是午夜，门外狂呼的海风伴随着近在咫尺的海浪声，“轰——！轰——！轰——！”像一颗颗炸弹，震得床直摇晃，由于离海浪太近，整个床如同漂在水面上，摇呀摇的。王继才这才想起燕尾镇人为什么把这开山岛称为水牢了。王继才自嘲道，哪里如坐牢，坐牢还有牢友说说话，坐牢还有一天三顿饭呢。

王继才辗转反侧，很难入睡。奇怪的是昨天晚上怎么没注意到这海涛声、这硕大的蚊子，还有这闷热的蒸笼？想想终于明白了，那是让“海怪”闹的。既然睡不着觉，还是喝酒吧，喝醉了就啥也不知道了。

于是王继才又打开了一瓶云山白酒。

就这样，王继才一天天扳着指头算日子，一天天地“熬”下去。

一个月渐渐地“熬”过去了，该是王长杰上岛的日子。就在这一个月的最后几天，忽然刮起了14级台风。这片海域属祖国的黄海，8、9、10三个月，正是台风横行的日子，最高可达15级，这回让王继才赶上了。

如果没有台风，开山岛周围还有点点的渔船，王继才可以和这些渔船招呼：“喂，你好，今天收获怎样？”“很好，有事吗？”“没有事。”“有事尽管言语一声。”“谢谢，你们有需要我帮忙的，也尽管说。”“谢谢。”

虽然只有几句话，王继才却有无尽的快乐，一天的时光也就在这几句话中打发了。

一刮台风，渔船避进港了，开山岛周围便成了一片死海。寂寞呀寂寞，孤独呀孤独。王继才是个好动好玩好说话的青年，村里开村民大会，王继才不用稿子，一讲就是一个多小时。在家是老婆孩子热炕头，在岛上是海风海浪冷石头，王继才整天只能对着无尽的大海发呆，对着震耳的涛声发呆。他抽烟、喝酒，第31天酒喝完了，第35天烟抽完了，他把岛上的一种大叶草烘干了，切成丝，用报纸卷起来，抽！猛抽！王继才快要急疯了！对着大海猛喊道：

“我坚持不下去了,我要下岛,我要下岛!”

没有人回答他,他就是把喉咙喊破了,就是跳进大海,也没有人帮助他。

王继才急疯了,他真的要跳海了。

他体会到,在开山岛,寂寞和孤独,远比海怪可怕多了。

海风在昏天黑地刮,海浪在昏天黑地翻腾,巨大的海浪冲上几十米高的山崖,浪花冲上了屋顶,从屋顶上盖下来,“哗,哗,哗——”一尺多长的海鱼被海浪冲上屋顶,又从屋顶上摔下来,在屋前的台阶上“吧嗒、吧嗒”地跳动着。

房子在震动,人在震动,王继才的心在震动,太可怕了。

在这昏天黑地的摧压下,人的忍耐力已达到了极限。

下午,王长杰打来电话:“王继才,你要坚持住,风浪太大,我们几次派船去看你,都无法靠岸,你一定要坚持住,风浪稍小点我们立即就派船,听到了吗?”

“听到了。”

王长杰左一个“一定要坚持住”,右一个“一定要坚持住”,使王继才想起了他二舅在他临上开山岛的前天晚上给他讲的一个故事。

王继才的二舅是王继才的偶像,这位老人16岁就参加了八路军,身经无数次战斗,参加过抗日战争、解放战争、抗美援朝战争。多次立功,多次负伤,至今身上还留有几块弹片,是个二等甲级残废军人。解放战争时,二舅就是解放军某部的一位连长,一次守阵地,原计划是阻击一个排的敌人,结果敌人来了一个连,后来又来了两个营。二舅这个连支持不住了,师部不停地打来电话:“一定要坚持住,一定要坚持住,援兵马上就到!”敌人那个机枪打得猛啊,一扫我们就倒下一大片。二舅硬是顶住了,援兵到时,全连只剩下五个人。二舅搂住增援部队的连长,抱头痛哭。二舅对王继才说:“小二子,你要记住了,上级交给我们的阵地千万不能丢,丢了就是逃兵,丢了就是人民的敌人。”

王继才的父亲也是1948年入党的老革命,对王继才说:“小二子,二舅的话你记住了吗?”王继才说:“记住了。”老父亲说:

“打江山时，你们没有参加；你去守开山岛，守江山你参加了。我们老王家出了你这么一个守江山的，我们感到非常光荣，你一定要给我们守好了，不要丢了我们老王家的脸，不要丢了你二舅的脸，否则你就不是老王家的种。”

“老爸，如果我去守开山岛，就不能在您面前尽孝了。”

“傻二子，古人认为为国尽忠是大孝，吾儿能为国尽忠，老父满足矣！”

想到此，王继才只觉得阵阵豪情涌了上来。

他大声吼道：“王继才，你这是干什么，难道你要做战场上的逃兵？难道你要做人民的敌人？不就是寂寞吗，不就是孤独吗，不就是不能老婆孩子热炕头吗？这点困难和革命先烈们比起来算什么？王继才呀王继才，祖国把这么重要的岗位交给你，你害怕了？胆怯了？你对得起祖国人民对你的信任吗？你对得起革命先烈们吗？你对得起二舅吗？”

王继才胸中涌动着一股激情，面对大海大声地诉说着：

“是国土就得有人守。寸寸国土寸寸金，寸寸海域寸寸银。我王继才为国家坚守1000多平方公里的国土、海域，我活得自豪，活得光荣，活得有价值，我要在这开山岛坚守一辈子！”

他发誓：“开山岛从今往后，决不能第二次再做日本人侵略中国的跳板，小鬼子再敢来，中国人定打你个满地找牙！”

王继才，这个朴实的庄稼汉子站在祖国黄海的一座小岛上，把自己的誓言说了一遍又一遍，直到说得口干舌燥，喉咙哑了，说不出话来了，倒在一块礁石上，大睡一觉。醒来后，又开始向大海发出自己的誓言。

通过这一诉说，王继才觉得自己的心情好多了，像是把自己的心里话对自己的亲人说了。大海似乎也听懂了，发出巨大的轰鸣声。王继才觉得自己和大海交上了朋友，大海是自己最亲的人了。从此王继才和大海有了一个约定，我王继才今后凡是遇到困难的事、烦恼的事、高兴的事、幸福的事，都要向你大海，我最忠实的朋友诉说一番，大海你知道了吗？大海你听懂了吗？大海……我王继才是堂堂七尺男儿，说话从来是算数的。

极度疲惫的王继才，躺在大海——他最忠实的朋友面前再次睡着了。

妻子王仕花加盟　夫妻哨所正式开张

寸寸国土寸寸金，寸寸海域寸寸银

灌云县鲁河乡小学教师王仕花这两天慌了神，新婚不久，对她恩爱有加的丈夫王继才不见了。

王仕花和王继才结婚不足两年，有一个不满一岁的女儿。王仕花娇小婀娜，美丽贤惠，又是小学教师。王继才高大威猛，是村里的民兵营长。这对夫妻的结合自然成了人们羡慕的对象，村里的小姐妹没人时就对王仕花耳语：“有钱找个高大汉，不会干活也好看。王仕花，你个小丫头片子，把王继才看好了，别让他给跑了。”王仕花就说：“臭丫头，看我不撕破你这张臭嘴。”于是就打成一团，笑成一团。几天前，王继才对她说：仕花，我要出去几天，不要找我，到时我会回来的。说完王继才就拿些换洗衣服什么的，出门了。

一天、两天……七天、八天，王继才像一汪水被蒸发掉一样，在这个世界上消失了。王仕花问婆婆，继才哪里去了？婆婆回答，不知道。二子是个老实人，不会出什么事的。又过了几天，王仕花再问婆婆：“妈，继才哪里去了？这都十多天了，连个音信都没有。”妈说：“你去问你爸，兴许他知道点。”

又过了几天，王仕花大着胆子问老公公：“爸，继才到哪里去了？”

“干大事去了。”

王仕花再问老公公，老公公黑着个脸，说：“瞎打听个啥呀，女人家，不该知道的事，就不要知道。”

没头没脑地挨一顿“呲”，王仕花委屈地走了。老婆婆道：“你爸呲你了？这个老东西，一辈子说不出一句好话，就连对我都没有一个好脸色。不过人是个好人，没坏心。”

一个多月后，王继才还是没有动静。王仕花向村里小姐妹打听，村里的小姐妹说："丫头，慌了吧。我早就说过要你把那小子看好了，没想到这一天终于来了。"

本想王仕花会和往常一样和她们打在一起、闹在一起，没想到王仕花委屈的泪水一下子流了出来，抱着小姐妹痛哭了一场。

小姐妹傻眼了，拍着王仕花，哄道："王继才那小子我们都知根知底的，绝不是个坏种。你放心，一定发生什么事情了。他真的要把你给甩了，我们小姐妹们把这小子一人一口给啃了！"说得王仕花"扑哧"一声笑了。

又过了几天，王仕花的婆婆当着王仕花的面说："老头子，你儿媳妇王仕花到处打听你儿子的下落，你倒是说话呀，你把我的儿子弄到哪里去了？""守岛去了。""守啥岛呀？""你们这些娘儿们少打听男人的事。""这个老东西！"婆婆愤愤地说。

第47天，王仕花突然接到县武装部王长杰的通知，要她带点王继才的换洗衣服和他一起上开山岛看王继才。

"开山岛，开山岛在哪里？"

"开山岛是燕尾镇海里的一个小岛，离这里大约100公里。"王仕花的老公公说。

第48天，王仕花几经周折，和灌云县武装部干事王长杰一起登上了开山岛。

难道面前站着的就是她朝思暮想的丈夫王继才？这个人的胡子像一把钢针，嘴被深深地埋在里面。头发长得拖到了衣领上，乱七八糟的像一蓬乱稻草。身上的白衬衣，已经辨不出是什么颜色了。由于很多天没洗澡，散发出一股腥臭味，而且这个人又黑又瘦，我的丈夫可是一个又白又胖的帅小伙子。直到王继才喊了一声"王仕花"，王仕花这才惊愕地缓过神来，扑到王继才怀里大哭："王继才，这些天你死到哪里去了？你死到哪里去了？"在王继才的胸脯上又拍又打。

王长杰立即为王继才安排洗澡、理发（随船自带一名理发师上岛），换衣服、吃饭。饭后，王长杰把王继才带到岛的最高处，面对大海问："王继才，你在岛上48天，这48天来你最大的体会是什么?”

王继才站了起来,正了正身子,从心底涌动着一股豪情,大声地说:

“是国土就得有人守,寸寸国土寸寸金,寸寸海域寸寸银。祖国的领海权高于一切。如果祖国需要,我要在这开山岛上坚守一辈子。”

王长杰连连称赞:“好,好,好。经组织研究,决定任命你为开山岛民兵哨所第一任所长,这是任命书。”

王长杰把红头文件交给王继才,王继才用颤抖的手,向王长杰敬了一个规范的军礼,然后庄重地接过红头文件,放进胸前的口袋里。

王仕花吃惊了,她不敢相信,刚才那段充满豪情的话是自己的丈夫王继才说的?那段话无论是思想内涵和修辞水平,都是上乘的。事后王仕花悄悄地问王继才:“那段话是你想出来的?”

“我在岛上琢磨了48天,就琢磨出这几句话来,我的语文老师,还行吧?”

王仕花一下子扑到丈夫的怀里,从此对丈夫王继才刮目相看。

王仕花的最后一课

回家后,王仕花宣布了一个惊人的决定:辞掉小学教师职务,和丈夫去守开山岛。理由是丈夫在岛上太苦了,丈夫的生活不能没有我,开山岛不能没有我。

首先支持的是王仕花的老公公。老公公说:“老二家里的选择是对的,是老王家的儿媳妇,有出息。”

王仕花的老婆婆有点不高兴了,说:“再怎么说仕花也是小学教师,好好的书不教了,去守那个破岛,值得吗?”

老公公正色道:“妇道人家,头发长,见识短。这要往远里说,你儿子王继才就是镇守边关的大臣,就是杨宗保、杨文广,你儿媳妇就是穆桂英。这一说是守岛重要还是教书重要,就全明白了。妇道人家,啥也不懂。”

“就你懂,就你懂。”公婆在屋外一句一句地斗嘴。

王仕花在自己的房间里“扑哧、扑哧”地笑。

当王仕花把自己要辞掉小学教师的想法汇报给小学校长时,小学校长正色道:“王老师,这你可要好好考虑了。你是代课教师,代课教师马上就要转正了,我们学校研究过了,认为你表现好,成绩突出,只要有一个转正名额,也要让给你,你现在辞职是不是太可惜了?”

王仕花说:“岛上需要我,我丈夫的生活离不开我。”

不久,王仕花的辞职报告批下来了,王仕花决定上好小学教师的最后一课:

“同学们好!今天老师为同学们上最后一课,请同学们打开课本,翻到第五课——《我爱北京天安门》。”

教室里响起“哗哗”的翻书声。

“老师给你们讲完这一课就要离开你们,和你们的王叔叔共同去守黄海上的一个小岛。”

“王老师不要离开我们。”孩子们齐声说。

有一个学生提问:“王老师,你为什么要离开我们去守黄海上的一个小岛呀?”

“因为海岛外有大灰狼一样的坏人,他们随时都会闯进我们的家。王老师去守海岛,就是为了把他们赶出岛外。”

“王老师,我叫我爸把围墙砌高一点,大灰狼就进不来了。”

“王老师不要离开我们,我们把门窗关紧一点就行了。”

“王老师不要离开我们,王老师不要离开我们!”

同学们七嘴八舌,有的同学竟跑上讲台,抱住王老师的腿,不让走。

王仕花流泪了,多好的同学啊。那边舍不得爱人,舍不得守岛那份神圣的事业;这边舍不得工作,舍不得可爱的孩子,王仕花左右为难。

王仕花说:“第五课的内容是什么?”孩子们回答:“《我爱北京天安门》。”“你们热爱天安门吗?”“热爱。”“现在有大灰狼一样的坏人要破坏我们的天安门,老师就是去守海岛,保卫天安门的。”“老师,我长大了也要去保卫天安门。”“我们长大了也去。”

王仕花热泪盈眶。

灌云县人武部很快批准了王仕花的请求,并任命王仕花为开山岛民兵哨所哨员。接到任命后,王仕花要把不满周岁的女儿带上岛,婆婆坚决不同意,说岛上条件那样艰苦,你带大丫上岛,遭罪啊,我孙女不能受那罪。

为了丈夫,为了丈夫能更好地完成守岛大业,王仕花一抹眼泪,走了。

王仕花掉进了“新石器时代”

王仕花再次上岛的时候,王继才着急了:“谁叫你来的?你在家小学教师干得好好的,谁叫你辞掉的,你和我商量了吗?”

王仕花理直气壮地说:“你在家民兵营长干得好好的,跑到开山岛上来守岛,你跟我商量了吗?”

王继才被妻子反问得张大了嘴,一句话也说不出来。别看王仕花个子小,可斗起嘴来往往是王继才甘拜下风。

“那好吧,从今往后,咱夫妻俩就共同守岛吧。”

从此,灌云县开山岛夫妻哨所正式开张了。

他们在开山岛的制高点上,安装了一台高倍望远镜。别小看了这台高倍望远镜,它可是祖国安放在黄海深处的一双眼睛。王继才王仕花每天不定时地对着这台高倍望远镜向祖国广袤的海域观察,看看有没有可疑目标。这一天,王仕花终于发现一艘不明国籍的船只,晕头晕脑地闯进了中国的领海。王仕花及时汇报,那海船受到警告后,又晕头晕脑、狼狈不堪地退出我国的海域。王仕花看着那艘船急急慌慌的样子,心里升起了一股无上的自豪感和使命感。

又有一天,王仕花发现某敌对国家、敌对地区对我们施放大量有害漂浮物,王仕花又及时汇报,漂浮物得到及时清理,把危害减少到零。从此,王仕花感到自己身上的担子太重了。

也就是从这个时候起,敌对国、敌对地区甚至周边国家才把这小小的开山岛作为注意对象:船到开山岛,凡事得小心点。

“怎么样,我们的岗位重要吧?”

“重要,十分重要。”

王仕花套用丈夫王继才的话说:“寸寸国土寸寸金,寸寸海域寸寸银,祖国的领海权高于一切,放弃小学教师的工作值得。”

“还是我的妻子了解我。”

“王继才,我就是在你‘祖国的领海权高于一切’这句话的影响下而放弃工作,放弃女儿上岛的。”

“难道我个人长相就没有一点魅力?”

“美了你。”王仕花嘴上这么说,心里却在想,丈夫这句“祖国的领海权高于一切”,确实为丈夫增加了不少魅力,丈夫变成有理想、有抱负、胸怀大志、深明大义的人了,这样的男人难道不值得深爱一辈子吗?

可王仕花发现,要在这小岛生存下去,困难确实太大了。

首先,岛上没有电。电灯没有了,电视没有了,电冰箱没有了,电饭煲没有了。夜晚,昏天黑地的荒岛中,只有一盏如豆的小油灯,一晃一晃的,岛上所有的对外联系就靠一部手摇电话机和一台老旧的收音机。

岛上到处都是一人多高的蒿草,竟没有一棵树。王继才夫妇开始拔蒿草,说是要栽上树,让全岛披上绿荫,长上瓜果蔬菜。可要真正干起来,王仕花发现,岛上种树的难度太大了。

岛上栽树,先要在石窝窝里凿坑,一个坑要几天,甚至几十天才能凿一个。坑凿好了,还要燕子衔泥似的到离这里几十公里的陆地上背土。第一年种下的100棵白杨无一存活;第二年种下的50多棵槐树又全部死了;第三年,十多斤的苦楝树种子种下去仅长出一棵小苗;第四年种下的200多棵马尾松竟一下子活了26棵……因为这些树都怕盐碱,别看石窝窝离海面几十米高,一遇台风,海浪照常打进这些石窝窝里,高盐高碱的海水使这些树无法生存。只有苦楝树是个好东西,耐得住盐碱,马尾松也不错。王仕花、王继才就栽了一些苦楝树和马尾松,竟然存活了不少,现在最大的一棵苦楝树已有小盆口粗了。王仕花到底是教过几年书的,说,苦楝树啊苦楝树,苦苦地恋着海岛,我们夫妻也是两棵苦楝树,也在苦苦地恋着海岛。

2012年笔者登上开山岛,见那棵有盆口粗细的苦楝树树干上刻下一行字,那清秀的笔迹一看就知道是王仕花刻的:

"开山岛,我们的。"

一同前来采访的人员争相在树下拍照,成为开山岛的又一景。

岛上没有动物,甚至连一只老鼠都没有。

临来开山岛,王仕花的小姐妹们说:"王仕花你疯了,那开山岛上连海鸟都不落脚,你却要在开山岛上安家落户。"来岛后,王仕花果然发现,这开山岛虽在深海中,可真的连一只海鸟都很少来。这是为什么?后来王仕花终于找到了原因,原来这开山岛上没有自然存在的淡水,所以根本没有什么动物。至于"双头蛇"之说,根本就是无稽之谈。王继才夫妇在岛上养了鸡、鸭、狗、羊,这才使岛上有了点生机。可惜,岛上的四只羊一夜之间就被台风掀到大海里去了,从此岛上再没有羊。

岛上不知从什么地方飞来了几只黄雀,几只蜡嘴鸟,几只野鸽子。它们飞来便再飞不走了,善良的女主人每天都要端一盆淡水放在山坡上,几只小鸟便立刻飞来,旁若无人地喝着。

他们开始打扫营房,这岛上40多间营房,他们每天都要打扫一遍。路面破损了,都要及时修补起来。码头破了,王继才自费花了一万多元钱买来水泥、沙子把它修补好。又自费买来油漆,每年都要把40多间营房的门窗油漆一遍。20多年来从未间断过。王继才说,这是部队的军营,是最干净、最神圣的地方。战士们随时都有可能回来,我王继才随时都要为他们移交一个漂亮、完整的军营,只有这样,我王继才才能对得起他们。笔者曾多次登上开山岛,看到这里的营房虽然空着,却一尘不染,屋里桌椅被擦得干干净净,一些军事设施被很好地保存下来,似乎这里仍然驻扎着一支纪律严明的军队,只是出操去了,只是临时出去执行紧急任务去了,只要有一声哨声,他们马上就会回来。

王继才对海岛感情之深，对部队感情之深，令人肃然起敬。

天苍苍野茫茫，高原寒炊断粮

王仕花上开山岛不久，便又遇上了台风。煤气用光了，他们开始吃生米，抓一把生米放在嘴里嚼，嚼得满嘴流白浆，冒白沫。在陆地上生活惯了的王仕花，从未见过这样大的台风，吓得躲在丈夫的怀里。王继才轻轻地拍着王仕花说："莫怕，莫怕。天塌下来，有高个子顶着。"

王继才问："我们吃生米已经几天了？"

"三天。"

"看来还要吃三天，三天后会有补给船来的。"王继才说，"我要巡逻了，外面风太大，你在家，别出门。"

王仕花说："不，我要跟你一起去。"

"外面危险。"

"你刚才不是还说天塌下来有高个子顶着吗？"

王继才拗不过妻子，只好按常规找根背包带子把俩人的腰扎起来，就这样手拉手去巡逻。

其实王仕花坚持要和丈夫一起去巡逻，一是不放心丈夫，二是一人留下来害怕。丈夫说过，在这昏天黑地的台风里，最容易出现"大元宝"。一想到"大元宝"，王仕花吓得头皮都发麻了。

下午，风更猛烈了。巡逻的时候王继才坚持一人去。王仕花说，你可要注意点。这次巡逻，王继才被台风吹到峭崖下，摔伤了，好不容易才回到妻子的身旁。

"我摔伤了。"

"别动，别动，我给你检查检查。"

在学校里学过简单医疗常识的王仕花给丈夫认真地检查起来。

"你有什么感觉？"

"有点胸闷。"

王仕花在为丈夫认真检查后说："你的肋骨摔断了，至少三根。就这么躺着，风停了，上医院检查一下。"

王继才说："饿了。"抓过一把米，放在嘴里慢慢地嚼着。

王仕花说："我给你唱首歌吧。"

"好"。

"你最喜欢哪一首？"

"《长征组歌》中的《过草地》，这首歌我特别喜欢听，一听就觉得浑身起劲。"

"那我就给你唱。"王仕花站起来，正了正身子，开始唱：

雪皑皑，野茫茫，
高原寒，炊断粮，
红军都是钢铁汉，
千锤百炼不怕难。
………
革命理想高于天，
——高于天。

丈夫为妻子鼓掌，说："仕花，你唱得真好。"

"当年，我可是乡里的演出队员，经常到县里、乡里、各村演出。"

"记得。那时你扎两条短辫子，跳舞时辫梢一跳一跳的，好看极了。当时我就想，这是哪家的小丫头，将来我准把她娶过来，做我的女人。"

王仕花扳着手指头一算，怒道："好你个王继才，当时我才15岁，一个小毛丫头，你就打我的主意，你坏，你坏。"

王仕花知道，她这样说，这样做，这样逗着丈夫，丈夫会非常高兴的，会忘记烦恼的。果然不出所料，王继才哈哈大笑起来，说："王仕花，我终于娶了你，如愿以偿了。"

在条件艰苦的情况下，想起愉快的事情而开怀一笑，是多么的弥足珍贵啊。王仕花就是这样，在丈夫苦闷的时候，总是想尽一切办法让丈夫开心。

王继才说："王仕花，你喜欢唱哪首歌？"

"我喜欢歌剧《江姐》中的《绣红旗》。"

"那你就唱《绣红旗》吧。"

当王仕花唱完《绣红旗》的时候,王继才突发奇想:一是开山岛上要升一面五星红旗。开山岛是祖国的领土,就要有国旗。二是要在岛上定期开展文娱晚会,地点就在战士礼堂。开山岛上有个条件不错的战士礼堂,有舞台,观众席上有座位,主演当然是王仕花。王仕花会唱歌,会跳舞,会朗诵,也会讲故事。过几天再把大丫头带上岛,这样岛上就有两三名观众了。王仕花完全同意。王继才说,那就这样说定了。从此,王继才觉得,由于有了妻子王仕花的加入,开山岛的生活不再那么孤独可怕了。

王继才说他守岛 27 年,没有王仕花,他是无法坚持下去的。

那天,王仕花应丈夫之约,还为其朗诵了高尔基的《海燕》:

> 在苍茫的大海上,狂风卷集着乌云。在乌云和大海之间,海燕像黑色的闪电,高傲地飞翔……

王继才只记得最后一句,于是和妻子一齐朗诵道:

> 让暴风雨来得更猛烈些吧!

一场暴风雨在他们夫妻高亢的朗诵声里,就真的这样来临了。

好一个大舞台啊,这可是世界上最真实的、最大的舞台了。

王继才又抓了一把生米,放在嘴里嚼着。

升国旗——小岛上最庄严的时刻

他们自掏腰包买国旗,27 年来他们升坏了 193 面国旗,创造了中国级别的"独一无二"

刮了十几天的台风终于停了。王继才按照妻子王仕花的要求,下岛后去医院检查,果然如妻子所说,自己的肋骨断了三根。医生说,不要紧,开点消炎药,静养几天,再观察观察。王继才拿着处方笺,到收费处一划价,45.8 元。王继才吓了一跳,他身上一共只有 50 多元,准备交党费和买国旗用。

王继才夫妇,年薪才3800元,这点钱连家庭的基本开销都不够。燕尾镇干部王立平说:王继才夫妇虽然工资不高,但党费都是第一个交。他们难得下一次岛,下岛第一件事是到我这里交党费。对于困难党员,我党有规定可以不交党费,但王继才说无论怎么困难,党费一定要按时交上。

这次王继才下岛交了两个人的一个月党费,身上只剩下46块钱了,就是说交药费,就不能买国旗,买国旗就不能交药费,二者必居其一。顺便说一句,我们的守岛英雄、戍边大臣王继才夫妇27年来连公职人员最起码的医疗保险都没有。王继才想来想去,还是去买了面国旗。医生不是说不要紧吗,我这身子骨,榔头都能挨三下,断了三根肋骨算什么?

王继才买了一面五星红旗和一些升旗用的必备工具,共用去40.5元。当他再登上开山岛的时候,怀里已揣着一面鲜红的五星红旗。

"回来了?""回来了。""国旗呢?""在怀里。"

王继才郑重地从怀里捧出五星红旗,交给妻子王仕花。王仕花慢慢地将她展开,幸福地笑了,说:"我们国家的五星红旗,就是喜庆,红的,又镶有金黄色的五颗星,看着都让人舒坦。"

王继才说:"是啊,当我把五星红旗揣进怀里的时候,心跳都加速了。"

为了把升旗搞得更隆重些,王继才夫妇自己编排了一套升旗仪式。

第二天是正式升旗的日子。天蒙蒙亮,王继才醒了,王仕花也醒了。

"醒了吗,睡得怎么样?"

"激动得一夜没睡好觉。"

"我也是。"

夫妻俩没再说话。穿衣、洗漱,整理好民兵的着装,迎着轻轻的海风,踏着陡峭的石阶走向升旗台。

"升旗!"王继才一声令下,妻子王仕花拉动旗绳,五星红旗迎着初升的太阳,在朝霞、碧海上冉冉升起!

"敬礼!"夫妻双方向庄严的国旗敬礼。

从此,这座荒无人烟、远漂在祖国海岸外的开山岛,第一次升起了五星红旗。

从此,这一简单的升旗仪式,坚持了27年。

从此,他们以私人形式自费升坏了193面国旗。

有人统计过,这一简单的升旗仪式——在祖国的边陲,以私人的名义,坚持27年,升坏了193面国旗,创造了中国级别的,也许是世界级别的"独一无二"。

王继才说:1986年至1990年,每面国旗是6元,1990年以后是10元,再以后物价飞涨,国旗的价格也跟着涨。从每面15元、20元、38元,涨到现在的每面40元,可他俩每年的工资还是3800元。王继才深通《国旗法》,他说根据国旗法,国旗不能脏、旧,必须经常更新。于是更新国旗就成了他们生活中的一大重要事情。40元,对一个年薪百万的人来讲,如九牛之一毛,而对于一个年薪只有3800元的王继才夫妇来说,犹如身背一个沉重的包袱,压得他喘不过气来。27年来有谁愿为王继才夫妇减轻点负担呢?没有。王继才也曾试图奢望"报销"过,但被当权者轻轻一句话"岛上没有这笔开支"而推脱得一干二净。从此王继才夫妇默默无闻地扛起这一负担,艰难地走了27年。直到现在,王继才夫妇还在扛着。

王继才面对大海的第二次诉说

王继才对王仕花说:今天岛上第一次升旗,改善生活,我要喝酒。

中午,王继才喝醉了,想起了和大海的约定:今后我王继才凡遇困苦的事、高兴的事、幸福的事都要向大海诉说一番。

喝醉酒的王继才摇摇晃晃地向大海走去。

在一块礁石上,王继才坐了下来,说:"大海呀,我的老朋友,我看你来了。我今天高兴啊,看到了吗?五星红旗在你的身边升起来了。碧海、蓝天、红旗多喜庆呀,开山岛这才像个家。"

他想再多诉说一些,突然想起一首歌,他大声唱起来:

五星红旗迎风飘扬，
胜利歌声多么嘹亮。
歌唱我们亲爱的祖国，
从今走向繁荣富强……

大海静了下来，是柔和的静，梦幻般的静。

王继才唱歌天生五音不全，老爱跑调，又加上喝醉了酒，其唱歌水平就更不敢恭维了。

“老王，喊啥呢？”王仕花问。

“这话说得不好听，咋叫喊啥呢？我在唱歌。”

“听了半天，听出点道道来了，好像是在唱歌。虽然有点跑调，但我还是觉得，这是世界上最好的歌。我丈夫王继才，是最好的歌唱家。”

王继才说：“这才是我的媳妇。”

岛上的那面旗帜暖人心

王继才夫妇在开山岛升起了国旗。渔民们说：开山岛上的那面国旗温暖人心。

渔民们出海归来，远远看见开山岛上的那面国旗，渔民们的心“腾”地就热乎了好多：国旗，五星红旗，我们到家了。

晚上，开山岛四周渔火点点，无法晚归的渔民们围着开山岛，就有了围在自家炕头上的感觉。

渔民们说，最重要的是他们夫妻俩都是好人，他们夫妻俩就是我们渔民心中的旗帜。

渔民陈立兵说：“晚上我们出海时他们会点起信号灯，让我们看清航道。下雪天看不清前方海面，船一不小心会触礁，他们就会在岛上拼命地敲盆子，我们听到后说谢谢，便从容地离开了。平时渔民没酒喝了，哪怕岛上只有一瓶酒，也要让给渔民。”

王继才夫妇自备一只小木箱，有常用药和应急药几十种，全是王继才、王仕花夫妇自掏腰包买的，王仕花就有了渔民免费

“赤脚医生”的称号。

有一年初春,一条渔船在开山岛附近被大风刮翻,4 名渔民掉进大海里。王继才将 4 人全部拉上岸,管吃管喝好几天。

渔民们说:开山岛像个渔民无偿的海上供给站、卫生所、休息室。

2008 年 8 月 13 日,这一天中午,天气热得透不过气来。一阵清脆的马达声透过空气的热浪传了过来。王继才明白,这是黄小国开着小汽艇到附近收海鲜来了。王继才忙着出门招待客人,没想到王继才刚出门就发现,小艇的尾部蹿出一道火苗,小艇失火了。眼见着火势越烧越旺,要是烧炸了油箱,绝对不亚于一颗小型炸弹。情急之下,王继才一脚踹开门,冲进里屋一把抓起床上的毯子就往码头跑。远远地就见黄小国一脸惊慌失措往岸上爬,一边喊:“岛主,不行了,不行了,要爆炸了,小艇要炸了!”王继才一个箭步跳上小艇,一把将毯子浸到海水里,把浸湿的毯子盖在冒火的油箱上,大火被扑灭了,小艇被保住了。而王继才的手和胳膊上都被轻度烧伤。事后黄小国要赔新毯子,王继才不要,要赔钱,王继才还是不要。黄小国决定在燕尾镇一家最好的饭店请王继才的客,之后王继才又争着买单,黄小国十分“不满”,怒道:“哥,你要付账,我就把命还给你!”

采访到此,王继才对笔者说:“这些鸡毛蒜皮的小事,你就别记了。”

王继才就是王继才,一个朴实无华的苏北农村的汉子。

笔者采访黄小国时,黄小国半晌只说一句话:“开山岛上的那面国旗真的暖人心啊!”

天安门国旗班在开山岛升旗——全国人民馈赠给开山岛的最大荣誉

开山岛夫妻哨自掏腰包买国旗,坚持每天早升旗,26 年从未间断过,这件事令天安门国旗班新老班长们十分感动,高度赞扬他们胸怀祖国、情系国防的爱国情怀。天安门国旗班决定在 2012 年 1 月 1 日这一天向开山岛夫妻哨捐赠一台手动不锈钢升旗台，和一面由天安门国旗班新老班长们共同签名的天安门国旗，并决定在开山岛举行特殊的升旗仪式。国旗班长董立敢说："同一面国旗，你们在祖国的小岛边陲升起，我们在祖国的心脏升起，不同的场景，一样的骄傲，让开山岛连着北京。"这一天，全国各大小报刊都争相报道了这件事，成为当天的头号新闻。

小小开山岛，一个极为普通的升旗仪式，产生这么大的影响，这在全国也是十分罕见的。

升旗——董卿、王继才演绎"兄妹情"

2011 年国庆节前夕，中央电视台邀请王继才夫妇参加《五星红旗我为你骄傲——庆祝新中国成立 62 周年文艺晚会》。中央电视台一号当家花旦董卿不愧是一位优秀的电视节目主持人，一开口其切入点就非同一般：

"各位观众，今天我要向大家介绍一位朋友，他叫王继才。王继才同志为保卫祖国的海防驻守在江苏省连云港市一个海岛上，长达 25 年。25 年来王继才夫妇每天早晨在海岛上坚持升起五星红旗。25 年来因为海岛上没有电，他们几乎从未看过电视。"董卿深情地转向王继才说："王老哥，我叫董卿，是中央电视台节目主持人。"董卿说这段话的时候，显得十分激动，显然是被王继才夫妇的事迹深深地打动了。

董卿大大方方地称王继才为"王老哥"，王继才也大大方方地称董卿为"董小妹"，董卿这位中央电视台的当家花旦，竟也羞答答地应了下来。

全场掌声雷动。

一年后，也就是 2012 年 9 月 9 日，这对兄妹又在灌云相遇了，再次把小小开山岛的这一极普通的升旗仪式，推向高潮。

2012 年 9 月 9 日是教师节，又恰逢灌云县建县 100 周年大庆。灌云县委为了把这个百年大庆搞得更隆重些，特邀请中央电视台董卿等人来灌云主持节目。董卿当然不会忘记自己的老哥王继才，特邀王继才夫妇同台亮相。一见面，双方经一段善意的调侃后，董卿说：

“王继才老哥，我们又见面了。”

“董卿小妹，这一年你可好？”

董卿说：“今天是教师节。王仕花你为了守岛，放弃了自己的教师职业，你不觉得后悔吗？”

“不后悔。”

“你当着灌云的父老乡亲们的面，有什么话要说吗？”

“请家乡的父老乡亲们放心，我一定和我的丈夫王继才守好祖国的东大门，让父老乡亲安心地学习、工作、休息。”

台下掌声雷动。

董卿问：“开山岛离这里有多远？”

“100 多公里。”王继才回答。

“晚会结束后，你还赶回去吗？”

“赶回去，一定要赶回去。明天早晨 5 点 30 分我们要在岛上升旗。”

“不能在县城里住一天吗？”

“不能，我向家乡父老乡亲们的承诺是：岛上天天有人，有人就要天天升旗。”

掌声，热烈的掌声。为王继才的感人事迹？为董卿的精彩主持？为兄妹俩的感人情怀？

晚会结束后，为了实现开山岛 26 年天天有人、天天升旗的诺言，王继才夫妇连夜搭便车行了 100 多华里，到达燕尾镇时已是深夜两点多钟；又多方寻找，搭乘了一条小渔船，连夜上开山岛，上岛时已经 4 点 40 分。夫妇俩稍事休息后，5 点 30 分俩人正式站到开山岛的旗杆下，升旗。

江苏省著名作家张文宝先生无限感慨地说：“王继才夫妇放弃高度文明的现代生活，为守卫祖国的海防，到一个荒岛上过着极原始的生活，时间长达 26 年之久，演绎了现代版的《鲁宾逊漂流记》，其根本原因就是因为，这对夫妇心中有一面飘扬的五星红旗。”

少得可怜的工资收入
支撑他们的是精神力量

“以劳养武”名存实亡

1986 年王继才初上岛时年工资是 3700 元，说是“以劳养武”。以劳者，可以在开山岛捕鱼捉蟹，补贴生活，达到“养武”之目的。后来爱人王仕花上岛，年工资还是 3700 元，说是俩人在岛上，更有利于“以劳养武”，工资就不增加了。那时的开山岛周边海域鱼虾蟹真多，只要捉一个上午，自己吃不了不用说，还可以拿出一部分交给来往的渔船代卖，每月可以有一笔稳定的收入，加上当时的物价较低，3700 元一年，能够生活下去了。王继才为此还被江苏省军区评为“以劳养武”先进单位。

后来的情况变化了，先是开山岛周围的鱼虾蟹没了，所谓“以劳养武”根本就不存在了。

20 世纪 90 年代末期，工业污染越来越严重，开山岛周围鱼虾蟹基本绝迹，燕尾镇渔民近海几乎无鱼可捕，王继才这个靠小网小笼捕点小鱼虾的非专业捕鱼者，便更无鱼可捕了。记得 20 世纪 90 年代末的一个夏天，开山岛的三条“大鱼神”艰难地围着开山岛转了三圈，最后才一步一回头地离开了开山岛。有一条“大鱼神”竟恋恋不舍地向开山岛摇了摇尾巴，好像在说，再见了，开山岛，拜拜了，开山岛。从此这三条“鱼神”便消失在深海里，再也没有来过开山岛。“鱼神”没了，开山岛哪来的鱼？

二是物价飞涨。王继才夫妇年薪 3700 元，俩人月薪 300 元，每人平均月薪 150 元。如果 20 世纪 80 年代末月薪 150 元尚能勉强生活下去，如今的年代，月薪 150 元根本无法生活下去，尚不如城市里的一个乞丐。

难怪辽宁电视台 2011 年 8 月在《辽宁说天下》的节目里，一男一女两位播音员以惊诧的口吻说：“江苏省灌云县海域内有个开山岛，是我国在黄海的一个小小的门户，王继才、王仕花夫妇25年驻守在这里，为祖国坚守海防，可他们每人平均月工资只有150元，25年未增资。”

节目播出后，观众们纷纷打来电话，问在如此重要的岗位上竟出现如此低的工资，究竟是怎么回事？

全国媒体纷纷报道，以各种形式表达对这件事的极大关注。《扬子晚报》分别于2011年7月、8月两次以《“夫妻档”哨兵戍守空岛25年，年工资仅3700元》和《夫妻守岛25年　儿子上学靠贷款》为题报道了这件事，随之曝光的还有大众网、凤凰网等等。

有些网民纷纷发出责问：在当今社会，月工资150元是怎么生活的？

2012年，笔者在开山岛和王继才共同生活了四天，真正体会到王继才夫妇生活的艰辛。

王继才夫妇平时很少下岛，岛上种点小青菜，葱等，要吃时摘一点。要改善生活，王仕花会拿着竹篮到海边拾海蛎子。笔者第一顿吃这种海蛎子，觉得口感很好；第二顿再吃，发现这海蛎子海腥味很重；第三顿再吃，就觉得海腥味刺鼻了。第四顿、第五顿，最后见到海蛎子就想吐，根本无法再吃了。要知道这种所谓的“吃”，绝不是我们平常想象的那样当作佐饭的一道菜，而是当作主食来吃的，这种吃法你受得了吗？真不敢想象王继才吃海蛎子竟吃了26年，这日子是怎么过的？

王继才爱喝酒，爱抽烟，喝的都是最低档的酒，抽的都是最低档的烟。喝酒时，妻子炒一盘豆腐他都觉得太奢侈了。这是吃的。再说穿的。王继才夫妇穿的衣服，每件都得穿上个十年八载。为了节省，夏天，王继才在岛上很少穿鞋子，大多时候穿个大裤衩，光脚赤膊干活。

一件棉袄穿了十几年，面子都破光了，只剩下棉花，王仕花用针线把棉花缝在一起，就这么又穿了好几年。岸上人偶尔上岛，说王继才是“野人”，还有人更形象地说他是“拿破仑”。

别人家里有存款单，王继才家里有欠账单。大女儿结婚时几乎没一件像样的嫁妆。儿子考大学贷款3万元，银行催着还。

修建房屋的 6 万元钱借姐姐的。还欠款成了王继才一大头痛的事。

王继才面对大海的第三次诉说

笔者在岛上采访进入第三天。那天晚饭后,大海喧闹了一天似乎也平静了下来。

今晚采访的主题是:岛上生活情况。

王继才沉默了一会儿,似乎很动感情,说:“老哥啊!”——笔者多次采访王继才,双方已经很熟了,他对我一口一个“老哥”地叫,我也一口一个“老弟”地回答,这样的氛围,很适合采访的深化,“老哥啊,一提到生活的艰苦,你老弟虽是个刚强的汉子,但我也心酸,有些话也很难说出口,丢人啊。我上开山岛之前,那些比我穷的人现在都发了财了,他们有的在县城、市里、省城都有自己的房子,还有小汽车。而我有啥呢?只有满身的债务。一些好心的渔民,有时上岛来指着鼻子对我说,王岛主,你这叫什么生活,你下去看看,哪家不比你好?你这叫自己糟蹋自己。那天我真的下岛了,我认真地打扮一下,记得上身穿一件短袖老头汗衫,下身穿一条破军裤,一双张了嘴的解放鞋,这套服装,还是我十多年前上岛时穿的,在岛上是舍不得穿的,这也是我外出会客时唯一的服饰了。”

“我踏上燕尾镇的码头,见好多渔民在那里把一筐筐的鱼往码头上搬,十多年前刚上岛的那一幕又出现了。”

“王继才,王岛主,不认识我了?”

“你是……?”

“十多年前要你跟我打工的那一位。”

“哦,想起来了,是渔老板。”

“王继才呀王继才,你这身行头,可让我‘菜刀擦屁股——开眼了’。”

码头上的人哈哈大笑,有的人竟笑弯了腰。

“你这双解放鞋不少年了吧?怕是有点‘道行’了。有个好处,穿了这样的鞋子不生脚气。”

码头上的人再次哈哈大笑,有的人再次笑弯了腰。

“怎么?十多年了你就混成这个样子?你到燕尾港垃圾箱里翻一翻,垃圾箱翻出来的衣服都比你这身衣服强。你穿这衣服上街,不觉得丢了燕尾港人的脸?”

王继才的脸唰地白了。

“每月150元,要饭的比你强多少倍。你看看现在的燕尾港,哪家不是小院子、小楼房、小汽车,日子过得红红火火的。你一个人高马大的男子汉混成这个样子,你对得起遍地黄金的燕尾港吗?”

王继才大惭,说没脸去燕尾港了,乘着一条小渔船又返回开山岛,趴在床上,足足地哭了一个多小时。

王继才对我说这话时,十分动容,眼圈红红的,讲不下去了。

我几乎落泪,趁机说:休息一会儿。便冲出门外,门外近在咫尺的大海,波涛声又起了:

“哗——轰!”“哗——轰!”

我的心潮伴着阵阵海潮声,涌上头顶,手脚都凉了。

休息一会儿后,采访继续进行。

王继才对我说:“老哥啊,那天我哭了一个多小时后,突然爬起来冲向大海。妻子被我吓坏了,急忙问:‘老王,你要干什么?’我说:‘你放心,我要到大海边散散心,和大海说说话。’”

来到大海边,王继才躺在一块礁石上。这块礁石就是王继才第一次上岛时在那里睡了一觉的那块,这次他又躺在那儿,仿佛又听到了王长杰急促的呼叫声:“王继才,你要坚持住,你一定要坚持住!”

王继才大声地反问自己:王继才,王继才,难道你动摇了吗,难道你要做逃兵吗?这块阵地要是丢在我王继才手里,我回家如何面对父亲、二舅两位老人家?

他振奋起来:我王继才就认一个死理,我苦是苦了点,但如果和那些为打江山而牺牲的烈士相比,我这点苦算个啥啊!烈士打下的江山没人守,一个个都去过甜日子了,我们还有脸去见为国牺牲的烈士吗?他突然反问自己,你王继才为什么要哭,难道你做什么亏心事了吗？难道你做了对不起党、对不起人民的亏心事了吗？我是国家守边大臣，我应当挺起腰杆、理直气壮、堂堂正正地走在燕尾镇最繁华的大街上，堂堂正正地走在县城最繁华的大街上，堂堂正正地走在中国最繁华的大街上。我不应当哭，当哭者应当是那些富了口袋、穷了脑袋的人，当哭者应当是那些富了口袋而麻木不仁的人。

王继才发誓：你数你的票子，我守我的海岛，永不动摇！

王继才站起来，面对大海再次发出了自己的誓言：

“寸寸国土寸寸金，寸寸海域寸寸银。祖国的领海权高于一切！”

“让暴风雨来得更猛烈些吧！”

说完哈哈大笑。

我问王仕花：“那天你听到王继才的笑声了吗？”

“听到了，是狂笑，笑得有点不正常。我吓坏了，知道老王这次下岛受到了刺激，作为妻子，我心里难受极了。我的丈夫堂堂七尺男子汉，要模样有模样，要能力有能力，为什么混得连一套像样的衣裳都没有？我这做妻子的对不起丈夫啊！可我毫无办法，我的口袋里没有分文。”

王仕花说：“我心如刀割，暗暗落泪，我只能正面开导我丈夫，我想起了一个故事，就对王继才说：今晚是星期六，按规定今晚是周末晚会，我给你讲个故事吧。”丈夫说：“听你的安排。”

那天他们大女儿也在岛上，由大女儿报幕，王仕花主演。王仕花说，各位观众，晚上好，今晚要讲的故事是《草鞋将军——陈赓》：

> 1933年3月，当时担任红军师长的陈赓不幸被捕。国民党捕获如此大官，如获至宝，立即向蒋介石报告。
>
> 蒋介石亲自给陈赓上茶让座。陈赓知道其用意，直截了当对蒋介石说：“你不要演戏，不要对我抱任何幻想。”
>
> “你不要激动，不要那么激动嘛，我看你还是当年在一块共事的脾气。年轻气盛干什么？今天不谈这个，谈点儿别的，我们多年没见面了，啊……有好几年了……”

蒋介石站起来踱着步子，若无其事地说：“你还年轻啊，前途无量嘛。俗话说，人生一世草木一秋，转眼就是百年啊，你还是想开点。”

看到陈赓衣衫褴褛，蒋介石接着说：“你也是大官了，还穿着这满是虱子的衣服，有失体面，有失体面啊。”

陈赓冷笑道：“虱子天生和我陈赓有缘分，虱子是革命虫！怕你还生不得！”

这一番话气得蒋介石发抖，可他仍装出很有涵养的样子说：“那你的鞋子总该换换吧。”

“我天生就是草鞋将军！用不着换。”

一番话令蒋介石彻底丧失了信心，无奈，只得让人把陈赓押回了监狱。蒋介石大概永远不会理解，共产主义为何令陈赓坚定不移。

七岁的大女儿拍着手说：“爸爸是草鞋将军。”

王继才苦笑了一下说：“是的，看来爸爸这一辈子都要做草鞋将军了。”

顶天立地的中国人

打这以后，王继才夫妇更加一心一意地干他们的守岛工作。

王继才父亲病重，正赶上上级领导来哨所检查。直到检查结束，王继才请假回家，父亲已去世了，他只看见了一座新坟，王继才在父亲的坟前大哭一场：

“爸啊，虽然您说为国尽忠是大孝，可我还是觉得未能给您老送终，心中对不起您老人家，您儿子我心中有愧啊！”

两年后的10月，王继才的大哥突然去世，又恰逢大风大浪，没有船。10天后，风停了，浪息了，回到家又只是看到一座新坟……大哥的儿子冷冷地对他说：“你是大忙人，守岛去吧，回来干什么？”

有一次王继才回家看望母亲，老母亲说：“你是谁呀？”

王继才说：“妈，我是二子呀。”

“你是二子呀，我都认不得了。”

王继才知道母亲说的是气话。王继才跪在母亲面前，久久不起来。

一天他的姐姐来了，在开山岛上东转转，西转转，说："二子，我真不明白，开山岛有什么好的，竟把你给迷住了？"

王继才傻笑了一下。

"这个岛你不能守下去了。现在哪个不认钱？你不为你自己着想，也要为你的孩子着想。中国的海岛多着呢，你守得过来吗？再说你已守了这么长的时间了，也该换换班了。我给你在南京一家修理厂找个工作，你们俩干一年至少七八万。"

王继才说："钱可以不赚，岛不能不守。若来个不熟悉情况的人守岛，我们夫妻那么多年的心血就泡汤了。"

姐姐心痛地说了一声："二子守岛守傻了。"哭着下岛去了。

上海测绘大队的江大队长是个正团级复员军人，每年上开山岛搞测绘。古语说："有朋自远方来不亦乐乎。"王继才认真接待这位远方来的客人，一来二去就和江大队长交上了朋友。江大队长看到王继才生活得这样艰苦，工资这样低，说，简直不敢相信，当今社会还有这样低的工资、这样艰苦的岗位、这样忠心耿耿的人。就说，这个岛你就别守了，我给你在上海找一个场地，你在那里收破烂，一年能攒几十万，两三年你就可发家了。王继才说：我让我堂哥去吧。

王继才向江大队长坦陈心迹，说他不愿意做弃岛而逃的第五任岛主，那是丢了咱中国人的脸，丢了咱老王家祖宗脸的大事啊！

王继才说："现在的社会，人人都在忙着过甜日子，我王继才一旦下岛，谁来过这岛上的苦日子？怕是一时半会儿找不到守岛人。这几天海上不平静，我看出来了，有人要闹事，在这关键时刻，岛上没人守怎么行？还是让我王继才一人过这苦日子吧，这些年我也过惯了这里的苦日子。这里的日子苦是苦了点，但我一想起那句话，心里就平衡多了，这句话就是：祖国的领海权高于一切！"

江大队长掩面大恸，曰："此乃国士之风也。王继才青史留名,王继才忠义千秋啊!”

后来,王继才的堂哥去了上海,三年果然赚了盆满钵满,在南京买了房子,买了小汽车,过起个富人的生活。

有人知道了这件事,嘲笑王继才是痴子、傻子。王继才说:物质财富我远远不如你,精神财富你们远远不如我。

还是那个江大队长,拍案而起,说,王继才说得好,也“傻”得好,中国要是没有这样的一批“傻子”,中国这座大厦就会垮掉,伟大的中华人民共和国就是靠这样一批“傻子”支撑起来的,有这样一批“傻子”应感到自豪,我为中国有这样一批“傻子”而骄傲。王继才,顶天立地的中国人。王继才让那些蝇营狗苟者汗颜。

江大队长当时就开了一瓶从上海带来的高档美酒,和王继才对饮,说:“美酒能让你这位守边的英雄喝,这是美酒的福分。我江某沾光了,来,干!”那天,两人喝得酩酊大醉。

省军区一位负责人说,如果派一个连队驻守开山岛,26 年的花费需要多少钱?王继才夫妇守岛,为国家节约了大量的资金。

几年前,王继才夫妇被一家电视台请去做一档节目,当这家电视台主持人,得知王继才夫妇月平均工资只有 150 元后,心情非常沉重,对王继才说:“我可以利用主持节目的机会,把你的工资情况向观众曝光一下,方法是我问你答,你如实配合就行了。”

王继才沉思了一会儿,说:“事关个人利益,我无法开口。”

这家主持人心痛得半天说不出话来,说:“王继才是我见过的最大的老实人。”

王继才是个地道的农民。一次王继才探家回来,对妻子王仕花说:“现在的农村真好,农业税免掉了,种田国家还有补贴。农民盖房子国家补贴,看病国家补贴,买家电国家补贴,农民超过 60 岁了,国家还要给养老钱。中国历代皇帝都做不到,共产党做到了,共产党比历代皇帝都好。有了这些,我们在此守岛,也满足了。”王继才就是这样处处在满足自己,处处在安慰自己的。

“开山岛小学”的大门连着南京航空航天大院

“杨文广”出生记

岛上的生活是真正的二人世界,夫妻生活是甜蜜的。但王仕花很快就发现,自己怀孕了,一算预产期,还早着呢,于是夫妻俩又忙于站岗、巡逻、观察、瞭望。谁也没有想到,就是这么一大意,一场危险正悄悄向他们逼来,这场危险几乎毁掉他们夫妻甜蜜的生活,甚至毁掉他们夫妻的守岛大业!

1987 年 7 月 7 日晚 6 时 30 分。

岛上突起大风,浪高五六米,这样的大风,这样高的巨浪,任何船都上不来了,王继才夫妇吃过晚饭,简单收拾一下,上床休息了。

8 日凌晨 1 点 20 分。

王仕花肚子有点痛,一算预产期,王仕花大惊失色,预产期算错了!正确的预产期就在这几天。天哪!这大风大浪,如何下得了岛?王仕花急忙推醒丈夫王继才,说明情况,王继才大惊:“你没算错吧?”

“没有,现在就肚子痛,可能要生了。”

8 日早晨 7 点钟。

王仕花疼痛加剧,在床上翻滚,脸都痛白了。

窗外,海风呼啸,海浪“哗——轰!”“哗——轰!”地一声高过一声,任何船都不可能靠岸了,对外一切交通都中断了。王仕花绝望了,剧烈的疼痛使她失去了理智,大骂:“王继才,你害死我了。我王仕花凭什么要和你守这荒岛?你害死我了,我要死在这个荒岛上了。”

王继才急得六神无主,急得浑身冒冷汗,急得几乎要用脑袋去撞山崖!

万般无奈之中,王继才“砰”的一声,跪了下来,以头碰地祈告苍天:“苍天呀,大地呀,我老王家一家从未做过坏事。我王继才奉国家之命驻守开山岛,为国为民,忠心耿耿,请苍天大地保佑我,保佑我妻子平安顺产,保佑母子平安。”

妻子感动了,首先平静下来,说:“王继才,你来一下。事情已经这样了,我们不要乱了自己的阵脚。刚才我骂你的那些话,不应该,我错了,向你赔礼道歉。”王继才说:“王仕花,你骂得好,你跟着我受苦了。你向我赔理道歉,我心里更难受。”

王继才热泪长流。

上午8时整。

王继才突然想到了那部步话机,他立即抓过那部步话机,向燕尾镇武装部徐正友部长求救:“徐部长,徐部长,救救我们一家吧,我妻子要生孩子了。”

“什么,你妻子要生孩子了,那为什么早不作准备?”

“我妻子算错预产期了,救救我们吧,救救我们吧!”

徐正友不愧是当过几年兵的,有几分指挥若定的“大将风度”,说:“你别着急,我让我妻子和你通电话。”

徐正友的妻子生过几胎孩子,又受过几天医护培训,所以经验要比王仕花强多了。

“什么情况?”“肚子痛。”“羊水破没破?”“没有。”“胎位正不正?”“我一个大老爷们儿哪里知道?”“说得也是。”徐正友的妻子就笑说,“估计再过一个小时羊水就破了。好,王继才,你听我指挥,不要紧张,不要乱,一切听我的。”“是的。”“有纱布吗?”“没有。”“小汗衫子呢?”“有。”“烧开水,把汗衫子放在锅里煮20分钟。”“剪刀有吗?”“有。”“放在炉子上烧红了,放在水里煮20分钟。”“是的,照办。”“都煮好了吗?”“都煮好了。”“将小汗衫子剪成10厘米宽的长条,备用。剪刀放在干净的地方,备用。”“是的,照办。”

上午9点整。

羊水破了。王继才立即汇报:“羊水破了。”“好,叫王仕花使劲。”“是的,照办。王仕花你使劲。”“头露出来了……衣包出来了。”“衣包确实出来了吗?”“确实出来了。”“好,男孩还是女孩?”“是个男孩。”“恭喜你,王继才,祝你喜得贵子。下面剪脐带。注意,脐带一定要留两指宽,留了吗?”“留了。”“剪断。”

王继才的手在颤抖,剪刀都握不住了,远在燕尾镇的部长夫人通过步话机听到了这微弱的剪刀颤抖的响动,说:“王继才你手在颤动,不要紧张,先做深呼吸,放松,放松,再放松。好,注意脐带留下两指宽,剪脐带。”“剪断了。”“留下两指宽了吗?”“留下了。”“好。将剪断的脐带环头,用消过毒的汗衫布包起来,扎好。”

忙完这一切,已是中午 12 点 03 分。

王继才身上的汗衫、裤子都被汗水浸透了,像是刚从水里捞起来一般。

当听到儿子第一声啼哭的时候,王继才瘫坐在地上,不由自主地大哭起来。王仕花说:“我们母子都平安了,你哭什么?”王继才说:“老天爷呀,王家的祖宗亡人呀,你救了我们全家的命,谢谢你呀,我王继才给你老人家磕头了!”

第五天,大风停了,海浪也小多了,王继才的老岳母上岛看望刚生产后的女儿,王继才母亲随行。

上岛前,老岳母听说王继才险些要了女儿的命,憋了一肚子的气,岛上那气氛还真有点紧张。

老岳母一见女儿,忍不住泪花满面:“乖闺女,你受苦了。”转脸对王继才说:“这鬼地方哪是人待的,我女儿迟早要被你害死!”

王仕花急忙说:“妈,这事不怪王继才,是我算错了预产期。是王继才救了我的命,他一个大男人为我接生,世上这样的男人真少见,我感谢还来不及呢。”王继才的母亲说:“亲家母,不要怨天怨地了,你女婿是国家戍边守疆大臣,是当代的杨宗保,你闺女就是穆桂英,如今你又有了大外孙,将来就是杨文广,我们这些佘老太君们应当高兴才是。”

一句话说得亲家母破涕为笑,大家也泪流满面地大笑起来。

数月之后,忽一日,王仕花觉得闲暇无聊,要找点事说说,对王继才说:“王继才,你好大胆,在这叫天天不应、叫地地不灵的开山岛竟敢给我接生,如遇难产我死了怎么办?"

"你死了,我就把你葬在这开山岛上。冬天我给你的坟头盖床被子,开山岛冷啊。夏天我就睡在你旁边,一年四季在你身边吃饭,这开山岛屁股大点地方,我饭碗一端就到了。心里烦了,就在你面前拉拉家常。但我有个条件你要记住了。"

王仕花想:你王继才敢对我一个死人提条件,要求太过分了。

王继才说:"你要经常托梦给我,否则我不饶你。"

几句话说得王仕花眼泪哗哗的,她知道她的丈夫是说到做到,一口唾沫一颗钉的主,便把头深深地贴在王继才的怀里,把王继才的胸脯都弄湿了。

有网友评论说:"王继才、王仕花是中国人的脊梁。他们的爱情故事,是中国最美的爱情故事。"笔者对此十分认同。

他们生死相随,堪比梁祝恋。他们不计贫富,远胜董仙配。

王仕花是小学教师,每月有较高的工资收入,且享受现代文明生活。电脑、电视不离左右。王仕花为了爱情,为了支持丈夫的工作,毅然放弃,去过一种月平均工资只有 150 元、极原始的"新石器时代"的日子。从高度文明的现代社会,一下子掉入"新石器时代",其间的差距,胜似天上人间。

他们志同道合,为了祖国的海防事业,吃尽千辛万苦,在困难中互相勉励,高唱"革命理想高于天"。他们的爱情故事,难道不值得我们肃然起敬吗?

2012 年 11 月,江西卫视邀请王继才夫妇拍摄一档节目,说王继才夫妇没有房子,没有车子,有的只是孤岛、大海,有的只是志同道合。他们为祖国乐守孤岛,26 年如一日,是真正的恩爱夫妻。并为他们补拍了一张婚纱照。节目播出后,不少青年人无限感慨地说:原来最美的婚姻并不需要多少物质基础的,王继才、王仕花的婚姻是我们心中的最美婚姻。

2012 年,王继才夫妇被全国妇联授予"中华和谐社会幸福家庭"奖,应是当之无愧的。

“开山岛小学”开学了

王继才的儿子取名王志国，有立志报效国家之意。

儿子王志国在岛上生活了8年。王志国很聪明，活泼可爱。5岁时，母亲王仕花教给儿子几个字，要他做作业，他端端正正地写在习字本上，并一字不错地认了下来。第二天又教几个字，又是如此。第三天再教，儿子贪玩，忘了做作业，被打了屁股。第四天，王仕花对王继才说，她要在开山岛办一个开山岛小学，让儿子享受正规教育。王继才说好。于是开山岛小学开学了。

王志国端端正正地坐在自己的小墩子上，小黑板、小课桌齐全。王仕花手拿教鞭，站在讲台上。王仕花讲：“同学们好！开山岛小学今天正式开学了。开山岛小学共有三人，校长王继才，教师王仕花，学生王志国。现在宣布几条纪律。1上课时学生说话应先举手，报告，得到老师同意后才能发言。2上课时儿子不能叫妈妈，应叫老师；爸爸不能叫爸爸，应叫王校长。”

“报告。”王志国举起小手说。

“好，请讲。”

“王老师，我认为儿子也不应叫儿子，应叫王志国同学。”

“说得对，请坐下。”

王仕花吃惊了，为一个仅有5岁的孩子能说出这样的话而吃惊。

“报告王校长，昨天王老师打了学生王志国的屁股。”

王仕花想笑，憋住了。

王继才也想笑，也憋住了。

王继才说：“王志国同学，你说一说老师为什么要打你的屁股？”

“因为、因为我、我没有按时完成老师布置的作业。”

“王仕花老师打学生的屁股是不对的，应向王志国同学赔礼道歉。王志国同学没按时完成老师布置的作业，也是不对的，以后一定要改正。”

王继才夫妇暗暗喝彩：为开山岛小学的开学，为儿子王志国的聪明机智。

“这孩子将来必成大器。”王继才信心十足地说。

从此，这个小小的、漂于远海的开山岛，除了风声、海涛声外，又多了琅琅读书声。

王仕花在岛上养了一只芦花老母鸡，这只芦花老母鸡勤快，每天一个蛋，这个蛋就成了儿子王志国唯一的高级营养品。每天芦花一叫，幼小的王志国就把手伸进鸡窝里，抓出那个还热乎的鸡蛋说：“妈妈，芦花又下蛋了。”王仕花说：“乖儿子，拿来，妈弄给乖儿子吃。”这已经成为小岛上多年来的“固定节目”。

王志国 6 岁那一年，一次台风刮了 20 多天，陆地上的补给船上不来了，家里的粮食吃光了，天天吃海蛎子，吃得 6 岁的儿子王志国看见海蛎子就摇头：“妈妈，我不想吃海蛎子，我恶心想吐。”王仕花说：“儿子，家里的粮食没了，为了活命，要坚持吃下去。”就这样坚持再吃，吃到最后，儿子的小便都是白的，王仕花痛得心直哆嗦。面对茫茫大海，面对无边的巨大海浪，王仕花几乎绝望地说：现在唯一的办法就是把芦花鸡杀掉。6 岁的小志国抱着芦花鸡，跪在妈妈的面前，哭成了泪人，道：“妈妈呀，芦花鸡不能杀呀！杀了鸡我就没有鸡蛋吃了。”妈妈紧紧地抱住小志国也哭成了泪人，说：“儿子啊，我的好儿子啊，如果不杀这只鸡，全家就得饿死了。”

芦花鸡杀了，熬了一大锅鸡汤，全家人喝了一个多星期。一只芦花鸡帮助王继才全家度过那段艰难的日子，一只芦花鸡救了全家人的命。

2011 年，王志国在南京航空航天大学上学时，被河北电视台请去做一档节目，回忆在岛上的 8 年生活。说起那次遭遇大台风，说起那只芦花鸡，说到王志国跪在妈妈面前说：“妈呀，芦花鸡不能杀呀！”已经是研究生的王志国嘴张圆了哭，哭得片场人人泪流满面，只哭得节目做不下去了。王继才、王仕花看了，哭着对电视荧屏说：“儿子，辛苦你了，爸爸妈妈对不起你啊！”

下面是王志国在学校里亲笔写的一段文字，看了叫人几多辛酸：

很小的时候，我躺在礁石上，听着海涛声，望着蓝蓝的天，偶尔有陆地上的人来了，会很惊奇地说："看，这就是海岛上的小孩，果然不一样。"那时候我不明白什么叫"不一样"，甚至误认为"不一样"也许是一种赞扬。后来明白了，"不一样"就是人皮肤黑，穿得土，夹着盐水的海风风干了皮肤，我们只能穿亲戚小孩穿过的衣服。

王志国在岛上生活了 8 年。8 年后，1995 年王志国下岛上小学一年级。王志国的学习成绩果然很好，在小学阶段连续三级跳，跳到六年级。初、高中阶段学习成绩也是班里尖子。儿子在校品学兼优，王继才心里乐开了花。

小岛连着千万家的心

"小岛缺水，缺电，就是不缺爱。"这是语文教师王仕花常爱说的一句极富诗意的话。如果用王继才的大白话说就是："我王继才每走一步，都离不开乡亲的帮助。"

王继才指着海面上星星点点正在捕鱼的机械船对笔者说，这些渔民的船就是他的腿和手，只要一招呼，不论他们在干什么，都会立即赶过来，送我们上岸，帮助我们送点煤气呀、粮食呀等等。没有他们的帮助，开山岛就变成孤岛、死岛，我们一天也撑不下去。

女儿王帆 3 岁时，不慎从峭壁上摔了下来，昏迷不醒。王继才夫妇抱着女儿挥舞衣服求救，拼命嘶喊。

正在附近打鱼的渔船，呼啦啦一起冲向开山岛，冲在最前面的那条船立即抢过王帆，就往岸上送。船老大一边开船，一边拿着手机联系陆地接应的救护车。医生说：晚送到半小时，孩子就没救了。

"要知道捕鱼季节，对渔民来说那可是寸时寸金啊。"王继才十分感慨地说。

2005 年，王继才家岸上的老房子打算修缮，县人武部的领导说：王继才，你在岛上安心工作，你就不要下岛了，由我们把你家这点事给办了。县人武部领导找来 3 个民兵做帮工，镇上的邻居也来帮工，才个把月时间，房屋就修建好了。

谈到三个孩子的成长，更让王继才感慨万分。王继才说，3个孩子是吃着百家饭长大的，孩子的成长，离不开好心的邻居。

2005年4月，儿子王志国正读高三，下楼时不小心与同学迎面相撞，导致肩膀锁骨撞裂。杨集镇武装部部长万道军听说此事，立即将王志国接到家中。

三个多月里，上学、放学，夫妻轮流接送；万部长爱人张姨做菜做汤，变换花样。王志国感动得一口一个"万爸爸""张妈妈"地叫。

儿子打电话说："妈妈，万爸爸、张妈妈对我照顾得非常好，我感受到了真正的母爱，比你们对我的照顾还周到呢。"

王仕花听完了电话，像是打翻了五味瓶，悲喜交加，呜呜哇哇地哭了一个上午。说，自己养的儿子，病了，自己不能照顾，却让一个陌生人照顾，我这叫什么母亲呀！

王继才要感谢万道军，万道军说："你为国守岛几十年，我为你照顾儿子几十天算什么呀！"

王志国终于在高考中取得优异成绩，被南京航空航天大学录取，后又考入这个学校的硕士研究生，成为国家航天事业的栋梁之材。夫妻俩做梦也没想到，十多年前"开山岛小学"的大门，竟然和南京航空航天大学连接起来了，夫妻俩激动得几天几夜没睡好觉。

不久，消息传来，小女儿王帆多才多艺，被连云港电视台录用。

王仕花说："幸好我们的孩子们都走正道，要不，我们这辈子很失败。"

腰缠万贯的精神乞丐遭遇赤贫如洗的精神富翁

从中华烟到十万元人民币

开山岛虽是一个荒岛，但却是走私者的风水宝地。早先因为部队驻守,走私者只能望岛兴叹。1986 年部队撤出后,走私者认为机会来了:不就是一个王继才吗,本乡本土的好说话。

首先登场的是王继才的一位熟人。那天一条渔船靠上了码头,一个青年人接连从船上扛了几箱货上岸。

“王叔,这几个箱子放你这里,过几天就取走。”说着就递过一个塑料袋,“这四条‘中华’您尝尝,比您那老烟叶子强多了。”

“不行!”王继才沉着个脸,“青年人要走正道,来路不明的东西我不能要,请你立即把你那几箱货搬走。”

“王叔,你这人真是,现在的社会哪个不为钱忙。这事要成了,我就是您的小银行。”

“给我滚!”王继才大吼。

事后有人说:“这小子,不会办事,四条烟就想买路,鱼饵太小,鱼就不咬钩。要王岛主动心,就要舍得花血本,办大事的人就不能像娘儿们似的。”

不多久,果然有一个“蛇头”登场了。这个“蛇头”带着 49 名偷渡客来到这个岛上。“蛇头”拿出一个蛇皮袋子,鼓鼓囊囊的,一打开全是成扎的十元大票子(那时还没有百元大钞),王继才一辈子都没有看过这么多的钱,心跳得厉害。“蛇头”说:“这口袋里共是 10 万元,全归你了。”(当时的 10 万元可是个天文数字。)“蛇头”又说,“我这次带来了 49 名偷渡客,在你的山洞里就住半天,夜里外国的船来了,我就把他们运出国。如果有人发现,就说他们是旅游的。住半夜你就拿 10 万元,这个钱来得太容易了,而且如果嫌少还可以再加,钱多少都好说,只要你肯帮忙。”

王继才望着那些偷渡客,见他们中不少都是些年轻女子,那些年轻女子看见王继才,目光躲躲闪闪,惶惶不安,像是做了亏心事。王继才明白了,收这钱伤天害理。王继才说:“钱你就不要再加了,你就是给我一百万一千万,我也不会帮你忙的。”

“蛇头”说:“别这样,别这样,我们可以再谈谈。”

王继才翻脸了:“你这钱不干净,不要把这块军事基地弄脏了,快滚!”

“蛇头”带领49名偷渡客灰溜溜地走了。王继才立即汇报有关部门,有关部门派船在公海劫住了他们,“蛇头”被抓,49名偷渡客全部被遣返。

这事传开后,偷渡者、走私者傻了眼,无计可施了。

走私者、偷渡者说,王继才这人钱少不动心,钱多更不动心;熟人不给面子,生人更不给面子,王继才真是个难剃的头。

于是走私者便和王继才玩起了“藏猫猫”的游戏,把走私船停在公海外,用小舢板玩起蚂蚁搬山的把戏来,一船船地搬上岸。然而王继才是火眼金睛,在公海里众多的商务船中能一眼就看出哪是走私船,哪是商务船。笔者请教其中奥妙,王继才说:“其实这很简单,走私船如幽灵,走走停停,停停走走,漂移不定。白天停在那里,有时一停就是半个多月,晚上还会发信号,信号灯一亮一熄的。还有一个最大的特征,就是走私船往往用帆布将船号掩盖起来。”

据了解,仅20世纪末,王继才就抓获走私船近十起,抓获的走私物品有香烟、家用电器、汽油、柴油、生活用品,应有尽有,为国家挽回经济损失十多亿元。

走私分子彻底绝望了,说王继才在开山岛把门,和部队一样严,我们走私无望了。

开山岛来了个开发商

20世纪末,开山岛来了个开发商,这个开发商把自己打扮成钦差大臣,头昂得高高的,说话的口吻大大的,出手的票子多多的,底气似乎也足足的。这个开发商在岛上转了又转,看了又看,连连说好地方,好地方。

开山岛的山顶,有一个小广场,那是当年战士出操的地方。开发商说,这里可建一个舞厅,你看这四面都是大海,是一个世界级的海景大舞厅,好,好!开发商来到战士的小会堂,说,这里可建一个酒吧厅,在这里可听到海涛声,好,好!开发商来到战士的宿舍,说,这些小房间可以装修一下,将来客人们跳舞跳累了,可在这里拥香而眠,好,好,真是好地方。

王继才越听越不对味,问:“你是干什么的?”

“我是开发商。你的守岛任务完成了,这个岛是我的了。我要把这里建成一个海上‘小香港’。至于你的工作嘛,有人会给你安排一个好岗位,你王继才就等着端金饭碗吧。”说完前呼后拥,下岛乘船而去。

王继才不理他,以为是一位喝醉酒的醉汉子说了一通疯话。两天后情况大变了,打扮得花枝招展的小姐们一批批上岛来,霎时间,圣洁的兵营里挂满了女人的内衣,花花绿绿的,像万国旗。

兵营受到了玷污,王继才大怒道:“你们都给我滚下岛去!”

开发商说:“老王,别着急,这岛已经是我的了,我先给你一笔安家费,你的工作也已经安排好了,你下岛吧。”

王继才说:“你有什么权力叫我下岛,你有什么权力把昔日的军营办成色情场所,我受地方部队直接指挥。”

开发商的一位小头目把厚厚的一沓百元大钞放在王继才的床上说,这归你了。并进一步做工作道:

“王叔,我对你情况也了解点,一月工资只有150元,这也叫工资?我家小孩子一月的零花钱都是几千元。我知道,你家里很穷,儿子上学、盖房子欠了十多万元的债务。俗话说,天下熙熙,皆为利来;天下攘攘,皆为利往。现在的社会哪个不为钱?离你只有12海里的西岸,就是燕尾港,那里的人都过着富足的生活,你看你,过的什么日子?整个一个旧社会,我们看了都心痛,不如下岛去吧。我们除给你一笔安家费外,将来这岛上赚的钱还要和你对半分,条件是你不能向上级汇报。”

王继才说:“打住。钱请你拿走,别脏了我的床。”王继才接着说,“我和你的想法完全不一样,我认为人的工作有两大目的:一是获取报酬;二是获取价值。我在开山岛报酬是少了点,但价值却是巨大的,有了这巨大的价值,报酬少了点,我也满足了。”

开发商小头目说:“王叔呀,你们这一辈人受的苦太多了,不要唱高调了,也该享受享受生活了。”

“你又说错了,我这人以苦为乐。我要感谢党组织把我派到这最艰苦的地方来，我活得充实，活得坦荡。”

“你这人不可理喻。不要敬酒不吃吃罚酒。”

“有什么招数，你就使吧，要我下岛，你就死了那条心吧。不要忘了那句老话：共产党员是特殊材料做成的。”

开发商的态度完全变了。

“王继才，你已 40 多岁了，死了还值，可惜你儿子才 10 岁。”

王继才听说这班人要对他儿子下毒手，心如刀割，他一咬牙，说：“我不怕！”

记不清是第几次诉说了，这次诉说，王继才再次高呼：祖国的领海权高于一切！

这班人要对王继才动手了。

第二天王仕花突然接到一个匿名电话，说是她的老母亲病重，要她立即下岛。

王仕花急急忙忙乘船下去了。

这样，岛上只剩下王继才、开发商和一些打扮得花枝招展的小姐。

小姐们围着王继才跳舞，跳的几乎是全裸体的艳舞。开发商说：“跳，跳，你们使劲地给我跳。我不相信，这王继才才 40 啷当岁，能逃得过美女这一关。”

王继才拿出一根棍子，将小姐赶出门外，又在离自己房前十多米处画一道白线说：“你们要是越过这道白线，不论是谁，我打断他的狗腿。”

王继才骂道：“你们这些人，光天化日之下一丝不挂，父母不应当生你们。你把你爸、你妈的脸丢尽了，你把你们祖上的脸丢尽了。你们是一批猪狗不如的东西，给我滚！”

一位小姐在王继才的高声呵斥下，“哎呀”一声蹲下身子，就便扯了一块晾晒着的白被单，急忙裹着自己的身体，哭着跑回自己的宿舍，边跑边说：“王叔骂得对，王叔骂得对。”

下午三点多钟，这班人开始烧、砸、打。

先是放一把火，把王继才夫妇的住处烧了，那集聚了十多年的海防资料，被付之一炬。他们推推搡搡把王继才推到码头，在推搡中，王继才的头被弄破，血流满面。

“王继才，你再不下岛，我就把你推下大海喂大鲨鱼。”

王继才大义凛然，不急不躁地说：“你们这批人，知道你们在干什么吗？”

这班人说：“你说我们在干什么？”

“这里是海防前线。敌国、敌对势力经常来骚扰我们。我在这里给你们站岗、放哨，你们不支持也就罢了，还要来搞破坏，打砸抢烧，你们还是中国人吗？”

这班人哑了。

“有打江山的就有守江山的，自古就有戍边守土的大臣。十几年来我辛苦守候着这片疆土，月工资只有150元，你们不同情也就罢了，却要打我，把我打得血流满面，你们还有中国人的良心吗？”

这班人更哑了。

良久，一位小头目说：“从现在起，你们不准再动王继才一指头，谁要是不听老子的，老子他妈的就废了他！”

这场闹剧就这样结束了。

当天傍晚，王继才找块纱布把自己负伤的头简单包扎一下，来到咆哮的大海边。一股血从伤口上流了出来，像一条红色的虫子在脸上爬。白色的绷带、鲜红的血，王继才像一位从战场上归来的战士，一动不动地立在海边。夕阳把王继才镀上了一层红色，整个山头都红了，是夕阳红，还是血色红？

王继才说：“大海呀，你看到了吗？你的老朋友我王继才来了。这次我负了伤，你看看我的头上扎了一块纱布，我来就是想和你说说心里话，在这个岛上连个说话的人都没有，我只好和你唠唠嗑了。

“我王继才守开山岛，父母不能尽孝，儿女不能照顾，亲情我不能尽义务，每想到此，我心情非常难受，觉得很对不起他们。如今我又因为守岛被人打了，心里觉得憋屈啊。但有一点，我是问心无愧的,我对祖国对党尽心尽职了,这是我唯一的安慰。今天我挨打了,我不流泪,我绝不能在这班人面前流泪。守海人的胸怀,应像海一样宽广,我更坚强了。我牢记一句老话:共产党员是特殊材料做成的!我要高呼:祖国的领海权高于一切!”

灌云县十分重视开山岛被砸事件,责令县公安局抓紧时间立案处理。县公安局经调查,立即逮捕了开发商头目,并判刑7年。在审问开发商头目时,这位开发商头目感触地说:“我虽然被抓,被判刑,但我十分佩服王继才。王继才金钱不爱,美女不爱,高压不怕,权力不怕,不知王继才身上流的是什么血。”

尾　声

名人王继才

近几年王继才出大名了,成为国内新闻媒体争相报道的大红人。

报纸三天两头登,电视媒体从中央电视台到各省台、市台,采访记者接二连三上岛,请他们做节目的邀请电话不断,打开电脑只要输入“灌云开山岛王继才”几个字,再百度一下,呈现在你面前的,便是连篇累牍的报道,令人目不暇接。甚至国外多家媒体也来凑热闹,英国《每日电讯报》报道说:

> 25年来,他们(王继才)守护的开山岛是一个寸草不生的礁石,位于连云港以东12海里的黄海上,1938年日本海军在连云港登陆时首先就是占领了开山岛。报道说,自那以来,占领住这个小岛礁就成了事关中国的国家荣誉和战略需要的事情……

这还不算,那些慕名上岛参观学习的,登岛组织国防教育的,新党员上岛举行入党宣誓的,一批又一批,忙得王继才接待不过来。

王继才头上的光环也不少:

1991 年 8 月开山岛被南京军区指定为一类民兵哨所。

1993 年,开山岛被国防部评为"以劳养武"先进单位。

2003 年 5 月,王继才被连云港市军事设施保护委员会授予"国防工程先进管护员"。

2008 年 8 月,王继才被连云港市人民政府及连云港警备区评为优秀民兵干部。

2010 年 2 月,王继才荣获"江苏城市频道零距离 2009 年度公众服务大奖"。

2011 年被选为国庆 62 周年全国十佳候选人。

2012 年 1 月,王继才被评为国防大学"十大正义人物"。

2012 年 7 月,王继才被江苏省评为省民兵工作先进个人。

2012 年,中国妇联授予王继才夫妇"中华和谐社会幸福家庭"奖。

王继才已上百次获得各种荣誉,上百次与军地领导合影留念。甚至有不少令人羡慕的"大人物"和"大名人"与王继才合影。灌云县领导自豪地称:"王继才是我们灌云县的一张名片。"

可笔者四上开山岛,在王继才的住处,看不到一个镜框、一面锦旗、一张合影。王继才说:"那些东西看多了,眼会花,心会乱,性子会躁,会干扰我的守岛大业,被我锁起来了。"

"还好意思说呢,你不是也出过洋相吗?"妻子王仕花说。

"是的,我是出过一回洋相。"

王继才回忆说,那一天,他从省军区作报告回来,走在镇上兴奋得手舞足蹈,向乡亲们大讲特讲自己与将军握手合影的事,又讲宾馆如何如何高级,小汽车如何如何高级,喝的酒如何如何高级。

王继才失态了,像是刘姥姥去了一次荣国府,有说不完的新奇事。

王仕花急了,狠狠地掐了一把丈夫的胳膊,悄声地说:"你怎么这个德性?"王继才惊出一头冷汗,一下子冷静了下来。回到岛上,他喝闷酒,自责,我怎么了?我的骨头难道就这样轻?

幸亏妻子提醒,不然我王继才变成什么人了? 王仕花,又是王仕花救了我,真是一个好妻子啊!

2011 年春节,江苏省军区请王继才夫妇出席团拜会。主席台上,大幅守岛照片投影,著名歌手特地为王继才夫妇编了一首新歌,叫《小岛夫妻哨》,歌词唱道:

守岛夫妻守着长长岁月,
只有小岛知道,
他们付出是多么执着;
只有大海懂得,
信念是多么高尚……

听着听着,夫妻俩坐不住了。王继才晚上躺在宾馆舒适的大床上睡不着了,对妻子说:"又是发奖,又是作报告,还有红歌手为自己编歌、唱歌。这么高的荣誉,我王继才受不了,还是抓紧时间回岛吧。"大年初一,王继才夫妇推掉了领导安排的旅游,赶早班车返回燕尾镇,急急上了开山岛。

王继才还是那个王继才,出名之后的王继才还是一个朴实无华的苏北农村汉子。

王继才三叹

由于受到媒体的高度关注,这几年的小岛条件也渐渐地好起来。先是在小岛上安装了太阳能电池板,小岛有电了,电视机上了岛,江苏省军区又送上了一套音响,小岛的生活开始"现代"起来,王继才夫妇这才结束了 20 多年的无电生活,告别了"新石器时代"。

可笔者在开山岛采访时,却在夜半多次听到隔壁王继才房间里传来轻轻的叹息声。第二天我问起这件事,王继才说:"你听到了?"

"听到了。"

"让你见笑了。"

一叹接班人。王继才已经是五十大几的人了,一旦退休谁来接这个班？王继才说，如果来一个不安心工作的人，他还不放心交这个班。难道开山岛后继无人了？

二叹债务缠身。“这二叹说起来就丢人了，老哥啊，不是你问我，还不想开这口啊。”

王继才因儿子上大学，家里盖房子，借了弟兄姐妹十多万元钱，十多年未还，弟兄姐妹有时在一起聚一聚，虽然人家没说一句，可那眼神看出来了，比开口要还难受啊。有时王继才甚至觉得无地自容。还有王继才无养老保险，无医疗保险，退休无工资，看病不报销，在岛上工作 26 年了，从未报过一分钱的医疗费，难道干了一辈子，临退休了，还要向儿子伸手要饭吃吗？揽心啊！王继才经常揽得夜里睡不着觉。

三叹老母病危。王继才 95 岁的老母亲病重在床，昏迷不醒。一次清醒的时候拉着他的手说：“二子，忠孝不可两全。你是为国家守岛干大事的人，我要是哪天走了，你不在我身边，我不怪你，你就放心地去守岛吧。”一句话说得王继才眼泪汪汪。

王继才辞别了老母亲，还是上岛了，现在也不知道老母亲怎么样了，揽心啊。这三件事经常揽得他睡不着觉。

四天采访结束了，就要下岛的时候，突然起了大风，我想完了，这要是闹腾个十天八天的，我这年龄，我这身体，如何受得了？

风浪越来越大。家里老伴打来电话：“起风了，你那里风大不大？”我说：“大，让你听听这海浪声。”我把手机对准海浪，那惊心动魄的海浪声，立即传到一百多公里外的老伴手机里。“这么大的风浪，你可要注意点。”老伴说。“我有可能要被困在海岛上了。”老伴着急了，埋怨道：“这么大年纪的人了，上什么开山岛！”

小孙子也来凑热闹，接过奶奶手中的手机，说：“这么大的海浪啊，爷爷，我要去开山岛玩。”

我问王继才：“明天风浪会小一点吗？”

王继才说：“等明天一早看看天气再说吧。”

这天夜里，我是听着巨大的海浪声好不容易才睡着的。

第二天一早,风浪仍然很大。王继才认真地观察了天气,说:“不要紧,下午就会停下来。”

吃过中饭,风浪果然停了,可偌大的海面上竟没有一条渔船。“刮了几天的风,上午又是刮了整整一上午,很少有渔民下午出海的。”王继才说。

我很失望,望着空寂无边的大海,希望从无边的大海上能突然冒出一条渔船,我就可以离岛登岸了。可望穿双眼,就是没有。

天空蓝得深邃无边,大海蓝得深邃无边,我眼睛都望痛了,除去发现几只海鸭在海中悠闲地浮动外,其他什么都没有。

已是夕阳西下了。夕阳在平静的大海海面上洒了一大片碎金,刺得人睁不开眼。仍然没有船的影子,真是下不去的开山岛啊。

直到下午五点半左右,才来了一条渔船,我急忙上了船,才离开开山岛。

船主姓季,燕尾港人,船上还有他的儿子,父子俩打鱼。季船主今天因满载而归,心情很好。谈起王继才,季船主说:

“你是说王岛主,好人哦。说真的,开始我们对王岛主印象并不怎么好,人高马大的一个男子汉,守什么岛?有人打赌说,王继才守岛,兴兴头(灌云方言,意为一时高兴),撑死一年,一年后必下岛。没想到他一守就是二十几年,不容易啊。就凭这一点,我们服了王继才。王岛主一心一意守岛,金钱买不动,美女不动心,高压不动摇,共产党的干部都像王继才,我们就放心了。”

过了一会儿,季船主十分感慨地说:“有一点,我们燕尾人都为王继才鸣不平,那就是王继才的工资太少了。每月平均150元,当今社会那也叫工资?王继才的贡献别的都不说,单说打击走私这一项,仅20世纪90年代末,就为国家挽回十多亿元的损失。一个为国家挽回十多亿元经济损失的人,每月只有150元,这也太不公平了。这样的不公平,也只有王继才才能接受。”

采访后记

党中央提出要建设“海洋强国”。笔者一时激动，要前往开山岛第三次采访王继才。

灌云渔政32516号船长周万顺亲自操舵，鸣笛起航。船一出港，汹涌的海浪便重重地拍打着船舷，周船长加大航速，顶风而行。

海浪扑进前舱，继而浑浊的海水，冲上9米高的驾驶室前窗。自重115吨的渔政船被巨浪戏弄着，就像戏弄着一个鸡蛋壳，一会儿几乎以60°角冲向峰顶，一会儿又几乎以60°角冲向谷底。开始，笔者兴致勃勃站在9米多高的驾驶室里，原本想欣赏一下海景，几个浪头过后，觉得周围软绵绵的，身体也软绵绵的，像是踩在棉花堆上。没一会儿，头开始晕了，眼前的视线模糊起来，不好，我晕船了。服务员把我扶到休息室里，休息室里已经坐了不少晕船的人，有人开始呕吐，一个、两个、三个、四个……我也不例外，大口大口地呕吐，几乎把五脏六腑都吐了出来，一生中从未遇到这样的呕吐，直吐得天昏地暗了。

终于出现了开山岛的轮廓，可岛上只有一个简易码头，大风大浪，船无法抛锚停靠。渔政船被巨浪打得团团转，根本无法靠岸。远远望去，码头上等候多时的王继才、王仕花夫妇，正不停地舞动双手导航，数米高的大浪不时遮住他们的身影。

半小时过去了，左冲右突的渔政船依旧无法靠岸。无奈的周船长说：靠不上去了，还是安全第一吧。下令返航。这时我才切身感受到，王继才曾多次向我陈述的事实——一遇大风浪，任何船只都不能靠岸。

回到宾馆，我已经吐得不省人事了。服务人员把我扶到床上一觉睡了五个多小时。

啊，真是上不去的开山岛啊！

真不敢想象，王继才夫妇在这样险恶的环境下，是如何生活27年的。

直到第三天风平浪静时，我们才得以顺利登岛，开始了文中多次提到的那次为时四天的采访。

有人问我：你曾采访过不少典型人物，这些典型和王继才相比，你有何感受？我答曰：

“曾经沧海难为水，除却巫山不是云。”

（原载《北京文学·精彩阅读》，2014 年第 10 期）

中国人灵魂的底色

胡　平

瓷器,是中华民族历史和文明的珍贵记忆。

在帝国时代,它不仅是“国器”,也是在世世代代景德镇人智慧与汗水的蒸腾里所结晶的性灵之器,与普通中国人的生活、劳作、创作、祭拜、休闲等结合最紧密的实用性器具。它有火的刚烈、水的优雅、土的敦厚,真正是宁为玉碎,不作瓦全,不绝如缕地传递出我们民族的天地观、人生观、宗教观与阴阳五行观。

镶嵌在帝国皇冠上的钻石

回望国史,可以说皇帝、总统们建功立业、征战祭奠、婚丧嫁娶乃至吃喝拉撒睡等等,都和这方水土息息相关。

公元583年,南朝皇帝陈叔宝建造豪华的亭台楼阁,诏令这里的窑户烧造雕镂精巧的陶瓷柱石。不久,隋朝建立,隋炀帝又要这里造狮象大兽两座,奉于显仁宫。

强盛的唐帝国继立,高祖李渊武德年间(618—626年),时名昌南镇的景德镇出了两个名人。其中一个叫陶玉。据志书记载:“唐武德中,镇民陶玉者,载瓷入关中,称为假玉器,且贡于朝,于是昌南镇瓷名天下。”陶玉是镇里的钟秀里人,他所烧的“陶窑”瓷器,“瓷色亦素,土墡腻,质薄,佳者莹缜如玉”。有史料证明,除去宫廷里雅致的摆设外,陶玉烧制的瓷器还是武则天供奉佛指舍利的至尊之器。

宋代,景德年间(1004—1007年)真宗赵恒派使宣旨景德镇,为皇家制造御用瓷器,底书“景德年制”四字,于是天下咸称

“景德镇瓷器”,景德镇遂由此而得名。而五大名窑或因战乱破坏,或因王朝更迭,或因原料耗尽,或因自身粗制滥造,一个个黯然退去,空留下昨天的回忆。景德镇却“水土宜陶”。水自是千百年来多数时候总静如处子的昌江;土则是附近高岭山上丰厚的黏土,日后经近代德国地质学家李希霍芬命名为享誉世界的“高岭土”,其白度高、质软、易分散悬浮于水中,具有良好的可塑性。景德镇又以海纳百川的胸襟,“集各家之长,成一家之法”,后来居上。

元代是一个创新时期。这个时期除在宋代基础上继续大量烧造青白瓷外,其最大成就就是创制成功且至今仍享有盛誉的青花瓷。元以前,瓷器装饰比较单调,以刻花、画花、印花为主。青花的烧制成功,开创了白瓷彩绘的新时代,成为古代中国制瓷史上的一个划时代事件。

蒙古族自古尚白、尊白。关于蒙古的起源,一个流行很广的传说是,在远古,一只受天命而生的苍狼和一头白色的鹿,在位于斡难河河源的不儿罕山下结合,生下一个儿子,这就是蒙古族的祖先巴塔赤罕。故蒙古人又称自己为苍狼白鹿的后代,以白色为圣洁、高贵、吉庆的象征,祝福时也献上洁白的哈达表达敬意。此外,对于游牧为生的蒙古人来说,放眼无边草原上的无边蓝天白云,赶着如白云一样蠕动的羊群,心情是最舒畅的,歌喉是长了翅膀的。蓝白两色可谓是欢乐色。蓝白两色的元青花,或可称作“宇宙色”。

元青花,无疑藏有蒙古文化的内涵,但它的创制至今仍是陶瓷史学界的一个谜。每个时期的品种,都有一个诞生、发展和壮大的过程,唯独元青花例外。元朝立国只有 97 年(1271—1368 年),元青花一看就是非常成熟、完美的品种,不管绘画、颜料还是器型,纹饰上也是非常典型的阿拉伯风格。唐代、宋代都不见元青花,唯独元朝出现了,而且一露头,便是北国的尚白与南国的尚青的有机交融。

毛泽东说成吉思汗“只识弯弓射大雕”。差矣!其实成吉思汗是很聪明的君主。他最厉害的一招,就是在被征服了的广袤的欧亚大地上,滚滚铁蹄踏到哪里,就把中国的物产卖到哪里。然后必把当地的工匠抓回来。一方面以东方先进的生产生活方式的冲击,让被征服者不服不行;另一方面发现对方有好的器物与工匠,也即为自己所用。有学者猜测,早期元青花上的纹饰,就是抓了来自中东的战俘画的,他们本来的身份是工匠。

他还有一招,就是将“世界上最早的一座工业城市”紧紧地抓在朝廷手里。

在浮梁古县衙内陈列的一块历代行政首长的名录中,我注意到:元代的蒙古人不会超过百万,面对一匹匹汗血马跑断腿也得跑上近两个月的辽阔疆域,在97年的历史里,浮梁县连着十二任都由蒙古人亲自管辖。他们是:黑的儿、秃满歹、善拨都利、黑的、爱木都丁、秃不歹、扣相柏、黑的儿、斡罗思、八花帖木儿、捏古柏、朵儿只加。元至元十五年(1278年)朝廷又在景德镇设立浮梁瓷局,专门为皇家烧造瓷器。由于此事是朝廷官府机构枢密院所管,许多瓷器上标有“枢府”两字。

明代,明太祖在登基后的第二年,即洪武二年(1369年),钦命在景德镇的珠山之麓设置御器厂,专门为皇室烧制各种宫廷、外交、礼品用瓷,起始有大龙缸窑、青窑等约二十座。大抵每朝早期的皇帝对于百姓和历史多少都会施予些“正能量”。穷苦人出身的朱元璋,也就是在设置官窑的这一年,出于节俭的目的,下令将祭拜天地的礼器改为瓷器——此前这些礼器都由金银和玉制作。后来,明成祖朱棣亦带头将吃饭用的玉碗换成瓷碗,又将皇室陪葬时的冥器、对海外贡国的赏赐都给换成了瓷器。由此各朝新帝登基必做两件大事:一是铸造钱币;二是烧造瓷器,在新烧的瓷器上写上自己的年号,这成为古代中国官窑瓷器最显著的特征之一。

御器厂挟帝王威势,汇集全国最好的工匠,投入大量资金,占用最好原料,对产品精益求精,稍有瑕疵,便被当场砸碎,就地掩埋。据说出窑100件,常常可能砸去八九十件,乃至百里挑一,因此制造出许多光彩夺目、精美绝伦的瓷器,使人一见而爱不释手。永乐至宣德年间,因采用郑和从西洋带回来的外来青料，能烧出浓艳的色彩，它在瓷器表面烧成独特的斑点，形成了类似中国水墨画般的晕染效果。这一时期的青花瓷器，与茶叶、丝绸一起，作为最受欢迎的中国商品，运往亚、欧、非三大洲，其中不少历经白云苍狗，成为传世珍品。当今世界历届瓷器拍卖中，成交前一百位的，绝大多数是景德镇生产的皇家用瓷，许多价值连城。这个建立于公元 14 世纪中叶的御器厂，以后增至 58 座，最多时达 80 座。代代相传，一直延续至明清两代，历经 27 个皇帝，共 500 余年。

清代，内务府下设造办处，掌管宫廷内一切器物的制造，瓷器的生产也由内务府总管直接负责。顺治十年（1653 年），御器厂改为御窑厂。康熙十九年（1680 年），内务府郎中徐廷弼等人驻御窑厂督造。次年，又派工部郎中藏应选驻御窑厂督造，世称藏窑。康熙二十四年（1685 年），郎廷极巡抚江西，专窑烧制陶瓷，世称郎窑。雍正四年（1726 年），内务府总管年希尧，兼景德镇御窑厂总理，世称年窑。两年后，加派内务员外郎唐英，驻御窑厂协理陶务。

"风云三尺剑，花香一床书。"虽然是满人，但那炖着牛羊肉的大锅的底汤里，都透着《昭明文选》和唐诗宋词的味儿。康熙、雍正、乾隆三朝帝王，对景德镇格外青睐。在官制上，派去的督造官均为三、四品，高于浮梁县衙的五品。虽有督造官在窑火前丝毫不敢懈怠的憧憧剪影，帝王们面有戚戚，心仍飞去了制瓷的第一线。

康熙曾下令将烧制珐琅彩的小窑，搭建在了养心殿，让人不禁想起 200 多年后的中南海里也曾搭起"大炼钢铁"的小高炉。雍正无论军国大事如何繁忙，总及时批复督造官的奏折。至今在故宫博物院的档案里，可以看到他批给年希尧的文字："不必急，此坯愈干愈好，还有讲究的，坯必待数年入宫方好"，若太匆忙的话，则"可惜工夫物料置于无用"。乾隆六下江南，御驾南抵杭州、江宁，没能来偏于一隅的景德镇，一定是挂他心头的一笔欠账。为了填上它，他要唐英编著了《陶冶图编次》。此书详细记录了御窑厂的生产状况，将陶瓷工艺分为二十个程序，一一细说;又派宫廷画家亲临现场,多方描绘。其中或许还有洋人画家。早在康熙年间,江西巡抚郎廷极在给清廷的奏折中写有:"奉养心殿传谕,将西洋人傅圣泽送京,交与养心殿。"图文并茂成书后,送达乾隆案头。一座热气腾腾的御窑厂,连同一个活色生香的景德镇,几乎就要在他的眼前站起来!

唐英十三岁起在养心殿做杂役,按说这个年纪,"帝力于我何有哉",他与乾隆应有"发小"之谊。且善画能诗,办事干练,被派驻景德镇做督陶官年希尧的助手。三年时间里,他和工匠们同吃同住,苦心研习,由一个外行,变成了一个不但可以动口,也能亲力亲为的内行。唐英成为正式的督陶官后,二十多年里,景德镇所制的陶瓷被后世公认为瓷中绝品,无论在品种的仿古创新上,还是在器物的制作技艺上,都达到了空前未有的水准。即便如此,乾隆仍对"发小"要求甚严,提前实行了今天的问责制,屡屡受罚。其中一次是,乾隆十三年(1748 年),年已 66 岁的唐英接到圣旨:此次唐英进呈瓷器,仍系旧样,为何不照所发新样烧造进呈,将这次呈进瓷器钱粮不准报销,着伊赔补。结果,这次烧造的 467 件瓷器,所有费用全部由唐英自掏腰包……

康熙年间,景德镇创出了粉彩装饰及美人醉、郎红、胭脂红、玛瑙红、天青、冬青、乌金釉、葡萄紫等颜色釉装饰,创出了独具一格的五彩装饰及名贵珐琅彩。雍正年间,创出了茶叶末、炉均花釉、粉青、钧红、火焰红、火焰青、秋葵绿、蜜蜡黄等颜色釉装饰。乾隆年间,创出了铁钢金丝纹片釉、木纹釉等颜色釉装饰和古铜彩装饰。明末景德镇出现的蛋形窑雏形,演变至清雍正时,无论是窑体及内部结构还是烧成制度,都更为合理和趋于成熟,并逐步规范化而被固定下来,成为正式的蛋形窑。

康、雍、乾三代,是中国瓷艺史上最为辉煌的黄金年代。如果说,宋代使景德镇由一个亦耕亦陶、踩着泥巴与牛粪的小镇,变成了一座匠心饱满、匠气飞扬的工艺城市,那么,清三代则让景德镇实现了第二次转型,成为一座俊采星驰、人神共惊的工艺美术城市。

盛到极处,便是繁华跌下,丝弦渐哑,一个王朝的颓塌将很快到来。

“1851 年洪秀全领导的太平天国起义历时 14 年,席卷半个中国。由于景德镇地处太平天国都城天京的侧背,与天京南面的广德、衢州相连,战略地位十分重要。太平军与清军在这一带厮杀十分惨烈。在战争期间,太平军先后三次攻占景德镇。浮梁知县谢方润在太平军攻城时来不及逃跑,被太平军俘虏后砍了头。驻景德镇九江分道、饶州分官署、浮梁知县行馆,都被太平军一把火烧得干干净净。作为皇帝的御窑厂也大难临头,厂署被太平军焚毁,窑场被夷为平地,只剩下一个地基;官员、画师、工匠杀的杀,逃的逃,御窑厂荒废了十余年,向皇帝进贡的瓷器也断了档。时任两江总督的刘坤一,在给皇太后的奏折中称:‘查景德镇地方,连遭兵燹,官民窑厂,停歇十有余年,老匠良工消亡殆尽。’”(《“百代消亡,永瓷为存”——慈禧与景德镇御窑厂》,中国瓷博网,2014 年 2 月 18 日)

1861 年 11 月,同治帝母亲——慈禧联合咸丰之弟奕䜣,发动政变,诛杀摄政大臣,实行垂帘听政,成为晚清同治、光绪两朝的实际统治者。她关注景德镇御窑厂的重建,着令两江总督刘坤一迅速派前署监督蔡锦青返回景德镇,竭尽全力,重建御窑厂,招募工匠恢复窑厂烧造;又下旨由钦差大臣李鸿章筹银 13 万两,下拨御窑厂,作为亲儿子同治大婚用瓷烧造经费。此后,宫里还下发一批纸样,包括 14 大类 98 种花色,提前五年经费、纸样全部到位,爱子心切,可见一斑。1866 年,即同治五年,离同治大婚还有两年,御窑厂旧址重建新房 72 间,恢复烧造御瓷。大婚瓷包括婚礼筵席用瓷,盘、碟、碗、勺、杯等,画面以喜庆为主体;皇后嫁妆用瓷,妆奁、果盒、花瓶等,制作尤为精巧,色彩绚丽,要求很高。据史料记载,第一批大婚用瓷数量达 10072 件。慈禧不仅儿子大婚用瓷在景德镇烧造,而且为其祝寿的万寿瓷也来自御窑厂。在慈禧专权的 48 年里,祝寿宴共摆了四次。其中光绪十年(1884 年),为慈禧五十寿辰烧制赏赐用瓷,耗银1.5 万两。光绪二十年(1894 年)慈禧六十大寿,万寿瓷多达 9 万件,按当时朝廷定的标准 3 两白银一件瓷器计算,万寿瓷耗去银

27 万两。光绪三十年(1904 年)为慈禧七十岁“万寿庆典”,烧制了一批成套餐具,耗银 3.85 万两。宣统二年(1910 年),官商合营的江西瓷业公司在景德镇成立,为清帝东陵、西陵烧制了一批供器,爵、罐、盘、碗等瓷器。

像是火焰泯灭前的最后腾空一闪。

1911 年,清帝国崩盘,御窑厂随之解散,江西瓷业公司全盘承接了昔日的皇家瓷厂。瓷业公司当时的 400 名员工中,有 100 多人是原来的御窑厂师傅。虽然帝国不复存在,但为着一个亚洲新兴的民主政体的礼仪需要,民国政府和官员仍然需要大量的瓷器,尤以赠送给外交使节和蒙古王公居多。

1916 年,袁世凯登基称帝,年号“洪宪”。前一年夏天,他已令庶务司丞、实为家臣的郭葆昌,带着原清宫所藏的精细颜料到景德镇,又征集各窑好手,烧制了一批准备“御用”和充当“登基大典”礼品的瓷器。其技法是仿珐琅彩瓷,底款为红釉篆书“居仁堂制”,耗银 100 万两。据清史档案记载,乾隆时期,景德镇御窑每年要给朝廷上交瓷器 4 万至 5 万件,朝廷拨付的费用才 3 万两银子。由此,可以估算,这批“居仁堂制”的瓷器,烧制出来多么不计工本;而袁世凯的“洪宪”之梦,一旦在民国的土地上铺展,将会有怎样的骄奢……

景德镇——千百年来如钻石一样镶嵌在帝国皇冠上的城市,从此与帝都脐带般的联系被切断。

瓷,权力美学的重镇

瓷,是权力美学的重镇之一。

在帝国时代,皇权的触角,伸向了瓷业的各个环节——官窑设置、官员委派、工匠调度、银两支付、原料选取等。而且,皇帝的统治意志、宗教信仰、兴趣爱好以及审美经验,会对同一时期瓷器的器型、纹饰、绘画,乃至制作方法等太多方面产生影响。

成吉思汗一代天骄,马上王朝疆域雄阔。在他的统治下,这片广袤的疆域处于前所未有的太平年代。相应于元青花上,器型多大罐、大瓶、大盘、大碗等胎体厚重的大器。纹饰上富丽雄浑，绘画层次繁复，最多者有十层左右。尤以代表皇帝权威的龙纹，霸气、张扬，龇牙瞪眼，龙爪如刀，显然区别于中国传统收敛内向的儒家伦理。有学者称元青花为中国陶瓷史上的“殖民时代”。

明代，是一个高度中央集权的时代，其权力美学的突出代表，便是由燕王起家的明成祖朱棣。这位创造了紫禁城的君王，打小生长于元大内，有着北国的豪放。看看若干年前地下出土的永乐前期的青花冲耳三足大鼎，上面满绘汹涌又宁静的大海潮水，颇有元青花的神韵。永乐大帝在迁都北京、漕运开通、郑和出洋、《永乐大典》等高蹈之举中所表现出来的豪迈之气，都在这一时期的瓷品上有所反映。

宣德帝朱瞻基，是永乐帝钟爱的孙子。与祖父相反，他成长在六朝烟雨中的南京，喜欢南宋宫廷画，满溢着江南才子的情怀。宣德瓷便有江南的婉约——青花瓷墨彩烟晕、疏淡空灵，祭红瓷温润如玉、深沉凝重，五彩瓷红绿对比、莹亮润泽。尽管宣德帝颇具才艺，却有几分玩物丧志，最后连朝也不想上了，迷恋上了斗蟋蟀。此事宫廷不可能记录。宣德帝驾崩以后，娘娘们把他的蟋蟀罐全给砸了，在北京是找不到蟋蟀罐的。景德镇却“记录”了。多少年后在御窑厂遗址发现了很多蟋蟀罐的碎片，底款上有宣德皇帝的年号，印证了野史的传说是对的。

景瓷里能够为帝王不端行为佐证的，还有著名的成化斗彩鸡缸杯。传说，明成化十七年（1481 年），主持日常朝政的大臣们已经很久没有见到他们的皇帝了。此时的皇帝朱见深，经常和他百般宠爱的万贵妃在后宫里寻欢作乐。万贵妃从小将他带大，比他大 17 岁，已经 41 岁了。她自己没有孩子，蛾眉妒起，自恃专宠，也让别的妃子不敢有孩子。她一人独处时抑郁寡欢，在成化帝面前也难强开笑颜。为了博得万贵妃笑口常开，成化帝命令景德镇的工匠特制出一批小巧玲珑的酒杯，给她把玩。图案上是一只公鸡带着一只母鸡，还有四只小鸡在一块嬉戏。若再绘有蝴蝶、兰花和小草图案的，则更为珍贵，目前世界上仅存十几只。2014 年 4 月 8 日,被收藏界视为“神品”的明成化斗彩鸡缸杯再一次通过资本证明了它的传奇。在这天香港苏富比的春季拍卖会上,经过八口竞价后以 2.8124 亿港元成交,成为迄今为止估价最贵的中国古代瓷器拍品。成化帝后是嘉靖皇帝,崇尚黄老,成天炼丹。御窑厂制瓷风格在本朝明显异动,瓷器不仅造型多做成祭器形状,纹饰亦多具有阴阳、八卦的道教色彩。

清代,在养心殿造办处的档案资料中,有关帝王御旨过问瓷器造型制式、纹样、釉色的记载比比皆是。圣意所指,不惜工本,务求精良,因此这一时期的景德镇官窑瓷,堪称中国官窑瓷器生产的不可逾越的极品。康、雍、乾三代皇帝里,乾隆对瓷器的痴迷,已近于走火入魔。督陶官唐英只能挖空心思,焚膏继晷,不断烧造一些奇异精巧之器,供其把玩。最为典型的是转心瓶、转颈瓶、交泰瓶、窑变瓷器。转心瓶、转颈瓶由三部分组成,除瓶体外,其他部分都可以转动,特别是颈部的转动部分,与瓶体构成了一部天干地支的万年历,既美观又实用。而“交泰”取《易经》中天地交泰即天地相交时运亨通之意,它上下两部分互相勾套,既可活动又不能拆开。

在窑变瓷器的烧造过程中,有时偶然获得意想不到的釉色极品。大喜过望外,每当此时,唐英也往往不失时机地向昔日的“发小”献媚邀功。乾隆八年(1743 年)十一月,御窑厂烧的一批窑变瓷器,瓶外红蓝两色斑驳相间,相映成趣,宛若天成。唐英激动不已,称之为“祥瑞之征”,特为进呈。他在奏折中写道:“于八年十一月内,奴才在厂制造霁红瓷器,得窑变圆器数种,计共二十六件。虽非霁红正色,其釉水变幻,实数十年来未曾经见,亦非人力可以制造,故窑户偶得一窑变之件,即为祥瑞之征,视同珍玩。至霁红一种,出窑之后,除正色之外,类皆黑暗不堪,从未有另变色泽生疏鲜艳者,今现得霁红窑变各种,理合一并奏进。”

供奉清宫的御窑瓷器,除宫里日用外,每有皇帝寿诞,清廷还会敕命御窑专烧一些瓷品,以示庆贺。北京故宫曾藏康熙青花万寿字樽,高 76.5 厘米。瓶上用青花书写不同书体的“寿”

字，整整写了一万个寿字，寓意“万寿无疆”，江山不老。书写编列整齐，纵横成行，字体大小肥瘦随器型的变化而变，顺畅自然，极具匠心。此外，御窑瓷器还用于陈设、祭祀、赏赐等特殊用途。古往今来，帝王们通过对空间的骄横占有，以规模宏大雄伟的建筑彰显其所拥有的权力。御窑瓷器，不过是缩小了的紫禁城、九龙壁。它们无论出现在哪个空间，用于何处，同样彰显帝王的威仪、感召或抚慰。那年月，官员们有一个帝王赐予的瓷瓶，远甚于圣上赏给的金银财宝、房产土地。后者再多，终归有价；前者再小，也无价。

清乾隆粉彩百鹿尊，便是在乾隆一次有几百人参加的寿宴上亮相的，几百个赐给了来自全国各地的官员。因其造型似牛头，又名“牛头尊”；又因器型多绘百鹿纹，又称“百鹿尊”。其胎体厚重，肩部附螭龙耳，造型端庄。器腹以粉彩绘山水百鹿图，百鹿神态各异，或奔跑或嬉戏或觅食或小憩，一派生机勃勃的景象，四周衬以参天古树、重峦叠嶂及瀑布溪流，绘画形象生动，自然逼真。鹿与“禄”谐音，唐宋以后，古人借“鹿”与“禄”之谐音，象征福禄常在，官运亨通，步步高升，接过瓶子的文武百官，人人如沐春风，感恩不绝。以后在皇室的狩猎活动中，乾隆还用百鹿尊来奖赏优胜者。此物原件现藏故宫。

明清两代的御瓷，其样式都经过严格的设计，明代由工部设计，清代由绣理处设计，最后由皇帝亲自审定。款识也由钦定的著名书法家执笔，其中大量帝王宣扬自身至尊至贵和祈福江山永固的词组，如“天下太平”“六合同春”“福寿康宁”“万福攸同”“百鸟朝凤”“八仙朝圣”“百兽之尊”和“天地一家春”等等。底款是御窑瓷器最典型的标志，即印有本朝的年号。底款一般是写在底下；倘若器物太大，不方便翻过来，就会写到边上。从明朝永乐皇帝开始，27 个皇帝都印有自己的年号。景德镇当下有一批民间的御窑研究者，他们对瓷器的底款、落款、题句等，有着非常深的研究。比如说雍正年间的字迹，有人看了这一时期大量的御窑瓷器，日想夜默，总结出一个规律：题款的一共有七个人；如果不是这七个人的字迹，那肯定就是赝品。

御瓷一旦向朝廷进贡，除皇帝可以任意使用外，皇室中的其他成员，要按照规定使用。如皇太后、皇后的餐具可用黄釉制品，贵妃用里白外黄制品，一般妃子则用黄底绿龙制品，嫔用蓝底黄龙制品，贵人则用绿底紫龙制品。在造型和花纹上也有严格规定，如琢器中的天圆地方瓶、四方八卦瓶，是御用的特制专用型号，民间不准烧制。作为九五之尊与财富的象征，自五代吴越起，就已有"秘色瓷"。当朝规定，此为供奉之器，庶民不得使用。元代规定，百姓瓷器上不得用描金，不许制造龙凤纹及僭用金酒爵，禁止烧造官样青花白地瓷器。明代在垄断御瓷上更加苛严。英宗正统三年(1438 年)和正统十一年，朝廷两次下令，"禁江西瓷器窑场烧造官样青花白地瓷器于各处贷卖或馈送官员之家，违者正犯处死，全家谪戍口外"(《明英宗实录》)。在清代，御瓷上的五爪龙和百鹿，也不准民间绘制；而且皇帝用的御瓷上都是五爪龙，赏赐给文武百官的瓷器上若有龙的话，只能是三爪龙或四爪龙。倘若谁私造、私藏了五爪龙瓷器，一旦发现，便是"谋反"之罪……

陶瓷，既然是权力美学的重镇，帝国时代的气候凉热、盛衰沉浮，便必然会在瓷器上得到反映。

许多年来，对"盛世"一说，在史学界一直持有歧见。所谓"盛世"，都是官修正史而来，它不会去打开窗子看看外面世界怎样。比如在乾隆所处的 18 世纪，正处人类历史伟大的转折点。从这个世纪起，历史开始跑步前进，其速度几乎令人头晕目眩：乾隆十三年(1748 年)，孟德斯鸠发表了名著《论法的精神》。乾隆四十一年(1776 年)，美国宣布独立。乾隆五十四年(1789 年)，法国爆发资产阶级大革命，发表《人权宣言》，提出"主权在民原则"。乾隆皇帝退位后的第二年，即 1795 年，华盛顿宣布拒绝担任第三任总统。乾隆在位六十余年，恰好是英国经历产业革命的全过程。

官修"盛世"史书，也很难对老百姓的日常生活投上几眼。稍稍透露出几分实情的渠道之一，便是罕见地流传至今的民谣。网上曾看到过一段乾隆年间的民谣："公公糊灯笼，婆婆拨牙虫。儿子做佣工,媳妇做裁缝。一家无闲口,还是一样穷……”

客观地说,帝国时代的“盛世”,也不能是空穴来风。仍以乾隆而言,他天生聪慧,文治武功兼修,是中国历史上执政时间最长、年寿最高的皇帝,晚年自称“十全老人”。纵向比,他的时代,确是中国几千年历史中人口最多、国力最盛的时期。

康熙时瓷器纹饰绘画精美,图样多出自宫廷画师之手,再由工匠依样绘制在胎器上。民窑绘画还较官窑丰富。造型千姿百态,有棒槌瓶、柳叶瓶、观音尊、马蹄尊、花觚等新颖器型。康熙青花虽不及明青花之浓美,却独步本朝,其色调青翠,一笔之中能分出不同浓淡的笔韵,故有“青花五彩”之誉。

雍正粉彩,是清朝粉彩中成就最高的,高雅精致。其代表作是粉彩寿桃纹天球瓶,是雍正寿辰时给大臣、外国使节的赏瓶:几枝桃枝,向四边伸张,枝上绘九个寿桃,由黄色、橘黄、红色逐渐过渡形成,质感凸显。桃花盛开,花蕾含苞,桃叶施绿彩,正反阴阳,一浅一深,立体感强。周边蝴蝶飞翔,动静呼应。整个器型饱满、丰盈,投射出走向大国的气度与自信。

乾隆时期,景德镇能人如云,巧匠如雨。尤在唐英的不断加压下,御瓷及受其影响的民窑瓷器的制作,都达到了炉火纯青、神工鬼斧的地步。御瓷中被称之为盖世之作的“瓷母”,现在故宫历代艺术馆中常年展出,高近 87 厘米,瓷瓶上共汇集了 15 种釉彩、16 道纹饰、12 幅彩绘吉祥图案。其器型硕大,工艺复杂,创下历朝历代之最……

嘉庆、道光,虽承乾隆余绪,制瓷品种、数量、质量却日渐跌出三朝盛世,大有“灯火下楼台”之感。同治以后,慈禧是实际的统治者,装饰越来越女性化。清早期瓷器上的纹饰都是山水楼阁、人物故事,清晚期基本上都是花卉,女性特征越来越明显。阴柔化之外,晚清制瓷工艺粗糙了,没有康乾时期那么细腻、精致。咸丰时,御窑厂被攻打到景德镇的太平军所烧毁,被迫停止烧造,瓷样被毁,工匠四散而逃,制瓷业停滞。虽然同治四年(1865 年)御窑之火再度燃起,并为同治皇帝大婚烧造喜宴瓷器,但昔日的芳菲风华已经散尽。

可以比较的是，同样是烧制青花云鹤碗，清中期，连鹤的关节都能够画出来；到这时趋于简化，几笔匆匆掠过，画者似有内怯。用手去叩其胎体，所发声响也不一样：清早期的瓷器很清脆，作磬之声；到晚期就发闷了，因为瓷胎没有原来那样细密。将康熙至宣统九个朝代的瓷器进行一一对比，可以从很多细节上看出差别。再有，2013 年 5 月，首都博物馆举行了“慈禧的瓷器”实物展，其中有依照其旨意下发给御窑厂的飞鸟花卉设计图案纸样原件。这些纸样多是由慈禧最宠爱的宫廷画师缪嘉慧创作出来的。将这些原件与御窑厂按照该纸样烧制的瓷器对比看，明显感到瓷器在色彩、布局、整体效果等方面，都不及纸样那样生动、活泼和漂亮；亦反映出御窑厂焚毁后，在工匠技艺、原料配方、烧造工艺方面，还远没有恢复到清代康雍乾时期的水平，显示王朝没落了工艺也随之式微的命运。

于是，这一代人的路像是走到了尽头，人们苍凉的目光，不约而同地回望起那一代代让景德镇辉煌起来的先人……清末民国，一个仿古瓷制作的高峰在这座城市几近百无聊赖地到来。

马未都先生也从明清之交青花器上的几只鸟身上，踅摸到了万历—天启—崇祯—顺治—康熙两朝五代的社会心态：

> 万历的鸟一般绘法是在林中奔命，少有回头。大明要玩完，逃吧！到了天启、崇祯，这种心态反而淡了。反正大明要完，没救了，索性轻松了，鸟一般做自由飞翔状，双翅抖动，向上向下，向左向右，有点儿彻底解脱的意味。一进入顺治，鸟做回头状，少有落在枯枝上。回顾往事，温故知新，自由大发了，也得稍微歇歇，总算有了安家落脚的地方。下面是康熙，鸟也肥了，大部分落在枝头，花繁叶茂，不飞了，也飞不起来，贪图安逸，养尊处优……（《马未都说收藏·陶瓷篇（下）》，中华书局 2008 年版）

倘若有一双慧眼，在景德镇的瓷器上，你就会体悟到多少帝主时代的晨钟暮鼓，多少宫墙内外的欢欣与叹息……

瓷不是道具,我们才是道具

瓷器,是中华民族历史和文明的珍贵记忆。

在帝国时代,它不仅是“国器”,也是在世世代代景德镇人智慧与汗水的蒸腾里所结晶的性灵之器,与普通中国人的生活、劳作、创作、祭拜、休闲等结合最紧密的实用性器具。它有火的刚烈、水的优雅、土的敦厚,真正是宁为玉碎,不作瓦全,不绝如缕地传递出我们民族的天地观、人生观、宗教观及阴阳五行观。

《易经》里说:“形而上谓之道,形而下谓之器。”瓷两者兼具,在光洁如玉的物质形体之外,还用一种隽永的诗性方式,将中国文化的精髓与气韵,深深地浸染到中国人的举手投足、一颦一笑中来,让个体的生命,在悲苦多于欢乐的人生中尽可能地沐浴愉悦;让整体的命运,在变幻不定的世界上表现凛然的气质和坚定的存在感。

八九千年前,人类就发明了陶器。但瓷是中国人在“四大发明”之外的又一伟大创举。看起来,由泥出发,在水与火的征程上抟土成金,造就出风采各异、精美绝伦的无数瓷品佳构,由此远离了泥。但其实整个过程,就是和泥土融为一体。

当今世界上有一种治疗身心创伤的方法叫艺术治疗,接触泥巴是其手段之一。在对泥巴的拉、捏、提、转之中,渐渐地物我两忘,心如静水,你是在跟大自然作真正的接触。而且,和你一起的所有人,都埋头于泥巴在手指、股掌间的舞蹈,如同你在云南丽江才能见到的悠闲的猫和狗,整个世界俯在你身边安安静静地看着……

素坯完成后,当笔蘸青花料水,或用色釉,面对着素坯作画、渲染,或许你会感觉这是自己的心灵在大地上自由地行走。

在景德镇的乐天陶社,我听到几个年轻的中外陶艺家不约而同地说起:他们由一坨泥巴开始,自己揉泥、拉坯、利坯,成形后,看着作品从窑炉里面出来的那一瞬间的感触——啊,幸福真是妙不可言!那个时刻,和金钱无关,和权力无关,只与大自然的造化有关,与美有关。

在我们民族几千年的传统文化中,泥土和土地,一直是一个永恒的话题。生,与土地、与泥土相依相偎;死,也要回归土地,和泥土融为一体。陶渊明有诗:“死去何所道,托体同山阿。”龚自珍有诗:“落红不是无情物,化作春泥更护花。”在由泥而瓷的征程上,我隐隐约约看到了北京的社稷坛,一座用五色土堆砌而成的建筑,还有与社稷坛遥相呼应的天坛。

瓷器,由猎猎的火焰中来,莫不就是我们先人穿越茫茫时空,对泥土、土地的一种激情的拥抱?

瓷器,由缠绵的水里来,莫不就是我们先人对呵护人类生命的大自然以别样的方式作永恒的崇拜?

似乎世界上还没有任何一种艺术品,能够像景德镇瓷器一样,将物感与精神、生活与审美结合得如此完美。

仅以青花瓷而言,几乎一问世,就成了古老中国的符码,更成了水墨江南、烟雨江南、梦里江南的微缩。不说青花的艺术瓷了,墨分五彩的精准描绘,化绚烂于平淡的定性,若在高温釉下,其色阶的变幻何等的浪漫奇诡;就说青花里一般的陈设瓷、日用瓷——花瓶、笔筒、笔洗、茶具、餐具……一一掠过:

飞禽走兽,蜂草虫蝶,豆架瓜棚,闲花野卉,浣纱采莲,荷池涨满,桑间濮上,黛瓦粉墙,徽州老屋,西风卷帘,紫燕呢喃,远帆孤影,江山静好……

这些在农业文明的怀抱里,在江南大地上曾经鲜活过的一切,顿时在我们尘封日久的记忆库里复活,素净中透着不动声色的亲和,单纯里显出漫不经心的撩拨,激发起我们一种思亲怀旧的情调。

难怪这七八年间青花瓷大行其道,周杰伦的一曲《青花》,仿佛激活了整整一代中国人的审美观,频频出现在家具、卫浴、壁纸等各类家居建材产品的设计中。这原是村姑们的衣装花式,范冰冰、林志玲、巩俐等大牌明星亦放下身段穿上了它,而2008年北京奥运会期间青花元素的恣肆渲染,更是将这一中国符码推到了国际时尚的前沿。

人的神志，在瓷上游走，既没有庙堂的忧心，亦少去布衣的烦恼。摒弃意识形态的高压，消失尘世读秒般的奔忙……瓷上，多少有些寥落的禅意，涌上一抹抹清凉，还有空山新雨后般的清新，让被世事风尘、功名利禄磨砺得日渐粗糙、麻木乃至板结的心灵，再次探出含羞草一般的敏锐、灵动，让时下活在极度商业化、政治化乃至泡沫化里常常纠结的人们，渐渐降去燥热，淡去利害……

室无瓷不雅。

瓷品以自身独特的泥的出身、玉的品质，而具有区别于金银珠宝的特质。历史上，几乎所有的官员商贾、文人雅士都喜爱收瓷藏瓷，似乎金银珠宝只能显示富有，而无瓷不贵，唯有瓷器才是高贵的象征。官员商贾里，不会是所有人，但无论古今，一定有一些人对瓷是附庸风雅，到手后作明珠暗投；但文人们大抵是赏瓷爱瓷，情有独钟。

历史上，文人墨客留下不少关于瓷的咏叹之作。陆龟蒙诗云："九风秋露越窑开，夺得千峰翠色来。"孟郊诗云："蒙茗玉花尽，越瓯荷叶空。"杜甫诗云："大邑烧瓷轻且坚，扣如哀玉锦城传。君家白碗胜霜雪，急送茅斋也可怜。"著名南宋女词人李清照有"佳节又重阳，玉枕纱橱，半夜凉初透"的吟咏，词中的"玉枕"，就是景德镇的产品。被称为中国"四大文人皇帝"之一的乾隆，是咏景瓷最多的人，如"白玉金边素瓷胎，雕龙描凤巧安排。玲珑剔透万般好，静中见动青山来……"

传统文人的起居书斋间多有瓷品摆件、文具，上面的描绘不乏士大夫阶层胸襟与情趣的展露：伯牙弹琴，孔孟道上，东篱陶潜，竹林七贤……也常有反映其清高、俊雅的款识，如"高人逸士""三老对弈""抱琴访友""树下读书""十八学士""春夜宴游桃李园"等；当然也有期待鸿运叩门的款识，如"马上封侯""鹿鹤同春""指日高升"等。

文人不但爱瓷赏瓷，也对景德镇瓷的发展施予了深刻影响。

景德镇虽偏处江西省的东北一隅，却毗邻徽州，临近南京、上海和扬州，相距不过几百公里，在今日只是高速公路上三到四个小时的车程。这些地方，在明清时期是富人们的花团锦簇之城，也是墨客骚人挥洒风流之乡。许多文人画家的绘画流传到景德镇，成为红房匠人模仿绘制的重要样本。咸丰、同治、光绪三代（1851—1908 年），以程门、金品卿、王少维为代表的皖南新安派画家，就近加入景德镇瓷艺界，将文人画的艺术特色、表现技法及其审美旨趣，带进瓷上彩绘。由于浅绛彩瓷画就是瓷器上的中国画，也吸引了一些海上名家张熊、吴待秋、王震等人，参与瓷上彩绘。此外，景德镇的陶瓷绘画明显有徽州木刻版画的痕迹，康熙时期五彩瓷的绘制风格，大抵就是在徽州版画的基础上形成的。元代以降，景德镇的青花瓷则受文人的写意画影响很深，不少优秀的青花瓷洋溢着文人画的意趣。

在支持官窑文化体系的帝国时代倾覆之后，景德镇面临一个由权力美学向社会美学的大转折。倘若无法与中国民间深厚的艺术精神重新呼应，景瓷便会在新旧之间发生断裂。而在传统中，自魏晋以来，文人的诗书画创作无不标新立异，执各代时尚之牛耳。此前，在景德镇的陶瓷历史上虽然出现过大量能工巧匠，诞生了无数云蒸霞蔚的优秀制作，但在历史上却很少留下他们的名字。他们少有艺术活动的自我意识，更不会想到要向文人或者“大师”这边靠。

面对千年窑火的日趋黯淡与现代化日愈扑面而来的双重夹击，一部分匠人有了艺术活动的自我意识，换一句话说，他们的笔下，有了文人画明晰的色彩。这些人当中，有的是红店学徒出身，如当时的王大凡、徐仲南、何许人等；还有的是在设于鄱阳县的原江西省甲种工业窑业学校饰瓷科受过一段正规教育，如汪野亭、程意亭、刘雨岑等；此外，邓碧珊、毕伯涛两人本身就是清末秀才，田鹤仙则是原江西省瓷业公司夜校的教员。他们成立了“景德镇瓷器研究社”，有 200 多名会员。后来军阀混战，该社被冲垮了，但矢志不移者仍聚集在一起，其中最有代表性的是“月圆会”。该会 1928 年由王琦等人发起成立，取花好月圆人寿之意，每逢农历十五聚会一次。成员轮流做东道主，饮酒吟诗作画之余，每人带一件新作到主人家欣赏观摩……这个群体被后人称为“珠山八友”。“八友”只是个泛称。珠山则是景德镇老城区中心一座独起的峰峦，在古代有蜿蜒腾云、俯视四境之势。

“珠山八友”的出现，并没有将景瓷从一片残山剩水里解脱出来，但在清末民国的乱世之中，保存了景瓷手工业的传统技能，又在陶瓷美术上开了一条新途。王琦、王大凡、汪野亭三人的作品，曾在巴拿马国际博览会上获得金奖。这是“康乾盛世”一百多年后，沉寂了的景德镇再一次让世界刮目相看。

中国文人给瓷以影响的最普遍的物化形态，便是茶具了。

水为茶之母，器为茶之父，“器具精洁，茶愈为之生色”。绿茶与瓷器，可谓天作之合。当浓酽之绿，注入冰清玉洁的白瓷或青白瓷，碧芽轻浮，茶汤烟袅，视感生动曼妙，嗅觉上有收敛而含蓄的暗香，再品味思接千载或自我安神的妙趣，这是茶之风雅、士之风雅，或许还有几分禅的风雅。

茶在华夏地区的全面兴盛，大约起于佛教寺院的发达。大唐帝国弘扬佛法，导致古刹寺庙在国中星罗棋布，而茶受到禅宗的极力推崇，成为青灯黄卷边彻夜谈玄的最佳伴侣。到了宋代，茶叶成为“举国之饮”。宋朝开国皇帝赵匡胤，便是嗜茶之徒。他在宫廷中设立茶事机关，将宫廷用茶划分等级。他还将茶作为笼络大臣、眷怀亲族的重要手段，常以礼物的形式赐给功臣将士。宋代取“文治”的国策，心灵通透、无须“改造”的文人们，亦纷纷把饮茶作为诗词、绘画的主题，欧阳修、黄庭坚、苏轼、陆游……咏茶诗内容广泛，数量惊人。仅陆游一人保存下来的茶诗就有300多首。

茶文化的兴起，使一般的市民阶层饮茶也蔚然成风，王安石曾云：茶之为用，等于米、盐，不可一日无。据说百姓们喜欢喝一种叫煎点汤茶药的茶。一个人枯坐，喝茶。三五好友亲朋相聚，更要喝茶。世道纷扰、身心俱疲时，得喝茶。手捧一壶，一脉线香荡涤心底，虚乏之身顿时便有了着落。屋外凄风苦雨、黄叶满地时，也得喝茶，一杯热茶细品悠啜，心里顷刻便会忘却人生羁旅的烦恼，漫起一股生命如此美好的酥酥暖意……古人今人，莫不如此。

宋代景德镇造有一种茶具，叫斗笠碗。它斜壁小底，样式比五代的斜壁碗更为挺拔秀气。但从当代人的眼光看，其碗口大、底小、体高、壁斜的造型又透着几分怪异。按理说，口大碗的容量相应减少，底小器物重心不够稳，体高、壁斜，端拿不方便。景德镇的工匠为何要烧制这有诸多不便的茶具呢？据学者考证，北宋时人们的饮茶习惯，是在茶饼中添入龙脑膏、枸杞泥、绿豆、炒米、芝麻、川椒、山药，混合碾碎后烹煮。饮用时，将茶汁和茶叶中的配料一道吃掉。用如此式样的瓷碗饮茶，能使茶碗“易干不留渣”。古人为什么小拇指得留那么长的指甲呢？大概就是方便把茶叶钩到嘴里去。这器型，用于“钩”实在太顺溜了。现在南方还有一些地方说喝茶为吃茶，可见这绝不是无厘头式的无来由。斗笠碗就是“吃”茶的——喝光水后还得嚼进茶叶，毛泽东生前就一直保持了这种习俗。关于景德镇赐名，坊间还有一种说法是，宋真宗可能是在吃完茶的那一刻，感受到了斗笠碗好用好使，正合其意，一时龙颜大悦，便以自己的年号命名了景德镇……

明清的饮茶习俗与唐宋时发生了很大的变化。以往的团饼茶，由于耗时费工、有损茶香等缺点，到明代被明太祖朱元璋下令废止，改饮散茶，或称芽茶，从此散茶流行开来。后世所熟知的绿茶、黄茶、黑茶、红茶、花茶、白茶、乌龙茶，便是在饮散茶后出现的，散茶采用冲泡的新饮法。饮散茶注重茶色，“以青翠为胜，涛以蓝白为佳”。为了突出茶芽的青翠之色，素雅莹润的白釉瓷成为茶具最佳之选。景德镇适时烧制出了甜白瓷。这一高级别的器具，胎质细洁，釉色莹白，不仅是品味香茗的佳器，也是品位很高的艺术品。清代皇室盛行饮茶之风，涉茶之礼的活动很多。宫廷的茶具琳琅满目，装饰富丽浓艳、纹样纤细繁缛，烧制时不惜工本，尽显宫廷用器的气派。

景瓷与茶的紧密联系，还得益于老天的得意安排。“商人重利轻别离，前月浮梁买茶去。”白居易的一首《琵琶行》，让浮梁茶美名传天下。

唐宋两代,全国设县很多。唐开元二十八年(740 年),全国有县 1573 个,分赤、畿、望、紧、上、中、下七等。京都所治为赤县,京之旁邑为畿县,其余则以人口多少、资源与经济情况而定。宋宣和四年(1122 年),全国有县 1234 个,分为赤、畿、望、紧、上、中、中下、下八等,大抵划分标准与唐相同。并无地理优势而言的浮梁,在唐代列上县,在宋代前移为紧挨京畿的望县,原因大概就是其经济势力应可跻身当时的"全国百强县"了。浮梁茶叶,在唐代知名还并非因为江州司马的那句"广告词",事实上浮梁当时已经成为帝国时代茶叶的重要集散地。自唐置县后,浮梁"每岁茶七百万驮,税十五余万贯",茶税占到唐代全国茶税的三分之一强。浮梁史料还记载,当地之俗"富则为商,巧则为工……摘叶为茗,伐楮为纸,坯土为器"。所谓"摘叶为茗",就是种茶、制茶、贩茶。(冯云龙著《高岭文化研究》,江西科学技术出版社 2012 年版)

不仅是浮梁茶叶飘香十里,景德镇周边祁门、婺源,亦盛产茶,即"聚于景德镇者皆徽之休宁、祁门、婺源贾客所鬻也"(乾隆《浮梁县志》卷五《食货》)。乾隆间,多取道五岭运至粤省精制加工,销往国外。"光绪末年至民国元年之间,祁浮之产额共达十三万余箱,推销即在汉口承受,半为俄商。余则英、美、德、法、丹麦等国合为市场"。(江西省社科院历史研究所、江西省图书馆编《江西近代贸易史资料》,江西人民出版社 1998 年版)

顾炎武在他的《天下郡国利病书》中,说到这么一件事:从江西挑到广东去的商品多粗重笨大,比如一挑挑的瓷器、一驮驮的茶叶及夏布等为主。从广东挑过来的商品多精细巧小,不乏钟表、珍珠、玛瑙等洋玩意。江西的挑夫压得几乎舌头都要冒烟,只赚到很少的钱;广东的挑夫轻轻快快,不时哼上段小曲,却可以赚到很多的钱。江西人不干了,打起一场官司。结果,两省的唯一通道——梅关所属的当地官府下了一道令,两边一律在梅关顶上交接,即江西挑夫的笨重担子到了关口交给广东挑夫挑下去;广东挑夫的细软物件,到了关口则交给江西的挑夫接下去挑,这样两地挑夫的工作量都差不多,工钱也赚得差不多。此事足以说明当时广东、江西间的瓷器、茶叶的商贸活动异常频繁。

在景德镇,古时除官窑外,民窑的大量工匠也利用手中的技艺,投入到茶具的研发生产之中。在新中国成立后出土的大量民窑遗址上,发现不少杯、壶、碗、盘等,其中相当一部分为茶具。与此同时,饮茶之风也渐渐衍生为一种业内习俗:每年年底,商家老板要请工人喝茶。并非人人皆到,那些没请来喝茶的人,便是老板在第二年里不打算留用的人,这叫"留人茶";到了四月间,老板又请工人喝一次茶,倘若有未被请到的,则多半意味老板对此人的技艺或劳动态度不满,干完这一季度,他就得辞工走人了……

经过文人的中介,与瓷进行如茶一样伟大联姻的还有酒。

古代文人常以酒为伴,不论是诗酒唱和的欢宴,或是"对影成三人"的独酌;不论是"青春作伴好还乡"的喜泣,还是"归心日夜忆咸阳"的乡愁,都离不开酒。朱大可先生说:"茶与酒的轮值制度,是中国饮品文化的最大机密。文人交替饮用这两种饮品,在清醒与癫狂之间摆动和涨落。这是耗散式的结构,它从对立的两极出发,机巧地调节着中国人的心灵。"(《茶、瓷、丝的三位一体——华夏帝国的器物贸易》,《城市中国》2008年7月号)

在酒具中,无论古今,瓷器的品种与数量,肯定超过了银器、玉器、玻璃器,更遑论什么金杯、玛瑙杯了。许多年里,中国名酒的酒瓶,"茅台""五粮液""郎酒""汾酒""四特"……都在景德镇生产,从最小的能装二两半的瓶子,到能装30斤的大坛,一应俱有。据说,现在各种各样的酒瓶已经有上百种了,可以满足不同酒厂的不同需求。

在这座城市里,做一个酒鬼是幸福的,能够喝到未经勾兑的国内最好的原浆酒。

瓷光与佛光的交相辉映,也是瓷的重要特色。

佛教自东汉明帝时期传入中国,两晋南北朝时大兴,至唐达到第一个高潮,玄奘西游取经为鼎盛之际。五代十国、两宋时期,已于民间广为流布。随着佛教文化和佛教思想的渗入,对陶瓷艺术产生了极大的影响,大大丰富了陶瓷的表现内容。

在装饰上,先后出现梵文、“佛”字、莲花图、宝相花、缠枝莲图纹等。梵文,明永乐开始出现,成化宣德年间常见,之后见于历朝。早期书写工整,至清代雍正时期,有的器型外壁满布一圈圈密密的梵字,字体变长且稍微变形。因为传说佛祖生在七宝七茎莲花上,莲花被奉为“佛门圣花”。而我国自古即有爱莲花的习俗,历代文人墨客多有称颂。李白有“清水出芙蓉,天然去雕饰”之诗;周敦颐更有“出淤泥而不染,濯清涟而不妖,中通外直,不蔓不枝,香远益清,亭亭净植,可远观而不可亵玩焉”的长句……莲花,便自然成为一种理想的装饰,以刻、印、绘的浮雕,堆、贴等不同的手法,广泛地出现在景瓷上。在当今一般国人眼里,莲花已失去了其宗教含义,而成为中国元素鲜明的装饰题材。

在器型方面,陆续出现如来、观音菩萨、弥勒佛、罗汉、净水碗,佛家用作饮水或净手之器的军持等。因观音菩萨最能适应众生的要求,对不同的众生,现化不同的身相,说不同的法门,在众器型中观音瓷塑最为民间所熟知和信仰。在中国的江、浙、闽、粤、台湾,以及南洋华侨间,观音信仰极为普及,所谓“家家阿弥陀,户户观世音”。观音的造像中有千手观音、送子观音、杨柳观音、龙头观音、持经观音、圆光观音、滴水观音、白衣观音、莲卧观音、泷见观音等。各类妙像,皆圆融无碍,庄严静默。当代诗人舒婷曾有诗《滴水观音》,写道:

一脸安详澄明
微尘不生
双肩的韵律流动
仅一背影
亦能倾国倾城

人间几度疮痍
你始终眼鼻观心
莫非
裸足已将大悲大喜踩定
我取坐姿
四墙绽放为莲
忽觉满天俱是慧眼
似闭非闭
既没有永恒的疑问传去
也没有永恒的沉默回答
天空是一面回音壁
——滴
——答
坠下那一滴畅圆的智水
穿过千年,仍有余温

1989 年 1 月 31 日

再有,便是弥勒佛像了。和观音不同的是,自弥勒佛从印度传入中国后,经过千余年的演进,中国人在现实生活中创造了本土弥勒佛及其瓷塑形象。据说最早是依据唐末浙江奉化契此和尚的形象。到明代初年,出身寺庙的朱元璋,为家乡弥勒亭题了一副对联:"大肚能容,容天下难容之事;笑口常开,笑世上可笑之人。"这副常见的千古名联,蕴含了为人处世的深刻哲理,广泛流传,家喻户晓;又为中国化弥勒佛形象定型,使景德镇的塑瓷工艺由此发挥到了淋漓尽致的境界,其圆头大耳,腹隆如鼓,慈眉善眼,笑容可掬,大智如愚,大巧若拙……具有很强的亲和力和艺术感染力。其后又衍生出恭喜佛、思维佛、欢乐佛、五子登科佛、九子佛、掏耳佛、卧佛、站佛、坐佛等,几乎无形不有,千姿百态。在清代和民国时期,景德镇生产瓷塑弥勒佛的作坊、窑场多达几百家,从事弥勒佛像制作的巧匠也层出不穷。

……

历史烟云，在瓷上中国演幻。

世世代代的子民，在瓷上中国生活。

瓷，已然成为人们生活中的道具，可以将住所装点得古朴、风雅、温馨、纯净、和谐……可以将精神装潢高洁、清迈、安详、圆融、通透……

究其实，瓷器不是道具。我们才是道具，人很难活过百年，纸的寿命不过千年。而瓷即使埋在地下，科学家分析可以历经两万年。

瓷的内蕴博大精深，远非笔者能够穷尽。

不妨借用黑格尔的一句话，他老人家曾说古希腊是“整个欧洲人的精神家园”，沉默而又美丽的瓷器，无疑可以视作中国人灵魂的底色。在瓷千年洋洋洒洒的叙事中，将其他工艺、美术话语空间中局部穿行的历史意义、人文意义、审美意义，统统揽起来，汇成一条天高水阔、风帆正悬的大河。

这是一条瓷艺、瓷境、瓷品的大河，其画面、纹饰、色彩、光泽，穿越了时光和空间，成为中华民族生活中一个永恒的精神家园。

（选自《瓷上中国》，21世纪出版社2014年5月版）

西长城

丰　收

阿拉克别克

一

阿拉克别克是一条不大的河。地图上不细看,很难寻见小蛇样细细的蓝线。额尔齐斯河统领的家族中,它最纤秀。像同时被许多个情人追求的少女,自视甚高的阿拉克别克却又对谁都情意缠绵,从深深的阿尔泰山一路走来,袅袅婷婷欲拒还迎,一直到了阿黑吐拜克,才投身额尔齐斯河的怀抱。

在新疆,有两条可以航运的跨国河流,一条是发源于天山的伊犁河,一条就是发源于阿尔泰山的额尔齐斯河。

这是伴随牧歌行进的河流。山崖沟谷间数以千计的岩画,记录了如河水一样古老的历史。

千百年来,无论多少次战争和部落间的械斗,都没有能够驱走河两岸的牧人、渔夫、牛羊和炊烟。

草原曾经辉煌过,丝绸之路北道经两条母亲河到达中亚、西亚。成吉思汗六次挥师西征,都经此而过。额尔齐斯河离开阿尔泰草原的地方叫克孜乌雍克。它要去的斋桑湖,百年之前还是阿尔泰草原的领地。

二十世纪初,伊犁河、额尔齐斯河还响着小火轮南来北往的笛鸣。小火轮是河两岸人民交往的友好使者。每当涨水时,小火轮穿梭繁忙,运来棉布、煤油,运走牛羊。

这样的景象,持续了约半个世纪。

新生的人民共和国希望延续和发展这种繁荣,一批转业海军军官从东海之滨千里迢迢来到祖国最西北的阿勒泰发展航运。

投身额尔齐斯,欲走还留间,阿拉克别克造就了冲积盆地阿黑吐拜克,秀美挺拔的白桦随阿拉克别克蜿蜒前行。河西边的滩地、蒲草丛里紫色黄色红色的花朵高高地挑在草尖尖上。

蒲草花朵间拉着带蒺藜的铁丝网——阿拉克别克是雷池半步难逾的界河。

边境多故事。河两边的人家都放羊牧马,两边的哈萨克大都沾亲带故,你家的丫头娶过来,我家的丫头嫁过去,再平常不过的事儿。晚霞染红了河谷,炊烟召唤牧人,少男少女你穿过白桦林,她跑过绿草地,把豪放的歌和热烈的吻给予友谊和爱情时,就更记不起什么边界了。

春打河开,五月鱼汛,阿拉克别克入汇额尔齐斯河的河湾处,渔帆点点。喊歌的小刘正收网,两三尺的白斑狗鱼、尺把长的东方真鳊,都是额尔齐斯河的特产。要是能弄上青黄鱼,那就运气了。起网时,活蹦乱跳的鱼儿让人来情绪,靠山吃山靠水吃水啊!

小刘落生阿拉克别克河岸,在阿拉克别克夏日的水里、冬天的冰上长大,小刘的父亲1964年从山东半岛的海湾来到了阿黑吐拜克的河湾。按组织上的说法,东海舰队转业的父亲来这儿是为了发展额尔齐斯河的航运事业。和父亲一起来的转业官兵,都是海军,还有东海舰队的艇长。

这一年来的,除了老刘他们六百多集体复员转业的山东官兵,还有七十多个上海知识青年和十多个毕业分配的大学生。

为发展额尔齐斯河航运的东海舰队转业官兵来到后,额尔齐斯河面早不见了渔帆船影,更难听到小火轮的笛鸣。他们受命时被告知,“三代”任务完成后,就返回他们建设起来的农场和城市……他们最终留在了阿拉克别克河湾。

三十年西线无战事。无战事的西线边境,1988年汛期提前。百年不遇的山洪奔涌阿拉克别克河床，每秒一百二十立方米的洪流如脱缰野马横冲直撞，决堤毁坝，冲垮了阿拉克别克桑导克龙口，奔流喀拉苏自然沟——它可不管边界不边界，如果洪峰沿我方喀拉苏自然沟冲下去，按国际法惯例，这就是新的“界河河床”，包括兵团一八五团团部在内的，我方实际控制的大约五十五平方公里领土就可能由洪水划割为他国版图。

4 月 30 日，中华人民共和国外交部、农业部发出 141 号文——《关于中苏边境西段界河阿拉克别克决口改道情况紧急报告》。中共中央军事委员会行 37 号文，要求兵团农十师“尽快恢复边境地区面貌，包括界河面貌和土地面貌，以保证在边界谈判中对该地区走向主张的有利地位”。

滔滔洪流中，在界河抢修地段的，是 1962 年、1964 年来到这里的转业军人、支边青年和他们已长大成人的儿女。爆破泄洪，修堤筑坝，河道上空架索道运送抗洪物资。小刘和父亲一起争着上去，父亲说：“自古上阵父子兵。”八天八夜，滚滚洪流终于回归原始河床。

春天，鱼下子，羊产羔，大地受孕，洪水过后的阿黑吐拜克，似乎有点儿娇情了，连芍药也矜持着含苞不放。

小咬却不期而至，这里是与南美亚马逊河流域、非洲乍得湖和坦噶尼喀湖齐名的世界四大蚊区之一，每年开春后，蚊虫肆虐。洪水过后蚊虫更多，曾测算过，一立方米空间有两千多只小咬。这种比蚊子还小很多的蠓虫，毒性比蚊子大，天上正飞着的乌鸦能被它活活咬死，常有被咬死的乌鸦从天上掉下来。人被叮咬后，全身过敏，奇痒无比，叮咬处红肿溃烂。年年花开时节，阿拉克别克的景致最美。与蓝天辉映的是勿忘我，连片的草原菊染黄了河湾。火样的红就是芍药了，衬得白桦秀美无比。年过半的六月了，红松涵养的山脊阴坡下还藏着磨盘大小的冰块。如此好景致却难得见几回，人出门就得戴防蚊罩。防蚊罩要用最细的纱布做，戴上后还要浇上柴油，才能有效防护小咬侵害。这也是阿拉克别克春夏的一道独有风景。

从古到今，“铁打的营盘流水的兵”，在中国西部边境，不换防的是土地、山脉、河床，还有边防哨卡前的种田人。

小刘的父亲想要儿子回山东，祖脉悠长的老家不能断了这一脉香火。小刘不买账，那是你们的老家，不是我的老家，谁让你们把我生这儿了？戗得水兵说不出话。

小刘的父母、和小刘父母一起来的战友们、小刘、小刘的同辈人、小刘和同辈人的下一代，生活在阿拉克别克东岸长五十二公里、宽二十五公里的冲积盆地。人说“你们是共和国不挪位的界碑”，他只笑笑。

二

邵顺家的麦田，在界河岸边，阿黑吐拜克边防哨卡前。

她所在的三营一连，是一八五团沿着界河阿拉克别克一溜儿排开的十个连队中最西北的一个连队。这就有了山外面的人叫的“西北第一连”。

邵顺一早挑起桶去河里汲水。从窝棚到河边不到百米，只是河床低，老头子用树桩修了台阶，这才方便了上下。汛期过了，一路沙滤石沉的，河水清亮得很。

邵顺他们来之前，阿拉克别克造化的冲积盆地阿黑吐拜克是水草丰美的冬窝子。隔河相望，是苏联的工业小镇阿连谢夫卡。河两岸白桦秀美，牛羊悠然。

如今，邵顺家的麦子地后边是中国阿黑吐拜克边防站的瞭望塔，瞭望塔后面是边防站。邵顺家麦田前边是界河阿拉克别克，带蒺藜的铁丝网、白桦林。再往前就是苏联边防军的瞭望塔。站在界河边，能看清瞭望塔里走动的苏联哨兵。在新疆中苏边境，常见到这种存在。

邵顺家的麦子，一片苍绿色，很茁壮。阿拉克别克河世世代代涵养出的草甸土，黑油油的，农业技术人员测定过，有机质含量都在百分之五以上，“能种人参的土”，又有随你用多少的水，种子只要播进土里，就有沉甸甸的收获。

他们还喂了猪，猪圈就在她家窝棚后边，还有牛羊散在麦子地边的草坡滩地里。

在自家的麦地,就能听见阿拉克别克哗哗的水声,听得人心里亲切。鸟儿叫醒的清晨,一天里最快乐的时光了。久了,邵顺能听懂鸟雀说什么,唱什么。谁说阿拉克别克荒寂?现在可好,好辰光全给招摇得没了。邵顺实在不想见那旗扯来扯去,可又躲不开,它直冲冲地正对着邵顺家的麦地。起先,也没见毛子升过旗,不知从哪天突然就开始了,开了头就再不消停,天天升升降降的。只要在自家的麦地里干活,就难躲开它。先是闹得老头子心焦,说,你看你看,显摆个啥呢!吃个鸡蛋、西红柿的还偷偷摸摸问咱要呢。

邵顺开导老头子,照理说,升也罢降也罢,那是人家的事,碍不着你呀,你有啥不高兴?不要一天吊个脸,实在气不顺,别不过弯,他升你也升嘛。也难怪老头子,这才几天呀,邵顺心里也不舒坦了。别人家的事管不了,自家的事总归可以管好的。心想,就这一两天把这件事办好。

有了主意的邵顺进窝棚放下水桶就对老头子说:“老家伙,你也不要看见人家升了旗心里就往外冒酸水,他升他的我升我的。你呀,吃好早饭就去场部商店,看有没有国旗,要是没有,就买绸子,没有绸子买布,红布最少要买两米半,黄布一米就好啦,五个星星用不了多少布的。我喂好猪放开羊,先去林子里找能做旗杆的桦子,再去连上找锯子。”

从麦子地的窝棚到连上的家,快点儿得半个钟点,晃晃悠悠的就要个把小时了。远倒不远,只是没有路好走,田埂上绕,骑不成车,还要爬几次阿拉克别克冲出的洪沟。每年开春播种后,地里的窝棚就收拾出来了,歇凉吃饭方便,主要还是防野猪。野猪可比邵顺她们来得早多了,有水有草,世代繁衍,野猪是阿黑吐拜克的土著。人来了,开垦河谷草滩,种麦子种玉米还种油葵。你占了野猪的地盘,野猪吃你成熟的庄稼,一群十多只,多的有上百只,一块庄稼地,一夜就替你收获完了。春天吃种子,长长的獠牙比拖拉机的犁片还厉害,地拱得重犁了一样。赶野猪不能用枪,因为是界河相隔的边境地区。只能敲钟赶,下夹子逮。邵顺她们刚来时,还用鞭炮赶野猪,现在不允许了。

邵顺是1964年来的，和她一起来的上海支边青年有七十多个，她还记得点名分单位的那天早晨，去一连点的第一个就是“邵顺”。

现在，已经很难把上海生上海长的邵顺跟上海联系在一起了，她身上洗得发白的衣服，脚上自己做的鞋，出门干活的打扮，还有说话、扛锹，甚至走路——地道“老兵团”范儿。

喂过猪，羊吆进围栏，邵顺习惯性地扛起一把锹出窝棚时，邵顺的老头子沈桂寿才从最后一道洪沟爬上来。

邵顺她们来那年，阿黑吐拜克来得最多的还是山东转业官兵，不少东海舰队的。和邵顺一起来的小姐妹，大多找了山东“老转”。

沈桂寿是江苏支边青年，他们那批也不少，大多是泰兴的。他们比邵顺资格老，1959年进疆。“伊塔事件”来得突然，不得不离开刚建设得有点儿眉目的农场，赶夜路来阿黑吐拜克“三代”。沈桂寿和所有执行“三代”任务的青年一样，临上车时才被告知，完成“三代”任务，顶多三五个月就能回原单位。谁也没想到来了就走不了了。刚来时种“政治田”，只问耕耘，不问收获，只要占着了国土就好。老天爷厚爱啊，阿拉克别克涵养的草甸土黑油油的，充沛的雨水充足的阳光，羊鞭子戳进土里都要开花结果呢！只要流一点儿汗水，它就回报你的忠诚。经过了冬雪下的孕育，又有来年七八个月纳天地灵气聚日月光华的生长，阿黑吐拜克的冬小麦营养成分好，筋道又好吃。比麦子名气更大的是土豆，红皮的“开花洋芋”，白皮的“菜洋芋”，克拉玛依、独山子石油工人的最爱，乌鲁木齐人来晚点儿就拉不上了。

土豆开花时，沈桂寿开始找话头往邵顺身边靠。能说什么呢？共同的话题还不是“好儿女志在四方来新疆”。邵顺总是要在上风头，侬咋来格？阿拉可是穿军装戴红花！穿军装，就是参军呀！上不上风头不打紧，最后还是功夫不负有心人。又过去一个冬天，终于情定麦田。野猪帮了沈桂寿。一起护田，野猪踏月色穿过丛林，从不种庄稼的那边越过界河，来到长庄稼的这边。这就给了沈桂寿英雄救美的机会，就有了以后更美丽的故事,有了喝界河水长大的儿女,有了“老头子”“老东西”“老家伙”这些昵称。沈桂寿很幸福,幸福的沈桂寿一年年盼喝界河水的麦子长得饱满,喝界河水的猪羊长得壮实,喝界河水的儿女早日成人。他盼着春天播种,也盼着冬雪落地,冬雪落了地,就不用担心野猪祸害种子了,野猪的獠牙再厉害也难拱一米厚的雪层,人就可以从窝棚回到连队暖暖和和的家。

沈桂寿去家里换了身衣服,口袋里揣上钱,就紧着往场部赶。从一连到场部,七十来里地,现在方便了,路上走着就能碰上过往的车。一路上沈桂寿想,老婆还真有气度有主见。“上海鸭子呱呱叫”,调侃归调侃,大上海还是不一样啊!

场部的商店还真没有国旗,红绸子红布也没有,只有不知啥年头剩下的黄绸子。沈桂寿着急了。看他着急,售货员说,是办喜事吧?有现成的缎子被面嘛,你看这颜色多正!沈桂寿没多说。被面的颜色是红得正,又是本色的暗花,不仔细真看不出个啥,别说远里望了。那就买上吧。

邵顺早从林子回窝棚了。沿着蜿蜒的阿拉克别克河,数百米宽的桦树林看不见头望不见尾,这是阿黑吐拜克的大风景,邵顺可舍不得动亭亭玉立如诗如画的桦子。她瞄上了一棵枯树。从麦地往上走四五里,离大林子几百米远的沙山下有一小片白桦,也不知啥原因,这两年不断地干枯。其中一棵足有八九米高,直溜溜的,不见几个节子,邵顺一去就找见了它,抚着它挺拔的躯干,看着它的眼睛,感叹,侬和我算是有缘呀,侬要派大用场啦。

邵顺从窝棚去麦地边,朝路口望了又望。她的老头子早该回来了,是不是又没搭上车哟。

沈桂寿进窝棚时,邵顺刚点亮马灯。果真是没搭上车,老头子颠颠地紧赶慢赶,差不多走一半了才遇上连里的马车。

吃过饭,邵顺拨亮了马灯,摊开红缎子被面,先拃了拃长边,又拃了拃宽边。没有红线,将就着白线扦好了四个边,黄绸子剪出一大四小五个五角星。缎子被面又滑又软,黄绸子更软更滑。邵顺先把大星星放中间,粗针脚定位,四个小星星绕着大星星摆成半圆，手拃着摆得均匀，先粗针脚一一固定好，再小针脚一颗一颗往红缎子被面上签缝。

望着灯影下的老婆，沈桂寿想起了电影里绣红旗的江姐。想着，邵顺的老头子就有了几分感动。哎，老婆子真不容易啊！十八岁不到就离开了爷娘，小姑娘一跑跑到了最西边的大山里，冬天雪封山，夏天蚊虫咬。老婆子说过，到了阿黑吐拜克，她就再没有穿过裙子，说得人好心酸。想一想，现在谁还会说她们是上海人？喂猪放羊种庄稼，养大了三个娃娃，一辈子就这么过来了……

第二天一大早，邵顺就领着连队的几个小伙子把做旗杆的桦子扛了回来。小伙子们把桦子竖在沈桂寿挖好的坑里，把砍出斜茬的红松桩子砸进坑里，三截红松桩子呈三角撑住了旗杆，再填上土夯牢靠，又用红砖砌了方方正正的台基。

扯绳升旗！都仰着脸围着旗杆转。升到差不多一半时，风抖开了旗，风中的旗一扯一扯，红得灿亮。邵顺的心也给扯动了，这才觉着“祖国”就像一个有鼻子有眼的人靠在自己身边。

这时，她的老头子突然说：“哎，快看！”邵顺和小伙子们看见河那边的军人都上了瞭望塔，正往这边望呢，有的还举着望远镜。小伙子们向河那边挥手，那边也向这边挥手。河对岸一片片绿屋顶红屋顶，还有也一扯一扯的旗，倒也不那么刺眼了。邵顺也举起了右手，朝河对岸挥动着。

阿拉克别克夏日的天空，那么辽阔敞亮。

三

农十师一八五团是兵团最西北的边境农场，陈冬菇是最早到农场的女性。当时，执行“三代”任务紧急，不让带家属，陈冬菇尾随部队偷偷跟了上来。

说女人不能去，说女的没有其他职业，一位干部的老婆找到她，说：“你去干啥，陈冬菇？”“噢，我不能帮你们种地吗？再说，你们做饭，我还可以帮你们打柴火嘛。”他们就让陈冬菇去了。

“老头子走到哪儿我就要跟到哪儿。”陈冬菇就是这么想的。

“河好宽，有时候水漫过了大腿。我是个女人啊，他们说女人轻些吧，我就不敢言语，我就这么走，这么走。他们男人大脚大脚地蹚过去了，我淹了一裤裆的水。”

陈冬菇咬紧牙关，和男人们一起蹚过了第比利孜河结着冰碴的河水，硬是没有掉队。

陈冬菇不是不害怕。边民跑了以后，传说多得很——说“苏修”把他们的人接走后，就要派兵打我们了；说“苏修”要在我们这边撒毒药，撒过毒药，寸草不生，人、牲口都要死光；还说占领我们这边后，就试验原子弹……“说得人怕得很，要去的女人都怕得很。可是，他已经去了，我不能不去。”

去的时候，老天还在下雪，河里的冰要化不化的，到了地点，什么都没有，没有住的，没有烧的，没有吃的。白天干，夜里干，该吃的苦吃遍了，该受的罪受够了，“一八一刚建设好了，又要走。又要住地窝子，住羊圈，烧牛粪，又要开荒挖渠，又要吃二道苦受二道罪……”

陈冬菇追上丈夫的地方，叫克孜乌雍克。

沿界河阿拉克别克一线共有四块争议地区：阿克哈巴河河源地、叶西盖、克孜乌雍克、别尔克乌，从阿尔泰山山脚排列到额尔齐斯河河口。

一八五团十个连队沿边境线一字儿排列。

前面，是宽不过数米的界河阿拉克别克，背后是广袤千里的戈壁荒漠、牧民星点的草原。中苏战争一旦打起来，只有“一”字排列的十个连队的男女老少，以他们的血肉之躯，在“争议地区”克孜乌雍克筑成一道血肉防线。

苏联解体后，中国已与哈萨克斯坦划定了边界。界河两岸的麦子、苞米、油葵、土豆，在白桦林弯出的河滩地长得茁壮。河坡上，牛羊散落，牧歌悠然。落霞暮色里，空气似乎飘荡着一股沉静、悠远的迷人旋律。

陈冬菇和丈夫来的时候，西线有战事。最严重的一次边境冲突，因苏军武装直升机入侵我国而爆发。1974 年 3 月 14 日上午，一架苏军米-4 型武装直升机入侵我国哈巴河边境地区纵深七十公里领空，降落在紧邻克孜乌雍克的哈巴河哈龙滚地区，被中国军民缴获。

新疆军区电令兵团农十师一八五团武装民兵火速赶往苏军飞机降落现场，一八五团进入一级战备。

中苏双方因为越境直升机事件发生了许多措辞强硬的声明和抗议，边境局势紧张，苏军已在边境一线调集了大量坦克、装甲车，集结重兵。

战争一触即发。

非常时期，一八五团的"三代"全副武装，拿出了老式步枪、冲锋枪、手榴弹。女人们在自己住的连队挖地道，挖反坦克战壕。陈冬菇把自己家的菜窖改造成了一个很大的防空洞。不多的衣服和被褥随时准备打成包袱，听命令行动。那时候谁家也没有家具，都时刻准备着打仗。

苏军武装直升机入侵我国引发的边境冲突，直到周恩来总理逝世前夕才得到缓解，中国政府释放了苏联空军三名军官，武装直升机移交苏联军方。

三十年后，西线无战事。

无战事的西线边境，突发洪水。界河龙口决口那次，陈冬菇在界河岸边的人群里，她坐在一截木桩子上。她已经不能像当年卷裤赤脚蹚第比利孜河那样了，风湿侵蚀了她的腰腿，腰已经难以伸直，夜里只能侧卧着睡，双腿僵直，膝关节不能打弯。这是漫漫三十年——每年都有半年之久的——严冬酷寒和界河冰水强加给她的。

孩子们不让她来。老头子也不让她来。她一瘸一拐非要来："蚂蚁也有四两力量，我下不了水，我烧得了水，做得了饭。老头子你莫嫌我，少了我你干得了啥事？"

孩子们听了哈哈大笑。

陈冬菇的老头子是半夜集合到了决口的界河，陈冬菇一早就赶了过来，用保温壶提来了稀饭、猪肉包子。

"还是撵着丈夫的脚印哟，那么多年过去了，还是哟……"

陈冬菇和丈夫,和一起来的"三代"们,年年春种秋收。

克孜乌雍克是阿拉克别克河和喀拉苏河弯出的小河套,水丰土肥。河湾处,白桦成林,开垦出的草甸土肥庄稼,一季季苞米、麦子、油葵丰收着。土豆产量高,品质好。每年入秋,拉运土豆的汽车不嫌边远排成队。老天爷真是眷顾了他们。

大多数边境线上的农场,满地的石头疙瘩,没有河水,全仰仗老天下雨,种一季庄稼收不回来种子,那也要年年种,种田就是守土戍边。但是,一年年只种不收,种田人心里是个啥滋味?

冬菇的麦子、苞米一直种到了界河边上,铁丝网看得清清楚楚,陈冬菇说:"我们是在别人的枪口下种庄稼! 种久了,也不怕了。"

陈冬菇她们也有烦心的事:"我们这里的水好土好,蚊虫也长得好。"

一入夏,陈冬菇她们最要紧的一件事就是缝制防蚊帽。防蚊帽用纱布做,上面像草帽,沿帽檐一周,落一圈纱布,围得严严实实。一个夏天,最少也得有两顶防蚊帽。还要戴手套,袖口要扎紧,全副武装。别看这里冬天要冷到零下三四十摄氏度,到了夏天,太阳直射,麦子地里油葵地里要热到三十多摄氏度。酷热难当,干一上午农活,全身汗湿个透,五公斤的塑料壶装水还不够喝。

最可恨的是蠓虫,它能从纱布的网眼钻进去,叮得人火辣辣心烦意乱,陈冬菇她们又在纱布上浸煤油,煤油防小咬,却也伤皮肤。

她们还怕冬天,怕冬天的暴风雪,怕大雪封山,怕冬天生娃娃。

克孜乌雍克最早 9 月中旬就降大雪,来年 5 月才冰消雪融。雪落大野,白茫茫不辨天地。暴风雪扫过草原路断人绝,年年都有的雪灾,几个不起眼的小山口,就成了夺命的鬼门关。

当年,和陈冬菇一起"三代"到一八五团的一个姐妹,分去了阿黑吐拜克的一营。从阿黑吐拜克到团部,有一个山口,山口不险峭,一块青石坐卧山崖,有几分峻秀。夏天里,路过山口的人总要停下来,站立石坡眺望青蛇一样的阿拉克别克。白桦挺拔如阵,河水蜿蜒。河对岸的阿连谢夫卡,白墙红顶错落有致。阳光里,铁皮的红屋顶光斑跳跃。这边,棋盘样的绿色格网经纬分明。一处油画的风景。

就是这个小小的山口,风雪助纣为虐的冬天,却连连夺命索魂。

陈冬菇有个姐妹到阿黑吐拜克的第三年,有了身孕。怕冬天,却偏偏赶上冬天分娩,又偏偏是头生子难产。连队卫生员一点儿办法都没有,只好闯鬼门关。连夜套马爬犁往团部医院送,这段路不算远,不到七十里地。但又赶上了暴风雪,马爬犁到了山口,正是风烈雪狂。

风卷雪涌,已堆过了伸出崖的青石。怎样冲,都冲不过去,马累得喷血而死,产妇和没出生的孩子冻死了,鬼门关没闯过去……

陈冬菇记忆的伤心事,可远远不止这些。

几十年的日子,就这样一天天过来了。收了麦子收油葵,一茬又一茬。界河边的牧草,绿了黄,黄了又绿,牛啊羊啊也是一茬又一茬。白桦林子一大片,草原菊一大片。陈冬菇对她的老头子说:"你想走也走不动了,你就是走得动,我也不赶你了。我死了,就埋在林子下面……"

额尔齐斯河、阿拉克别克河、第比利孜河,流啊流,流着这一分柔情,流着这一分执着。

四

10月里一场三天三夜不停歇的大雪,把地推到了天边,把天拉在了地边,雪把天和地缝一搭儿了。阿拉克别克的远山近水一下子丢失了原来的色彩,蟒蛇样蜿蜒的阿拉克别克也已隐身大野。

浑然一体的皑皑雪野里,只能凭借那道带蒺藜的铁丝网寻辨天天走过的路径。大雪天巡边行路难,还难在厚厚的积雪步步维艰的跋涉。马军武走出家门时,风雪正弥漫。跟出门的媳妇给他紧了紧围脖，扣好了帽子。他向媳妇挥挥手，走入雪野深处。

1988 年，百年不遇的洪峰冲垮了阿拉克别克桑导克龙口，界河决堤改道，惊动朝野。为防患于未然，新疆兵团设立桑导克民兵哨所，监测界河水情，巡边护堤守土。还在抗洪抢险一线的马军武被选为护边员。这是上级领导对一个青年品性能力的认可。对十九岁的马军武来说，住地窝子睡土炕，夜半饿狼围攻，都不比大雪封路断粮难熬。至今，马军武想起玉米面的黄金塔就咸萝卜疙瘩的美味，敏感的舌尖就搅得人一个劲地咽唾液。建所之初这些个磨难，比起孤独寂寞，又实在不算什么了。

一天又一天，绕过来是自己，转过去还是自己。从年头到年尾难见几个人。寂寞孤独对生命意志的考验，不历其境无法理解。马军武学生时代读过《鲁宾逊漂流记》。在桑导克哨所的日子，他才感悟到，这部小说得以传世，实在是人类对生命个体抗衡极端孤独表现出的耐力和韧性的礼赞。自 1988 年 4 月阿拉克别克桑导克龙口修复，洪流回归阿拉克别克故河道，到 1992 年 10 月 1 日，哨所只有马军武一人。这一千六百多天里，与他相处的，有界河的水声、微风里白桦的絮语、鸟雀的鸣叫。为了留住南来北往的紫燕，小伙子忍耐料峭春寒，早早就打开朝南的窗扇，迎候老朋友携儿带女回老家。入夏后的夜晚，野猪小兽们也常来，还有无以计数的“小咬”。进入 10 月，就只有冰雪和夜晚的狼嗥了。

一年又一年，军武的父母和一起长大的伙伴们越来越担心，军武可别得了自闭忧郁症，因为他们发现，好不容易见军武一面，他却没有什么话说。

就在 1992 年 10 月 1 日，有一个女子袅袅婷婷往军武的桑导克龙口来了。这个一身大红西式裙装的女子住进哨所再没走。从 1992 年的国庆日开始，界河龙口的小天地一改往昔的冷寂，对影成双欢声笑语。日后，快人快语的媳妇张正美在亲戚朋友面前调侃：“我可是老天爷派来拯救马军武的女神！”

军武正美青梅竹马。他们的父亲是山东老乡，还是一个部队的战友,又都是炮兵。1964 年又一起从莱阳军区转业来到阿黑吐拜克。当年俩战友三十年后成了儿女亲家。1968 年出生的正美比军武大一岁。正美和军武在一起,拯救者正美总是占上风头。当年部队比武,正美的老爸张立成名列第一,军武的老爸马保民名列第三,正美每每乐道这一出,军武也只红脸笑笑。

正美的陪嫁,有一台十八吋雪莲牌彩色电视机。这台在那个年月还是稀罕物的电视机却一直没有启用。不是不想用,哨所没通电。正美一直用一块白底红花的宽幅平布罩着它。别说通电了,那时候路也不通。他们谈了两年恋爱见了两次面,两次都是春节见的。正美还记得,从龙口的哨所到她家要走四五个小时,军武骑着马,拖个爬犁,给正美家抱了个小猪崽——正美的老爸要喂猪嘛。妈妈让正美给军武带上几只鸡,还非要带两只公鸡,说,公鸡日日打鸣,有了声响,就添了人气。那两只公鸡漂亮,一只红毛黑尾翎,一只纯白,尾翎子银亮。

罩电视机的平布红花溯得似有似无了,布也糟稀了,这才盼到通了电。通电那天,正美对军武说,我得让大家知道桑导克有电了。那天一早,正美站在红旗下,面向东方,一字一句大声说:"我向全世界人民宣布,我们桑导克通电了,我们家装上卫星天线了,我们家能看上春节晚会了!"现场唯一的听众被感动得直眨巴眼睛,眼里打转的泪珠儿才没掉出来。这一天张正美记得清楚:2006 年 11 月 21 日。

整整十四年过去了,新婚陪嫁的电视机也过时老化了。心疼女儿的父母又送他们一台二十一英寸的新彩电。结婚穿的红裙装,也没再穿过。虽然很想穿,能着裙子的时间却不到两个月,这两个月又是小咬最猖獗的时间。别的地方,蚊子都是太阳落山后才出来,克孜乌雍克的蚊子白天也不停歇。

正美来龙口时,还抱着一对小狗。两只多好看的小狗啊,一身金黄金黄的毛摸上去像绸缎,一只白鼻头,一只黑鼻头,乖巧得让人心疼。喂到来年 6 月,活活让小咬咬死了。还没满月就抱来的小狗,喂得极通人性,它们盯着主人看,想叫已叫不出声,哀怜无助的眼神让张正美恸哭好几场。天天羊粪熏蒿子草熏,界河水边小叶杨树成疙瘩的小咬也是难灭。

一般来说,8 月下旬小咬就渐渐少了,天也一天天凉了。一入 10 月,就得把一冬里吃的用的准备足。大雪封山,进出一次可就要费大劲了。军武正美的父母刚来时,最怕冬天生病、生孩子。从 10 月到来年 5 月,大雪就隔绝了阿黑吐拜克,从连队到团部卫生院,岳本湖的拖拉机要豁开雪墙,雪野里推出路,马拉爬犁再翻一个山嘴子,一天能赶到就很运气了。

冬天还怕狼害。雪漫山路,冰封长河,饥饿的狼祸害羊。2012 年 2 月 17 日那天夜里,狼撕开了正美家羊圈门,三只小羊一只大羊被狼吃了。前些年狼更多,去年前年少,今年又多了。草原没有狼不行,生态失衡,狼多了也闹得慌,成夜成夜就在你家周围转。方圆几十里地就军武正美这一处院落,能不提防吗?

在界河蜿蜒的雪域边境,马军武已经走过了二十五年。二十五年走出了三十万公里。二十五年每一天,天天从升旗开始。

太阳从阿尔泰山一露脸,他们也已鸡鸣即起。军武扯旗绳,正美右手奋力向上挥动国旗一角,行军礼。一片飞红飘扬苍茫天地间。神圣庄严与电视里天安门广场的升旗仪式没什么两样,只是没有国歌旋律的音乐。这一杆旗,在邵顺沈桂寿最早升旗的麦田到场部当间。距 32 号界碑不足百米。1997 年中国哈萨克斯坦勘界立碑,编号 32 的界碑立于桑导克民兵哨所一百米处,界河阿拉克别克堤岸。

眼望长天飘拂的五星红旗,马军武登临二十米高的瞭望塔,扫描 32 号界碑和界河周边情况。早饭后,启程巡边。

二十五年的日子一天一天似乎没什么两样,日复一日的某一天突然就有了大不一样。

2002 年 9 月 20 日,登临瞭望塔的马军武先是望见一缕青烟从界河对岸飘移过来,等他终于扫描定位这缕青烟是从对岸河谷深处的丛林间升起时,青烟已渐成打着滚的浓烟卷了过来。火势很快蔓延到界河边,由于马军武上报及时,一支三百多人的民兵应急分队火速赶到现场。辟出隔离带,铺设水龙,扑灭火……月挂树梢时,一场后果难以预料的林火终于扑灭了。

“这次林子失火，还有后来的一次火灾，都没有军武掉到河里那次吓人。”正美说每年春上一开化，洪水说来就下来了，冲下来的断树桩子、淤草，一下子就把龙口堵住了。不及时清理，洪水就要漫过河堤。要是冲垮龙口，那就是脱缰野马，就有了1988年那次的惊险。所以一开春，正美、军武就不停地清理，年年如此。他们用木板和旧轮胎做了个筏子。结婚第二年第三年军武把筏子放到河里，正美这头拽着绳子，他上筏子还没划几下，一个浪头卷过来筏子翻了人掉进了河里，眨眼工夫人不见了。正美沿着界河往下跑，一边跑一边喊“军武、军武”，估摸着跑出十来里地了，还不见他的影子。正美的泪啊可劲地往下流，真是叫天天不应，喊地地不灵，只有顺着界河一直跑。跑到一片长满了杂树的河滩，才看见他抱住一棵毛柳子。正美哭不出声喊不出声了，抱住他直流泪……

感谢老天爷，正美生儿子是顺产，儿子不满一岁送奶奶家了，一年见不了几面。小时候马翔和他们生分得很，大了懂事了，一放假就往他们身边靠。暑假待得时间长，爱往河边、桦树林子去，捉鸟、玩水。正美、军武一年三百六十五天，天天例行巡边不能少，怕儿子掉河里，有闪失，临出门前先把灶火点着，让儿子隔一会儿往炉灶里添些柴，不能断了烟火。走一路正美望一路，只要望见自家的烟囱冒着烟，正美的心就放下了。

从爷爷姥爷算起，马翔是界河边的第三代，受父辈遗传和影响，独子马翔自小知学上进，这是正美军武最大的安慰。如今，天天一个短信是正美和儿子生活中不可或缺的内容。

二十五年，马军武、张正美记了二十五本值勤日志。二十五年的日子留在了二十五本日志里。“2006年1月1日，今天巡逻1号段，铁丝网边有几只骆驼，赶走，情况正常。2号段未发现异常。”“2008年4月8日。一夜雨，今天河水涨了，涨了十厘米，连日阴天下雨，情况正常。但界河的水突飞猛涨，来势凶猛。通知团领导……”

“2010年12月28日，昨夜刮了一夜西风，今早路也封死了。夜里有野猫惨叫，非常恐怖。今早又开始扫雪，每天打扫，都刮满了，没办法，环境恶劣。但愿马军武开会早点回来。1、2、3号地段正常。”这一天的日志是张正美记录的。他们的二十五本日志，也是阿拉克别克二十五年的“史记”。

“这么多年就这样过来了，也没觉着有啥。平常人做了点儿平常事，平常心过平常日子。这与我们的成长环境有关，起小到大，我们是在‘老修’的探照灯下长大的。经年累月的，一直到1989年还唰一下过来，唰一下过去。九连、四连离得近，白天黑夜一个样。常年备战。那是啥日子啊，坚守。看着天蓝蓝水蓝蓝白桦真漂亮，这么些年啊，一天一天坚守过来的，那不是爱国呀、戍边呀，三两句话就能让人心服的，只有你根扎这儿了，喝着界河的水，吃着这儿黑土里长出的庄稼，你才信了岳飞的娘刺在岳飞背上的‘精忠报国’。”马军武说。

四季里，他们还是喜欢冬天。冬天让人十分享受。天接地连，冰清玉洁，云丝儿不见的长天里，远山钢蓝，大境界！多么浮躁的心气儿也静得下来，平得舒坦。“绕着屋子雪地里切出一道高过人的雪墙，再猛再冷的寒流也穿不透啦。掀开暖窖盖儿，冬藏窖里的白菜洋芋大萝卜，透出一阵阵甜丝丝的潮气，立马给了人亲切。冻死老狗的三九四九，屋里红红的火炉暖暖的火墙，再有二两金山高粱烧，一瓷碟儿入秋腌的咸鸡蛋，一瓷碟儿盐水煮的大芸豆，那个惬意哟！望一眼窗外，日头灿亮，冰冻的窗花晶莹剔透变幻无穷，你想着是个啥就是个啥，老天爷给的这一景，也不是谁想看就能饱了眼福。”

哎呀，眨眼就二十五年啦！就这么送走一个夜晚，又迎来一个白天。春天匆匆去了，夏天急急来了，一场秋雨后，入冬的第一场雪紧跟着就要到了。

五

和所有的地方一样，阿黑吐拜克的秋天也是收获的季节，只是时节稍晚些，这是因为纬度高了点儿，麦收已在8月里了。这样，夏收就与三秋前脚赶后脚连在了一块儿。收罢麦子砍苞谷，苞谷进了场院，就该割油葵了，最后才是挖土豆。

场院里，收获的苞谷垛成了一道道金黄的矮墙，只等秋高风干。满地的油葵早不见了跟着太阳转的黄花圆脸盘儿，黑色的籽实脱身焦干的圆托盘，风中秕糠扬弃，油汪汪的黑雨点儿丰盈了场院。年年的这一幅场院胜景沉醉了汗水湿衣的农者。阿黑吐拜克真是一个神奇的去处，谁也没想到，"政治田"种出了年年的丰收田。先不说阿拉克别克一河水流，只看天上的云朵绕着青峰，一阵响雷后的过雨胜似喷灌，水丰土沃得天独厚的世外桃源。秋收最让人犯愁，土豆挖不完，冬季就不知不觉降临了。

如今好了，种是机械化，收也是机械化。正收苞谷的地里，开拖拉机的胖小子叫岳东海。东海的父亲岳本湖也是1964年山东转业兵，老岳在部队开坦克，到了阿黑吐拜克，就在草甸土上开拖拉机，也开了三十多年了。东海子承父业，已经是阿黑吐拜克机务战线的生力军。

东海的妈妈是邵顺的小姐妹，比邵顺晚来几个月，是1964年7月到的阿黑吐拜克。当年，东海的父亲可是抢手的"三块钢板"——贫下中农、转业军人、共产党员，这就是上海女知青大多嫁了山东老转的时代背景。她们中，有两个长得真是漂亮，被山东"老转"叫作"大美人"。其中一位大美人嫁给了岳本湖的战友，也是部队上的坦克兵。夫妻恩爱，有一个漂亮的女儿。只可惜山东兵福浅命薄，患肝病辞世。山东兵的另一个战友受托孤之嘱，挑水劈柴关心备至。雪封深山的孤寂时日，渐渐就有了男女间可以想见的结果。这在那个年月可是了不得的"作风败坏"。他恐惧在大美人的脖子上挂穿破的鞋子批斗，带着女儿，还有大美人肚子里的孩子，跨过了界河阿拉克别克。中苏关系解冻后，大美人回来过一次，也是冬天，穿着银狐领的苏式大衣，丰韵犹存。她告诉当年的小姐妹，他们跑过去后，先在一个煤矿，吃了不少苦——现在都在阿拉木图任教。

收罢秋，四野敞亮通透，阿拉克别克蛇舞的河床也疏阔了许多。似有些凋敝的秋空，只有金色的白桦简洁而华贵。树梢上，鸟雀忙着搭建过冬的暖巢，细枝交错，层层密封，堪称最优秀的工匠。

清澈洗练的沙泉湖是最美的去处。孤立突兀的沙山正中，一泓明净的湖水纹丝不动，没有进水口也不见出水处，水位不增也不减，幽蓝得不知藏了多少秘密。橙黄色沙粒有石英质的光泽，且洁净如水洗，爬地松在橙黄的底色上编织了一件绿茸茸的网状衫。绕湖玉立的桦树，沿沙山横排竖列，疏密有致。湛蓝的长天与湖水相互辉映，更有红莲弄影、野鸭戏波、蜻蜓点水……

苍天不平阿拉克别克的封闭单调，才把如此灵性的所在给了它？

这一处天赐之地，又成就了几多人世姻缘？当年正当青春的山东兵就是在一柱擎天的沙山，在婷婷带水白桦旁，在野鸭戏波的湖水边，追求他们心爱的姑娘。

斗转星移，山水依旧。岳东海们又在这里重演着父辈当年的浪漫。他们比父母更钟情这儿，更爱阿拉克别克。入夏，阿拉克别克河湾就成了他们的游泳池。到了冬天，就是天成自然的溜冰场。在他们心里，父亲的山东老家母亲的上海老家都不比阿拉克别克亲近。阿拉克别克才是他们心中的老家。

东海和他的伙伴们爱唱朴树的《白桦林》。由于父亲母亲和他们的坚守，阿黑吐拜克那块五十五点五平方公里的争议地区，在中俄、中哈重新勘界后成为中国的领土。

阿黑吐拜克长长的白桦林沿河而生，是一道动人的风景。《白桦林》这首歌，是一位阵亡的士兵埋在了白桦林下，夜半月明，士兵用歌声召唤他心爱的姑娘约会。

他们还爱攀登将军山
你是一位本领顶大顶大的将军
要不
你怎么
既不操枪
也不用炮
在边境线上一站
就把祖国的疆土
守得很牢很牢

如今,邵顺手缝的红缎被面国旗已是兵团西北第一连历史陈列馆的珍藏。小刘家新粉刷的墙上,留种的玉米棒子金黄金黄,一串串辣椒红得鲜亮。东海早换了轮式拖拉机。正美军武桑导克哨所房山上,国旗红的几句话让人难忘:我家住在路尽头,界碑就在房后头。界河边上种庄稼,边境线旁牧羊牛。

诺亚堡

一

一条路走了五六十年,把一头牛走老了,也把一匹马走老了,把一个又一个年轻的战士也走老了。

白玉书带领一百四十名转业军人组成的〇〇一值班连进驻吉木乃县,走在一百二十五公里边境线上执行“三代”任务时,他和他的军人都还很年轻。草原牧人说的:还是马驹子嘛。

完成“三代”任务,以〇〇一加强值班连为基础,组建吉木乃边境农场——农十师一八六团时,参加过辽沈战役、平津战役、南下湘西深山老林剿匪平叛、走过大江南北的白玉书却已是老兵了!

1952年,白玉书押送遣疆劳改犯人到了阿尔泰。接收单位新疆军区独立二十八团人手不够,硬是把年纪不大资历老的白玉书“扣”了下来。

难。人无粮食马无草料。1963年元旦夜,气温直逼零下三四十摄氏度,取暖的煤没有了。风急雪骤,十师后勤无法送进给养,上级命令“自己动手,就地解决”。

猫在地窝子里的战士看天骂娘。白玉书看着电报,扯着头发,也骂娘。

骂娘解决不了问题。风在刮雪在下。乌勒昆·乌拉斯图河对岸,苏军坦克跑,飞机飞。

“做爬犁,去闹海拉煤,总不能冻死饿死。”白玉书说。

一八六团所在地吉木乃,地形为东、西、南三面环山,西北的褐里格库木沙漠俗称“北沙窝”，千里沙海，“一年一场风，从春刮到冬”，“大风三六九，小风天天有”，八级以上的大风年平均有三十八次。冬季骤起雪野的“闹海风”，来得急去得快却往往是雪助风威，有极强的破坏力，当地人无不谈风色变。

三天后，一人一个爬犁，六十多个人拉爬犁走在茫茫雪野，如颠簸海面的一叶叶扁舟。

驻地离闹海煤矿有三十多公里，战士们在雪中跋涉了一天半才到。第三天拉煤返程，最担心的“闹海风”傍晚时分还是突然驾临了，无遮无拦的褐里格库木大漠骤然间风起雪涌，风卷雪裹难辨天地，气温一下子降到零下四十多摄氏度。

“快，往下传，向我靠拢！把爬犁绳子和人都连起来……”白玉书大声命令。

暴风雪把白玉书的声音撕扯得没有一丝儿声息，战士秦开玉、李友富与队伍失去了联系。

直到第二天上午风停雪住，白玉书和战士们才在七八公里外的一处小山洼里找到依偎在一起的秦开玉、李友富。幸亏他们没有丢弃装煤的爬犁，一心要把煤运回驻地，煤的火焰抵御闹海风挟裹的酷寒，延续了他们血流的余温，留住了他们的生命。但是他们两人的脚趾成为这次闹海风的祭品。

来年开春，〇〇一值班连把收拢的牛羊交还吉木乃县人民政府后，开着拖拉机进驻北沙窝——吉木乃农场——农十师一八六团的第一季春播开始了。

吉木乃是古代阿尔泰草原游牧部落的游牧地，“吉木乃”是古代族名，乌古斯汗国九姓氏族之一。古氏族名叫出了地名。吉木乃公元6世纪迁移斋桑泊一带，逐水草而居。苏联学者考证，哈萨克斯坦境内也有一小城叫吉木乃。

逐渐沙化的游牧地不宜农耕。除了小麦和油葵，老玉米都成熟不了。年有效积温只有八十五天到一百一十天，且不说从年头到岁尾的风一次比一次凶。农场的耕地就散布在一百多公里的边境线上。

一八五团占着五十五点五平方公里争议区克孜乌雍克、阿黑吐拜克，一八六团占着九十一点三六平方公里的争议区别尔克乌，这可是阿尔泰两处最大的争议区。

守土有责，军人天职，这才是“屯垦戍边”。

二

“诺亚堡”，古突厥语，寓意“和平使者”。

○○一民兵武装值班连进驻吉木乃，诺亚堡民兵哨所诞生。担负中苏边境别尔克乌争议区护边巡逻任务。第一任哨长是山东转业战士付学言。

半个多世纪，诺亚堡见证了中苏关系剑拔弩张，也经历了苏联解体、世界格局多极化的演变岁月。不管世界如何变幻，以“屯垦戍边”为己任的诺亚堡，始终像钉子样立在别尔克乌，守望祖国这一片神圣的疆土。

“我是伴随诺亚堡升旗长大的，从出生到现在没有离开过。从小看着诺亚堡天天升旗，看着父亲骑马消失在雪野深处，太阳落山，又眼巴巴地等父亲回家。看着父亲，还有他的战友，那些叔叔大伯跟苏联军人抗膀子。”付学言的儿子付华说。

付学言到一八六团后，任二连副连长，分管武装，一手拿枪，一手拿镐。付学言天天提枪登木头搭建的诺亚堡瞭望塔，两小时一换岗。

付学言一生给了诺亚堡，给了从诺亚堡延伸的边境线。付学言的长子付华从小随父亲骑马、巡边。“祖国”，这个神圣的词语自小就深深烙印在付华的心里。什么是祖国？付华的印象中，他沿着边境线放牧找不着回家的路，登高远望，只要看见诺亚堡屋顶上升起的五星红旗，那就是家。远远看见五星红旗，付华就会告诉自己，走得再远，也不会迷失方向，因为远远的那个红点就是家。

2001 年，付华从父亲手中接过了戍守诺亚堡边防哨所的重担。父亲去世时年仅六十九岁。父亲最后倒在了诺亚堡瞭望塔，殉职诺亚堡。

付华深深怀念着父亲。多少次日落日出，多少年苦寂孤独，多少回马踏雪野。1969 年别尔克乌争议区降落苏军巡逻直升机，父亲一声哨响，十一岁的付华跟着一个连的武装即刻出发；冬天的别尔克乌，沉沉夜空突然亮如白昼，付华紧随父亲登临瞭望塔，眼见强者的一时嚣张。

承继父亲遗志，更好执行护边巡逻任务，付华和妻子周梅花毅然把家搬到了诺亚堡。

边境一线，事关天下。诺亚堡 60 号到 66 号界碑约二十公里边境线，冷战时一只羊可能就会引发一次边境冲突。整个冷战时期，没有因我方不慎或是突发事件引起过边境纠纷。

这些年，有人走私，也有偷猎者越境偷猎鹿、野猪、野鸡；年年开春越界挖大芸、麻黄草的不法行为防不胜防。最要防范的是偷猎者的枪声，一声枪响，可能就会造成一次边境冲突。

付华继续着父亲崇高的职守。

8 月，收麦子对方打草，风高物燥，常有火情。每年几乎都有的火情，付华巡逻发现报告及时，没有造成大的损失，对方巡逻军人骑马走过诺亚堡，都会驻足行注目礼——对一个国家的敬重。

日复一日走马巡边的岁月，不身临其境难想其艰苦寂寞。冬天雪厚，只有牵马步行。早起晚归，一天一个来回。茫茫荒野一整天遇不见一个人。

五十年，两代人，走了多少个来回？付华眼里，界碑、带蒺藜的铁丝网，甚至随着他的脚印一年年长大的树，秋别春来的山花，已是肩并肩、手挽手的战友。虽不言语，却与他同呼吸共命运，一起护卫祖国至高无上的主权和尊严。

母亲和祖国，在付华生命中最重要。

母亲年事已高，无人照料，父亲去世母亲心痛。付华把多年蓄养的一群羊卖了，一心陪在母亲身边。付华说，人在做，天在看。

母亲走了。他说，我没遗憾了，尽孝了。

1997 年，中、俄、哈、吉、塔五国领土确权勘界，一八六团驻守的别尔克乌九十一点三六平方公里区域，一八五团驻守的克孜乌雍克五十五点五平方公里区域，永远划归祖国的怀抱中。

沿铁丝网蜿蜒的边境林已长达六十里，还在向前延伸。

组织安排年逾八旬的老前辈白玉书在师部北屯安度晚年，老人就是不去，"舍不得走啊，当年跟我一起来的一百四十个战士，个个生龙活虎，眼看着一个个离我而去，埋在边境线上。都六十出头啊，一把黄土，就走了……我不能撇下他们……"

中国—哈萨克斯坦66号界碑边的诺亚堡——和平使者，已是戍边人的精神象征。

巴尔鲁克

一

漫长的边境线上，着军装的人，是行走边境线的碑；终年耸立的碑，是守边境线的人。

兵团一六五团境内巴依木扎草原上的这座石像，不知从何时开始，被传为樊梨花的化身。

樊梨花是民间传说征西平叛的巾帼英雄。在离樊梨花石像不远的巴尔鲁克山下有另一座女性的雕像。

那一天和往常没有什么两样。

太阳越过巴尔鲁克山，把初夏的炽热泼洒给山谷、草滩和水流。乌孜格河亮着一身银白色的珠光多情地穿行在山涧草地。它对山下这一片三角地似乎更缠绵，欲走还留地绕着弯儿，拓出了一片水草丰茂的好去处。

太阳还没有从巴尔鲁克山爬上来，牧工张成山就出牧了。羊群顺着它们熟悉的牧道追寻肥美的草滩。也难怪罪尽职尽责的头羊，对草的鉴别和选择是羊的天性，它不懂人的争斗。它禁不住三角地肥嫩的青草诱惑，率领它的部落向那片好去处走去时，它给它们的主人带来了厄运。

三角地是苏方认定的“争议区”。

巴尔鲁克山是新疆最美的高山草原。一百多年前，它还是我国的内山，1870 年，沙俄与衰败的清政府签订了《中俄勘分西北界约记》子约《塔尔巴哈台界约》，中国内山巴尔鲁克成了中俄界山。就是依《塔尔巴哈台界约》，塔斯提河和乌斯格河交汇而成的三角地也还是中国领土。

“伊塔事件”后，苏联搬出“苏图线”，三角地这才成了“争议区”。

张成山正在阻拦进入“争议区”的羊群时，对面跑来了体魄雄健的顿河马，马上坐着也缀有五角红星的苏军骑兵。骑兵很轻松地绑架了赤手空拳的张成山，赶走了羊群。

消息传到了连队，张成山的同志们同仇敌忾，操起了铁锹棍棒呐喊着拥向了三角地，要救回张成山夺回羊群。

呐喊的队伍里，有一位怀有六月身孕的女牧工。

苏军的子弹毫不犹豫地迎着木棒铁锹飞过来，怀有六月身孕的女牧工倒在了青青的草地上。草地洇出一朵朵艳如草原六月芍药的鲜红，鲜红慢慢汇聚成凝重的血流……

她的同志迎着子弹把她从草地抢救回来时，她已经没有了呼吸。洇红草地的鲜血还从子弹洞穿的胸膛往外渗着；她的儿子或者是女儿还在她温热犹存的体内存活着，她的丈夫悲痛欲绝。这位女牧工的名字叫孙龙珍。

悲痛是韧性的力量。有不短的几年，骑着顿河马的苏联骑兵在水草丰茂的好去处，在张成山他们年年放牧的冬窝子，拉起了临时的“国界”——铁丝网。顿河马骑兵拉好，悲痛欲绝的牧工冒死拆除。白天拉好，晚上就拆得没了踪影。铁丝网终是没能存在。

他们还在“争议区”种了上万亩的庄稼。有种无收、广种薄收的贫山薄土，也是年年耕耘不止，谓之曰“政治田”，实际控制了“争议区”——国土。

自 1962 年 4 月 22 日“伊塔事件”突发，到 1969 年 10 月 20 日，库兹涅佐夫率领苏联代表团抵达北京，与中国政府开始认真的边界谈判,在漫长的中苏西部边境长达近八年的对抗中,除1969年8月13日,苏联三百多名机械化士兵在直升机、坦克的掩护下,入侵中国领土,偷袭了中国新疆塔城军分区铁里克奇哨所,致三十八名中国官兵捍卫主权浴血反击全部阵亡的“8·13”边境冲突外,与不断挑衅的苏军对阵的是一手拿镐一手拿枪,屯驻在边防哨卡前的兵团连队。兵团人没有现代化的武装,他们以血肉之躯组成了难以逾越的边防。冰冷的枪炮口面对的是绿色的麦田,长长的白杨林,是悠然的牛羊,是一腔热血支撑着的伟岸身躯——再现代化的武器在无畏的生命面前终将失去威力。

巴尔鲁克山海拔不高,却是一个大境界。

山峰一座叠着一座如大海的浪,满眼的连波绿,涌出了一个颇多纹沟的绿色椭圆体。天空倒似一顶扣在大脑袋上的蓝帽子,小得滑稽了。

走到了山底,山地菊一片金黄。再往山根走,萋萋芳草中有了那座墓——孙龙珍烈士之墓。

不高的碑上还有一行小字能辨认:江苏泰县人,一九四〇年出生,一九六九年六月十日为保卫祖国英勇牺牲。

孙龙珍是中苏冷战对峙阶段为国捐躯的第一位中国女性。

巴尔鲁克(蒙语),牧草繁茂之意。盛夏的巴尔鲁克绿满天涯,一片片山玫瑰红得火焰一样,冬雪厚爱地年年给她们母子(女)覆盖上晶莹的雪白,夏雨年年深情地催萌芳草掩去日渐的窘陋。

这里好风水。母子(女)背靠青青巴尔鲁克山,面朝漫漫边境线。

乌孜格河还是一身银亮,它从山的这边流向山的那边。我拨开长得壮实繁茂的蒲草,灰白色的水流绕过一墩一墩蓝莹莹的马莲,又去寻恋挥动着大块大块黄手帕的山地菊。

孙龙珍不寂寞,她身后的山上有边防军的哨所。那首很有名的军旅歌曲《小白杨》,就是在巴尔鲁克山的这个哨所创作的。她还天天眼见像她当年一样朝气鲜亮的姑娘们——以她的名字命名的“孙龙珍民兵班”,在她面对着的一百二十公里的边境线上执勤巡逻。姑娘们真能干呀,骑乘射击训练,英姿飒爽!马、牛、牦牛都会骑!她当年马还不会骑呢。

长长边境线上,冬雪夏雨的,走了五十多年了……

二

每年春、秋转场,是对兵团人的大考验。转场大都在秋末春末,正是巴尔鲁克山季节交替、气候恶劣的季节。每次转场几乎都是穿行在风雪中,跋山涉水,饥寒交迫,人和羊都疲惫至极,体弱的羊不能到达冬窝子,眼看着倒毙在牧道上也没办法。还有苏方军人的寻衅阻挠。

古老的转场牧道,是游牧在巴尔鲁克山的哈萨克牧民世世代代走出来的,“伊塔事件”后,苏联军人不断骚扰“争议区”,阻止牧民从传统牧道通行,兵团人年年从对方枪口下强行通过“争议区”。

又到了秋季转场。连长胡汉诚“死”了一回。

完成“三代”任务后,胡汉诚到达因苏农场任连队指导员兼连长。几个月后,连队工作忙出了头绪,胡连长接来了老婆和四岁的女儿,家安在一间破羊圈里,清除了几十厘米厚的羊粪,用柳树条子和羊皮做了门窗。家当简单,一床铺盖两个碗,还没锅,全连吃大食堂。

1962 年 10 月,胡连长带着百十号人赶着一万两千只羊转冬场。刚到达因苏第一年,只知道冬窝子的方向,还没走过这条道。羊太多,照前顾后,每天只能走八九公里路。

出发第三天,走到一个叫骆驼脖子的山下天就黑了。就在这儿宿营吧,于是圈羊的圈羊,搭帐篷的搭帐篷,挖坑支灶,拾柴点火。他们哪里知道,这骆驼脖子正在“老风口”的风线上,帐篷还没支好,锅里的水也没开,老天爷变脸了,狂风裹着雪流子就到了。

人还没有反应过来,帐篷和锅已经被风卷走了,羊群冲散了。老胡扯着嗓门让战士赶上羊群往山洼里撤。风刮了一夜雪下了一夜，人羊全埋在雪里。天亮时，埋得浅的人挣扎着从雪里爬出来，再从雪中往外扒人、扒羊。风雪围困了三天，没有避寒的帐篷，也没有了烧水做饭的锅，和羊群挤在一起抗寒求活。

附近的哈萨克牧民闻讯赶来解救了他们。这场暴风雪，冻死、走失羊六百多只。刚从四川分配来不到一月的大学生李德安失去了双腿。青年战士朱立康截去了一条腿。还有不少冻坏耳朵、鼻子和手脚的。连长胡汉诚右半边脸失去了知觉。

安置好重伤员，胡连长率队继续上路。又是十多天艰难跋涉，终于到了冬窝子莫合台。他们要在这里熬过漫长的冬天，羊扒浅雪下的枯草，扒得羊蹄子滴血；他们吃高粱面窝窝头蘸盐水，偶尔吃一顿死羊肉。向阳的暖坡，是人和羊爱去的地方。

场部的人开始传说胡连长冻死了，风雪卷出去了几里地。消息传到胡汉诚老婆耳朵里，他老婆悲痛欲绝，带着还不懂事的女儿到场部，哑着嗓子找政委要人，活要见人，死要见尸。政委无奈，只好找人写了封假信，说人还活着，安慰了胡连长的老婆。是生是死政委心里也没底，大雪封山，电话不通，只听说冻坏了人，详情却不清楚。

第二年 5 月下山转夏牧场，老婆抱着胡连长又亲又说，痛哭一场，说不尽生离死别夫妻情。

接完春羔，剪罢羊毛，农业连队收完麦子，胡汉诚请假去额敏诊疗冻得麻木的右脸。医生叹气说，肌肉已经萎缩，太晚了。没过多久，胡连长的嘴也开始往右边歪。

胡汉诚领导的四连，站在连部大门口就可以看清楚对面山上苏军的瞭望塔。

威胁人的除了严寒还有饥饿。

1962 年秋，代管的牛羊收获的庄稼交还地方政府，新垦的荒地刚刚播完冬麦，一场大雪就封山了，要到第二年 5 月才能下山。入冬前运来的高粱，只够冬天维持生命的，为了减少能量消耗，除了睡觉还是睡觉，甚至连话也不多说一句。冬夜难熬，夜长，饿得睡不着。有天深夜，湖北支边的小战士又饿醒了。醒了几回了,饥肠辘辘,肚子还隐隐作痛,小战士悄悄爬起来穿上棉衣,穿上长筒毡靴,往炉膛里添了几块干牛粪,围着火炉前胸后背好好烤了一会儿。

小战士早就想下山去老场找吃的,又怕被冻死。这次,他实在耐不住饥饿,他太年轻,太幼稚,他以为自己身体棒棒的,他以为从牛粪火中汲取的热量足以抵挡零下四十摄氏度的寒冷。饥饿让他充满幻觉,饥饿给了他胆量。他毅然决然出了门。

无边无际的严寒很快吸干了他身上的热量。最先感到脚冻,他像跑操那样跺跺脚,跑了一阵儿。脚没暖过来,刚有了点热气的身上一停下来更冷了,冷得打战。如果这时他返回连队或许还来得及,可他觉得饥饿比寒冷更难熬。他还没有从饥饿给他的自信中醒过来。

最关键的时刻他天真地犯了一个致命的错误:小战士把尿撒进两只毡靴。他以为他青春的尿液有足够的热量,麻木的双脚却感觉不到一丝暖流。很快,尿液在毡靴里结了冰,脚和笨重的毡靴冻在了一起,脚抬不动了,小战士开始在雪地里爬,爬得顽强,身后留下了一道深深的痕印。可能像安徒生童话中的卖火柴的小女孩,他看不见风雪,感觉不到饥饿和寒冷,眼前只有宿舍里火苗旺旺的牛粪炉,只有家乡香甜的白米饭。生的渴望,让小战士爬出了很远很远。皑皑雪野留下了星星点点的鲜红。

当他的战友们找到他时,他已成为雪野上一尊冰雕,一只手,伸向远方……

饥饿开始困扰队伍。一个月不到,山路巡逻途中有八名战士昏倒在地,全是因为饥饿。一个战士一天的口粮只有六两玉米面或是高粱面。

指导员王建忠忧心忡忡。他曾带着几名枪头准的战士去山里打猎。两头百十公斤重的野猪解一时之困。没几天,传来上级命令:边境地区不准放枪。他只有带着战士们上山挖野菜充饥。近处的野菜一天天挖完了,跑得越来越远。有天,一个小战士找到一种没有吃过、大家都不认识的野菜,放嘴里嚼嚼,有一丝甜味。第一锅煮出来，王建忠命令："我吃之前谁也不准吃。我先吃，两小时以后你们再吃。"

王建忠把铁勺伸进锅里慢慢搅了几下，稍稍犹豫了一下，盛了碗一口一口嚼着。几十名战士瞪着饥饿恐慌的眼睛，望着他们的指导员，他们当然明白指导员的命令意味着什么。

王建忠把最后一筷野菜举到嘴边，淡绿色的汁水顺着嘴角往下流，他脸色发青，呼吸也急促起来，接着是鼻孔往外流血。十多个战士卸下门板抬起指导员就往山下跑。不出十里地，指导员已没有了呼吸……

战士们把指导员抬回驻地。所有的人默默流下了悲痛的泪水。战士们卸下挡风御寒的门板，为指导员做了一口薄棺。老饲养员取下自己脖子上的汗巾，含泪擦去了老战友脸上的血迹，又为他系好风纪扣。

第二天，冒着绵绵细雨，战士们把他们的指导员埋在了不远的小山坡上。山坡上的几棵松树，环绕着指导员王建忠。

三

经历了春天的骚动，过了夏天的生长，入秋的草原洋溢着成熟的光泽和收获的气息。太阳给本已黄得暖意融融的草原勾勒出金灿灿的边。蓝天下，牛羊悠然地散落在山的阳坡河的滩地，太阳也把它们的剪影留在收割过苜蓿打了草的草场上。起伏的丘陵，低平开阔的山间盆地，亮出了大麦、油菜收获后的敞亮，一阵风儿掠过，与界山一脉走势的山里人家，炊烟飘飘拂拂斜过塔尔巴哈台山梁。山那边，就是人家的地界了。

沿塔尔巴哈台山南麓，巴尔鲁克山东麓弧形分布，与巍巍两山同为国防屏障的还有新疆生产建设兵团农九师的边境农场。这就使边境有了庄稼地和牛羊棚圈，有了炊烟，"戍"字在先，"垦"字立足。

高高低低翻过几道山梁，远远望见了林木环绕着的红砖建筑。及近，有序的红砖房横排是住宅，纵列是牲畜的棚圈。

申庆林家靠近铺了石子的路边。小申是地地道道的兵团第二代,父亲申国胜是在“伊塔事件”后从部队转业,一路西行来到了大山里的达因苏草原番号一六五团二连的地方。他盼着回河北盼了几十年,那年月,虽说到团部只有十多里路,出去一趟却难于上青天。10月里大雪封山,就与世隔绝了。就在一年年盼着回河北老家的日子里,养了一窝娃娃,如今儿女们的娃娃又是一茬了。老申已经退休了,农场的路也铺了柏油,老家河北却难回去了,山里的水草养活了一家人,也牵扯着人。盼到最后,关山重重的达因苏倒比河北老家更贴近些,有了“热土难离”的说道……

山里寒气重,屋里早些日子就生了火。洁净条理的小屋,是四川妹子罗清主政。二十六岁那年,山土里落生草原上滚大的小申娶了精明能干的辣妹子,不用说,山里的日子是艰辛的。艰辛得有收获,有盼头,人就能待下去。罗清唠着家常,一笔笔收入、支出脱口而出。二十亩基本生活田种了甜菜、大麦,赶上雨水好,收成不错。基本养畜田收了十多吨苜蓿,还有七十亩的天然草场,卖了八十多只羊,这两年羊的行情好,平均一只卖到三百三十元,还留了八十多只生产母羊,日子殷实。

“像我们这样的收入,往好里说也只是个中下户,中户都算不上。”憨厚的小申说,“人家哈老三,光是牛就有四十多头,羊上千只,人家那是大户。”达因苏的好日子是这几年才有的,达因苏蒙语“有水有草的地方”,有水有草的草原“以粮为纲”的日子改成了庄稼地,穷日子就撵着人走,二百多户人家走得只剩下不到六十户。不得不换个活法了,一个职工十亩基本生活田,四十亩基本养畜田,不打粮食的“闯田”退耕还草,靠天吃饭的旱田拍卖。当然,农场职工优先,一万亩旱田年租五十四万,还要负担八十八个职工的养老统筹、医疗保险……一共八项每个职工约为两千五百元的社会负担!要价不低。

谁也不敢担这个风险。结果,奇台来的庄稼把式夺了这个标。地主不憨,小申说,人家连着跑了几年,早就把达因苏的脾性儿摸了个透。这里的黑土地肥得流油,这里河多,水旺,山高沟低成就了小气候，十年八顺九不歉。在奇台，人家就种大麦，和麦芽厂直接供货没有中间环节，还提供良种。人家那真叫把式，播种前先打一遍药，化学除草，施一遍底肥，播种量最低都在二十二公斤，大麦地里套种了豌豆、油菜，那账是算到家了。又能吃苦，会管理，上万亩有了规模。我们种时，十个人九个亏，人家年年赚，我算了算庄稼地里堆的粮食袋子，又赶上大麦市场行情好，除去五十四万地租，人家今年能赚一百万！

小申告诉我，他能装二百只羊的棚圈，就是奇台地主交的地租建的。圈、房子都是新盖的，国家补了一万六，农场补的八千多，就是地租里的，自己只花了五千八百四十块，要是自己折腾，人工费怕都不够。二连通团部的柏油路已经跑车了。高高的山上也支了"锅"，山外的人能看上的频道，山里人也能看上。这几年，搬走的人家又陆陆续续从山外搬了回来。交通、通讯、现代科学技术发展，距离只是个地理概念了，吸引人的动因，是创造财富的机遇和可能。川妹子罗清心大着呢："等奇台老板五年合同期满，我们还是想种些地，养羊种地一起干。"

起起伏伏中，申庆林家的炊烟和达因苏的牛、羊渐渐融入清澈的小溪、悠远的河流、古老的山脉，散淡、和谐。

墙上的辣椒串红得惹眼。屋里，灿烂阳光穿透宽大的玻璃窗，拂拭着窗台，墙边绿生生的花木，生机盎然。这又是一个女性主政的社会细胞。果不其然，出场顺序都是王晓红在前，周勇华随后。王晓红见我停在窗台前，说："我喜欢花。大雪天里，我的三角梅、玻璃翠开得红红的。"

晓红和勇华也都是老兵团的孩子。晓红祖籍山东，他父亲1964 年从北京空军转业，也和小申的父亲一样，赶上"伊塔事件"组建边境农场，铁打的营盘流水的兵，到了塔尔巴哈台山下，他们那一批来了一千八百四十四个。1967 年晓红呱呱落地，山东爸爸江苏妈妈就和这一片原本陌生的土地有了扯不断的根源了。勇华父亲的资历比晓红父亲老，1959 年两千五百四十九个江苏支边青年中的一个。勇华就比晓红年长了三岁。

周、王联姻，草原绿绿黄黄几个轮回，勇华晓红的儿子读中学了。祖脉悠远的周、王两姓，西陲边地塔尔巴哈台也有三代历史了。

除了二十亩基本生活田外，晓红勇华还买断了二百亩旱地，合同一定就是三十年。“我看上这块地，就是沙拉伊敏河从下边流过，旱地可以改水地。”晓红告诉我，他们投入了六七万元买了动力、潜水泵，拉了大坝，还买了载重三吨的“小方圆”。去年种了麦子，天旱又遭干热风，市场不好价卖不上去，达因苏种麦子的没有不亏的，他们的麦子亩产二百多公斤，还有一万多的纯利。“今年好！今年我们种了一百五十亩洋芋，大丰收！没想到销路那么好，台湾红皮在塔城一公斤四毛钱一抢而空。紫花白拉到石河子卖的价太低了，一公斤只有三毛五分钱，就这，还卖了九万多，除去成本，能落下五万多块。开春时不敢种这么多，没人这么大面积种过。团里给了个政策，种五十亩以上的，免养老统筹、医疗保险、管理费呀，一亩地收成三吨还免种子费。我们啥都免了。张廷军想得周到，怕市场不好建了个淀粉厂，我们用不着团里操心，花三千多盖了个窖……”能装百十吨的窖，只有最里边堆垛着不多的一点土豆，王晓红说是留的种。她拿出一个外形很好看的红皮土豆给我，“你看，我的台湾红皮多好！明年春天要种子的多得很，一公斤一块六，后悔没有多窖上些，春节一过，反季节销售就赚得多了。”她说，今年的收成这样好，得感谢张廷军，是他引进了良种，如果还用杨老板的洋芋种，等着喝西北风了。

晓红勇华在河滩还有五十多亩林子。他们这里，是沙拉伊敏河的源头，河滩上种树，插根棍就能长出叶子。他们本来要种三百亩，没有那么多地了，大家都要种。他们还有二十多只羊。开春，他们就要在地头盖棚圈，还要盖能住人的房。生产季节，人就住在地里，庄稼务惜得好，羊群也发展了。“到后年，我最少也要有二百只羊，我五十岁时肯定是百万富翁，在团部盖上一幢小别墅。”王晓红转向周勇华，“你就跟上我过好日子吧！”朗朗笑声在灿烂光波里打着滚，涌动着创造的激情。

四

塔城是一座名副其实的边城,它距边界的直线距离仅有十一公里。

楚呼楚,塔尔巴哈台,绥靖城,指认的都是塔城。在蒙语与汉语的交融中,哺育了一个混血儿郎:塔城。

早在唐天宝年间,在今塔城市城西置曹禄州。

塔城,塔尔巴哈台的简称。因生长在草原的旱獭得名。蒙元年间,即有了以“塔尔巴哈台”——蒙语“旱獭”命名的驿站,距今已有七百多年的历史。

清王朝平定准噶尔部后,乾隆二十九年(1764 年),参赞大臣绰勒多率绿营兵六百多人从迪化开赴雅尔,屯田驻防,修筑塔尔巴哈台首府肇丰城。沙俄蚕食,乾隆三十一年(1766 年),参赞大臣阿桂移城楚呼楚,建绥靖城也就是今天的塔城。“绥靖”城名,乾隆皇帝御赐。

在这个有十七万居民的草原城市中,百分之三十七以上的家庭由两个以上民族的成员组成。

塔城是最早受苏俄“十月革命”思潮影响的中国边城。至今,塔城市区还有一条叫“杜别克”的老街,是以苏俄时期哈萨克族学者、革命家杜别克·努尔塔扎·夏勒恒巴也夫的名字命名。受俄罗斯影响,边城市民至今喜欢俄罗斯的列巴,喝格瓦斯。提前预订,才能吃上城里最有名的面包房的热列巴。

有“中亚商贸走廊”之称的塔城巴克图口岸,是中国最西部的通商口岸。

19 世纪末,哈萨克草原著名诗人阿拜,因为失去祖国和家园,心中的歌唱是那么痛苦、悲怆:

人若没有祖国
就像夜莺离开了森林
噢,白天和夜晚一样胆战心惊
……

2013年,中国当代诗人沈苇和哈萨克族著名作家朱玛拜·比拉勒聚首塔尔巴哈台。

他们在立有界碑的巴克图口岸;他们跨过林中木桥,去河那边的俄罗斯人家;他们在橡树林送走天边晚霞;他们踏青窝依加依劳草地:

离开窝依加依劳牧场时
朱玛拜·比拉勒告诉我
塔尔巴哈台山上有一座
哈萨克人的祖坟
国境线将它一分为二
一半在中国,一半在哈萨克斯坦
"修公路会绕开一棵古树
边境线为何不能躲开一座坟呢?"
老作家望着窗外的云朵自言自语
仿佛云里埋着他要找寻的答案

(选自《西长城》,人民文学出版社2014年9月版)

归 来

徐 志 耕

恰逢台湾的雨季。

来台北9天,下了9天的雨。昨天雨停歇了,虽然是阴云浓雾,总算可以达成半个多世纪魂牵梦萦的夙愿了。

从1949年10月到2014年5月,哪一家至亲骨肉能够分离65年！70岁的戴筱萍双手紧抱着杏黄色绸缎包裹的大理石骨灰罐。怀着十分复杂的心情来到桃园机场,他和妻子、妻妹及妹夫是专程来台湾迎接父亲遗骨的。为了光明和进步,父亲英勇就义,埋骨异乡。今天,他们将陪伴父亲乘坐春秋航空的班机返回上海。

戴筱萍沧桑的脸上露出了少有的轻松。他完成了人生的一大使命,他找到了父亲,他可以告慰九泉下的母亲了:"妈妈,爸爸回来了,回到你的身边了！"

为了这一天,戴氏家族的许许多多人忍辱负重,翘首以盼。潮涨潮落,春去秋来,催白了青丝,催老了岁月！

陈处长任命他为高级情报员,交给他5封密信,指示他立即潜入台湾

五星国旗映红了黄浦江。控江路附近一幢老式楼房的小客厅里,两个女人和四岁的孩子急切地盼望他们的儿子、丈夫和爸爸回家。孩子的爸爸是军人,他在进军大上海的队伍中。

下午,门推开了,进来一个穿黑西装的中年男人。三个人定睛一看,便一齐拥上去,惊喜地呼叫和问候。来不及喝一口水,

他说:“部队上很忙。为了解放全中国,我有任务,所以不能在家久待。”他要老母亲保重身体,他深情地对妻子说,您辛苦!他抱过儿子亲了又亲,热泪盈眶地说:“爸爸要走了。”

“爸爸勿要走!爸爸勿要走!”儿子扭动着身子。

他走了。他回转身,向站立在门口的亲人挥手。

望着远去的背影,妻子王家轩惊疑地想着:他要到哪里去?他在哪个部队?他为什么不穿军装呢?他们结婚十多年了,她了解这个叫戴龙的军人,为了抗日救国,他投笔从戎,南北转战。后来,他当过县长,当过警察局长,当过警校处长和联防主任。不久前,他参与了江阴要塞起义,后来参加了解放军。无论他干什么,妻子总是默默地支持他。因为她相信,这个双目炯炯、神情刚毅的丈夫,是忠诚善良的,是深明大义的。

戴龙是热血沸腾的爱国军人。1930 年在江苏警官学校学习时,经共产党员李璞介绍入党,后来联络中断。1947 年 1 月,解放军华中军区敌工科长于济民以警校老同学的身份和戴龙接上关系,恢复联络,并领受组织的任务。上海解放时,已任华东军区海军部秘书科长的李璞惊喜地遇见了戴龙,并调他来海军部联络处任职。处长陈啸奋任命他为高级情报员,指示他立即潜入台湾进行地下活动,为解放台湾搜集并提供军事情报。陈处长交给戴龙致王瀛成和孟启文的 5 封密信,并交代他们一起行动,情报小组由他负责。在胜利的红旗迎风飘扬的时刻,戴龙坚决服从组织的命令,深入虎穴,跨海远行。

和戴龙一样,父母子女也在上海的共产党员王瀛成,公开身份是国民党上海空军飞机修理厂的中尉检验师。听说父亲要去台湾,儿子王道元再三劝阻。他不知道父亲负有特别任务。临别,儿子送给王瀛成一本题为《革命人生观》的小册子,他跟随败退的国军队伍,于 1949 年春天就去了台湾,潜伏在敌人内部执行任务。戴龙到台湾后,首先与王瀛成联络,并转交组织给他的密信。这两个互不相识的同乡和同志,怎么也想不到,一年多后,他们竟为执行同一任务而同时被捕,同时在台北英勇就义。

1949 年,中共派遣了大约 1500 名党员干部扮成败兵、商人、教师和工人混入去台的人流中，他们分赴台湾各地，在中共台湾省工作委员会的领导下开展活动。领导这支红色特工队伍的是经过两万五千里长征的老资格的中共干部蔡孝干，他是台湾人。

谍海搏杀，惊心动魄。虽然没有枪林弹雨，但那是更为勇敢的考验，更为严酷的信仰和忠诚的较量！

戴元龄泄露了机密：台湾有6部侦察电台，军车和官兵臂章上有昆仑山符号

和王瀛成赴台路线不同的是，戴龙是从陆上经广州转香港，再从香港到达台湾的。他在广州见到了中共办事处负责人吕铮，在香港见到了办事处主任张君然，他们向戴龙布置了入台的具体任务及见面方法，还有电信密码、暗号化名等联系方式，并进行了一段时间的培训。然后领取了4000元的港币作为活动经费，他的入台通行证是在台湾国民党联勤总司令部担任测量学校政治部主任的哥哥戴元志帮他办的，通行证上的职务是测量学校的教官。

利用在台湾的亲朋好友的关系开展工作，是当时组织上的要求。派遣赴台的干部中，不少人都在台湾有亲属朋友。除了哥哥，戴龙还有叔叔等好几个亲戚在台湾居住。

1950年的3月5日，戴龙来到台北，寄住在信义路三段的本家叔叔家里。叔叔是台湾省立师范附中的教员，他叫戴培之，比戴龙大五岁。凭着这个关系，戴龙以王恭陶的化名领取了身份证。

这是一个新的环境。亚热带的海洋性气候繁衍了高大的槟榔和油棕，也孕育了四季盛开的艳丽花卉。富饶美丽的宝岛因为战事而显得混乱和紧张，到处是败退下来的官兵和家眷。物资缺乏，匪特横行，社会动乱，人心惶惶。国民党政权立足未稳，他们企图用一道海峡来阻挡人民解放军进军的步伐。为了稳定局势，蒋介石发布和强化执行《戡乱时期检肃匪特条例》《惩治

叛乱条例》和各种戒严法、戒严令，控制人民的言论和行动自由。

面对严峻的形势，戴龙冷静面对。他和王瀛成联络后，确定了工作计划。两人分头行动，随时碰面。戴龙从寻访老同学老同事入手，以到台找工作为借口，实为了解敌人军情。在台北街头，他遇到了原“重庆舰”的海军下士刘鸣钟，久别重逢，两人越谈越投机。刘鸣钟的两个哥哥又是戴龙的同事和朋友，于是分外亲切。他虽年轻，但有头脑，曾被送去英国受训，眼看国民党大势已去，他当了逃兵，后在台北成了天利实业公司的会计。他告诉戴龙，他住在中山北路二段，可以随时找他。根据刘鸣钟对现实不满的状况，戴龙启发他认清大势，紧随潮流。聪明的小刘不停地点头。建立信任后，刘鸣钟向戴龙提供了台湾海军的舰船数量和装备等有关情况。

重任在肩。作为共产党员，戴龙忠实于自己的信仰。为了祖国的统一和社会的进步，他甘愿献出自己的一切。虽然身在敌营，但有组织的指示，有同志的配合，他有信心完成任务。通过访老友、叙旧情，他打听到了许多熟人的近况和地址。他一个一个地走访，了解社情，了解敌情。四十岁的黄磊是江苏老乡，得知他在空军高炮司令部任职，戴龙便来到台北郊区的三重镇。正好碰见黄磊的同事刘自强，三人喝酒吃饭，畅谈时局，中校科长和上尉参谋有许多不满，一边发牢骚一边大谈军中情况。戴龙问及军车和官兵臂章上的昆仑山符号，黄磊告诉了“代”字。戴龙不动声色地记在心中。

在叔叔家中，戴龙巧遇了同乡戴元龄，他是第五十四军第八师政治部的少校科员。谈及社会情况，戴龙说报纸上刊登国军侦察电台破获了一桩黄金走私案，真厉害。戴元龄顺口就泄露了机密：“台湾有6部侦察电台。”

当过江苏省警官学校科长的戴龙在台湾的同行中有不少老朋友，他借机去寻访看望。他去了台南，见到了任警察局局长的同乡同事朱亚擎。朱亚擎留戴龙在家住了十多天，提供了附近第九十二师、关庙第五十三军、嘉义第二〇六师的驻训情况，以及八十多个美国技术顾问的特长。到高雄,在港务警察所见到了老同事钱梦明。老家南京的钱梦明还兼任着高雄防务团的副团长。他热情地招待戴龙,介绍了高雄海军力量及陆军第五十二军第二十五师由舟山撤退后的布防。打听到苏北老乡王蔚龙调到了基隆市警察局,基隆是重要的军港,来往大陆的舰船大多在这里停泊和起航。他来到港口,通过王蔚龙了解军港情况。一次次地交谈,一次次地试探,有耕耘总有收获。

一点一滴地收集,一句一字地分析。情报工作不仅需要英勇无畏的胆量,更要有缜密周详的策略和综合分析的能力。有时候,把互不相干的两件事联系起来,或许是一个重大消息。有时候,一句话可以分解成好几种意思。戴龙把从四面八方收集来的信息,去伪存真,去粗取精。经过仔细的判别、研究和归类,整理成有价值的情报。

两个多月了,王瀛成也收集了许多信息。他告诉戴龙,他有一个同学叫蔺广心,现在高雄空军第五十五电台当台长,他已接触多次,了解了电台的工作和人员情况,弄清了台北的飞机种类和数量。王瀛成认为这是一个应该发展的重点人物,通过他可以向我军直接发送情报。他把《革命人生观》一书送给了蔺广心。戴龙也和他见过面。可是经多次做工作无效,一条很有价值的线索断了。

通信暗号:1472,焦静秋发出了信号,一张黑色的大网撒开了

戴龙很急。他明白,他们的工作,关系到解放台湾的大局。组织上信任他,他要出色地完成组织交给的任务。当务之急是,如何把情报送出去?在自己的电台暂时没有条件建立起来的情况下,只有利用公家电台拍发电文了。

经过再三观察和试拍,6 月的一天,戴龙从台北来到屏东,他若无其事地跨进了电信局的大门,向发报员递过去一份抄写工整的电文。电文不长,内容是亲友近况和现住地址,收报人是

香港利源西街25号福成庄的潘修，电报挂号是1472，这是规定的通信暗号。

反复推敲的电文是极其复杂的，既要把情报内容报告上级，又不能泄露机密，还必须简短明了。这就要靠密码来翻译。上级交代给戴龙的密码有成密和周密两种，并规定了标指和换码的方法。涉及陆海空军的内容，是用隐语代替的。陆军叫绿茶，海军叫花茶，空军称红茶。美国人叫王先生，澳门叫金门，东京是定海等等。

由于电报字数不能太多，戴龙在屏东和高雄拍发了三次。为了解除外人的疑虑，后两次的电报收件人分别是潘渊和谢明。

他很忙，他总想多干一些工作，为党多贡献一份力量。他不断地扩大交友圈子，他的工作对象大都在军队。他到新竹，去找了空军军需处刘训迪。还见了曾在装甲兵一团服役的老乡戴健。还有海军第三军区的中校军法官顾朴先、五十四军第八师的政治部科员戴元龄。也有从商做工的朱亚石、沈琪、王毓沅、戴文舫、戴少甫、戴中业、孙志静等人。

由于情报较多，除了紧急的情报，他还将大部分内容密写成书信，投寄到香港党的秘密联络站，收信人是沈琳。这样的信投寄了两封。

就在戴龙全力以赴开展情报工作的时候，有一只黑手悄悄地伸了过来。

这个人叫焦静秋。他和戴龙是江苏警校的同学，后来还是戴龙的下属。戴龙来台后，两人常有交往，焦静秋虽在军中就职，但他对现状不满，经常发泄对抗政府的言论。戴龙先是静听他说，后来随声附和几句。经过一段时间的考查，他认为这是个可以发展的对象。在以后的接触中，他更加坚定了这一认识。当焦静秋透露了上峰可能派他去舟山打游击，同时批准他去上海接家眷来台的消息后，戴龙觉得这是一次极好的机会，他和王瀛成商量了，他们都认为，可以利用这个机会，把收集到的重要情报送到上海东海舰队的直接领导手里。想到这里，戴龙欣慰地笑了。

焦静秋也笑了,他的身后是蒋介石的情报机构。戴龙的活动,早就引起了匪特的怀疑,他按照幕后人的指使,赢得了戴龙的信任。敌我双方正一步一步地按照自己的计划设置陷阱。终于,焦静秋发出了信号,他告诉戴龙,他已拿到了去大陆的通行证,近日即将离台。他问戴龙有何事要办,尽可吩咐。戴龙故作镇静地说,没有太大的事,麻烦你带一封便信给做生意的朋友。他信任他。

焦静秋立即将这一消息通报给他的上司李士珍。李士珍是国民党第七游击纵队的司令,他指示焦静秋,告诉戴龙已买好第二天去上海的船票,戴龙便将早已用化学药水书写的台湾陆海空军情报,折叠成一小卷交给了焦静秋,收件人是"上海齐齐哈尔路浦江中学交姜明远接收"。姜明远是化名,实际收件人是陈志贞。陈志贞是解放军华东军区海军部联络处的科长,他是戴龙的直接领导人。

拿到了密信的焦静秋,立即将它交给了李士珍。一张黑色的大网撒开了。1950 年 7 月,戴龙和王瀛成、刘鸣钟等很快被逮捕审讯。被国民党国防部军法处列为涉嫌"华东军区海军部潜台匪谍戴龙叛乱案"的 23 人被一网打尽。

受尽酷刑的戴龙,被军警打断了双腿和双手,他坚贞不屈。刑前游街时,他是被匪徒们用绳子吊在卡车上示众的!

同时被判处死刑的还有王瀛成和刘鸣钟,1951 年 1 月 18 日凌晨,台北南郊马场町的刑场上响起了一阵又一阵密集的枪声。

坟墓编号为 2021,在六张犁二墓区,
历史不会沉默

马场町原是侵台日军的养马场,因 1950 年国民党白色恐怖时期在这里大批枪杀共产党人和进步人士而闻名。中国共产党台湾省工作委员会因书记蔡孝干叛变投敌,致使一千八百多人被捕,一千一百多名地下党员在这里壮烈牺牲。

历史不会沉默，当自由民主已成为现代人的主体意识，伸张历史正义就成了海峡两岸民众共同的期望。1993 年的 5 月，台北大雨倾盆。苗栗人曾梅兰在荒山野地中跋涉，她在寻找，寻找40 年前为了光明而牺牲的哥哥的坟茔。割除野草，竹丛中露出一小块石碑，石碑上刻着“徐庆兰之墓”，这正是她的哥哥！清除杂草，荒地上有二百多处墓葬。掩埋着二百多位政治受难者遗骨的六张犁墓区从此展现在世人面前。和六张犁三个墓区一样保存政治受难者遗骨的，还有台北市第二殡仪馆的福德公墓和无主灵骨塔，可能还有新店空军墓地。

为了平复历史的伤痕，政治受难者的幸存者和他们的后代以及其他人士在台北成立了互助会和联谊会，他们组织祭奠、展览、向当局提出要求和帮助受难者亲属寻找遗骸。这群仁义之士为大陆的红色特工亲属寻找烈士遗骸架起了彩虹之桥。

2010 年 12 月，红色女特工朱枫的遗骸就是在海峡两岸的热心人士帮助下找到的。

在此之前，中共台湾地下党牺牲的吴石、陈宝仓、肖明华等烈士遗骸已通过各种渠道迎回了大陆。

为了寻找父亲的遗骸，年近古稀的潘蓁从上海来到台湾。他的肩头，负担着沉重的嘱托。1948 年离别台湾时和父亲的最后一面距今已六十多年！他知道父亲已壮烈成仁，他要迎回遗骸与母亲合葬在上海。在上海，还有好几位烈士亲属委托他到台湾寻找亲人的遗骨，他们的亲人也和他父亲一样，受党的派遣来台湾开展工作，离别半个多世纪杳无音讯。其中有戴龙的儿子戴筱萍、王瀛成的儿子王道元、张丕烈的外孙张盛宏，还有徐州侯文理烈士的亲属等等。他们委托他，是因为潘蓁在台湾有朋友，他有智慧，在寻找朱枫骨灰罐的过程中，他发挥了非常重要的作用。

戴筱萍很早就和潘蓁有联系了。他拜托潘蓁请台湾的朋友帮忙寻找父亲戴龙的遗骨。他信任潘蓁，因为他是个实在和热情的人。他委托他，是因为他走投无路。戴筱萍手拿着上海市人民政府颁发的“沪烈字第 004151 号”烈士证书，一次次去民政部门求助,每一次回答都是"不清楚"或者"不知道"。他曾拖着病体,舟车劳顿地到他父亲的原单位去查询。可是接待他的年轻军官说:"这件事很难,现在无法答复你。"再次去信求助,回答是"我们尽量帮助你"。戴筱萍求告无门,他真想大哭一场。

和戴筱萍一样求告无门的红色特工的烈属们,只好在静安公园悄悄约会,倾吐对父辈的思念,打探有关情况,交流网络上看到的信息,提出种种有用和无用的建议。大家的心里都憋着一句话:这是为什么?

静下心来的时候,戴筱萍也能体谅政府部门的难处。他想,因为年代久远,现在的工作人员不了解情况。因为海峡分离,彼此难以交流。因为政治的原因,双方有许多隔阂。但他经常自言自语:"我阿爹为国家牺牲了,国家为什么这样待我们?"

这时候,大幅登载了朱枫烈士魂归故里的《宁波帮》杂志,提出了深入报道的设想:朱枫烈士回来了,还有一千多个红色特工仍然埋骨异乡,我们要帮助他们叶落归根!于是,总编辑亲自执笔,在 2011 年第三期杂志上醒目地刊登了《寻亲告示》:

> ……为了协助亲属尽快寻找到亲人遗骨的下落,本刊作为香港独立媒体,本着人道主义精神和同胞情谊,我们愿意联络海内外有识人士,共同出力,尽可能地帮助受难人亲属了解亲人下落及寻找到亲人遗骨并叶落归根,我们特聘潘蓁先生为顾问并与台湾有关方面取得了联系,有需要寻找台湾地区五十年代政治受难人遗骨的人士,请与《宁波帮》杂志联系。……

与《寻亲告示》同时刊登的还有 376 位受难者名单。

作为连续报道,总编辑又赶去上海采访了戴筱萍和张盛宏,《思念如潮盼父归》和《望断秋水寻亲人》两篇专访登载在《宁波帮》2011 年第四期上。这本发行海内外的刊物引起了不少人的关注。

4 月中旬的一天上午,一阵急促的电话铃声响起,听筒里传来清脆的女声:“是《宁波帮》杂志吗?我姓马,我在杭州,因为寻找父亲的下落,我刚从台湾回来,我也查询了你们杂志上刊登的戴龙先生的下落,希望你们告诉我戴龙先生儿子的电话,我有重要事情告诉他。”

过了几天,戴筱萍怀着激动的心情告诉总编辑:马女士查到了我父亲的坟墓,在六张犁二墓区。同时,台湾地区戒严时期政治事件处理协会秘书长李坤龙先生4月18日给戴筱萍来信说:戴龙前辈的坟墓编号是2021,在六张犁二墓区。信中说:“我们是一个民间社团组织,是由政治受难者和政治受难者家属组成,你们在台湾如果没有亲友,可以通知我们,我们会义务协助。”

戴筱萍立即将这个消息告诉了在上海的受难者烈属,大家都为他高兴。他说:“我到台湾后会帮助大家了解更多的情况。”

古稀之年的戴筱萍习惯了传统的思维定式。他认为这样的大事应该向政府报告,有困难应该依靠组织解决。他去了民政局,民政局的官员说:“这个问题上面没有政策,我们不好答复。”另一位官员摇了摇头:“这个事情根本不可能!”

无亲无故的台湾朋友为我们大开了方便之门,可管理我们烈士亲属的政府部门为什么不肯伸手帮助我们呢?他想不通。戴筱萍鼓足了勇气,他铺开纸,向时任国家民政部部长李立国提出了疑问和请求。他说:“如果没有回复,我准备给习近平主席写信了!”这一招果然有效,区民政局来电话说:“你写到北京的信有批复了,请到办公室来一下。”

编号为201420550508的戴筱萍写给李部长的信躺在静安区民政局的办公桌上。小王姑娘笑眯眯地对他说:“批准你去台湾了。”问及经费能否解决,小王同样微笑着:“因为没有先例,上面没有政策,能不能通过民间组织来解决?”

从1951年牺牲到1962年发证,这一份荣誉迟到了11年,他没有享受过父爱

萦绕在戴筱萍心头的始终是:父亲!父亲!父亲!虽然那

张刚毅的脸庞是个模糊的印象,但它像刀刻般烙印在心里。戴龙的经历,给这个家庭带来了说不尽的苦难和荣耀。父亲走后不久,就有人把他们从山阴路一套三层楼的花园洋房中迁出,让他们搬到闸北区的一套二层老房子。由于没有生活来源,瘦弱的母亲靠走街串巷替人家卖酱油维持一家人的生计,粗茶淡饭也难得温饱,辛劳的母亲得了糖尿病。最苦还是刻骨的思念。老奶奶天天以泪洗面,她逼着儿媳去寻找她的龙儿。戴筱萍看见母亲经常关上房门,一个人偷偷地哭泣,他也哭着问母亲:"妈妈,爸爸到哪里去了?我要爸爸!"

那时,他们背着"失踪军人家属"的黑锅,许多人都用异样的眼光看待他们。这个不明不白的结论导致他们抬不起头。那是阶级斗争的年代,和台湾有关系的人都要被质疑和审查。苏北老家有人来调查,问戴龙在台湾什么地方?在台湾干什么?乡下的亲戚也一次次地来问这个问题,因为有这个社会关系,影响了他们的政治前途。

戴龙有个弟弟叫戴麟,原在北海舰队工作。因为哥哥在台湾的原因,他受到了审查。他要求组织到戴龙的派遣单位东海舰队查清哥哥的政治面目。好在单位出面,不明不白的历史终于明明白白了。他来到上海告诉嫂子和侄子:"哥哥是组织派到台湾做地下工作的,因为叛徒出卖而惨遭杀害,他是革命烈士。"

像晴天霹雳,嫂子王家轩惊呆了。日日想、夜夜盼的丈夫不在人世了,这是她做梦也不敢想的事!她放声大哭。得知爸爸牺牲了,中学毕业的戴筱萍也热泪滚滚,四岁那年的见面,竟然是一次永别!他没有享受过父爱。因为不知儿子的下落,老奶奶放心不下,去世时双眼也没有闭上。

手捧着红色的烈士证书,证书上印有中央人民政府主席毛泽东的签名,王家轩笑不出来。一个人换了一张纸,她宁可不要这份光荣。她领了450元的抚恤金。由上海市人民政府填发和解放军东海舰队政治部干部批准的烈士证书上写着牺牲时间、地点和原因:1951年在台湾搞地下工作被国民党杀害。发证时间是 1962 年 9 月。

从 1951 年牺牲到 1962 年发证,这一份荣誉迟到了 11 年!这是为什么?

1951 年 1 月 18 日早晨,戴龙、王瀛成和刘鸣钟作为“潜台匪特”,在台北街头五花大绑游街示众押赴刑场是万众目睹的,双手双腿被打断后用绳子吊在卡车上示众的英勇形象感动了台湾民众。第二天,台湾报纸上都刊登了这则消息。这样公开报道的消息为什么封锁了 11 年?戴筱萍和他的母亲都向有关部门提出这个问题,可是没有人回答。

当然,这张光荣的烈士证书也包含着党和政府对烈士后代的关怀,戴筱萍因为是烈士的儿子,他考取了成都电讯工程学院。大学毕业时,因为他是烈士的儿子,东海舰队和上海市政府多方协调,破例将他分配到上海无线电第三十二厂任设计工程师。可惜,父亲看不到这一切。

母亲老了,她病倒了,她全身浮肿。病危时的母亲紧紧拉着儿子的手,叮咛又叮咛:“一定要……把你父亲……找回来,我等着他……”

戴筱萍把奶奶和母亲的嘱托铭记在心。现在,他知道父亲的下落了,他要去接他回家。因为多病的父亲正在尿血,女儿蓓蓓和女婿利用元旦长假先行台湾,他们先去祭拜爷爷,打探迁坟的路径。

朋友带着他们来到了荒山野地的六张犁。天下着雨,暮霭中,他们在墓园中寻找。“年轻人,你们要找谁?”不远处,打着雨伞的一个中年人问。

蓓蓓哭着说:“找我的爷爷,他叫戴龙。”中年人走过来了,他说:“你们是上海来的吧?请跟我走。”他叫张晓林,是政治受难者互助会成员。湿漉漉的花岗岩墓碑在雨地里哭泣。“戴龙之墓”四个石刻大字刚用红漆描过。蓓蓓和丈夫跪在泥水中叩头祭拜,放声大哭:“爷爷,爷爷!我们看你来了!”

“爷爷!爷爷!你听见了吗?”这是至亲骨肉的心声。这是亲情血脉的呼唤……

9C8952航班飞越海峡，降落在浦东国际机场，爸爸，我们回家吧

这是一次神圣的旅程。戴筱萍追随他父亲戴龙六十五年前的足迹，从上海到台北，飞越960公里的路途。千山万水，海涛风潮，都挡不住他的脚步。

虽然是第一次到台湾，但他并不感到陌生和孤单。这里的小路，印有父亲的脚印。他的身边，有家人陪同。机场大巴开往台北市区，手机里就传来热情的问候。下午，张晓林先生来旅馆看望戴筱萍一行。虽是初次见面，但情同亲人，他对一周的日程做了周详的安排。

计划有了变化。随旅游团来台的山东男子找到张晓林，他来迎回他的二大爷李国萃。因为后天离台，明天无论如何要完成心愿。这是又一个生死与共的故事。原来，张晓林86岁的父亲和李国萃烈士曾是共同革命一起被捕的战友，大陆来的李国萃被国民党杀害了，他还未婚。老父亲对儿子说："一定要找到李国萃的亲人，让他魂归故里。"张晓林寻找了多年，踏破铁鞋，终于在山东烟台找到了李国萃的侄孙李春晓。雨淅沥地下着，侄孙抱着二大爷的骨灰罐含泪离去。又一个英灵找到了归宿。

据估计，台湾省在20世纪50年代至60年代的白色恐怖期间，被判死刑者约有四五千人，判刑者近万人。其中，有中共党员、有中共的拥护者、有民主正义人士及对政府不满者等。

已辟为纪念公园的马场町，群山肃穆，流水呜咽。戴筱萍一行在土堆前致哀，这里是父亲流尽鲜血的地方。纪念碑上镌刻着碑文：1950年，为追求社会正义及政治改革之热血志士，在戒严时期被逮捕，并在这马场町土丘一带枪决死亡。现为追思死者，并纪念这历史事迹，特为保存马场町刑场土丘，追悼千万个在台湾牺牲的英灵，并供后来者凭吊及瞻仰。

纪念碑前，戴筱萍意外地遇见了没有见过面的几个熟悉的人。前面走来的是给他写信和寄墓碑照片的李坤龙先生，讲上

海话的两位女士竟然是王瀛成烈士的孙女,他们来寻找爷爷的坟茔。共同的经历和共同的心愿,化作问候和祝愿。

雨丝像不尽的思念。带着感激和谢意,戴筱萍来到南京西路政治受难者互助会拜访,他要当面感谢帮助他的从未谋面的台湾朋友。戴一副白边眼镜的李坤龙先生谦恭地说:“不用客气的。我和你一样来自白色家庭,记忆中不曾有过父亲的音容,父亲遇难时我眼睛都来不及睁开。时光过了六十多年,你们的心情我们都理解,戴龙前辈早该叶落归根了。”

他是互助会的秘书长。那天来了不少人,年逾古稀的涂会长也来了,大家像亲人一样畅叙。互助会的墙上有两行大字,这是他们的宗旨:爱国爱乡改造社会,民主统一走向富强。

戴筱萍拿出了父亲的遗照和公证书。李坤龙从柜子里取出六十多年前的判决书和有关案卷的复印件。听说戴龙家人要来,他早就做了准备。

有人开玩笑:“戴龙是匪首,很有名气的。”几个老年人回忆了戴龙示众时的英姿。

“你们怎么到现在才来呢?”有人不解地问。

“不知道啊,我们和这里消息不通啊。”戴筱萍说。

“政治受难者名单和墓地公开十多年了,你们不知道吗?”

“不知道啊,政府没有通知我们啊。”

“这次是怎么知道的呢?”

“是媒体和朋友们帮忙才得知的。李坤龙先生写信给我的。”

“你们领到了多少补偿费?”

“什么?补偿费?没有的,一分也没有。啊,发的叫抚恤金,450元,我母亲在世时每月有5元。”

有人告诉他,1998年5月,在民众的积极推动和强力抗议下,台湾当局通过了《戒严时期不当叛乱暨匪谍审判案件补偿条例》,凡符合条件的可以得到四百万至六百万台币的补偿。但是,这项工作今年3月已经结束了。

戴筱萍呆呆地听着,他百感交集。

带着城隍庙的五香豆和上海的糕点,戴筱萍一家来看望83

岁的叔叔戴云先。见到大陆来的亲人,叔叔老泪纵横:“你阿爹游街的时候我看到的……真惨啊!你阿爹这个案子,我们台北的戴家……有9个人受牵连啊!”

雨小了。今天是迁墓的日子,互助会的朋友一早就通知了墓地的工人。戴筱萍一行是第二次来六张犁了,这是台北东南郊的一片山地,黑色大理石的公祭碑上刻有“人民忠魂”四个金色大字,一年一度的秋祭在这里举行。

点香,燃烛,烧纸,供上水果鲜花,一行人一齐跪拜。他们告慰父亲:爸爸,我们接你回家!

地很湿。挖开表土,下面是烂泥和树根。鬓发斑白的林先生用铁镐挖断树根,一锹一锹地铲土。他管理墓地多年,他说,当年不少受难者是外省人,没有亲人收尸,政府就发70元钱叫我们埋葬。那时用的薄板棺材,外面用粉笔写上号码,有时一场大雨,号码冲掉了,所以造成了姓名不详。也有的因为水冲土埋,坟墓坍塌,遗骨散乱。这么多年没有人管理,一片荒草,所以寻找和迁移都有难度。

林先生说:“当时都是草草掩埋,像戴龙前辈这样墓碑墓地完整的不太多。但是年代久了,遗骨不太完整了。”泥土中出现了大小不一的骨殖,他轻轻地捡起来,和墓地的泥土,一起装进大理石的骨灰罐。林先生深情地说:“戴老前辈,回家了。”

“回家了,爸爸,我们回上海了!”

雨还在下。春秋航空9C8952航班冲破浓云雨雾,飞越海峡,降落在浦东国际机场。迎候的人群中展开了长长的横幅:迎接红色特工戴龙烈士魂归故里。

骨灰罐上覆盖着鲜红的中国共产党党旗,洁白的百合花花环献给不朽的忠魂。

他炯炯的目光注视着这个新奇的世界。刚毅的神情中绽放出胜利的笑容。

纵然是消逝了,伟大的仍然伟大。

纵然是凋谢了,光荣的仍然光荣。

(原载《中国作家纪实》,2014年第9期)

淮河赤子情

喬兆宏

引　子

2013 年的秋天。日本熊本市。

天高云淡。金风送爽。绿意葱葱。

9 月 5 日至 8 日。第二届环境危害国际论坛在这里举行。

举办此次论坛的目的,是让世界吸取日本水俣(yǔ)环境污染的教训,避免未来环境公害,共建人类美好生活。

熊本市是日本九州的第三大城市,亦是南日本的潮流服装之地。在充满绿色的城市中间,以熊本城为中心,流淌着白川及其数条支流,被誉为"树与水之都"。在这曾发生水俣公害的城市举办这样的论坛,个中之意是不言而喻的。

出席此次论坛的,有来自中国、加拿大等国家和地区的专家学者共 400 多人。

走向熊本大学论坛会议厅,中国"淮河卫士"霍岱珊顿时被公园似的校园吸引住了,笔直的大道两侧,一排排高大的银杏树,每棵树都有两人合抱粗,且黄澄澄的银杏果挂满了枝头。霍岱珊作为中国一名环保志愿者,能出席这样的学术会议,是非同寻常的。他外表西装革履,严肃冷静,内心却翻腾似海,感慨良多。

那天,当会议移师水俣市参观展览时,当年水污染留下的遗患,令参观者触目惊心。多名水俣病患者受害亲身经历介绍,让人痛定思痛,特别是胎儿性水俣病患者桥本的讲述更加令人揪心:她四肢残疾,畸形,双手呈现出拘挛状,不停地抽搐,说话发音困难,往往在一阵抽搐之后,才能够发出几个单音,紧接着又是一阵抽搐,需要熟悉她的志愿者为其翻译。否则,连日本人也听不懂她说的话。

……

一个个令人恐惧的污染事件,一幕幕令人揪心的悲惨场景,让霍岱珊触景生情,联想起家乡淮河沿岸的生态灾难,他禁不住阵阵心酸,潸然泪下。午饭时,其他与会者都去用餐了,唯独霍岱珊的心情却无法平静,他实在难以去享用这顿异国的美味。

地球,是茫茫宇宙间已知唯一一艘载有生命的航船,我们人类仅是这艘船上的乘客。当船舱漏水的时候,谁能说拯救地球与我无关?

回味起他未能参加第一届环境危害国际论坛时的情景,霍岱珊的心中至今仍感到遗憾与愤怒。

霍岱珊,曾是一名地方报纸的摄影记者。作为一名摄影记者,那时的他日子过得挺滋润的。

然而,霍岱珊为什么偏偏要辞职呢?为什么要去当"淮河卫士"呢?

霍岱珊曾感慨地说:"我就是世人眼中的神经病和疯子!"

母亲河的呼唤

天人合一。

人类敬畏自然。

这都是中国古代先贤们早就确立的朴素生态理念。

在工业化过程中,对于现代西方世界发生过的环境污染事件,中国本应作为前车之鉴,从中吸取教训的。

可是没有,诸多的原因,使得我们的污染事件来势更猛、更严重。中国的环境污染也成了世界关注的焦点。

工业兴,污染起;河水黑,百姓苦。

这难道要成为全世界的定律?

在20世纪90年代的中国,已很难找到一条清澈的河流。中国的河流面目全非了,清新的河水没有了,明亮的水波成了昨日的记忆,鸬鹚潜水捉鱼的情景,变成了绝唱。满河黑色的臭水,鱼虾早已绝迹,沿河两岸百姓的癌症发病率陡升……

在中国众多被污染的河流中,淮河是最具代表性的一条大河。

一条大河波浪宽,
风吹稻花香两岸,
我家就在岸上住,
听惯了艄公的号子,
看惯了船上的白帆
……

这首动听的歌曲流行50年后,有人考证说,这条美丽的大河就是淮河。

不知有多少回,霍岱珊每当听到这首优美抒情的歌曲,总是激情洋溢,心潮澎湃。

《诗经》上说,淮河与江、河、济并列为"四渎"。历史上,有"走千走万,不如淮河两岸"之誉,沿淮膏腴,富甲天下。宋代诗人秦观登临泗洲城后,曾这样赞美淮河:

渺渺孤城白水环,
舳舻人语夕阳间。
林梢一抹香如画,
知是淮流转处山。

淮河,发源于河南省桐柏山主峰太白顶西北侧河谷,干流流经豫、鄂、皖、苏四省,于江苏省扬州市三江营入长江,全长约1000公里,总落差200米。淮河流域地跨豫、鄂、皖、苏和鲁五省,流域面积约27万平方公里,以废黄河为界,整个流域分成淮河和沂沭泗河两大水系。

淮河流域拥有名扬海内外的郑州、开封、许昌、阜阳、蚌埠、徐州、扬州、淮阴、济宁、枣庄、连云港等36个市;拥有亳州、宿州、兖州、滕州、项城、淮安、兰考、曲阜、盱眙等182个县以上城镇,可谓星罗棋布。

在中国的版图上,没有任何一条河流像它那样,纵横交错,密如蛛网。一级支流120多条,二级支流460多条,全流域主要跨省河流就有100余条,养育着两岸一亿五千多万人口,其人口密度雄居全国各大流域之首!

千古淮水,奔流不息,一泻千里。浩浩乎居于华夏之左,迢迢兮介于江河之间。

公元12世纪末叶以前,淮河并不注入长江。因为,它是一条完整的河流,有完整的水系,有自己的入海口。

公元1194年,黄河首次夺淮。从此,淮河的平静被彻底打破了,成了一条多灾多难的河流。

1950年的夏季,新中国诞生还不到一年,淮河就泛滥成灾。淮河灾情的电报,送到共和国领袖毛泽东的手中,当他读到"人民群众在汪洋大水中挣扎,遭毒蛇噬咬而毙命"时,对秘书田家英说:"不解救人民,还叫什么共产党?"

这样,毛泽东发出了"一定要把淮河治好"的号召。它成了新中国的"第一道政令"。

从此,治淮工程一发而不可收,延续40多年,总投资400多亿元。

令人遗憾的是,治淮尚未彻底完成,淮河新的灾难又来了。

进入20世纪80年代,十多年间淮河就发生水污染事件十多起;进入90年代,关于淮河污染的警告不断传来。但谁也没有想到,更大的灾难接踵而至。

《中国环境状况公报》记载了这一时期发生在淮河流域的重大污染事件。

> 1989年早春,淮河主要支流污水下泄,发生大范围污染事件,处在下游的洪泽湖中鱼类大量死亡。
>
> 1991年2月,淮河发生全流域大规模水污染,下游淮南市的自来水色度、氨氮、亚硝酸盐分别超标10倍、200倍和14倍。
>
> 1992年1月到3月,下游蚌埠市40多天自来水不能

饮用。

1993年检测了73个河段，水质良好的只有1个，轻度污染的有18个，其余均为重度污染。

而导致淮河流域严重污染的原因是，从20世纪80年代开始，这一流域的工农业生产突飞猛进，乡镇企业迅速增加。生活污水、工业污水、城镇垃圾，以及农田里的农药和化肥等，大多随着地沟、天雨泄入河道。盲目追求经济效益的发展方式，给整个淮河流域带来严重的生态灾难。

从20世纪90年代开始，国内外媒体就持续报道淮河流域水污染严重的情况。

至2013年5月，在过去的十几年中央视“新闻调查”栏目曾五度造访淮河，并报道了沈丘县黄梦营村癌症高发的情况。

霍岱珊是淮河之子。

他出生在河南沈丘的农村，从小就生活在淮河最大的支流沙颍河边，天天喝沙颍河的水，“老家距离河边不超过200米”。可以说，他是听着淮河的涛声、咀嚼着淮河的鱼虾长大的。

和一般人相比，霍岱珊还对淮河有一种特殊的感情，有一种神圣的敬畏。记得他四五岁时，父母不在家，看到哥哥在河里游泳，他也跟去了。

可是“迷迷糊糊的，不知怎么就到了河中间，很快就什么都不知道了……”

当他从死亡线上被救醒之后，才知道是一位好心的老大爷救了他，而此时在他身边的奶奶，已经泪水涟涟。

差点把他的魂留在河里了！“岱珊是奶奶的宝贝疙瘩。”奶奶岂能答应？那天傍晚，奶奶把他带到了河边，终于将他的“魂”叫了回来（当地农村的一种迷信说法。）

年迈的奶奶告诉霍岱珊：“沿着沙颍河到老家就不会迷路！”

从小在沙颍河中经历了生死攸关的考验，奶奶对河水的神秘说教，给小时候的霍岱珊留下了深刻的印象，也让他对古老淮河多了几分神秘感、敬畏感！

记忆，是无尽绵长的思念，是挥之不去的爱恋，是酸辣苦甜的咀嚼回味。

沙颍河作为淮河最大的支流，曾经给霍岱珊青少年时代留下了许多美好的回忆。“小时候，沙颍河特别清，河里边鱼呀、虾呀，都能看得到，清澈见底。”霍岱珊说。

霍岱珊清晰地记得，那时候的沙颍河，犹如一幅让人百看不厌、常看常新的美丽画卷。每当金秋时节，他常常迎着明媚的晨光，沿着清澈的沙颍河沿岸奔跑，徜徉在丰收的田野上，悠然自得。看那一望无际的稻浪翻滚，嗅一嗅十里荷塘散发的清香，对着清亮的河水照影，远眺对岸绿树掩映的农家小院。还有，炊烟袅袅之中，芦花公鸡引颈高歌，如丹的朝阳喷薄而出，那一刻，丰饶的淮河平原被镀上了一层艳丽的彩虹……啊，清晨的淮河是多么诗意！

然而，让人们怎么也无法想象的是，淮河这条养育着全国1/6人口的美丽河流，竟然“一夜青丝染霜雪”，到了20世纪90年代，已经不堪重负，水污染到了惨不忍睹地步。有一个顺口溜，最形象地概括了淮河的状况：

50年代淘米洗菜，
60年代洗衣灌溉，
70年代水质变坏，
80年代鱼虾绝代，
90年代身心受害。

霍岱珊的家居住在沈丘县城的护城河边，护城河的水是清澈美丽的。可是，有一天，那清澈美丽的护城河变了。

那是1974年，正在部队服役的霍岱珊回家探亲，清晨还没起床，就听到附近的村民在“骂娘”。原因是，他家养的十几只鸭子先后被强盗“偷”了。这是真的吗？有邻居不相信他的话，因为护城河水一片紫红色，有人让他沿河找找看。结果，那位“骂娘”的人，在不远的护城河里找到了他家的鸭子，但鸭子早死了。为什么呢？因为紫红色的护城河已经变成了一河毒水，而紫红色的毒液则是附近印染厂排放的污水。

沙颍河啊沙颍河,你清澈美丽的容颜哪里去了?

1978 年,霍岱珊从部队转业后,被安排在当地乡镇机关工作。因为他酷爱摄影,不久就调到报社,当上了一名摄影记者。那时,他经常拎起相机,总想去拍些淮河风光的照片。

可是,有一天,霍岱珊到了河边发现,能拍到的只有污染了:河面上漂着成片的死鱼,黑压压的人在捞死鱼,不需要任何工具,徒手抓。死鱼漂哪里,哪里就臭气熏天,即使离河很远,也能闻到一股臭味。

顿时,霍岱珊的心中不安起来:这哪是淮河的水?淮河水应该是清澈的,以前捧起来就能喝,现在河水黑得像酱油,这样发展下去,岂不会带来灾难?!

事实上,20 世纪 90 年代的淮河已成了一条死亡之河,许多河段的鱼虾开始绝迹,岸边的禾木正在凋敝,两岸人民的生命健康也受到了严重威胁。

1994 年 7 月 20 日凌晨 3 时,从淮河上游经蚌埠闸下泄的两亿立方米污水,经过 8 昼夜的长途奔袭,以一百多公里长的污染带,悄无声息地直逼江苏盱眙。由于旷日持久的干旱,这一中国河流史上从未见过的如此猛烈的污染带,在占领低水位的盱眙河道之后,便滞留不去。

7 月 28 日黎明,还是干旱,太阳一出来便喷射炽热,知了鸣叫不绝。如果说盱眙人已经为高温折磨得心烦意乱的话,这个黎明眼见的一切,却顿时将他们刺激到了不顾炎热、奔走相告、欲哭无泪的程度——淮河突然变成了酱油色,死鱼漂着,簇拥在黑色、褐色、黄色的泡沫中。没有风,淮河上的腥臭却依然广播城乡。

有人看得真切:那些死鱼的眼睛都是厄运突然的惊恐,大瞪着哀怨。

盱眙人维系生命的唯一饮用水源,不用任何检测,肉眼便可看到,它已经成了一河毒鸩。

没有水怎么办?

人们拼命地找水,哪怕是一口老井、废井,也有上千人拥挤在那里。人们对水的渴望不断地蔓延,甚至有些丧失理智,为抢水而战!

1994 年 8 月 13 日,《人民日报》以《污水大于天灾》为题,首次披露淮河污染事件。中国党报这样的报道实属罕见!图文并茂的报道,不仅使中国也让世界得悉了盱眙淮河变黑的消息。

《淮河的警告》曾这样陈述:"这是中国第一次公开披露淮河的特大污染事件。"

国务委员宋健痛心地说:"如果再不重视淮河污染,什么星火计划、丰收计划、菜篮子工程,都将化为泡影。宋代诗人苏东坡曾说'唯江上之清风,山间之明月,取之不尽,用之不竭,是造物者无尽藏也。'现在,淮河流域的人民连这样一点点大自然给的权利都被剥夺了,连江上的清风和不受污染的清水都没有了!"

他大声疾呼"再不决定治理污染,就是愧对淮河流域一亿五千万人民,对不起我们的子孙后代,就无法向历史交代!"

这样,淮河治污也就从"救急"开始了。

也就是 1994 年的 7 月,霍岱珊将镜头对准了沙颍河。面对一层层的翻白肚的死鱼,他感到触目惊心,坐立不安。

从此,他岂止是将镜头对准沙颍河,他是将镜头对准了污染的整个淮河!

霍岱珊的选择,是淮河——母亲河的强烈呼唤!也是他人生的又一次重大挑战!

他扼腕叹息,更踌躇满志。

痛苦的抉择

树有根,情有缘。

人生对于事业的选择,也是如此。

霍岱珊走上民间环保之路纯属偶然。

1994 年,淮河特大污染之后,淮河治污“救急”行动开始。由国务院牵头,开展对淮河流域水体污染大规模治理。随后,《淮河流域水污染防治暂行条例》颁布。

然而,中央是中央的决策,地方有地方的对策。

1997 年底,淮河沿岸各地纷纷宣布污染治理达标。

令人气愤的是,霍岱珊在实地考察中发现,污染的威胁并未缓解。霍岱珊眼中的淮河依然是黑水、死鱼和臭气。

霍岱珊亲眼见证,淮河污染多年,给流域造成无数的生态灾难。在这些灾难中,沙颍河无疑最具代表性。

沙颍河是淮河水系中位居第一的大河,占淮河来水量的 60% 以上,其源头在河南省西部的石人山。

这里地处伏牛山腹地,石峰林立,峰峦交错,沟谷幽深,泉溪瀑布,组成沙颍河源头如诗如画的壮丽诗篇。

然而,由于污染,在沙颍河流经的沈丘县,生命的欢歌与律动竟然戛然而止。

“我们不愿做被污水熏死的小鱼!”

这是在治理淮河水污染万人签名中,沈丘县槐店镇中学生愤然写下的话。

在槐店镇,霍岱珊随便问一个孩子:水是什么颜色?

他们都回答:黑色!

沙颍河水污染多年,这些孩子从出世起,就没有见过清澈的河流是什么样,也不知道清新的空气是什么味,他们是在水污染的环境中度过童年的。

当地曾经流传着关于沙颍河槐店大闸的一首民谣:

群众来赶槐店集,
走到大闸捂着鼻;
大车加油赶快跑,
小车慌忙把窗摇。

位于槐店镇的槐店大闸,是沙颍河上一个著名的闸坝。1958 年,沈丘县响应“一定要把淮河治好”的号召,在槐店镇投资 5000 万元,修起了 18 孔的槐店大闸。

走在槐店大闸上,放眼眺望,两岸茂密的杨柳,蓊郁青翠,沙颍河静静地流淌,就像一条青白色的玉带,从西北飘来,又向东南飘去,恬静而温柔,看着它,让人心气平和,灵感涌动,又让人产生无限的依恋之情。

然而,自 1986 年起,这个蓄水量达 1 亿立方米的大闸,却变成了一个拦污截垢的屏障。

由于上游化工、皮革、造纸厂的无序和不达标排放,大闸拦截的水成了"祸水",大量的氨氮、氰、汞、铬、砷、酚等"五毒物质",在此发酵、蒸发、浓缩,转化成强致癌物质和剧毒气体,它们像"岩浆一样在地底运行",其色之黑、味之臭,令人骇然。

事实上,由于上游大量有毒有害的污水直接汇流至河中,在进入淮河之前,沙颍河已经"死亡"。

沈丘县,是沙颍河由豫入皖的最后一站。也正是因为处在这个特殊的地理位置,沈丘成了灾难深重的"污水缸"。

关于沙颍河污染的众多耸人听闻的故事中,霍岱珊亲历过的最著名事件,当属 1995 年发生的几件:

1995 年 6 月,槐店大闸放水,大闸及附近上空的空气立刻颤抖起来。翻腾的河水,释放出的硫化氢气体,使紧靠大闸的沈丘县灯泡厂 17 名职工立刻栽倒,中毒住院;无数路过大闸的行人,立即被气体熏得两眼直流泪,咽喉灼痛,刹那间跑得一干二净;大群麻雀飞过大闸,立即像中枪似的雨点般落下……

大闸旁,有一座公园养着十多只猕猴。1995 年 7 月,大闸再度放水泄洪,公园内的猴子,突然全部失明。遭此厄运的猕猴,从此凭嗅觉进食,成了沙颍河的又一批殉葬者。

"这水太毒了!"公园的人回忆说,"开闸那天,光听猴子哭,猴子的两只爪子乱扒眼睛。发觉眼瞎后,十多只猴子就日夜不停地号叫,那声音比人哭惨多了。开闸的 4 个工人当场昏倒,河边大树几天里全被熏死,一百多名路人当场被熏倒住院……"

1998 年,全国唯一一枚被河水熏黑的政府标徽,高悬在沈丘县政府的门楣上,其直接原因就是离沙颍河太近,只有一百米。

……

对谎报淮河治污达标的内幕，知情人很多，但大多止于私下议论。当时，霍岱珊是《周口日报》的一名摄影记者，已是44岁的年龄。按照中国人传统的划分，人到中年，该安身立命了。

然而，作为一个曾经的热血军人，作为一名正直的新闻记者，霍岱珊做不到。霍岱珊要揭露真相，要向政府说真话，为百姓讨公道。当然，他更深知，揭露真相需要铁证！

而让霍岱珊直接辞职的，是这样两大因素。

首先是，他母亲的突然撒手人寰，在他心中留下了永久的遗憾与伤痛。

少年时代的霍岱珊，非常喜欢乒乓球运动。可让他没想到的是，一次意外的受伤，竟然导致了他两条腿瘫痪，不能直接走路。为了能让霍岱珊重新站起来，母亲带着他四处求医。由于患病严重，治疗时间长达好多年，其艰辛程度可想而知。渐渐地，他在母亲背驮着的梦想中长大了。

日复一日，年复一年，母亲终于发现背不动他了。霍岱珊记得，有一次，母亲背着他去求医，在走到一片松软地上时，母亲气喘吁吁地停了下来。这一停，母亲发现，霍岱珊的两条腿拖在地上，竟然划出了两道深深的印痕。

母亲喘着气对霍岱珊说："儿啊，妈背不动你了。我老了之后怎么办？"

"妈，你不用担心。你老了，我来背你！"望着母亲慈祥的面容，霍岱珊说得坚定而有力。

苍天有眼。母亲的心血没有白费，千辛万苦的奔波带来了好运，霍岱珊终于不再瘫痪了，可以独立行走了。长大后，霍岱珊竟然成了一名解放军战士。

令霍岱珊痛心疾首的是，母亲后来竟然患了癌症，而此时的霍岱珊却在部队服役，连母亲临终升天时，他也未能尽孝一天。母亲临终时，全家人逐个到她面前，她一一摇头。后来，母亲望着霍岱珊会回来的那个方向，离开了这个世界——母亲有话要对他说,而他却在部队回不来!

要知道,他母亲去世时才46岁!

也许是冥冥之中的感应,因为霍岱珊未能回家陪同母亲,母亲死后竟然未合眼。这多么伤感!

如今,霍岱珊虽已是花甲之年,但每当有人提起母亲,他总觉得自己内心愧疚。

霍岱珊眼噙泪花对我说:“每个人都有不能提及的伤痛!未能对母亲尽孝,就是我的伤痛!”

当他给患癌症的张桂芝拍照片时,面对这个与他母亲患癌症时同龄的农村妇女,手里拿着矿泉水却喝不下,再想象当年他母亲患病的情景,霍岱珊的内心是多么痛楚啊!

霍岱珊深情地说:“我没有背母亲尽孝,但我背上了母亲河;我没法对母亲尽孝,但我要以为母亲尽孝的心情,为母亲河沿岸的父老乡亲们尽孝。”

还有,他一个少年伙伴的突然病故,让他一直心中惴惴不安。

他就是时任沈丘县槐店镇镇长的倪安民。就是这个倪安民,为人刚直,曾在乡镇长会议上拍案而起,拒绝执行市里规定的统一口径,痛斥弄虚作假。由于同样关注水污染问题,霍岱珊与倪安民经常沟通交流。

有一次,霍岱珊去槐店镇采访,刚好碰到村民们带着被污染的淮河水上访,而接待上访的恰恰是倪安民。

倪安民对村民们说,他知道这事,正在向上级反映。但上访的村民们情绪激动,他们把一罐子黑乎乎的污水端到倪安民眼前,非要他亲口尝一尝。

性格直爽的倪安民当仁不让,端起罐子,就把污水“咕嘟咕嘟”喝了下去,让在一旁的霍岱珊和上访村民们看得目瞪口呆。

不巧的是,后来倪安民患上了食道癌。

倪安民是身高一米八几、声若洪钟的中原汉子,最后瘦到皮包骨头。

倪安民的前任镇长李传志也是患食道癌去世的。李传志也是一米八以上的大个头,膀大腰圆,去世时也只有四十多岁,正值年富力强的人生时光。

1998 年,弥留之际的倪安民,拉着霍岱珊的手说:“岱珊啊,你是咱们本乡本土的记者,你要为父老乡亲们说话呀,你有这个能力,你不说这句话,谁替我们说话?还有谁替咱淮河的百姓说话?!”

倪安民是霍岱珊儿时的好友,又是热心环保的血性男儿。面对即将撒手人寰的倪安民,霍岱珊安慰他:“安民哥,你就放心地去吧,我会的!”说这句话时,伤心的泪水在他的眼眶直打转。

倪安民是回族,举行的是穆斯林葬礼,但安葬时,霍岱珊参加了。葬礼现场,霍岱珊泪水滂沱,泣不成声。

看到被癌症一个个地夺去生命的亲人朋友,霍岱珊感慨万千,彻夜难眠,噩梦一个接着一个闹腾着他。

直到他决定辞职去拯救淮河时,夜里才不做噩梦。

霍岱珊在心中暗暗发誓:一定要把淮河水污染引起癌症高发的真相调查清楚!

1998 年的 3 月,霍岱珊终于离开了《周口日报》,决定沿淮河拍摄、调查,当一名环保志愿者。

阳春 3 月。万物复苏。

霍岱珊的“淮河流域生态环保摄影考察”行动开始了。

那天上午,沈丘县的人大、政协、统战部、文联、工会、妇联、共青团等部门联手,共同为霍岱珊开了一个欢送会,并对他提出一个要求:一定要完成使命,给全县百万人民一个满意的答卷!

淮河,是中原大地一条美丽而平阔的大河,从源头到入海不过两百米的落差,但她却有着饱经风霜却坚忍不屈的性格。霍岱珊虽没有高大魁梧的身材,却有着如同淮河母亲一样的执着刚毅性格!

面对众多期待的目光,霍岱珊当场发誓:“淮水不清,不过江东!”

从此,淮河边上有一双环保眼睛,紧盯着淮河源头到下游洪泽湖 800 公里长的淮河沿岸,时刻关注着沿河水环境的各种变化。

人们因此亲切地称霍岱珊为“淮河卫士”!

用镜头揭开真相

自然环境,曾被人类当成外在于人的自在之物。

在我们的先人看来,山川河流充满神秘,往往被赋予神圣性,而成为神明寄居之所,被人类敬畏,被人类顶礼膜拜。

淮河,是我国自然地理南北分界线的母亲河。有一个美丽的传说:三千年前的同一片夜空下,一轮蛮荒的月亮在天空中发出银白色亮光,一条大河在芦苇与野草中静静地流淌,一种叫“淮”的短尾鸟,一群群地栖息在河边,停止了白日的聒噪;偶尔有野兽的叫声,那是从山上如盖的森林中发出来的,弱肉强食的自然规则,使山、水、鸟、兽处于一种自然状态下的平衡与平静。

这个富于哲理而美妙的传说,勾画了大自然的奥秘神奇。

然而,自从进入现代社会之后,大自然仿佛被剥去了神奇的魅力。淮河的生态平衡被打破了,淮河流淌着的不再是乳汁,而是流淌着泪,流淌着血,流淌着毒汁。

作为一名曾经的军人,曾经的新闻记者,霍岱珊的行动,源于激情,源于觉醒,源于理想,更源于责任!

最初,霍岱珊的目标,仅仅是想把淮河水污染的真相大白于天下。他以为,少则一年,多则两年,把淮河从头到尾走上一遍,就可以完成自己的使命了。没想到,他这一走,就再没有停下来。

辞职后,霍岱珊不再只是把眼光盯在家乡的沙颍河上,而是让镜头聚焦在了整个淮河流域。

淮河,与长江、黄河一样,都是中华民族的母亲河。相传,伏羲氏和女娲的氏族部落就活动于这流域上游的颍河岸边和今天的河南省淮阳一带。三王之首的夏禹不仅娶了淮河岸边的涂山氏为妻,还为疏导淮水,“三过家门而不入”,终使这一片天地变得风调雨顺，人丁兴旺。

我国历史上第一个奴隶制国家夏王朝就建都于此。而夏、商王朝的兴起，创造了灿烂辉煌的东方文明。

春秋战国时期，列国列强常以淮河相毗邻。之后，大凡历史上出现南北分治，也多以淮水为界。

数千年来，淮河如温柔善良的慈母，哺育着两岸的人民。在渊源复杂的河流史中，淮河享有自己独特的位置。由于她地处中原，支流纵横，湖泊星罗棋布，形成了广阔的淮河流域。这里气候宜人，物产丰富，风光如画。

古往今来，在这块土地上，淮河儿女用自己勤劳智慧的双手，创造了灿烂的文化。这里是华夏民族的发源地之一，至今仍可以见到众多辉煌的历史珍迹。

纵横数千里的考察调查，淮河始终抒情多变，忽而似泉水淙淙，忽而如白云缈缈，忽而像仙乐悠扬，忽而若莺语呢喃，充满了诗情画意。霍岱珊深深地感受到淮河的独特魅力。

不是吗？中国历史上许多大事都发生在淮河流域。

数千年岁月，风云变幻，大河两岸，战事纷纭：陈胜吴广起义、楚汉之争、淝水之战、彭城交兵、大明王朝崛起……无不刀光剑影，漫卷狼烟风云。

自古淮上出英豪。从封建帝王到哲学、文学、医学等领域，许多闪光的名字，像耀眼的星辰，闪烁在历史的天空。

伟大的思想家孔子、老子、庄子等先哲喝的是淮河水，杰出的政治家管仲和诸葛亮，神医华佗，民族英雄关天培，巾帼英雄梁红玉，书圣王羲之和颜真卿，文学家施耐庵和吴承恩……都是淮上儿女；更有刘邦、朱元璋、曹操等等，凭借淮上，驰骋中原，夺取江山。

至于虽非淮河之子却在此留下人文遗迹的，如欧阳修、辛弃疾等名人，更是灿若星辰。

"走千走万，不如淮河两岸。"这里有数不尽的历史人物，数不尽的历史古城和遗存。

古往今来，吟咏淮河的篇章，灿若星辰。其中，有神话传说，有童话世界,有历史掌故,有民间故事,有名人轶事,有古迹名胜,有过去时代,也有现实社会……真是令人目不暇接,引发人们种种的遐思。

淮河有过自己的光辉历史,也有过心痛的灾害,更有过淮河人民的苦难。

淮河又是一条极不幸的河流。它的遭际在中国,乃至在全世界,都是罕见的。

强悍的黄河,击碎了淮河美丽的歌谣;丰饶富足,成了遥远的历史童话。淮河两岸民不聊生:大雨大灾,小雨小灾,无雨旱灾,有雨无雨都成灾。

淮河成为举世闻名的害河。

淮上的历史风云变幻,常常反映了中国历史的真实面貌;淮河的变化,当然也反映了我国的历史进程。

作为环保志愿者的霍岱珊,在没有任何外界资金援助的情况下,分别从沙河源头石人山和颍河源头少室山往下游走。从草木葱茏、清水长流的"人间仙境",走到自己河水臭气熏天的家乡,再走到安徽、江苏,霍岱珊一路走来,感触良多。

站在高山之巅,依于淮水之畔,作为淮河之子,霍岱珊感受更多的是一种责任!是一种急迫的使命!

自淮河源头、支流到尽头共4000多公里,霍岱珊自费拍摄了15000多幅照片,真切翔实地记录了淮河流域水质和水污染情况。

霍岱珊的目的只有一个:就是借照片揭露污染真相,保卫家园!

考察调查,无疑是非常艰苦的。为了省钱,霍岱珊给自己定的每日生活标准极低,白天只吃几元钱的东西,早餐2元,晚餐3元,午餐吃自带的方便面,喝自己用大瓶"可乐"瓶子装的白开水,饥一顿饱一顿是常事儿。

晚上,每到一处,霍岱珊都会住当地最便宜的小旅馆,或者就在相对安全的地方搭帐篷住宿。身上太脏了,他找个土井或池塘洗澡、洗衣服。生病了,他从不买药,总是靠意志硬扛过去。

最不堪忍受的是,有些河段散发出浓烈的硫化氢气体,熏得他眼肿喉咙疼,这个时候他不是迅速离开,而是坚持从不同的角度拍摄水污染,以自己能够忍受的时间来判定水污染的强度,他这种“以身试毒”的方法,后来被人戏称为“土法炼钢”。有一次,霍岱珊在考察安徽的一段河流时,竟然引发上呼吸道感染,不仅发烧,嗓子还说不出话来,只好靠晚上烧开水喝,减轻病痛。霍岱珊就是以这样的艰辛,应对每天超负荷的考察工作。

他告诉我:“出发前,我就做好了吃苦的准备。可是,我的行动不被人理解,甚至受到冷嘲热讽,那是让我最难过的。”

尽管生活非常艰苦,但霍岱珊坚信,他的行动很值得。他希望能够用自己的行动,揭露淮河治污的真相,唤起更多人呵护母亲河。

淮河的环境究竟恶化到了何种程度?难道淮河治污还有不为人晓的内情?!

掩盖淮河治理污染真相,是淮河污染恶化的一大肿瘤!

因为霍岱珊的家乡沈丘,就是淮河污染的重灾区。

你们得利,
俺们得病;
你们升迁,
俺们升天。

这是流传在沈丘县民间的一则顺口溜。

水环境污染是可怕的,更是可恶的!

早在20世纪50年代初,在日本九州岛南部熊本的一个叫水俣镇的地方,出现了一些病人。他们口齿不清,面部僵硬,手脚发抖,精神失常……这些病人经久治不愈,就会全身弯曲,悲惨死去。这个镇有4万居民,几年中先后有1万人不同程度地患有此种病状,其后附近其他地方的居民也发现此类症状。

1956年8月,日本熊本国立大学医学院研究报告证实,数年调查研究表明:这是由于居民长期食用了八代海水俣(yǔ)湾中含有汞的海产品所致!

“水俣病是由于含汞的剧毒流入河流，并进入食用水塘形成了一种有机汞化合物，但是由于人们对这种化学物质的了解非常少，因此大家不知道它是对身体有害的。由于熊本县水俣地区河流中的鱼虾吃了受污染的水生物。人狗鸡等生物又吃了生活在这些水域当中的鱼虾，所以就导致了疾病的传染，几乎所有的人都被感染，这在当时来讲是非常恐怖的一件事情。”

水俣病，反映了毒素通过食物链传递和放大的结果。事实上，化学物质一旦进入到食物链中，对人体的影响是很难避免的。

淮河水污染的真相在哪里？为什么水俣病会在淮河流域重现？

令人看不懂的事情还在后面。

人们查阅、分析淮河的监测数据发现，自2000年起淮河污染持续反弹，淮河流域污染状况回复到10年前开展大规模治污时的原点。

从淮河发源地河南桐柏县到江苏洪泽湖和淮河入海口，千里淮河两岸的居民，成天都在为饮用水发愁。

霍岱珊深知，自己必须用事实说话，必须用镜头真实记录，揭露地方搞“治污”假达标的真相。

在霍岱珊的家乡沈丘，沙颍河污染最大的受害者，是槐店大闸旁隶属于槐后镇的几个村庄。

在槐店大闸前，人们时常看到，层层白沫从上游翻滚而至，河水几乎变成了黑色，空气中弥漫着一股恶臭。

岸边村民们说，这一段河流本身已经没有什么鱼了。水的污染程度，不仅已经活不了鱼，即便是人的皮肤在水里稍微泡久一点，都会瘙痒溃烂。

王子松是周口市沈丘县东孙楼村的村民。他所在的这个村，就坐落在淮河的支流沙颍河畔，有280户人家，1500人。其中，40多人患了食道癌。

王子松家的井水，黑乎乎的。如果在天旱的时候，水位低，浓度大，更黑。王子松家里已经死了两个人。爱人在37岁时就得了食道癌,因没钱治,上吊自杀;父亲也死于此病。近两年,母亲也不知得了什么病,极度厌恶井水。用家里的井水做饭,她不吃。用深井水做饭,她能吃一点。让她喝一口矿泉水,她连连说:"这个好,这个好。"

王子清66岁的大哥王子忠,因食道癌去世了,他弟弟王子灵也是因食道癌而去世。王子清家隔壁有一条街,从南到北,20多户人家,一户都不落,家家都有食道癌患者。

这个村里,人们不管年老而死,还是早年夭折,往往与癌症病有关。

村民们说,这一切都是因为沙河被污染了。

以前,无论在东孙楼村的什么方位,只要往下扎个孔,就有水。一上午就能打一眼井。自然,都是四五米的浅水井。

如果在20年前,这是引以为荣的事情。那时候,沈丘县的水利工程在全国都享有盛名,干渠、支渠、毛渠,渠渠相通,覆盖全县几乎每个村庄。许多村子实现了自流灌溉。只要一关沙河闸,水就溢入村子。

而现在,在这个村里,衡量一个人有没有本事,就看他家的井有多深——井越深,水越少污染。但是,这里最深的井也只有35米,用水壶烧水,不几天,水壶里就会长起一寸厚的水垢。

1999年,一个叫王参军的年轻人,回到东孙楼村当了村支书。村民们对他说:"你这一辈子,就干成一件事:打一眼深井。那子子孙孙就会永远记住你。"

还有就是沈丘县的黄孟营村。

这个村庄的特殊之处在于,沙颍河的一、二、三级干渠在此交汇。很久以前,村民们曾引以为自豪的水利,现在却成了水患,实际上该村已"坐落"在一个污水缸中。自从沙颍河的污水流入了黄孟营,干渠和坑塘里的水越来越黑,水里的鱼虾逐渐绝迹,而村里的癌症病人和死亡人数却一年比一年多。

年长的村里人都知道,十几年前的黄孟营村,曾是碧水荡漾,鱼虾成群,称得上是江北"水粮之乡"。每到下午5点钟以后,村里坑塘里洗澡的人很多,就像一个大游泳池。但是1990

年以后，坑塘里洗澡的人就没有了，因为洗完澡后，浑身起红疙瘩，痒得难受。

王林生是黄孟营村的党支部书记。他家近几年打了四次井。第一次是6米，水是黑的。第二次是15米，水是涩的。第三次25米，水垢特别多。第四次44米。但这44米深的井水，经周口市防疫站化验，碘、氟含量很高，长期饮用，就会得大骨节病，牙齿也要变黑。

事实上，周口市防疫站对这个村上百户人家的水进行了化验，只告知了王林生家的化验结果，其他100多户的都没有公布。这其中包括该村所有有肿瘤患者的人家。

霍岱珊刚到一个村庄拍摄饮水情况时，看到当地村民吃的是轧井水，是从8米左右、10米左右的地下轧上来的。拍摄的时候，有很多村民围观，看热闹。

霍岱珊问他们，水污染这么严重，你们离河又这么近，怎么受得了？

让他没想到的是，这时有几个中年妇女一句话没说，就开始哭起来，然后转身走了，擦着眼泪，一路小跑。

霍岱珊不知道怎么回事，以为是自己说错了话，得罪人了。

陪同他的人说："你不了解情况，她们的亲人，有些是她们的丈夫，都是因为饮水问题得癌症去世的。"

沈丘县孙营村是一个有大约2000口人的村庄。从20世纪90年代初开始，这里陆续出现得癌症患者。

村民吴月荣指着一处长草的荒地对霍岱珊说："这里以前是堂屋，结果爹死了娘也死了，堂屋扒了，剩下一个孩子，20岁时也死了，才死不到一年。这一家人，不到三年死了三个。"其住宅被村民称为"凶宅"。

霍岱珊走进黄孟营村，就像是走进了肿瘤医院病房似的。村里几乎家家都有一部肿瘤史。

孔贺芹，30岁。19岁从4公里外的孔营村嫁到这个村。26岁就得了直肠癌，做了4次手术，化疗12次，花了7万元，家徒四壁。2004年3月，她又发现肚子里有硬块。

57 岁的村民肖俊海 4 年前得过胃癌，贷款做了手术，可是半年前肿瘤又转移到了肠道，家里人一直瞒着他。他的女儿肖莉一直在浙江打工，得知父亲病重的消息后，马上赶回家中照料父亲。肖莉哭着对霍岱珊说："见了我爸，哎呀，我老爸怎么瘦得这么狠呀，我感觉我爸就是一张皮了，都是骨头。看着我想哭，就是不敢哭。"

75 岁的孙峰军，2004 年 2 月得病以前，身体好好的。现在，不就水咽不下饭。他有三个儿子一个女儿，都是自顾不暇。

……

一声声绝望的诉说，像刀子一样慢慢地割着他的心。

还有，患癌症者不分对象，不问年龄，什么癌症都有，什么患者都有，且奇形怪状。

有的原本是健康壮实的农家汉子，得了癌症后，体重只剩下七十斤，瘦得皮包骨头，胸前的肋骨条条可见；

有的村民得了癌症病之后，虽然神志清醒，却说不出话来；

有的人家男人得的是肺癌，女人得的是胃癌；

有的患癌症的是成年人；

还有的竟然是刚出生不久的一两岁孩子；

……

人们公开谈论癌症，对患者本人亦不忌讳，就像是谈论感冒一样。村民扎堆说话，不是议论喜事、新鲜事，而是给癌症患者排序，看谁会先死……

每一次去村里调研，霍岱珊总会发现七八个或者十几个癌症患者躺在床上，那样子看上去活受罪。过几个月后，霍岱珊再去回访时，却发现这些癌症患者大多已离开人世。而此时，他又发现有几乎同样多的癌症患者躺在床上，等那最后的时刻……

快离世的人了，没有任何忌讳，有的人甚至已经穿好了送终的寿衣。

可是，他们见到霍岱珊来了，却奇迹般地坐起来与霍岱珊说话，把他当成"上边派来的人"。这时，癌症患者眼睛里闪动着亮光，很亮很亮，透彻心扉，让人顿生心寒。

霍岱珊明白,这是一种求生的眼光、希望的眼光。

每每如此,霍岱珊只好安慰他们,并许诺帮助他们。

……

为了完成长时间的跟踪调查,霍岱珊需要一次次地对这样的村子进行回访,那种感受是别人很难体会的。每次回家整理照片时,看到那些身患癌症的村民痛苦绝望的表情,霍岱珊都会情不自禁地流泪。

但村民们对这一切已经麻木了。更可怕的是,村民还在饮用着已经重度污染了的地下水。水打上来后,浑浊不清,人吃的水,都是提前几天打上,再在水缸里澄清。尽管这样,还是有强烈的"福尔马林"气味。

曾有人开玩笑说:常饮此水,生前固然痛苦,死后倒可不朽。

因为没钱接通自来水,村民只好尽量把井打得再深一点,离沟渠远一点。但这显然起不了太大的作用。因为病人多,村内的医务室经常爆满。有时因喝水引起的皮肤病,一天就多达三四十人。村民最头疼的是,慢性肠炎的流行,村里先后有 2000 多人患上了此症,常年吃药也治不了,拉肚子把人掩得脸色发黄,日渐消瘦。

一位村干部还开玩笑说:现在村里的计划生育工作最好做,因为不孕症很多。那一年,村里结婚和有一个小孩的育龄妇女有 150 人,其中患不孕症的就有 20 多个。更有人怀孕就流产,已被折磨得痛苦不堪。村中偶有外嫁或外出工作的人都不愿回来,即使回家勉强待上几天的,也会"水土不服"。

十多年间,该村死了 205 人,其中因癌症死 116 人。病因大多和污染水有关:食道癌、胃癌、肠癌……

何止如此?水污染还殃及下一代,村里 6 年没有一人参军,体检者都不合格。

1996 年,黄孟营村里死掉 27 人,计划生育统计时,人口出现了负增长。

在 2004 年全国人大领导进行环保执法检查时,河南省周口市提供的河流出境 COD 含量为每升 33 毫克,基本达标。

而该市水质自动检测站站长王余柿当场指出："应该是58.1毫克还多。"

面对外界的质疑，王站长说："你们不是问：'同是一条淮河水，为啥数据不一样？'我告诉你，是对数据'处理'得不一样！仪器是死的，咋能不一样？"

在黄孟营村，霍岱珊听到最"刺耳"的一件事是有一家人因为患上各种癌症，已经成了"绝户"。这户村民户主叫王自才，46岁，两年内死了4口人。

霍岱珊以这个村庄为题材，拍摄了《污染造成肿瘤村》的照片。

霍岱珊拍摄的照片是真是假？

为求证他照片内容的真伪，时任河南省副省长的张宏华曾轻车简从，深入霍岱珊照片中的那所学校和邻近的村庄视察。临走时，张宏华副省长表示，回去就让省里拨钱，为村里打一眼深水井。张宏华副省长的当场表态，使霍岱珊看到了希望。张宏华副省长果真言而有信，全村村民对此感激涕零。

然而，在大多数时候，霍岱珊遇到的却不是信任，而是白眼，甚至是冷嘲热讽。

一些地方官员拼命在维护谎言，根本不愿面对残酷的现实。

有一次，霍岱珊到某环保局污控处，向他们反映沙颍河水遭到污染的情况。想不到，那位处长竟然怒不可遏，从椅子上一跃而起，横眉竖眼，那样子简直就要把霍岱珊一口吞下才好。他指着霍岱珊的鼻子说："你说什么叫清？什么叫黑？难道非得像你们喝的矿泉水那样才算清？才算达标？"

说着，那位处长竟然撕下面具，不顾尊严，以要开会为由，把霍岱珊强行推出了门外。

看着紧闭的大门，想想刚才那位处长颐指气使的粗暴情形，走出政府大院的霍岱珊心情十分悲凉。这哪是一个政府官员的所作所为？要知道，是百姓的血汗养活了你们，现在污染给百姓造成了这样大的危害，没有想到一个环保部门的处长会是这样的态度。想到此，霍岱珊异常愤怒，也更坚定了他揭露淮河污染真相的决心，他不相信，在偌大的共和国土地上就没有为百姓讲话的地方！

还有一次，当地一位宣传部长找霍岱珊进行“专题”谈话。

宣传部长居高临下地质问他：“你凭什么说污染造成癌症村，你说×××村癌症患者死亡116名，弄不好你要负政治责任，负法律责任。都像你说的那个样，我们招商引资怎么搞？哼！”

“我说的是事实，我们应当正视问题，才能解决问题。”霍岱珊针锋相对地回答他。霍岱珊真的不明白，难道招商引资就不顾人民死活了？难道发展就是让一些人升官发财而让一些人提前死亡？

说话间，他们派出的卫生局调查人员来了，并当着霍岱珊的面向那位部长汇报说：“我们冒着盛夏酷暑调查了×××村所属的两个自然村，死于食道癌、胃癌、肝癌、肠癌、贲门癌、肺癌、脑癌的癌症患者合计87人。还有一个自然村没有调查。”

霍岱珊马上接过话茬：“你调查两个自然村已经是死亡87人了，再加上那个自然村，不正好是100多人吗？”

那位宣传部长竟然哑口无言。

可在场的官员气急败坏地指责霍岱珊说：“你不是医学专家，你没有资格调查！”

后来，霍岱珊就此事找了国家卫生部，卫生部领导高度重视，委托中国疾病防控中心对此进行专题调研。

这样，2005年，“淮河流域水环境与肿瘤的相关性”调查研究正式启动，时间长达5年。

那些日子，霍岱珊白天跟着村干部挨户去看，想哭而不敢哭，心情压抑至极。而回到家里，他在深夜里整理照片时，却经常捧着自己拍的照片痛哭失声。

有一次，已经入睡的爱人突然听到抽泣声，便下床循声而去。原来，丈夫霍岱珊泪流满面地对着面前的一堆照片。

爱人问他：“你这是怎么啦？深更半夜的。”

“我是看着这些照片心痛啊！”霍岱珊十分痛苦地回答

爱人。

……

淮河边这样的村庄，村支书签字认可的有五六个，但据霍岱珊自己的调查，实际数量远不止这些。

根据霍岱珊在沙颍河段岸边的调查，黄孟营、孟寨、陈口、孙营、东孙楼、解庄、孙营码头，1990 年至 2004 年，每个村因患癌症而死亡的人数多则超过百人，少的也有几十人。大多是以消化道为主的食道癌、胃癌、肠癌、肝癌等，发病呈明显集中趋势。有些村庄的一条街上，家家户户都有人患癌症，被称为“癌症一条街”。

千里大河清悠悠，淮河岸边是家乡。生在淮河边，长在淮河边，村民们怎么也没有想到，这条他们赖以生存的河水，有一天会成为夺取他们生命的魔鬼。

沈丘，是有名的国家级贫困县，百姓的生活本来就不富裕，再加上癌症的折磨，一些百姓的日子就更加艰难了。

看到霍岱珊到村里调查，一些家境贫困、治病无门的村民就给他下跪磕头，希望他能给他们希望，帮忙解决他们的困境。

他到安徽颍上的淮河边调查，造纸厂附近村庄的村民们纷纷给他下跪，恳求治理水污染。

“村民们都把我当成上面派来的，是能帮他们的‘包青天’，但很可惜，我只能同情，只能帮他们把困难反映给政府部门。”霍岱珊说。

有时候由于污染严重，污染河道的氨氮含量特别高，释放出来的硫化氢气体，毒气太大。

对于这种气体，霍岱珊当兵的时候学过，它可以使人瞬间窒息，甚至死亡。

从沈丘县出发，顺流而下，是沙颍河流经的最大一个城市阜阳。2000 年，阜阳东南角的七里沟曾发生过一幕惨剧。当时水污染严重，但是村里人不知道，他们下河担水浇地时，先下去 6 个人，被熏倒了，后边的人去抢救，也被熏倒了，最后造成了 6 死 4 伤的事故。

在此之后,沟边专门立起了一块碑,告诫市民远离这条“毒气沟”。阜阳市政府也曾重点整治过这条河沟。

但霍岱珊来到“毒气沟”拍摄照片时,他仍然得戴上防毒面具,才能将污染的真实场景拍摄下来。

霍岱珊行到沈丘县赵古台村时,向几个村民询问水污染的情况。有两个村民听了之后,立即以袖掩面,抽泣起来。原来,他们的亲人刚刚因癌症去世了。

村民们要吃干净水,情况却反映不上去。打一眼深井,需要几十万元,自己却没有能力救助,而村民们还在一个个地倒下……

这样的心理折磨,几乎要把霍岱珊逼到崩溃的边缘。他的耳鼓里经常充斥着淮河岸边村民们一阵阵的呐喊声:

“还我淮河清!”

“还我丰足田!”

“还我健康体!”

“还我生命权!”

……

那些日子,霍岱珊走也想,坐也思,夜不能寐,忧心忡忡。

究竟应该怎么办?

经过反复思考,霍岱珊给自己拯救母亲河定了三大任务:

一是,对淮河水污染及其排污口进行长期跟踪调查监督;

二是,对沿淮村民实施清洁饮水救助;

三是,对患病者实施医疗卫生救助。

在留日华人学者金胜哲的指导下,霍岱珊试验成功了“生物净水装置”。

从 2005 年开始,为给淮河沿岸受污染村庄安装这种净水装置,霍岱珊四处奔走,最终在 2008 年为洼子村安装了两组设备,使 500 多名村民受益。

他采用的“生物净水装置”,有别于传统的打深水井,而是用“生物膜”技术,把表层地下水进行净化、活化、软化处理,水质达到国家最新的饮用水标准。这种装置的费用,只相当于打深水井的1/3,既节约资金,又节约资源。

费用是东拼西凑的,有霍岱珊拍照片的稿费,还有一些环保志愿者的捐助。因为缺资金,这个“工程”进展缓慢。之前,他还利用自己在环保界的影响,争取到企业赞助,为黄孟营村和东孙楼村的村民家中安装了滤水器。

早几年,对霍岱珊自己掏钱干环保的事,周围人没一个相信的。

下乡调查时,老乡看他扛着三脚架,问他是不是去钓鱼。当得知他是为调查水时,都说:“你这工作可以啊！走走转转就能拿钱。”然后,就打听起他的收入来。

人们说什么也不相信:这年头还有这种傻人!

……

拯救母亲河,需要激情,需要爱心,需要社会责任,更需要告知公众真相!

从2003年开始,霍岱珊精选自己拍摄的淮河生态照片120多幅,制作成105块展板,以“淮河家园的呼唤”为主题,先后在北京、河南、安徽、江苏、湖北等知名高校展出,在沿淮的城市展出,展出次数多达上百次。同时,霍岱珊还举办拯救淮河演讲等活动,参与受众超过100万人次。

霍岱珊的镜头真实可信吗?霍岱珊揭露淮河治污造假的演讲是真的吗?淮河十年治污的真相究竟如何?

从1994年开始,国家就先后投入数百亿元进行淮河污染治理。

1995年,国务院制订了我国第一个流域污染治理规划:《淮河流域水污染防治“九五”规划》,要求256座城市建立污水处理体系。

随后,接踵而来的特别措施是:

1997年的“零点行动”:所有工业企业限时“达标排放”;

2000年的“淮河水体变清”行动:根治淮河污染。

治污的旋风,以摧枯拉朽之势,在淮河流域浩浩荡荡地开展。

然而，十年过去了，淮河的环境治理状况如何？淮河的水质状况明显改善没有？

2004 年 7 月，一场突如其来的大雨，让淮河污染现出原形。

7 月 20 日至 27 日，淮河上游的沙颍河、涡河等支流相继开闸放水，滔滔黑水，浊浪翻滚，臭气冲天，淮河突然爆发有史以来最大的污染团，如同巨大的黑蘑菇，从上游奔腾而下，横扫千里淮河，充斥河面的黑色污染水团全长 155 公里，总量超过 5 亿吨。

一路浩浩荡荡，杀奔洪泽湖，顺者昌，逆者亡，满河黑暗，伏尸（鱼虾蟹）千里。环保专家和蚌埠群众描述了当时的灾难性情景，特大污染团通过蚌埠大闸时：

> 先锋是鱼鳖，蟹虾是殿卫，无数水族抢着潮头夺命狂奔，无数鱼类跳到岸上逃生，无数龟鳖爬上堤岸乞命。污水的峰头浅黑带亮，阴沉中透出杀机；中腰是稠脓一样的黄绿色，表层水藻欣欣向荣；最后是酱鸭色的“大部队”，满河道浩浩荡荡走了近两天，污团所及处，肃杀一片。

8 月 3 日，污水过后一个星期，在洪泽湖大堤上远眺，昔日绿意盎然的洪泽湖岸边，如今却枯黄一片。

守着洪泽湖没水吃的讽刺画面又在这里上演，渔民们此前一直用洪泽湖的水洗澡，用洪泽湖的水烧茶做饭，但现在不得不吃 5 元钱一桶的廉价纯净水。

……

治淮十年，耗资 600 亿，声势浩大，震惊中外。

然而，功过未明之际，淮河却以最大的污染团回应世人，创下了淮河污染“历史之最”，也创下了“治污十年之痒”的空前尴尬。

尽管淮委会和国家环保总局都解释：十年淮河治污只花费 193 亿元资金，但淮河严重污染未能根治的事实，却容不得国人半点宽恕！

现实的淮河，就是周期的水患，就是不愈的背痈，每年汛期总是“脓血齐下”。

血，是洪水！脓，是污染！

一场暴雨，使污染迅速积累，仿佛向人们集中展示：淮河治污，十年不成！

这究竟是为什么？

霍岱珊的镜头不就是其中最好的说明？！

真卫士，是击不垮的

严峻的事实一再警告人类，在环境问题上，物我存亡，巢覆卵碎，不能彻悟，必遭惩罚！

然而，仅有警告是难以让人“悬崖勒马”的，人类向有“不见棺材不落泪”的劣根性。

久而久之，无休止的物质追求，让人们失去了理智，从骨子里忘记了地球母亲的恩惠。

淮河是华夏神州的母亲河。她虽没有长江的气势磅礴，也没有黄河的波涛汹涌，但她却养育了沿岸一亿五千万的中华儿女。淮河不仅如诗如画，而且还孕育了两位千古流芳的世界级文化名人：孔子与老子。

霍岱珊对淮河的爱是铭刻在骨子里的。

1999 年，国家有关部门宣布，淮河治污已取得初步成效。

而这一年的冬天，位于沈丘县的沙颍河槐店大闸放水时，却臭气熏天。

在离沙颍河不足百米的一所中学里，霍岱珊发现，孩子们为抵御臭气，只好戴着口罩上课，有的竟然还戴上了墨镜。

霍岱珊因此按下了相机的快门。

因为这幅《花朵抗拒污染》的照片，2000 年“世界环境日”，中央电视台做专题节目跟进，特意邀请霍岱珊和照片中的小姑娘乔佩冉走进直播室。起初，霍岱珊并不愿意自己直接露面，但为了将淮河污染仍很严重的事实，进一步向公众披露，最终他还是走进了直播室。这一下，引发了社会各界的广泛关注。

媒体的报道,让霍岱珊在当地出了名。他也因此成了一些人的眼中钉、肉中刺,成为当地官员和企业主不欢迎的人,成了挺麻烦的讨厌人。

做完节目不久的一天,霍岱珊又到淮河边调查排污口,拍摄企业偷排污水的照片。

那天,霍岱珊从早到晚,骑了上百里的路,一连拍了 8 个排污口,可说是走得太远,拍得太多。拍照时,他没有发现有人在阻拦他,等他想起来要回家时,天已经黑了。他骑着自行车,摸黑往家里赶。

此时,路上几乎没有了行人,天气阴沉沉的,天空没有星月,没有一点光亮,没有一丝的风,也听不到农家的狗吠,四周到处黑魆魆的,看不到田野,看不到住户,连路边的草木也看不见了。真奇怪,这乡村夜晚怎么这样黑乎乎的?怎么这样恐怖?霍岱珊心里嘀咕着,甚至有些心悸起来。他想,这些路自己本来是很熟悉的,为什么要担心呢?

他骑着骑着,忽然发现远方闪烁一团火苗,但火苗瞬间便消失了,那火苗像似流星又不像流星,那像什么?难道是鬼火?接着,他还隐约听到一声哀号,幽愤而凄惨。怎么这么恐怖?难道是那些癌症怨魂在显灵吗?在向他申冤吗?肯定不是!霍岱珊是无神论者,他不相信那一套,再说了他也没有做对不起他们的缺德事。那是什么呢?

就在霍岱珊胡思乱想的时候,他突然发现,他的后边跟来了一辆摩托车,而那骑摩托车的人,始终和他保持着一定的距离。他走,人家也走;他停,人家也停。难道真是"鬼"追来了吗?

霍岱珊开始警觉起来,使劲蹬车。"快!快!"他想,他要是能赶到前面村子里就安全了。谁知,突然,摩托车从后面猛超过来,往霍岱珊的车头一横,紧接着,后面蹿出了一辆小轿车,把他逼下了自行车。小轿车下来三个人,其中有个说:"就是他!"

说话间,四人一拥而上,对着霍岱珊,上来就打。

霍岱珊大声喝问:"你们干吗打人?"

那伙人说:"为什么打人你自己心里知道!告诉你,不该管的少管！”

说罢，四人拳头又雨点般地抡过来，有个家伙还用膝盖顶着霍岱珊的腹部，打得霍岱珊脑子一片空白，眼睛上也挨了一拳，什么都看不清。霍岱珊趴在地上，爬也爬不起来，相机也被砸了，再后来，他就昏厥了过去。

凶手扬长而去，而霍岱珊却躺在地上一动也不能动。

过了许久许久，霍岱珊清醒了，浑身疼痛，手一摸，脸上血迹斑斑，眼睛痛得厉害，视线模糊得很，看不清东西。

他想，自己此时不能回家，不能让家人看见自己被打的惨相。家人心疼自己事小，要是他们不再让自己做环保了，不再让他出头露面了，不让他和污染企业斗争了，那事情就大了。

之前，家人已经多次接到匿名电话，都是威胁不让霍岱珊“管闲事”的警告。他就这个样子回家，家人肯定受不了。

他告诉我，在沈丘老家，他有很多的亲戚。这样，他强忍着浑身疼痛站了起来，扶着自行车，慢慢挨到一个亲戚家。

霍岱珊在部队里当过连队的卫生员，懂得一些医术，他给自己的伤口上云南白药，用鸡蛋清涂抹。在那个亲戚家里，他偷偷养了一个星期的伤，眼睛虽然消了肿，但留有淤血斑点，就像是有红辣椒皮陷在里边似的。无奈之下，霍岱珊只好买了副墨镜戴上，这才敢回家。

在当地，一个人好好的眼睛戴上墨镜，就会被人视为不走正道的“不三不四”之流。看到霍岱珊戴着墨镜回家，他爱人感到非常奇怪。就追问他：“你好好一双眼睛，为什么要戴墨镜？”

霍岱珊撒谎说，与一位领导在一起，主动给领导开轿车门，不小心被车门给撞了。他说得煞有介事，仿佛没有任何破绽。

但后来，爱人还是知道了实情。

霍岱珊的两个儿子，是霍岱珊和爱人的杰作，不仅帅气十足，而且很有智慧。那时，他们都有很好的工作。一个在郑州从事平面设计，一个在广东东莞从事美术设计。他们原本应该有各自的人生轨迹。

可是，霍岱珊保护淮河近乎宗教般的狂热与执着，感动了两个大学毕业的儿子。父亲霍岱珊是两个儿子的偶像。因为从小就受霍岱珊的影响,两个儿子都爱好美术绘画,最终也都考上了河南大学的美术系。

特别是霍岱珊那次挨打之后,两个儿子不再袖手旁观了。先是大儿子霍敏浩从郑州回到家里,发誓要为父亲的保卫淮河事业尽力。

之后,小儿子霍敏杰也突然从广东东莞辞职回来。

要知道,今年才31岁的霍敏杰,当时可是有美好前程的年轻小伙。河南大学工艺美术系,是当今中国较有影响的美术院系,1997年香港回归祖国时,以紫荆花图案为标志的香港特别行政区区旗,就是河南大学工艺美术系的教授肖红设计的。霍敏杰毕业那年,台湾商人到河南大学挑选设计人才时,从几百人中挑选20多名才俊,然后又从这20多名才俊中挑选一人,到广东的东莞公司。让霍岱珊自豪的是,19岁的小儿子霍敏杰竟然一路过关斩将,独占鳌头,被台湾老板选中。3个月之后,台湾老板竟然辞掉了原来的设计师,霍敏杰稳稳地坐上了公司设计师的宝座。

此时的霍敏杰月薪3000多元,对人生的前途可谓踌躇满志,雄心勃勃。

然而,当他听说父亲因为保卫淮河被打的事件后,他再也坐不住了。

他对台湾老板谎称说,自己的身体不舒服,需要请假休息一个月。

台湾老板似乎看出了他心不在焉的样子,就安慰他说:"小霍,你可是从众多选手中脱颖而出的,我相信你是有雄心壮志的。"

为了掩饰自己的真实目的,霍敏杰离开公司时,竟然连行李都未带回家。

至于倾慕他的女孩子,那更是舍不得他离开。

即使他回到家乡沈丘时,一些倾慕他的年轻姑娘还给他家里打电话,说他:"你真傻,没眼光,在广东这么发达的城市不待，回家去干那没出息的事。”

与这些“开放眼光”的姑娘不同的是，霍敏杰深深理解父亲的事业。早在大学读书时，他就是一名环保志愿者。在学校里，他就积极宣传父亲拍摄的淮河污染照片，当义务讲解员。假期里，他还陪同父亲拍摄淮河污染的照片。

远离贫困的家乡，身在发达的东莞，虽然条件优越，却难释乡情，更何况父子连心。特别是当他听到父亲霍岱珊的遭遇后，岂能不管？

因为拯救淮河，霍岱珊的两个儿子从此走上了环保志愿者之路，当上了父亲的助手。

中国有一句古话：“打虎亲兄弟，上阵父子兵。”

霍岱珊自豪地对我说：“中国人对子女的期许很现实：培养一个能够当官的孩子，或者培养一个能够赚钱的孩子。我想培养一个能够承担责任、对社会有用的孩子。因为我们的社会不缺钱，缺少的是责任。”

两个儿子回来后，父子仨一块儿行动。儿子打扮时髦，就像是游客，霍岱珊用广角镜头拍照，表面对准的是儿子，实际上拍摄的是排污口。这一招，是让那些偷偷排污的企业没想到的。

还有，从那之后，霍岱珊感觉危险时，父子仨就一起出动，预防不测。

……

然而，当一个淮河卫士的路是艰难的，霍岱珊经历了太多的挫折与困惑。

尽管霍岱珊所致力的拯救淮河事业备受公众好评，但周围的人还是不理解他。

霍岱珊说：“我是世人眼中的神经病和疯子！这些年，无数人这样说我，说我是个疯子、神经病。我觉得自己很清醒，是在做正确的事情，是在践行宪法赋予公民的权利。我觉得自己是一个合格的公民，发挥作用、承担责任。”

世间难道真是“魔高一丈、道高一尺”？

时间长了，霍岱珊发现，为了应付检查，淮河流域很多企业都精心设计了隐蔽的排污口。

但是,这些排污口,能瞒住上面的领导和职能部门,却瞒不住当地人的眼睛。

霍岱珊说,企业偷排污水的伎俩大致有以下几种:

“明修栈道,暗度陈仓。”打着修建污水处理厂的旗号,实际上还修有暗管,可以让污水不通过处理厂而直接排出厂外。

“空城计。”不加药品,让治污机器空转;或者直接抽取地下水,充当处理后的污水,以躲避有关部门的检查。

“地道战。”修建多个排污口,各个排污口之间有暗道相连,并配有完整的控制系统,你查这个我排那个。

“运动战。”化整为零,用油罐车把污水拉出去,趁人不注意时排到田间沟边地头。

“瞒天过海。”一面不断偷排污水,一面在媒体上大肆宣传自己已实现了污染“零排放”,甚至还吹牛说自己是生态环保企业,环保工艺“国内首创、世界领先”,转移公众的注意力。

“声东击西。”白天不排晚上排,晴天不排雨天排,检查团来前不排走后排。

……

在此,笔者有必要提及这样一个企业。

在当时的安徽蚌埠,“丰原生化”名头之大无出其右,但是隐蔽的排污口却鲜为人知。霍岱珊对其进行了暗访,找到了“丰原生化”的排污口,一处是“八里沟”,一处是“席家沟”。

“丰原”之大,已是一座小城市的规模,空气中弥漫着“尸臭”,越走近排污口,“尸臭”越呛人,“八里沟”坐落在胜利西路王岗村附近,沟宽3米许,地下管道从公路下面穿过,再从公路远端导出,粗心的人怎么也看不出这里埋伏着环境杀手。

墨汁一般的污水从桥下汹涌流过,没有经过任何环保处理,直接排入淮河。

蹊跷的是,八里沟西面方向,有一股很大的清水从高处泻下,形成瀑布,再经明渠滚滚羼入乌黑的八里沟,掺和后的污水明显稀释了。

那股水是从哪里来的呢?

八里沟北边是高高的淮河大堤,难道这水与它有关?

那一天,霍岱珊爬上大堤,恍然大悟:两根直径半米的大铁管蜿蜒数百米伸入淮河,出口就是一条大渠,大渠的水汹涌而下,瀑布状冲入乌黑的八里沟。

拾荒的人告诉他,这两根大铁管有时排泥,有时排水,“搞不清是干什么的”。

距八里沟数百米的“席家沟”排污口更是气势夺人,它的宽度是八里沟的数倍,径流量也是八里沟的数倍,大股黑水瀑布一样澎湃着入河,咕嘟咕嘟地冒着黑泡黄泡,在淮河中形成巨大的黑色“蒙古包”。

人站在排污口,喉咙疼,眼睛疼,胸口憋得透不过气来。

……

不过,在当时,霍岱珊要挑战的,是邻近沈丘的莲花味精集团。它是中日合资企业,是项城市的利税大户,号称“世界第一味精生产商”。这个企业有 8 个排污口,每天向淮河排放的污水量曾一度达到 12 万吨,污水中 COD 含量每升高达 12000 毫克,氨氮含量每升高达 320 毫克。

霍岱珊和一些志愿者对其排污口长期跟踪调查和监督,一面频频曝光其超标排放,另一面也尝试着与企业对话沟通,但均未见效果。

双方的对峙在继续,淮河的水环境没有好转,而由于环保问题造成的诚信缺失,上市公司“莲花”的生存也在变得艰难。

……

有一次,霍岱珊和著名的艾滋病防治人士高耀洁女士聊天,俩人都提到,在最无助的时候,都曾一个人坐在河边的大石头上哭泣。

当然,霍岱珊也有惊喜的时候,比如当年他和原国家环保总局局长解振华的合作。

那是 2002 年的 7 月,根据霍岱珊的报告,解振华局长亲自带领检查组来到河南,视察淮河流域的污染。

当地政府的“绝招”是,花巨资购买清水将污水冲走。可是,7 月 28 日解振华刚离开的当天夜里,“莲花”就恢复了污水排放。

对于“莲花”的阳奉阴违,霍岱珊非常愤慨。他连夜报告国家环保总局检查组,要求检查组再杀个回马枪。

可让霍岱珊没想到的是,这次又走漏了风声。等国家环保总局检查组赶回时,企业排的污水又被换成了清水。

霍岱珊与“莲花”究竟谁在忽悠国家环保总局检查组?

“一定要搞个水落石出!”

国家环保总局检查组的领导们多了个心眼,决定“守株待兔”,抓个现行。于是,他们足足用 8 天的时间,反复折腾了好几个来回,终于在“莲花”的排污口,逮到了偷排污水的证据!

国家环保总局就此下发《关于河南省莲花味精集团有限公司故意偷排废水查处情况的通报》,“莲花味精”因偷排污水,被罚款 1200 多万元。

同时,因当地环保部门对“莲花”偷排污染失职,有关部门决定,免去项城市环保局局长马冲飞职务,责成周口市分管环保工作的副市长作深刻检查。

媒体评论说,也是从那一次开始,“霍岱珊咸鱼翻生,结束了环保英雄惯常走的悲情路线”。

然而,事情远非那么简单。

2004 年,淮河十年治污不成引起全国关注,中央电视台新闻调查栏目来到周口,来到沈丘县,开展对淮河水污染与癌症村的调查。

听说中央电视台记者要来周口,要来沈丘,当地的一些官员非常恐慌,生怕谎言被揭穿。

那个夜晚,天气烦闷,令人焦躁。而偏偏在这个时候,霍岱珊突然接到当地一个官员的威胁电话:“味精厂不准说!癌症村不准说……”

霍岱珊性格刚毅,端方正直,根本不买对方的账,竟然与对方在电话里吵了起来。

夜深人静，霍岱珊与对方的争吵声越来越大，竟然惊动了整个楼房一到四楼的居民，他们全都趴在窗户上听。

那个官员威胁说："霍岱珊，你听着，我传达的是领导的指示，听不听由你。央视记者不能一直在这里，你是一辈子都要生活在这里，你小心着！"

……

在那个不平静的夜晚，霍岱珊思虑重重，一夜无眠，非常苦闷。霍岱珊啊霍岱珊，你究竟要不讲真话？

第二天早晨，霍岱珊早早起床，吃了早饭，等待着央视记者们的到来。

那天，面对淮河治污，霍岱珊接受央视记者采访时，他果真没有说水污染的严重性，却说出了一个"惊天"的秘密：

"十年治污一场梦！"

央视记者长江问他："你这样说是不是太悲观了？"

霍岱珊说："现在梦醒还不算太悲观，要是再弄个十年，那淮河会成什么样？！"

哪知道，这样说的结果，比直接描述水污染更有效果。这是地方官员始料不及的。

霍岱珊讲述的情况究竟是真是假？

黄孟营村坐落于淮河最大的支流——沙颍河畔。大约从十几年前开始，这个美丽的村庄就逐渐开始被癌症的阴影所笼罩。这场灾难究竟来自何方？

2004 年 7 月 8 日清晨，中央电视台新闻调查记者驱车来到了黄孟营村。

可他们刚一进村，就赶上了一场葬礼。死者名叫孙美兰，66 岁，生前患有偏瘫和脑血管疾病，7 月 6 日猝死在家中。听村里人说，十几年来黄孟营村癌症多已经在当地出名了，仅这一年就新增了 17 个癌症病人，其中 8 人已经死亡。记者在调查中了解到，黄孟营村近二十年来第一例癌症死亡病例出现在 1986 年，此后村里患消化道癌症死亡的人数越来越多。

黄孟营村有大小 16 个坑塘，300 多亩水域，占全村总面积的五分之一，各个坑塘之间又有四通八达的沟渠相连，村外还有三条大的干渠环绕整个村庄。

在黄孟营村，村民饮用的是沙颍河流入的坑塘水或浅井水。中央电视台记者从沙颍河取出水样，分别送往安徽的阜阳市环保监测站和阜阳市疾病预防控制中心化验，水质化验结果表明，沙颍河沈丘段、黄孟营村水塘、干渠等三种水的化学需氧量，也就是 COD，以及氨氮等五项指标，均已经超过五类水的标准，应当属于劣五类水。

按照国家规定，低于三类的水，人体是最好不要直接接触的。而沙颍河和黄孟营村的地表水均已是劣五类水了，既不能用于工业，也不能用于农业灌溉，更不能作为公共给水的水源。可说是已经没有任何利用价值了。

央视新闻调查记者在周口市、沈丘县调查 7 天之后，掌握了淮河水污染与癌症高发的第一手材料。

然而，就在中央电视台记者长江等一行返回北京途中，却遇到了周口市一位领导的"半路接待"。

那位领导手里拿着两份检测报告，对央视记者信誓旦旦地说："我们这里河水没问题，饮用水也没问题，我们刚刚检测过，你们看看，这是检测报告。"

中央电视台记者长江义正词严地驳斥说："我们也有检测报告，水质完全不是你说的那么回事儿！"

"我请你们吃饭，我有话和你们说！"面对尴尬，那位领导及时向央视记者们发出友好的邀请。

"吃饭的事儿就免了，我们自己会解决。你省下这些招待费去救助癌症村的村民吧，你也不看看你的村民都被水污染糟蹋成什么样了！"记者长江毫不领情，一口回绝。

这样的场面，是那位领导始料不及的，让他在随从面前显得非常难堪。

最终，《淮河最大支流河畔的癌症村》在央视"新闻调查"节目播出了。这让地方领导恼羞成怒！

自然，地方领导奈何不了中央电视台记者的，但对付他们自己的“子民”还是蛮有“招数”的。

当时,霍岱珊是陪同央视记者采访并出镜的,地方领导是无法与央视记者“算账”的,难道对付不了你霍岱珊这个民间环保人吗?

这样,在2005年与霍岱珊经常联系的王林生,终于被撤销了黄孟营村党支部书记职务,后经全体村民到乡政府跪求,这才改任村长职务。

还有在2005年,“莲花味精”的日本资方味之素强硬地表态:宁愿撤资,也不愿意整改!

事件似乎再次陷入了僵局。

特别是无处不在的监控,时刻在监控着霍岱珊父子三人的行动。

2005年前后,霍岱珊在沈丘县城的家门外,“常驻”着一辆吉普车,随时随地跟踪霍岱珊父子的行动。

霍岱珊一出门,吉普车就跟着走。他们和记者联系的短信,有关部门曾当场向他炫耀,并一字不差地念给他听。

……

这岂不是生活在“显微镜”之下吗?

没有办法,霍岱珊花了好长时间查找家中的一切,看是否有窃听器和针孔摄像机。甚至于儿子从朋友那儿拿来小LED手电筒,他都以为里面有针孔摄像机,砸开看,还找到证据似的拿给儿子看,简直让人哭笑不得。

那时,霍岱珊还经常被相关部门请去喝茶,两个儿子则经常被公安找去询问情况。

有一次,有附近村民给霍岱珊送来一面“治水英雄”的锦旗,他们前脚走,就有人登门调查。

对于一些癌症村,县里则规定严防死守,派人站岗,不让霍岱珊进村调查,甚至不让癌症病人打电话给霍岱珊求助。

不过,民意是难以压制的。

在霍岱珊的影响下,东孙楼村村民王子清主动站出来保护淮河,向霍岱珊通报揭露偷排污企业,相关媒体也进行了披露。

然而,王子清的行为深深触动了当权者的利益。

在东孙楼村里,当时的县委书记还威胁村民说:"老霍被抓起来了。"

在《中国青年报》报道的第二天上午,县委书记竟然带了一帮人来到王子清家里,让王子清不要到处胡说八道。说什么,胡说会遭村民骂的,村里的姑娘嫁不出去,小伙子娶不到媳妇,他们就会骂王子清。

王子清的儿子在县公安局刑警大队工作。这位领导还对他发狠说:"你不是说有污染吗,马上让你儿子回来管村里的事,你说什么不好,就让他管什么!"

……

面对县委书记的威胁,王子清刚正不阿,义正词严地反驳说:"我是一个家庭、一个家族的头,你是全县百万人的头,我所做的一切,对得起我的家庭,对得起我的家族。你敢说,你所做的一切对得起全县人民吗?"

对此,县委书记哑口无言。

2006 年,霍岱珊和志愿者寻找"一对一"的救助资源,救助癌症高发村的先天性心脏病患者,并获得救助手术成功。

霍岱珊迅速将这个喜讯报告给主管卫生的副县长。让他没想到的是,那位副县长不屑一顾地说:"全县 100 多万人都受得了水污染,就你受不了。你这样做还要不要我们干了!"

还有,在黄孟营村,一位副县长将一些村民召集到树林里,对他们下指令说:"你们只要再发现霍岱珊来村里,就给我往死里打!"

有一位年轻的村民反问说:"县长大人,我打死老霍这个干瘪的老头很容易,但打死之后怎么办?"

面对这位村民的反问,这位副县长一脸尴尬。

……

2006 年前后,霍岱珊"淮河卫士"的影响力不断增加,许多国外环保组织纷纷联系他,要来淮河考察,也邀请他出国参加环保活动。

2006 年 7 月下旬的一天。首都国际机场。

酷热的天气,烤得机场如同火炉一般。而候机厅内,却凉爽宜人。

霍岱珊,原本心情不错的。他正在这里等待登机,奔赴日本熊本参加第一届环境危害国际论坛。

就在此时,他的手机突然响了。他一揿按钮,对方居高临下的口气,顿时快要让他的肺气炸了:“霍岱珊,你要悬崖勒马,不要当特务!”

“放你妈的狗屁!”霍岱珊怒不可遏回击道。老实说,这是他人生第一次骂人。

原来,按照河南省周口市一位领导的“指示”,当地的相关部门人员在这一刻都赶到了首都机场。他们为什么要到机场拦截霍岱珊?为什么害怕霍岱珊去日本?为什么说霍岱珊“不要当特务”?因为那个领导害怕他到国外去揭露淮河污染的丑闻。

而刚才给他打电话的,是当地沈丘的一位乡镇党委书记。

明明参加的是民间学术会议,却非被说成里通外国,这究竟是什么样的逻辑?

怎么办?霍岱珊一时愤怒异常,但他转而一想,战斗也必须有勇有谋。“癞痢头”的疮疤是不能让别人看的。如果采取硬碰硬,那就会激怒“癞痢头”,况且以后还要进行保护母亲河的行动。

霍岱珊思虑再三,决定“以退为进”,取消了此次的学术交流计划。

此后不久,霍岱珊当了连续 5 届的政协委员职务也被“卸任”了。

那些日子,霍岱珊痛苦啊!他常常寝食难安,冥思苦想。他想不通啊:这世间还有公道吗?还有天理吗?我是凭着良知拯救母亲河的,我给淮河沿岸的父老乡亲们做的是善事,我得罪了谁?你们无论是作报告写文章,还是在电视屏幕上,不是一直表白自己是人民的“公仆”吗?是人民的“儿子”吗?可“人民”遭遇到苦难,被污染得了癌症,当“公仆”的做“儿子”的,怎么能熟视无睹?怎么能置若罔闻?哪有这样的“公仆”?哪有这样的“儿子”?都说做人要有良知,要讲道德,当官要讲官德。淮河的水被污染得“黑酱油”,淮河沿岸的百姓被污染得了癌症,你们还要掩盖事实,弄虚作假,欺上瞒下,你们的目的是什么?无非是想升高官,想发大财。你们的良知哪里去了?你们哪里还有官德?哪有“人民公仆”的情怀?你们连起码的做人道德恐怕都没有了吧?

你们为什么这样无情地打压我?为什么要这样恨我?无非是我霍岱珊挡住了你们的“官路”!挡住了你们的“财路”!可你们知道,你们升的官是“缺德官”!是发的“不义之财”!

……

资金短缺的烦恼、无端的怀疑,甚至是人格侮辱,逼得霍岱珊差点走上绝路。那一天的傍晚,霍岱珊徘徊在槐店大闸的大桥上,很久很久,他真想纵身一跃而去。

但是,看看桥下滚滚流淌的黑水,霍岱珊犹豫了:难道自己真要死在这污染的黑流之中?难道要留下“出师未捷身先死”的遗憾?你不是姓“霍”吗?远说霍元甲,近说霍英东,霍家人哪个像你这么软骨头的?霍家哪有你这么孬种的?你不一直认为至今自己还是战士吗?军人的硬汉精神哪里去了?军人的英雄气哪里去了?是战士就该勇往直前啊!

烦恼痛苦中的霍岱珊回到家里,一份份地整理着往日的报刊、文件。无意之中,浏览到中央将实行“科学发展观”的信息,这说明了中央高层已下定决心,保护环境将会有更新的国策。那一刻,霍岱珊倍感兴奋和温暖。

让人无奈的是,中国的事往往存在“两头热中间冷”的怪现象:中央明明有要求,百姓有强烈需求,但个别地方却两头“忽悠”。说白了,就是欺上瞒下。

虽然躲过了牢狱之灾,但霍岱珊也“学乖了”。

在此之后,只要有国际交流活动,霍岱珊都会在事后第一时间到当地政府部门汇报。因为“事前说了就做不成了,得事后说”。

树欲静而风不止。一波未平,一波又起。

2007 年 10 月下旬的一天下午。秋阳艳丽,金风送爽。

国家环保部部长周生贤来到沈丘县视察,他让秘书打电话,点名要见“淮河卫士”霍岱珊。

当天下午,霍岱珊按照要求,来到指定的沙颍河大闸公园。霍岱珊来到这里一看,县领导、县公安局刑警队、防爆队等一大帮人也来了,他们有的等待着领导,有的正在公园内清场。意外的是,他们见到霍岱珊时,一个个满脸堆笑,热情异常。

可是,一转身,县公安局的干警们却把霍岱珊“请”上了警车。为什么呢?因为当地领导害怕霍岱珊向周部长“胡说八道”。

那天下午,霍岱珊被带到县公安局的一个谈话间,与一位警官说了整整半天的话,又是劝说,又是告诫。监控到傍晚时,又有一名警官来了,霍岱珊凭着直觉,他该自由了。

只听那位警官说:“老霍,我现在用警车送你回家。”

霍岱珊回答说:“警官阁下,你们开警车上班,我的自行车还放在公园里呢。你就送我去公园吧,我骑自行车回家。这次就算了,下次再让我到这里来,你们得给我写‘条子’,盖个公章,我签了字,才能到这里来。”

霍岱珊的话不卑不亢,意思却很明显:“你们公安这样做,是非法的!”

但后来,霍岱珊理解了公安等相关部门同志。他们其实也是无奈,甚至是被迫的,他们是按照受上级某些权势者的旨意,才对他执行“公务”的。

……

见到霍岱珊不吃硬的,那就来软的吧。当地的权势者,为了不让霍岱珊给地方发展“添麻烦”,曾经给他安排了一个官位:县环保局副局长。

让他们没想到的是,这个霍岱珊竟然毫不领情,拒绝赴任!

霍岱珊的理由非常简单:要是自己当“官”了,他保护母亲河的责任就难以实现了,他的行动就会受到牵制。

16 年来,为了保护母亲河,霍岱珊遇到的挫折与威胁利诱是不断的。

有人曾问霍岱珊:“如果让您重新选择一次,还会选择保护淮河这个事业吗?”

霍岱珊坚定地回答说:“按我的秉性,我还会选择保护淮河。但我也曾徘徊过,彷徨过,因为我能力小,承担的太多,力不从心,不堪重负。还有,不情愿一辈子在无休止的被调查中生存。”他的话,可谓意味深长。

然而,这一切最终并没有改变霍岱珊拯救淮河的决心。

不再是独行侠

但丁说过:“我崇拜勇敢、坚忍和信心,因为他们一直助我应付我在尘世生活中所遇到的困境。”

“淮河卫士”可不是好当的。

今年 10 月下旬,我去了霍岱珊新搬迁的办公场所,这个新址在沈丘县城新华街县幼儿园附近。走进他的淮河水系生态环境科学研究中心,我第一眼就看到:这个不大的办公室右边,竟然陈列着 3 个养鱼的玻璃缸。

但老霍随后告诉我,这可不是观赏鱼的装饰,而是淮河水污染后生长着的畸形“怪鱼”,有的是志愿者从河里捞出来的,有的是打鱼人直接送给老霍的。什么骨骼变形的,什么鱼眼瞎了的,什么鱼身酷似曲线的,还有几只曾经在污水里受难的乌龟,各种怪状都有,简直就是生物变异的活标本。走近一看,令人不寒而栗!

淮河的污染,是我国河流七大流域中最严重的,最触目惊心的。严重的水体污染,一度让死亡的阴影笼罩着沿淮的村庄。

然而,就在淮河走向死亡之时,走向灾难之时,霍岱珊却孤身一人当上了“淮河卫士”,开始了淮河污染的真相调查。

一开始,霍岱珊辞职当淮河的环保志愿者,不要说社会上的许多人难以理解，就连家人也无法理解，并且坚决反对。

为什么呢？霍岱珊说，家人反对主要基于两个因素：

一是经济收入。

二是安全问题。

霍岱珊，不足一米七的瘦弱身材，白灰相间的衬衣束在腰间，分际式的发型，饱经风霜的脸上，黑红瘦削，没有任何夸张的笑意，而是写满了特有的善意与诚实，从外表上看，与著名影视演员李雪健很有几分相像。不过，霍岱珊虽已是花甲之年，右眼角也凹现了两块明显的“老人斑”，但他依然精神矍铄，锐气不减。

回想那些年，霍岱珊开始调查淮河污染真相时，几乎没往家里拿过一分钱，还要不停地往环保上投入。因为招致部分企业主仇视，他在实地调查中，相机多次被抢走、摔坏，也多次遭遇威胁。这让家人很担心，所以也多次受到家人的强烈阻拦和反对。

老霍告诉我，刚开始的那些年，老婆几乎经常与他吵架。的确，原本殷实的家庭，因为丈夫霍岱珊的拯救淮河行动，竟然将家里的老底都掏空了。作为一个妻子，作为一名家庭主妇，有谁能忍受这样一个不顾家的丈夫？有谁愿意承受家庭生活的重负？有哪个妻子愿意过这样提心吊胆的日子？妻子同你吵架岂不正常吗？按照现代的婚姻家庭观念，与你吵架还是好的，即使同你离婚也是让人理解的，谁让你霍岱珊对环保这么执着呢，谁让你霍岱珊对淮河这么痴情呢。

让霍岱珊记忆犹新的是，一次办影展的前一天晚上，妻子董素林和他大吵了一架。妻子董素林发脾气质问他：“别人都在挣钱，你整天只有花钱，你干啥不行，为啥非要做环保？”

在当时，面对妻子的质问，霍岱珊已经习以为常了，他没有作任何的辩解。

第二天一大早，霍岱珊一个人拉着东西出去了。

他在筹备着展览的安排设计。在这个事先确定好的展览场地前，他左右打量，看看究竟怎么布置才合适。当然，霍岱珊此时的心境是悲凉的，因为压力不仅仅来自社会，还来自家庭，真可谓“内外交困”。

谁知,当霍岱珊爬到电线杆上绑扎铁丝时,突然感觉到下面有人。他低头一看,原来妻子董素林和大儿子也到了现场。此时此刻,让霍岱珊心头一热,差一点流下感动的泪水。他想,到底家庭是温暖的港湾。但他与妻儿谁都不说话,只是默默地干活……

过去,对淮河水环境的检查监督,常常是“游击战”,哪里出现严重污染,霍岱珊和志愿者们就冲向哪里。霍岱珊和志愿者“游击式”地跟踪拍照,目的是抓“现行”。这样,他们往往疲惫不堪,也无法及时发现问题。

后来,霍岱珊想,最关心淮河水质状况的是当地老百姓,这是他们切身利益所在。“癌症村”的出现,让当地老百姓对身边的淮河水污染深恶痛绝。当地公众才是监控水污染的第一线哨兵,才是最广泛的环保志愿者。

这样,霍岱珊除了亲自调查外,2003 年,还成立了河南民间环保组织“淮河卫士”。起先,以当地受害农民、退休老干部和教师为主,后来有了专家学者、律师和大学生的加入。

再后来,“淮河卫士”有近 10 名工作人员,注册人员近 2000 名,全是志愿者,在沿淮河 800 公里范围内,有了 8 个工作站,自愿为保卫淮河而努力。

……

霍岱珊情系淮河,从一个人的单打独斗,到两个儿子子承父业,成为“淮河卫士”的骨干成员,连一直持反对意见的老伴,最终也成了他的帮手,再从一个家庭发展到一个环保组织。其意义是非同寻常的。

2007 年 12 月 15 日晚。首都北京。

北京展览馆会堂内,华灯璀璨,音乐飞旋。

“2007 绿色中国年度人物”颁奖典礼在这里隆重举行。

水,既是这一年绿色中国年度人物颁奖典礼的主题,也是整场典礼的主线和主要元素。当年,一系列水危机,让水成为本年度无可争议的环保主题。当年绿色中国年度人物的评选结果,也正反映了这一特点。

颁奖会一开场,在银幕上,绿色中国年度人物奖杯就从波涛汹涌的大海中破浪而出,升入星空,呼应着“水”的主题。

主持人在现场,展示了摄制组在一个月内从长江、黄河、淮河、珠江和松花江采集回来的5瓶水样,从清澈、微浊、混沌到灰黑。主创人员对各大水系重污染地段进行的再现,给在场的观众以强烈的震撼。

颁奖典礼现场,虽然没有红地毯,但这样的颁奖典礼同样星光灿烂。

本次大奖,是由中宣部、全国人大环境资源委员会、全国政协人口资源环境委员会、文化部、国家广电总局、团中央和国家环保总局等多家单位共同主办的活动,该奖项也是我国首个由政府颁发的环保人物大奖。

此次获奖者中,霍岱珊是基层民间环保组织中的唯一获奖者。

这是继先后获得“环境好新闻一等奖”“为了公共利益年度人物奖”和“全国十大民间环保优秀人物奖”“中国生态小康建设十大贡献人物奖”之后,霍岱珊获得的又一项大奖。

在颁奖现场,央视主持人白岩松宣读的颁奖词是:“十年来,霍岱珊以一个普通公民的力量,推动淮河治理为世人所关注,他对于环境与健康的前瞻式呼吁,也为现实所验证。他的参与验证了民间力量能够成为政府监管的重要补充。”

那一刻,霍岱珊心潮澎湃,感慨万千。他回首眺望,正好与国家环保总局副局长潘岳的目光相遇,四目相对,意味深长,个中滋味与辛酸岂是常人所能承受的?

要知道,就在一个月之前,霍岱珊还因披露淮河污染真相,持续地受到当地监控和白眼的啊!

霍岱珊能够获得“2007绿色中国年度人物”奖说明了什么?说明了他保护母亲河行动受到了社会的肯定,得到社会的支持,他已经不再孤单。

就在这次颁奖晚会之后,酒店服务人员给霍岱珊送来一部数码相机,并特意给他交代说:这是潘岳副局长自己掏钱买下送给他的!

对于霍岱珊这个摄影师来说,这是他平生第一次使用现代数码相机。对于国家环保总局领导这样关心他,霍岱珊的心中岂能不温暖,岂能不感动?

在霍岱珊的心中,频频获奖并不是目的和追求,但社会的肯定,国家环保部门领导的关心爱护,则进一步激发了他的热情,进一步唤醒了他的社会责任感。

桐柏山是淮河的源头,有着美好的自然生态。但那些年,当地森林破坏的情况令霍岱珊十分吃惊。

那是2008年的3月,霍岱珊夫妇来到淮河源头考察。坐在车上,看着两边日益弱小、稀疏的树林,霍岱珊夫妇唱起了豫剧,曲调有些悲凉。

蔓延于淮河源头的偷树狂潮出现于2004年之后,被偷的主要是栎树和松树,当地主要也就是这两种树。

南阳再往南是湖北。2004年前后,鄂北地区开始大量种植黑木耳,慢慢地这个技术也推广到了河南南阳、驻马店一带。栎树是种黑木耳最好的基材,用专业的机器在栎树上打上孔,孔里塞上拌有菌种的锯屑,架在田地上,两年之内,就可出好几茬木耳。

还有,当地又盛行烧炭,有许多"烧炭党人"。粗粗估算一下,桐柏县月河镇的小炭窑至少有500座。因为地处偏僻,远望还以为山里人家,炊烟袅袅……

在没有人种木耳、烧炭的时候,当地的栎树至少头径有十几厘米粗,后来越偷越厉害,栎树头径只长到3厘米以上,就被偷走了。栎树生命力顽强,只要不把它的根挖走,根部马上就会有新枝长出。只是这样一来,栎树就成了"永远长不大的树"。

偷来的栎树,就地一根能卖1块钱左右;木贩子把它运到湖北,一根可卖5块钱左右。

2006年后,桐柏本地也开始大量种植黑木耳,在公路边的田地里,随处可看到一架架的"木耳田"。种一亩木耳,至少需要 3 万棵栎树。

而松树不像栎树,砍掉之后则不可能再生。

这几年,偷树的人在当地非常猖獗,大树小树一律遭殃。胸径十来厘米的松树也成了“刀下鬼”,胸径半厘米的栎树也会被人偷走打碎,以用作食用菌的生长基料。被偷的不仅仅是国家重点公益林,还有各造林大户、森林承包大户的树林,许多村民自留地里的树,稍有不慎,也会被偷走。有人为了保护他的树,天天搭个小床在树下睡觉。可大年三十,你总得回家吃年夜饭吧。揪心的是,等到你吃完了年夜饭再回来,那树就已被偷运走了。

霍岱珊带着志愿者深入山区调查后,获取了第一手资料。2009 年 4 月,他又组织由媒体、人大代表、志愿者、普通民众等组成的考察团,对淮河源头桐柏县境内的生态现状实地考察,求证是否发生大面积偷盗林木、恶意烧山等破坏行为。

求证的行动是艰险的。

当地一个叫李鹏的造林专业大户,是此次行动的线人。他就向霍岱珊他们讲述了令人头皮发麻的亲历事:

那天下午 5 时许,他与大河报记者在护林员的带领下,向深山行进约有两公里时,天色就慢慢暗了下来。

此时,走在前面的护林员突然发现,有 30 余棵马尾松刚被砍伐,发白的树桩还在冒着白色的松油。

根据经验,他判断盗伐者就在附近,并提醒大家:不能发出声响,因为一旦被盗伐者发现,他们很可能杀人灭口!

为了取证,拍下盗木贼作案的照片。他们悄悄跟着护林员往前走,裸露的马尾松树桩和散乱的树枝越来越多,10 多分钟后,护林员突然拉着他俩,钻进旁边低矮的树丛,并蹲下来。

果然,不一会儿,一名穿白上衣的男子走了过来,他们屏息,不敢呼吸。该男子有 40 多岁,身材粗壮,黑红脸膛。他轻松地将两棵马尾松扛上肩头,快步走下山坡,不到 10 分钟就空手返回。

护林员压低声音说:“附近一定有人接应,他们用蚂蚁搬家的方式慢慢把树木转移出去。”

黑壮男又扛起了两棵树,正准备离开时,突然又把树放下,将眼睛紧盯着他们藏身的地方,随后突然提起利斧蹑过来。

见已被发现,他们3个人只好站了起来,每人抄起一根粗木棒,慢慢向黑壮男靠近。这一刻,大家好像都听得见彼此的心跳……

护林员厉声喝问对方是哪村人,黑壮男见他们3人从三面包围过去,拔腿就跑。此时,记者要追赶,被李鹏和护林员制止了。

“盗伐者对路很熟,弄不好去搬救兵了,到时候都是斧子和摩托锯,我们就碎尸万段了!”护林员说着,赶快带他们撤出险地。

霍岱珊带着志愿者深入山区调查时,也同样遭遇到了这样的情况。从西十里村往胡家沟村方向行走的路上,有3个盗伐人影从右边的山坡上如飞而下,利斧的凶光一闪一闪。

此时,有几个热血汉子要追赶,准备抓现行。

“别追!”李鹏立即止住了大家:“他们都有利斧和‘摩托锯’,取你项上首级,砍瓜一样!”

霍岱珊带着考察团成员下山后,每个人的衣服和脸膛都被挂上了一道道黑印,汗水一搅,都成斑马了,连鼻腔里的分泌物都是墨黑的。这都是大量接触树木的焦灰和空气中弥散的微粒所致的。

由此可见,盗伐者纵火的程度之烈。

霍岱珊和考察团成员看到了被疯狂盗伐的林木,看到了利益链条上的烧炭者,更看到了当地政府对于毁林现象的视若无睹。

2009年4月,《河南日报》以“林之殇——桐柏县林木盗伐调查”为题,以一个整版的篇幅披露此事。

上海《新民周刊》也以“斩首淮河——淮河源大面积毁林调查”的醒目标题发出警示。

……

于是,桐柏县的领导们坐不住了。

县委、县政府召开联席办公会,决定发起大规模的“100 天绿色保卫战”,各部门主要负责人牵头,拿起法律武器,发动公众,狠狠打击了林业犯罪行为。同时,开展了桐柏山区绿色工程,在被毁山地种树绿化,让淮河源头重新披上绿装。

李鹏是当地的一个造林专业大户,自家林木遭到大面积盗伐,急得他到处告状,找人维权,但效果并不如意。眼瞅着自己辛辛苦苦种的林子被毁,心疼无奈。情急之下,他对当地政府极为不满,并多次找霍岱珊帮助维权。

县里的绿色工程启动后,桐柏山区盗伐现象逐渐减少,重新绿化的山林给他带来了新的希望。李鹏找到霍岱珊,要求做一名环保志愿者,成为“淮河卫士”桐柏监控工作站的站长,挺身站在保护淮河源头生态环境的第一线。

后来,桐柏县一个副县长带队,专门跑到沈丘县,和霍岱珊交流保护淮河源头的看法。

现在,淮河两岸遍布“淮河卫士”的脚印,有霍岱珊的,更有无数村民志愿者的。

在淮河沿岸的很多村子里,霍岱珊带领老百姓建立起了环保小组。这些保护家乡环境的第一线哨兵,能够及时发现身边河流出现的“污染团”,并及时向有关部门报告。

霍岱珊和志愿者还言传身教,培训当地老百姓,教他们如何取水,如何得到第一手水污染资料,并把水样交到当地环保监测部门。

霍岱珊说:“环保人不能让自己当英雄,个人作用太小,不是什么事都能一个人做成的,要号召老百姓参加,靠组织、团体、志愿者,才能真正保护好淮河。”

提起老百姓,他有说不完的话。前几年最困难时,资金紧张,工作受到影响,他有点沮丧。有的老百姓从大老远的地方来给他送自家种的蔬菜,霍岱珊非常感动,收下菜后,他给老乡买回程的票。

后来,老乡们怕给他添麻烦,再送菜就不进门了,直接放到他家门口,扭身就走。

看见菜,找不到人,再硬的汉子,心也被感动了。

他对我说:“看到这样的情形,我的脚步怎能停止?”

当然,现在霍岱珊有“名气”了!他和他的队伍,甚至得到“特殊的权利”,“通天”报告淮河水污染情况。

在对淮河水质日常监督中,一旦发现重大污染问题,霍岱珊他们在第一时间,就可以直接上报到国家环境保护部。国家环保部接到报告后,会立即指示当地环保局派监测人员“出现场”,及时彻查处理。从桐柏山到洪泽湖800多公里淮河水质的任何变化,可以马上“链接”到北京,到国家最高环保部门。

这样的“特权”,这样的“殊荣”,恐怕只有霍岱珊他们这样的志愿者才能“享受”。

任重道远

环保志愿者,就是在众人皆醉中保持一份冷静和清醒,在混沌的环保文化中,成为一道亮丽清晰的色彩。

2010年8月31日。菲律宾首都马尼拉。

麦格赛赛奖颁奖仪式在这里隆重举行。

获得本次麦格赛赛奖的共有7人,分别来自孟加拉国、中国、日本和菲律宾,来自中国的“淮河卫士”霍岱珊名列其中。

拉蒙·麦格赛赛奖有亚洲“诺贝尔奖”之誉,主要颁奖对象是:为公共事业无私奉献的亚洲人或在亚洲工作的人士。

颁奖仪式上,该基金会会长卡芒西塔·阿贝拉说:“这7位非同一般的人士,他们为未来更美好的亚洲而努力,启发并加强公众的力量。他们致力的关键议题不仅影响了他们各自的国家,而且向整个亚洲展示了担当、能力和协作领导力,足以真正改变个体生活,并激励社会。”

麦格赛赛奖在获奖词中这样描述霍岱珊:“霍岱珊是‘淮河卫士’发起人。尽管有着强大阻力,他仍然坚持努力着,以挽救中国的主要河流之一——淮河以及沿淮的众多社区。”

霍岱珊，对淮河怀有炽热的爱，对拯救母亲河充满了无限的激情和梦想，也经历了太多的人生挫折和磨难。但他却痴心不改，始终演绎着不屈不挠的壮举！

霍岱珊的拯救淮河行动始终喜忧参半，但作为一名中国民间的环境志愿者，他的行动，体现了一种社会责任，也影响和带动了众多的人参与。

从淮河源头的桐柏山区到下游的洪泽湖畔，霍岱珊建立的8个水质监控站，一个监控工作站负责一段水域，众多的志愿者纷纷加入这“监控大军”，分头把守，分段管理，保卫自己的家园。

2008年奥运前夕，是环保监控最紧张的日子。当监控站发现淮河支流沙颍河出现污染时，霍岱珊和志愿者快速行动，一直跟踪“污染团”，并及时向淮河水利管理委员会报告，“淮委”十几分钟就驱车赶往现场，及时处理，终于使“污染团”没能进入干流。

同时，“淮河卫士”通过监控工作站，将“污染团”一段段向下游“报警”，请下游各地采取应急措施，贮备淡水，转移网箱养殖，避免更大损失。媒体依据他们的“警示”，及时发布消息，提醒公众注意。由于各方面应急措施及时到位，因而没有造成大面积水污染。

在霍岱珊看来，拯救淮河必须做到两条：

第一，向政府说实话，报告实情，信息要准确，不能有假。

第二，为老百姓说公道话，保护他们的切身利益。

2009年5月7日晚，中央电视台《焦点访谈》有一个关于“梅花味精”污染的报道，节目刚结束，霍岱珊的手机就响了。

一个熟悉的声音在电话那头响起：“老霍啊，‘梅花’现在所做的事情，很多都是我们做过的，如果不是你对我们进行监督，给我们压力，估计现在就像‘梅花味精’一样，面临很大的压力，很被动啊！”

打电话的人，是莲花味精集团环保部的负责人。回忆他与“莲花味精”斗争的事，霍岱珊可说是历历在目。

过去,老霍经常上门去“找茬”,双方关系搞得“很不愉快”。在这种“监督与被监督”的“斗争”中,彼此日渐熟悉。

2005 年,日资撤离了,企业领导班子大洗牌。中方负责人找到霍岱珊,就“淮河卫士”和企业的环境利益一致性达成共识,决定接受公众监督,践行企业环境责任。

其后,“莲花味精”改变生产工艺,制造 1 吨味精从耗水 37 吨减少到 4 吨,废料还进一步处理,加工成复合肥,一年盈利 2000 多万元,被逼走上了循环经济之路。

这种转变,还促使了一个行业的新生。原来,按照国家规划,对于味精这种生产污染严重的行业,将一律实行关停。霍岱珊的一再监督,迫使“莲花味精”必须绿色发展。技术革新后的“莲花味精”,最终走上了循环经济之路。这样的循环经济方式,可以说拯救了一个百万人的行业。

在莲花味精污水处理厂门口,放置了一块环境信息公示牌,标注出每天的排污信息。而这,就是霍岱珊“淮河卫士”的一个创举。

这种“淮河卫士”与企业的互动,达到了双赢,被老霍称之为“莲花模式”。

霍岱珊说,那一晚,他接到那人的电话,心里非常欣慰。

这几年,霍岱珊和“淮河卫士”志愿者们不遗余力,四处奔波,先后募集了上百万元的药物和资金,救助了 200 多名癌症和心脏病患者。

现在,“淮河卫士”已经救助了 39 名先天性心脏病儿童,王慧美仅是其帮助的第一例。王慧美早已健康地升入初中。她的父母不再背负沉重的经济负担了,还盖起了 500 平方米的大房。

之外,霍岱珊还用世行“可持续发展奖”的奖金,建造了多套生物净化水装置。

如今,沈丘县委县政府的新任领导也非常开明,积极支持霍岱珊的事业。他们一致认为:霍岱珊是为当地发展作出贡献的人!这让霍岱珊的心里很欣慰。

还有,令霍岱珊自豪的是,他与国家环保部开通的“直通车”越来越顺畅了。

2011 年春节后，霍岱珊和志愿者们发现，淮河上又漂起了大面积的污染团。霍岱珊随即将这一信息通过“直通车”，向国家环保部汇报。

2011 年 3 月 9 日，国家环保部领导约见时任河南省省长的郭庚茂、副省长张大卫和省环保厅厅长马懿一行人，到环保部进行高层决策会商。

此后，淮河水逐步恢复清澈，有时候可以看到水底层的颜色。在淮河最大支流——沙颍河的漯河段，还发现了“水中大熊猫”——桃花水母。这是水中的一种“精灵”，标志这一段的水质已经特别好。

让霍岱珊特别有信心的是，党的十八大报告再次论及“生态文明”，并将其提升到更高的战略层面；党的十八届三中全会则更进一层，确定不再单纯以“GDP”考核地方领导的政绩。这本质性的变化，意义非同寻常。

“美丽中国”首重生态文明的自然之美。这种描绘可感、可知、可评价的人文之美，让霍岱珊对未来充满了希望和憧憬。

这些年来，霍岱珊的心血没有白费，他看到了淮河沿岸“求温饱”到“盼环保”的转变，看到了要“金山银山”更要“绿水青山”的绿色发展希望。

霍岱珊高兴地说：“我现在开始要做幸运环保人。因为老百姓的公民意识觉醒了。比如在凤凰卫视的一次节目中，淮河岸边的一位村民，就提出要向那些排污的企业索赔，这在以前是无法想象的。”

的确，过去霍岱珊与志愿者常常“偷偷”暗访，现在他会穿上绣有“淮河卫士”黄色大字的大红马夹，公开自信地去巡查水质了。

……

不过，霍岱珊的苦恼事一直不断。

在长达十几年的时间里，为了拯救淮河，为了帮助村民喝上洁净的水，霍岱珊几乎耗尽了 30 多万元的家庭积蓄，还有那 8

个工作站，每一个都需要钱，没人知道经费从哪来。

最困难的时候，全家人的日子就如同爬刀山过火海，十分艰难。没有经济能力哪能办事？

无奈之下，妻子只好摆地摊织毛衣、送牛奶，大儿子给人家修电脑，二儿子去当代课老师，而霍岱珊自己则给社会提供摄影服务。

2009年，霍岱珊的拯救母亲河事业似乎才有些好转，先是“清洁饮水救助”项目获得“康师傅水创意公益提案竞赛”一等奖，奖金25万元人民币；紧接着“莲花模式”又获得了第三届“SEE·TNC生态奖”二等奖，奖金6万元人民币。

霍岱珊和志愿者们平时的工作是十分艰苦的。

每当发现污染事件，无论是在污水横流、泡沫翻滚的河道边，还是在垃圾堆场，或是在各个企业的排污口旁，霍岱珊和志愿者们总是第一时间赶到现场。

不管日晒雨淋，还是酷暑寒冬，淮河沿线都有霍岱珊和志愿者们奔波忙碌的身影，“淮河卫士”这800多人的指挥神经中枢，也在老霍这间门脸房里。

生活的艰苦，工作的艰险，不被人理解，这都算不了什么。

让霍岱珊最不能理解的是，他注册的“淮河卫士”网站，竟然在无任何通知、无任何征兆的情况下，突然被关停了，成了“非法”的。

还有，省环保部门似乎一直不认可霍岱珊，每遇环保事业活动或者申请公益帮助时，他们总是不愿配合，这让霍岱珊感到非常尴尬。

因为霍岱珊全家参与拯救淮河事业，让一些人感到无法理解，在遭受白眼的同时，也给孩子们的婚姻大事蒙上了阴影。

大儿子今年都34岁了，可至今未能成家。

二儿子虽然结婚五六年了，但儿媳妇却无法容忍儿子的事业，认为人家去开矿，或者做生意发财，丈夫却整天去冒险，还挣不了钱，这样的生活实在没意义。事实上，从2001年至2007年的7年间，二儿子霍敏杰从没领过一分钱的工资，直到2008年，他才从父亲手中领到每月1200元的薪水。最终,二儿媳和二儿子只好分道扬镳。对于这一条,霍敏杰是能够理解妻子的,毕竟妻子的愿望是好的,心地是善良的,现代社会有多少人愿意承受如此的生活重负?!

自然,帮助村民建生物净化水装置,也需要经济的支撑,霍岱珊岂能不感到吃力和劳累?

就在霍岱珊陪同我参观采访期间,他不停地接到电话,这都是一些村庄想建生物净化水装置的请求电话。

他感到很为难,没有社会的赞助支持,他怎么能给寻求救助的村民建生物净化水装置?

霍岱珊说,在相当长的时间内,污染对淮河的伤害不会被消除。"以美国密西西比河为例,20世纪70年代它是污染很严重的,现在已经几十年过去了,水也清澈了,但是被污染过的鱼,没有人敢吃。淮河水也是一样"。

淮河流域,癌症也曾集中暴发。

2005年起,中国疾控中心开始对淮河流域进行研究。通过使用污染水的地区,与距离河流较远的地区对照,试图探明水污染与癌症高发的关系。

中国疾控中心3年的跟踪中,通过对沈丘研究区的5万人调查发现,2005年与1973年对比,排除人口老化因素后,男性和女性肺癌死亡率分别上升了14倍和20倍,肝癌死亡率上升了5.23倍和4.80倍。在其他地区胃癌和食道癌死亡率普遍下降的背景下,沈丘的这两类肿瘤的上升却非常突出。

"这是首次证实了癌症高发与水污染的直接关系。"今年6月15日,国家疾控中心原副主任杨功焕介绍,企业排放的污水进入河道,污水中的汞、铅、镉等各种化学元素长期渗入地下,"尽管这些年淮河流域的地表水质有所改善,但癌症发病率的正常回归,起码还需10年。"

"经过这么多年的治理,上游那些'会说脏话的排污口'已经很难找到了,"霍岱珊表示,"现在这里的水质是四类水,你看不到污染,也闻不到怪味儿,但是水体中的持久性化学物污染、重金属超标等仍然存在。”

淮河沿线的水质污染还时有反复,上游一些小支流的河道污染仍很严重,甚至已经“死亡”,危害不可小视,霍岱珊拯救淮河的任务仍然任重道远。

……

不过,尽管拯救淮河的任务仍很艰巨,前行的道路仍有曲折艰险,但霍岱珊对母亲河的挚爱热情丝毫不减。他说:“是战士,就会勇往直前!我这一辈子将和母亲河——淮河同生共荣!”

霍岱珊认为,从事社会公益,认准“公众利益最大化”很重要,要实现这个价值,“坚持”是基本功。他抱定“淮水不清,不过江东”。对于以上种种,权当必须经历的“九九八十一难”,用减法对待磨难。

霍岱珊今年已经60岁,按照国家要求,应该是退休的年龄,辛苦了这么多年,本该享受天伦之乐了。

霍岱珊感叹地对我说:“保卫淮河是我们全家人的轴心。人生最大的悲哀不是没有钱,或者是人没了钱没花完,而是人老了事儿没做完。人老了,我要做好交接班,把保卫淮河的事业传承下去。”

让人欣慰的,霍岱珊的两个儿子也同样对未来充满了信心与希望。

老二霍敏杰的梦想是:“如果有一天全淮河真的变成了清水,我就拍摄一部拯救淮河的电影。因为这其中我有太多的故事要讲。”

老大霍敏浩则表示,他将永远伴随淮河清水生活。

你瞧这霍家兄弟多么有理想!

不是吗?这霍家兄弟俩不正是应了父亲霍岱珊的教诲,人生就是要:

有情有义有担当,
有勇有谋有思想!

“淮河卫士”霍岱珊，从颇具悲情色彩的独行侠，发展到拯救淮河的上千人志愿者队伍；从一家人的拯救行动，发展到系统化的监测网络；从“对抗”式的揭露污染真相，发展到企业自觉接受监督的“莲花模式”；从少数人的行动，发展到公众的深度参与拯救母亲河行动；从单纯的揭露污染真相，发展到帮助村民摆脱饮水困境……

其中的艰辛与曲折是多么的不易！

但从“淮河卫士”霍岱珊的行动中，我们不仅仅看到了一个合格公民的道德良知，看到了一个公民的社会责任，看到了中国民间环保志愿者的力量，更领悟到“淮河卫士”霍岱珊的执着与智慧。

20 年前，在中国民间有著名的“三大环保卫士”，即：

“滇池卫士”张正祥。

“太湖卫士”吴立红。

“淮河卫士”霍岱珊。

20 年后的今天，“太湖卫士”吴立红因“环保敲诈”锒铛入狱，“滇池卫士”张正祥因孤军奋战而遍体鳞伤，而“淮河卫士”霍岱珊却如沐春风，走出了一条充满希望的环保之路。

诚然，这其中的因素自然是多重的，但霍岱珊的个人睿智，善于打“太极”的策略，不能不值得再三玩味！

深秋的傍晚，清风送爽。

霍家父子仨陪同我参观如今的淮河支流沙颍河。

在沈丘槐店大闸不远处的沙颍河岸边，霍敏杰给我与他老爸留了影。

那一刻，我与霍岱珊站立在沙颍河岸边，凝望着静静流淌的清澈河水，顿时不由得生出无限感慨。

而就在他转身的那一刻，我看到了老霍脸上的深沉微笑，发现了霍家父子仨面对母亲河，是那么的深情，就像孩子为母亲做了一件开心事似的，站在母亲跟前那样得意和自豪！

（原载《时代报告·中国报告文学》，2014 年第 4 期）

2013:雾霾挑战中国

陈 廷 一

空气污染之下,无人可做看客。

食品能“特供”,空气和大生态不能区分居庙堂之高、处江湖之远。

治理空气污染,人人均有责任,此事刻不容缓。

——题记

“雾吸”为贵

历史有十年一轮回之说。

倘若说十年前,也即是2003年,是SARS肆虐的年份,谈SARS色变,人人自危,挑战着胡、温的新政。那么十年后的今天,也即是2013年,时间老人的脚步迈进该年不到一个月,人们在深受PM2.5其害的同时,认识了这个“霾”字。接着,一个叫“雾霾”的热词迅速在全国疯传。

雾霾、女汉子、土豪、大妈……哪个词,是你心目中的“2013中国年度词”?现代快报网上开展了一项调查,邀请网友们选出他们心中的年度词语。调查结果,“雾霾”“土豪”“养老金”三个词,占据了前三强的位置。而“雾霾”一词拔得头彩。

所谓雾霾中的PM2.5,乃是指大气中直径小于或等于2.5微米的颗粒物,也称为可入肺颗粒物。虽然PM2.5只是地球大气成分中含量很少的组分,但它对空气质量和能见度等有重要的影响。PM2.5粒径小,富含大量的有毒、有害物质且在大气中的停留时间长、输送距离远,因而对人体健康和大气环境质量的影响更大。

气象专家和医学专家认为，由细颗粒物造成的灰霾天气对人体健康的危害甚至要比沙尘暴更大。粒径10微米以上的颗粒物，会被挡在人的鼻子外面；粒径在2.5微米至10微米之间的颗粒物，能够进入上呼吸道，但部分可通过痰液等排出体外，另外也会被鼻腔内部的绒毛阻挡，对人体健康危害相对较小；而粒径在2.5微米以下的细颗粒物，直径相当于人类头发的1/10大小，不易被阻挡。被吸入人体后会直接进入支气管，干扰肺部的气体交换，引发包括哮喘、支气管炎和心血管病等方面的疾病。每个人每天平均要吸入约1万升的空气，进入肺泡的微尘可迅速被吸收、不经过肝脏解毒直接进入血液循环分布到全身；其次，会损害血红蛋白输送氧的能力，丧失血液。对贫血和血液循环障碍的病人来说，可能产生严重后果。例如可以加重呼吸系统疾病，甚至引起充血性心力衰竭和冠状动脉等心脏疾病。总之这些颗粒还可以通过支气管和肺泡进入血液，其中的有害气体、重金属等溶解在血液中，对人体健康的伤害更大。人体的生理结构决定了对PM2.5没有任何过滤、阻拦能力，而PM2.5对人类健康的危害却随着医学技术的进步，逐步暴露出其恐怖的一面。在欧盟国家中，PM2.5导致人们的平均寿命减少8.6个月。而PM2.5还可成为病毒和细菌的载体，为呼吸道传染病的传播推波助澜。因此国际上主要发达国家以及亚洲的日本、泰国、印度等均将PM2.5列入空气质量标准。而最为悲催的是，PM2.5尚未被列入我国环境空气质量指标，因此这就成了美国大使馆数据和政府官方数据直接冲突的根本原因。

PM2.5虽然不像SARS张牙舞爪、令人落魄，但是它的影响远大于SARS的杀伤力，犹如温水煮青蛙的效应，不管你是总统还是百姓，谁也逃不过雾霾的杀伤！有的地方宣传更为甚之，它能致人绝育、患癌的风险，致人生命缩短两年寿期，这是多么可怕的事啊？雾以吸为贵，每个人每天都要呼吸有毒的空气，这不等于温柔自杀、温柔灭种、温柔亡国吗？它让我们强大的敌人做不到的，小小的PM2.5就能神功神效，因此它也挑战着今日的中国,抑或习、李新政!

“雾”警“霾”钟

当历史进入新世纪的2013年,当新年的钟声敲响的时候,当地球村每天都有一个鲜红的太阳出现时,位于天安门广场上的五星红旗在国旗卫士的护送下,已高高地升起,晨曦已挂在迎风招展的旗尖上。

晨曦下,天安门城楼,像雨果笔下的女神“米罗休斯”,半露半掩,妩媚动人,直到紫红色的朝霞喷洒东方,在太阳的光辉以锐不可当之势,穿透宇宙、穿透云雾、拥抱旗尖、亲吻大地的一霎间,太阳和大地都将快乐而无遮无掩的羞怯面孔,展露在人们的视野中……诗界泰斗李白曾把太阳喻成公公,大地喻成婆婆,或许是受到《易经》文化——天为阳、地为阴的启迪……

我们的地球和居住在这个地球上的人类,也是妙不可言的。

在太阳的金辉下,中华人民共和国迎来了新的一天。

新的一天日程在等待着人们安排,只见天安门前、长安街上,车流如梭,人行便道上的行人脚步匆匆……

然而,这个宁静的北京,35年的改革开放,其政绩有目共睹,中国超越日本成为世界第二大经济体,紧随美利坚合众国之后。然而就这35年的超越中,中国积重难返的问题,尤其是环境污染的问题紧随而来,“只见妖雾又重来”,雾霾已从地下升至空中,从四面八方向首都、向中南海飘来。

霎时间,天狗吞日,从北方到南方,从内地到沿海,全国雾霾重重。

新年伊始,先是北京,接着是中国中东部各地陆续出现大范围和长时间雾霾天气。从华北到中部乃至黄淮、江南地区,都出现了不同程度的污染和严重污染。一时间,雾霾、PM2.5“爆表”成为街坊热议、微博热门的话题。面对如此糟糕的天气,“加强空气治理,反思我们的经济发展方式以及生活方式”已成社会共识。如何利用法律手段改善空气污染,也成了人们关心、关注的焦点。

面对妖霾，人们似乎长大了。

随着北京气象史上首个霾橙色预警的发布，市民开始抢购防尘口罩，医院就诊患者直线上升——爆棚，机场高速公路封闭，而上述这一系列问号，也开始萦绕在城市的大街小巷，开始弥漫，开始口问心、心问口。

恰在1月12日晚上，“雾霾”亦成为央视《新闻联播》的头条新闻，播出时长几乎占了当天《新闻联播》的三分之一时间，是历史的惊叹号！

据新华社11月1日电讯，从中国气象局获悉，今年我国平均雾霾日数为52年来最多。中国气象局应急减灾与公共服务司司长陈振林当天在例行新闻发布会上介绍，今年以来，全国平均雾霾日数为4.7天，较常年同期(2.4天)偏多2.3天，为1961年以来之最。其中，黑龙江、辽宁、河北、山东、山西、河南、安徽、湖南、湖北、浙江、江苏、重庆、天津均为历史同期之最。

2013，雾霾频频挑战着中国、重创着中国。

中南海勤政厅前的海棠树屹立在霾中，折射在官方的眼中。海棠树见证着最高党政领导像当年关注SARS一样高度关注着这场妖雾的发展。

“一定要制止它的肆虐！”

国务院的会议一直开到深夜，直到应急方案制定，“国气十条”出台，东方亮出了希望的红红的晨曦……

位于城北海淀区的中央气象局主楼大厅，使用面积300多平方米，四周摆满电脑。大厅的正面墙壁上，悬挂着庞大的电视屏幕，屏幕上显示着来自各省自治区的雾霾情报。

这里的气象官员，如今忧心忡忡地注视着电脑屏幕上令人不安的消息。

北京爆表！

上海爆表！

南京爆表！

郑州爆表！

武汉爆表!

……

雾霾侵扰了25个省份的100多座城市。

“中华民族又到了最危险的时候!”

此时中国的南北东西中,雾霾猛如虎,你方唱罢他登场,他方唱罢我上台。

一向斯斯文文的气象官员们,也失去了稳重,举手投足间折射着心里的沉重!

有网友敲击键盘,戏称曰:“与霾共舞,您在屋内,霾在窗外,不怕,不怕啦。”

也有网友作赋言志,以应回答:“大江南北,长城内外,唯雾茫茫,唯霾蒙蒙。”

……

中国雾霾告急。

四面“霾”伏

——南方:“湖湘首邑”长沙,雾霾成“头盔”

三湘都市报以《雾霾南下,长沙告急》为题,报道说进入新年第二个周末,长沙笼罩在“雾霾”和污染天气中,犹如重重的“头盔”“锅盖”。空气质量处于重度污染程度以上。

12日,星期六,中央气象台监测全国33个城市部分监测站点空气质量指数(AQI)检测数据超过300,长沙雨花区监测站达到337(上表)。

记者发现,两天来,长株潭23个监测站点PM2.5数据一直在200以上重度污染高位运行,数据不断被刷新,于当日上午达到最高值后,下午开始回落,画了个圆弧。

PM2.5数据连续三天创新高。

11日上午10时,长沙市9个PM2.5监测站点的实时数据均在250以上,最高点火车站监测站数据显示为287。最低的天心区监测点数据为252。

12日上午10时,雨花区和火车站的PM2.5数值均达到空气污染最高级别第六级:严重污染。PM2.5分别达到316和305。PM2.5数值最低点在高开区,数值为241。

当天清晨5时,长沙PM2.5数据再次被刷新。上午10时18分,长沙市火车站监测点显示的PM2.5达到371,超过国家安全标准75的近4倍。同时超过300,达到最高污染级别严重污染的监测站点还包括雨花区(323)。

周边的株洲和湘潭的空气也不容乐观。1月12日晚上9点,株洲、湘潭13个监测点的空气质量全部重度污染。其中株洲的最高值达到250,最低值209,湘潭的最高值和最低值分别为261和237。

"长沙的太阳抽烟抽得有点多,被烟遮住了。"

"长沙雾霾天气和北京有得一拼。"

"作为长沙人,没资格说北京空气差了。"

……

最近两天,长沙被雾霾笼罩,晴天变成了阴天,网友们纷纷窝在家里或办公室吐槽。昨日,记者分别采访上班族、建筑工人、公园散步市民、环卫工人等,听听他们对"雾霾天"的看法。

白领　不敢长时间外出了

时间:12时34分

地点:营盘路湖南财富中心楼下

太阳出来了,晒得人稍微有点热,但远处仍然雾蒙蒙一片,在湖南财富中心内一单位工作的王女士正下楼准备吃饭。

"没想到现在长沙的雾霾也这么厉害,都不敢长时间外出了。"王女士是长沙本地人,在北京工作过3年,今年年初才回到长沙工作。她对北京的雾霾天气感触颇深,"那里的雾霾天,如果出门不戴口罩,时间长了嗓子会干痒。"

王女士说,自己住得比较近,平时都是步行上下班。这两天晚上回家后，感觉嗓子有点干痒。

“我感觉自己作为长沙人，没资格说北京空气差了。”王女士苦笑着说。

农民工　农村的雾10点多就散了

时间：13时27分

地点：开福区泰安里周南中学工地

在工地上，建筑工人李建把水泥袋子划开，将水泥倒进搅拌机，再用锹把细沙和石子铲进去。

记者问他，一天到晚在室外工作，雾霾天气是否对他有影响。他直摇头说：“没影响。我们农民工哪管这些。”

李建是湘阴人，去年来到长沙打工。“我听说过雾霾对身体有害，但也管不了那么多。”他说，平时嗓子不舒服，他会多喝些热茶，严重时就买点甘草泡着喝。

“这雾确实挺厉害，一天都不散。我们农村的雾，一到上午10点多就散了。”李建感慨道。

市民　早晨不敢出门散步

时间：14时16分

地点：湖南烈士公园

“小孩子身体比较脆弱，怕雾霾对他有影响。”刘娭毑正带着孙子在年嘉湖旁玩耍。说起雾霾天，刘娭毑有些担心自己3岁的孙子。她说，平常天气好的时候，她总会在早晨带孙子出来散步。不过，这两天早晨雾霾很重，她改变了自己的习惯，选择在午饭后出门，“现在的雾没有早上那么重了。”

“并没有觉得身体不舒服，不过看到这么大的雾，心里总感觉空气不干净。”刘娭毑认为，现在，长沙汽车不断增多，尾气排放对雾霾天气的形成有一定影响。她经常会在自己孩子出门时唠叨几句，让他们不要去哪儿都开车，距离较近的地方可以步行过去。“既锻炼身体又环保，希望每个人都能做一点贡献。”

环卫工　有时流眼泪嗓子不舒服

时间:15 时 10 分

地点:晚报大道与车站北路交叉口附近

“早晨雾太大,不敢到路面上去扫。”环卫工人林师傅说,每天凌晨 5 时许,他们就开始清扫,虽然这个时段车比较少,但这两天雾气太重,光线不好,都不敢轻易到机动车道上清扫,生怕被车撞上。

“有时风对着吹,虽然没有沙子,眼泪也会控制不住地流下来。”林师傅说,常年的环卫工作让他们早已习惯了这样的环境。但是,这段时间的雾霾让他感觉有些不一样,嗓子格外不舒服。

长沙　9 个空气监测点 8 个重度污染

另报,长沙连日来的雾霾愈演愈烈。昨晚 8 时,记者登录市环保局网站发现,全市 9 个空气质量监测点,除马坡岭监测点为三级轻度污染外,其余均为五级重度污染。未来三天雾霾天气仍将持续。据预测,由于近期长沙天气仍以晴天居多,因此本周内雾霾天气仍将继续。

12 日,久雨初晴的长沙笼罩在太阳穿不透、热气驱不散的雾霾中。长沙环保部门监测认为,是由于“外来污染物输入性污染”,导致长沙空气质量接近历史上受北方沙尘暴影响最严重的空气污染水平。

12 日晨,久雨的长沙出现了久违的一缕阳光。天空是黄色的,地面上灰蒙蒙。但空气中随之腾起一城雾气,且随着时间的推移、气温的升高变得越来越浓。大雾不仅“锁”住长沙城桥梁楼宇,还穿窗进门钻入建筑物内部。很多市民不论是在室内还是室外,都感到些许不适。一些人戴上了口罩,还有人关闭门窗躲进室内吹空调,尽力避免与雾霾“亲密接触”。

记者联系上长沙市环保局,环保部门表示 12 日致电或上门了解空气质量状况的人很多。长沙市环境监测中心站 12 日监测,发现长沙11日夜间零点开始出现雾霾。随后,空气中颗粒物浓度呈现迅速上升态势。至12日上午11点可吸入颗粒物(PM10)达到0.459毫克/立方米,已经接近历史上长沙市受北方沙尘暴影响最严重的空气污染水平。其中,在颗粒物中细颗粒(PM2.5)浓度达到0.306毫克/立方米。

长沙市环保局专家坦言,历史同期发生类似污染实属罕见,初步分析原因如下:一是气象因素。据气象部门资料,11日夜北方冷空气南下,长沙连续降雨后空气湿度大,下半夜开始产生雾。二是受北方冬小麦收割后的秸秆焚烧的影响。由于近期北方干燥,加上山东、河南、安徽、湖北、江苏等北方省市秸秆焚烧,南下的冷空气中携带大量的浮尘和秸秆焚烧烟雾,直接影响到了长江流域的南京、武汉以及长沙。受二者共同影响,加上目前长沙市大气状态稳定,风速较低,并同时出现了逆温现象,不利于近地面的烟雾扩散。颗粒物沉积形成遮阳层,阳光在污染物中多次折射和反射,导致天空呈现土黄色。

——北方:冰城哈尔滨,真正意义的“雾霾下的哈尔滨”

北方的哈尔滨也不乐观。

2013年10月21日,哈城的雾霾继续发威,大范围雾霾天气持续笼罩着大地。

从10月21日晚至22日晨,黑龙江省气象部门连续两次发布大雾红色预警信号。大庆、佳木斯、七台河、伊春、哈尔滨等地能见度小于50米,哈尔滨、大庆等地同时有重度霾发生。

22日,冰城哈尔滨全市初中、小学以及幼儿园继续停课,高中正常上课。

当日晨,哈尔滨市交通部门已建议所辖市县停止长途公路客运,市区59路等公交线路全线停运,且全市交通事故增长三成。

7时许,记者在安发桥附近看到,由于能见度低,过往车辆纷纷开起了大灯,司机开得小心翼翼,犹如蚂蚁爬行。公交站台和路边有很多等待出行的市民。在抚顺街站的刘先生告诉记者,因为天气不好他比平时早 40 多分钟就出门了,可半个多小时也没等到车。据了解,哈尔滨市已经启动了应急预案,中小学紧急停课。

半个月后的 2013 年 12 月 4 日,雾霾再次袭来,省气象台发布了哈尔滨雾霾橙色预警,这也是省城哈尔滨进入 12 月份以来遭遇的第一次重度雾霾,但是对于 2013 年这一整年来说,这已经不是首次了。而眼看着就要进入新的一年,记者也不禁想问,雾霾还会再来吗?我们又将如何应对呢?

有专家称中国北方大部分地区周二依然笼罩在重度雾霾当中,迫使一些公路、学校和一个主要机场的关闭状态又持续一天,并且令中国官员面临更大的要求尽快解决污染问题的公众压力。

新华社周二称,在东北的黑龙江省,由于能见度非常低,所有高速公路依然关闭。在哈尔滨,作为一项健康预防措施,中小学依然停课。报道称,哈尔滨部分区域的能见度不足 20 米。哈尔滨冰雕节因受雾霾影响,不像往年红火。

新华社周一援引黑龙江环境部门的话报道称,冬季采暖季开始后烧煤供暖、汽车尾气排放、焚烧秸秆以及缺少劲风是造成雾霾的主要原因。报道称,东北的吉林和辽宁周二也出现了重度雾霾。超级雾霾笼罩中国东北,在近几个月来自公众的压力上升之际,政府在控制空气污染方面表现出紧迫感。据哈尔滨环保局称,周一该市对健康有害的细小颗粒物 PM2.5 浓度最高一度达每立方米 1,000 微克。世界卫生组织(World Health Organization)称,长期吸入空气中的细小颗粒物,尤其是在浓度极其高的情况下,会增加患心血管病和呼吸系统疾病以及肺癌的风险。

尽管哈尔滨的空气监测站在周二显示空气质量指数依然位于 500 这个最大值,到傍晚,该市的平均空气质量指数已降至 360 左右。但这一水平按美国标准依然极为罕见,通常在山火这样的情况下才会出现。

一些社交媒体用户对污染水平表达了愤怒情绪。

黑龙江电台记者郭亚洲在新浪微博上说，一遇到类似于哈尔滨雾霾天这样的恶劣气象灾害，政府要么不说话，要么百般推卸自己的责任；按照目前的技术水平，恐怕黑龙江百年之内也改变不了冬季取暖这样的格局……我们的政府，拿出一些实际行动吧！我们的要求不高：干净的食物，干净的水和空气。

在围绕北京新公布的空气污染应急措施召开的一个新闻发布会上，北京市环保局一位发言人将哈尔滨最近空气污染加剧归因于气候条件，而不是供暖季（已于周日开始）。他说，我们必须控制北京的污染，但也需要可以帮助污染物扩散的天气条件。

另外，中国环境保护部周二称，第三季度京津冀的空气污染问题最严重，空气质量平均超标天数比例为62.5%。但这三个地区同期的空气质量有所改善，空气质量达标天数比例平均为37.5%，而第二季度为33.8%。环保部称，在10个空气质量最差城市中，河北省占到七个。其他三个城市包括山东的济南、天津和河南的郑州。哈尔滨未被提及。

另据报道，辽宁多半高速公路陷入瘫痪。从20日开始连续三天笼罩在雾霾当中，沈阳等地出现了重度霾天气。全省区雾大，许多路段能见度小于100米。境内沈阳绕城、沈吉、抚通、西开、平康、新鲁、沈康、阜锦等8条高速公路全线封闭；京哈、沈海、辽中环线、丹阜、长深、阜营、丹锡等7条高速公路部分路段封闭……

——东方：申城上海，浑浑沌沌

从北方的冰城哈尔滨，再到东方申城上海，千里之遥，雾霾如出一辙，让人惊叹、让人扼腕：

雾霾，咋就这样难舍难分了？

我们“霾”头苦干，再创“灰黄”了！

问君能有几多愁，恰似一肺雾霾被吸收。

……

“霾”，这个笔画繁杂、过去除去“阴霾”好像也较少使用的生僻字,如今妇孺皆知。

据称站在上海的高高的东方明珠电视塔上,也看不清东西南北了。十里洋场,十里迷雾,上海犹如一位迷人的少女,越发看不清美丽的面容了……

“在上海,好空气全靠刮。”

寒冷的冬季,上海阿哥阿姐们像盼星星、盼月亮那样,盼望着一股寒流,盼望着喝一口痛快的西北风。喝西北风,总比十面“霾”伏天天当“尘惯吸”强。无风之冬日暖阳,算了吧,伺候不起与之如影随形的“霾”啊!

以上这些,是上海街头阿哥阿姐们简单幽默的对话。

据中国天气网报道,是夜,上海雾霾加重,走路似飘浮,“魔都”变“雾都”。截至昨日,5 天内上海已两次启动空气质量重度污染预警。今天,上海仍处十面“霾”伏当中,空气质量差。市气象台预计,大部地区能见度好转,但霾继续,下周初,随着一股较强冷空气的南下,上海风力逐渐增大,此轮雾霾天气有望终结,霾走天晴,天空出现暖阳蓝天。

另报,上海市环境监测中心的预报员们就开始上班了:看数据,密集会商,跟踪报告,和气象部门随时无缝会商,24 小时分时段发布空气质量指数(以下简称 AQI)预报。

12 月的第一周,上海遭遇有 PM2.5 记录以来最严重的一次雾霾。上海环保局提供的数据显示,上海日均 AQI 从 11 月 30 日的 129 开始持续上升,到 12 月 6 日部分监测点 AQI 首超 500 大关,PM2.5 小时浓度最高达到 603 微克/立方米,是上海市环境监测中心从去年 6 月 27 日开始 PM2.5 系统性监测以来的最高值。

另报,上海拟 5 年内消灭燃煤小锅炉。

上海环保局污染防治处副处长周军接受记者采访时表示,像减排这样的大气污染末端治理已经实施多年,能够减掉的污染物排放总量空间已经越来越小,现在需要调整和转变发展方式、产业结构、能源结构和生活方式,从根本上减少大气污染物排放。

今年10月，上海发布了《上海市清洁空气行动计划(2013—2017)》，分别从能源、产业、交通、建设、农业、社会生活等六大领域提出了防治污染的措施和目标。

周军表示，该计划与以往大气污染治理计划的一个重要区别在于突出源头控制以及结构调整。例如，该计划提出，到2015年，上海全市电镀、热处理、锻造、铸造等四大加工生产点总量明显压缩，钢铁、石化、有色、建材行业占工业总产值比例降至18%左右。

与清洁空气行动计划配套的法规也在修订中。周军称，上海正在修订《上海市实施〈中华人民共和国大气污染防治法〉办法》，明年有望出台。

“比如，上海市要逐步取消分散燃煤，即烧煤的小锅炉、炉窑要在5年内逐渐改为清洁能源，原来的法规对它的支撑相对来说比较弱，这次法律修订中会有专门条款明确这一点，并明确法律责任。”周军说。

周军认为，要解决大气污染这个明显带有区域性特征的问题，长三角区域应该同步推进，建立区域联动协调机制。“长三角区域经济结构同质化，污染也是同质化，所以治理措施也一定要在江浙沪同步实施。比如黄标车的淘汰，光上海做，江浙不做，是起不到效果的。这是最基本的原则。”他说。

随着京津冀及周边地区大气污染区域联动防治的开展，国家各部委也正在推进建立长三角区域联防联治机制。周军告诉记者，上海将在明年启动建立长三角区域空气质量预报预警中心，将预报江浙沪大的空气质量形势。

——西方：古城西安，堵城变“雾都”

“东方不亮西方亮，黑了南方有北方。”这是当年毛泽东的原话，此意是中国地域之大之广，游击战不愁没有回旋的余地。可是今日的敌人变化了，来自“陆海空”。如果说大上海是雾霾当头，那么古城西安，也是堵城变“雾都”，更让人不敢恭维。

据华商网报：2013年12月18日早上，古城西安再遭雾霾重创，空气污染指数直线上升至500。西安雾霾持续升级，位列全国重污染城市第一。

全国污染严重城市前五陕西省占了四个。

昨日省气象台发布霾黄色预警信号：预计未来24小时，咸阳、西安、渭南的部分地区将出现空气较浑浊的中度霾，易形成重度污染。没想到上述城市全部“中招”。在PM2.5监测网上，排名前五的城市中，陕西占了四个，分别是西安、咸阳、宝鸡、渭南。西安以500“爆表”指数再位列第一。

陕西省气象台18日16时继续发布霾黄色预警信号：预计未来24小时内咸阳、西安、渭南、宝鸡、铜川的部分地区将出现中度霾，易形成中度空气污染。空气质量明显降低，人员需适当防护。

网友秦岭松林有感而发：“作为西安人本自豪，十三朝古都厚重历史文化，如今的蓬勃发展的现代化国际大都市，但一夜间，此幸福感缥缈，除新‘堵城’别名外，今又被称‘霾城’！反思：是否在蓬勃发展中，我们以往太自大了。今日城市笼罩在驱之不散的雾霾中，难道明天还要继续？请看汉中、安康、商洛天空！”

网友调侃西安雾霾“口感”历史厚重。

回想上周北京、上海等地的雾霾天，西安网友勇于呼吸，力图尝出西安雾霾的口感。作为“新一线城市”西安雾霾的口感和北京等“老一线城市”有什么不同呢？小编选取几条西安网友的“试吃”体验，送大家一起感受感受。

小编认为，西安的雾霾满满的都是乡土情，饱满的柴火味儿浓得化不开，虽说略失气场，但却满是温情，不禁让人遥想起田野里生火焐土豆的小小少年，潸然泪下。

西安网友@“四坡小农”认为咱西安雾霾的口感，那是燎咋咧！“它就像一碗羊肉泡馍，外放豪爽简单，内在精致复杂，吸入后又回味无穷。它既有来自黄土大漠的粗犷凛冽，也不缺兵马俑的细腻真实。它既有北京的酣畅也不乏上海的细腻，还多了份千年的历史厚重。”

@“D_D 小德”表示:“西安雾霾的口感初尝起来带着古城厚重的历史感,慢慢品味过来还有些许的文化芳香。虽在北方,却没有北京那种扑面而来的气势,也不及上海的那种小资雾霾气息。同样是 PM2.5,西安的更接近 PM2.1,硬要说的话,西安的雾霾带着肉夹馍般的酥脆与绵柔。”

面对西安十面“霾”伏,有市民作诗一首,最能代表西安民意:

雾霾锁秦东,举目四朦胧。
百米不见人,十步看不通。
服雾无止境,霾头下苦功。
长安超京尘,厚德载雾中。
人人尘惯吸,个个孙雾空。
日日创灰黄,夜夜蓝天梦。
转眼到下午,愈发霾得凶。
何时见天日?点香问苍穹!

综上而述,南、北、东、西,乃为四面“霾”伏。

谁是祸首?

谁来买单?

中国问世界。

世界问中国。

中国,你该往何处去?

中国要做选择。

人民要做选择。

生命也在做选择。

……

不在选择中复兴,便在选择中消亡。

“霾”聚北京

“雾失楼台,月迷津渡”。

古典诗词中意境朦胧的书写,这几天成了京城空气现状的真实写照。

2013 年初 10 日晚间,开始笼罩京城的雾霾连绵多日,12 日北京 PM2.5 指数濒临“爆表”,北京几乎所有区域被意味着最严重污染的“深褐色”覆盖。

卷土重来的 PM2.5,不只是北京的烦恼。

最近,从华北到江浙再到四川盆地,普遍是一片大雾弥漫。然而,在浓重的雾气中,PM2.5 的污染之害却越来越清晰地呈现在人们面前。

全国各地雾霾告急,政治中心的北京也不例外。

甚至还应该说北京的雾霾更甚于外地。

改革开放 35 年来,北京的变化日新月异。北京长高了,首都变美了,也带来了环境忧患。前几年我曾在《皇天后土》一书中呼吁“狼来了!”呼吁大家要珍惜生态平衡,保护我们的家园。实际雾霾来得比沙尘暴有过之无不及。

据《北京晨报》报道:北京 2013 年雾霾天近 60 年最多,100 天里占 46 天。“春姑娘”4 月 11 日才迈进了京城的门槛。中国气象局国家气候中心 16 日发布的数据显示,1 月 1 日至 4 月 10 日,北京平均气温为 0.8℃,比常年同期偏低 1.3℃,为 1989 年以来第二低。另外,1 月 1 日至 4 月 10 日这 100 天里,北京雾霾日数有 46 天,为近 60 年最多。

数字能吃人!

这是个多么可怕的数字!

从 1 月 10 日 22 时 30 分北京市气象台发布大雾黄色预警,到 13 日 10 时发布北京气象史上首个霾橙色预警,2013 年第一场大雾笼罩在北京上空,久久不愿散去。截至 14 日 13 时,大雾持续时间已超过 87 小时。这在北京的历史上空前绝后。

拒绝雾霾,坐在家里不敢出门的明星们,面对北京雾霾天,像西安的网友一样。大家纷纷幽默地吐槽。

不过,无论明星还是网友的吐槽,都没有“雾霾版”《北京北京》的流传广、影响大。

（原版）

大雾弥漫在这里的每一条街道，空气污染指数竟然不断爆表。

除了仙境般的楼阁把你我围绕；我依稀看到了满街满眼的口罩。

谁在雾里寻找，谁在雾里哭泣？
谁在雾里活着，又在雾里死去？
谁在雾里奔波，谁在雾里哭泣？
谁在雾里挣扎，谁在雾里窒息？
北京，北京……

这首歌词已被称作关于雾霾天气的“神吐槽”，不少网友直言，在近期雾霾天屡次袭击北京等城市，给市民生活和健康造成极大影响的情况下，其中每一句词都写出了百姓无奈的心声。因而“雾霾版”《北京北京》一炮而红。

对于明星们的吐槽，广大网友却没那么客气。

在他们眼中，明星是高收入群体，开的都是豪车，更随时可以出国度假，这槽吐得不太理直气壮。有网友尖锐地说：“一个开四点几排量路虎的明星吐槽雾霾，脸太大了不？就是你们这些人多了，北京才变成这样了！”

不过，也有不少宽容的网友表示，明星也是雾霾天的受害者，希望明星能起带头作用，主动参与、宣传环境保护，“美丽的环境，需要我们大家共同创造。”

且说明星吐槽，类型也是五花八门。

单纯抱怨型，当数宋丹丹和崔永元。

宋丹丹在微博上传了一张雾蒙蒙的城市俯瞰照，感慨道：“在北京出生长大生活了五十年，出国潮及各种诱惑都没能让我离开这个可爱的城市。今天我脑子里一直在转：我该去哪里度晚年呢？”

崔永元连续炮轰阴霾天气，还幽默地称“雾都孤儿”，“今天才意识到是双重杯具，一是生活在雾都，二是个孤儿”。

其二，自曝生病型当数美女海清和张泉灵。

海清在微博上说："我的上呼吸道感染一直没停过，不过都坚持开工，而雾霾天气来袭，自己终于扛不住了。"央视主播张泉灵则在微博上透露："儿子昨晚才开始发烧，今天一查就是肺炎。大夫说，最近好多这样的孩子，还有不发烧就肺炎的呢！"

其三，向往蓝天型当数陈坤。

去年陈坤徒步行走西藏，感受到了西藏的纯净空气。此番遭遇北京雾霾天气，陈坤就晒出一张纯净蓝天的照片。徐峥则发微博称："澳洲享受假期，来了以后就再没咳嗽，天天能看见蓝天白云……"有网友回应说：中国上空的雾霾越来越大，伴随着空气加速流动，走出了国门。日韩上空出现了未经海关批准就贸然出境的PM2.5颗粒。说不定哪天就吹到了澳洲。天下乌鸦一般黑！

其四：理性思考型当数李冰冰。

面对雾霾，李冰冰发了一篇感性中不乏理性的微博："这里有我们躲不掉的PM2.5爆表、爆堵、拥挤、压力。可就是在这样一座城市，我们依然努力着，拼搏着，坚守着……你的坚守是什么？"李冰冰提出了她心中的问号："当大家在雾霾的阴影下不能畅快地呼吸，我们是不是该反省一下自己对这个世界做了什么？"

其五：诗意大发型当数动作明星吴京。

他才气大发，仿写了一首《沁园春》调侃北京雾霾天气：

北京风光，千里朦胧，万里尘飘。
望三环内外，浓雾莽莽，鸟巢上下，阴霾滔滔！
车舞长蛇，烟锁跑道，欲上六环把车飙。
须晴日，将车身内外，尽心洗扫。空气如此糟糕，引无数美女戴口罩，惜一罩掩面，白化妆了。
唯露双眼，难判风骚。
一代天骄，央视裤衩，只见后座不见腰。
尘入肺，有不要命者，还做早操！

央视主播张泉灵在播完雾霾天气的新闻后，也有感而发，主动接招，回应了一首打油诗：

月朦胧，鸟朦胧，空气雾霾浓。
山朦胧，树朦胧，喉咙有点痛。
花朦胧，叶朦胧，医院排长龙。
灯朦胧，人朦胧，宅家发大梦！

面对头顶上的雾霾，在华的荷兰人丹·罗斯格德突发奇想：在北京上空制造一个“电子真空吸尘器”。其原理是，在地下埋一个铜线圈，让上空形成静电场将雾霾吸走！

得到了一群大学生的力挺，举行了有趣的颁奖活动。

在北京另有新奇，这便是——“雾霾经济”起航。

靠近前门大栅栏一家口罩网店店主对记者说，她的网上专营店生意火爆。“从 10 日开始，每天的订单都上万，”电话那头，周先生一边指挥小二下单装货发货，一边和记者分析，“一是来自北京周边的买家比较多，听说北京污染还要持续，二是批量购买的人比较多。”

当雾霾侵袭各大城市时，诸如防 PM2.5 口罩、空气净化剂、“宅家”“银耳雪梨化尘润肺汤”等成为人们与污染抗争的直接“武器”。监测数据显示，近几天，形似防毒面具的“N95 口罩”在淘宝网成交指数已激增 10 倍。一些家电卖场的空气净化器销量也十分可观。据介绍，3000—4000 元价位的空气净化器最好卖，国美在线相关人士表示，一款 3400 多元的飞利浦在一天内就卖出了 3000 多台。

店里生意好，周先生却高兴不起来。“人总不能时时活在口罩之下，我们需要的是洁净的、可以自由呼吸的空气，如果可以，我宁愿少卖一些口罩。”周先生说道。

再一奇闻，是雾霾天里，医院门诊病人暴增。

1 月 13 日下午，在武警总医院呼吸科内科诊室，呼吸科主治医师贾静正忙着为陆续来就诊的患者开药。“这两天呼吸道感染的患者明显增多,原来感冒的患者中,患有呼吸道感染的患者30%至40%,但近几日咳嗽、支气管炎等疾病增加,呼吸道感染的患者已经占到一半以上。”

患者多,贾静忙得连水都喝不上。“从早上7点到下午3点多没喝一口水,看了100多位患者,基本都是呼吸道感染。”

12日,记者跟随邻居出租车司机赵师傅出车,体验雾霾中的交通状况。

12日早8时,赵师傅从北京三元桥接班。在劲松附近,一个背着双肩包的小伙子突然蹿到马路中间,拦住了赵师傅的车。

“去亦庄!”小伙子有点气急败坏,“站在路边伸手打车出租车司机根本看不见,已经过去好几辆了都没停,我等不及了!”

进入亦庄开发区,赵师傅和乘车的小伙都蒙了,窗外雾蒙蒙一片,路牌及高楼都看不清。找不到可参考的标志性建筑,两个人又是打电话,又是问路人,转了两圈才找到目的地。下车一打表,打车费77元,耗时1小时40分钟。正常情况下,打车从劲松到亦庄只要35元左右,时间不超过半个小时。

“要不是要交份钱,今天我才不会出车。”赵师傅说,这种天气呼吸车外空气总感觉要窒息一样,空调都不敢用外循环。

“市民说汽车尾气污染严重,但自己又都不愿放弃开车出门。”18时30分,赵师傅的车堵在西二环主路上动弹不得,“不过谁家没个事呢?出门看病、吃饭,比起自驾车来,公共交通还是太不方便。”

我的一位在北京土生土长50年的老友长江(化名),女儿在新西兰安了家,5年了,一直动员老爸过去,长江惦记着故土,惦记着祖国,没能过去吃绿卡,直到2013年底,面对北京的雾霾,在女儿的动员下,终于和老伴下定了决心,移民新西兰,在雾霾面前,他终于抛弃政治,选择了蓝天和健康。在首都机场,我为他们送行时,他哭了,显然他也是出于无奈。我安慰他说:等北京有了蓝天白云,我希望你能回来,和我一块玩牌!他笑了,说:我就盼着这一天哩!

无独有偶。我广州市一位教育出版社的朋友,她叫黄红丽,女儿是她心中的太阳,也是位小天才。女儿是听着《我爱北京天安门》长大的,她心中自幼有两个崇拜的城市,第一位的是北京,其次才是故乡。这也是她高考的两个选地。由于北京的严重雾霾,今年她放弃了北京崇拜,而选择留在了广州的大学。

雾里看“花”

2013 年岁尾。

中国社会科学院、中国气象局在京联合发布 2013 年《气候变化绿皮书:应对气候变化报告(2013)》。

绿皮书称,雾霾天气现象会给气候、环境、健康、经济等方面造成显著的负面影响,例如引起城市酸雨、光化学烟雾现象,导致大气能见度下降,阻碍空中、水面和陆面交通;提高死亡率、使慢性病加剧、使呼吸系统及心脏系统疾病恶化,改变肺功能及结构、影响生殖能力、改变人体的免疫结构等。尤其是雾霾会影响生殖能力,让人类断子绝孙,似乎让人们感觉到了恐怖。

在一个雾霾多日不开的早晨,笔者终于敲开了位于海淀区巢清尘先生的门,他就是绿皮书副主编、国家气候中心副主任。

他文质彬彬,亦很健谈。

我们说明来意,他给倒了水后,便幽默感十足地说我也是雾里看花啊,绿皮书的创意,带有半官方性质,主要想把一年气候变化情况作一梳理总结,指出它的危害,它的发展、变化、消亡的规律。让大家淡定,共同面对,不要惊慌失措。雾霾是两层意思,雾是雾,霾是霾,雾是不可怕的,主要是霾,不但会影响人们的生殖系统,还会威胁人们的生命,有一定的科学性,不是吓唬大家的。再者雾霾也不是什么新东西,是所有发展中国家所面对的共同话题。当然也是一个国际话题。老牌的先进的资本主义国家,像美国、英国、法国等,他们在成长过程中都经历过了,对此治理也是有一定经验可以供我们这些发展中国家借鉴。但是我们不能步他们的后尘,“先发展后治理”,那么代价太大。

接着,他指出:雾霾是与我国的发展同步的。我国雾日数减少霾日数增加。20 世纪 80 年代以来,我国雾日数呈减少趋势,而霾日数呈增加趋势,特别是 2011 年和 2012 年的霾日数均超过雾日数。而在 20 世纪 80 年代以前,中国中东部平均雾日数基本都在霾日数的 3 倍以上。

另外,进入 21 世纪后,中国中东部地区连续霾过程站次数增加显著。资料统计显示,连续 3 天的霾过程站次数由 725.5 站次增加到 2010 站次,连续 4 天的霾过程由 444.4 站次增加到 1292.1 站次,连续 5 天的霾过程由 291.8 站次增加到 881.1 站次,连续 6 天的霾过程由 200.3 站次增加到 628.2 次,分别是 20 世纪平均值的 2.8 倍、2.9 倍、3.0 倍和 3.1 倍,其中持续时间越长的霾过程站次数增加越多。

他说,东部雾霾日数增多,西部雾霾日数减少。在空间分布方面,绿皮书指出,中国年雾霾日数变化趋势呈东增西减趋势,东北、西北和西南大部地区雾霾日数每年减少 0—0.5 天,除新疆北部外,西部地区年雾霾日数基本都在 5 天以下。

而在华北、长江中下游和华南地区则呈增加趋势,其中珠三角地区和长三角地区增加最快,广东深圳和江苏南京平均每年增加 4.1 天和 3.9 天。中东部大部地区年雾霾日数为 25—100 天,局部地区超过 100 天。

最后,他讲到,治理雾霾要逐步实现信息公开全民参与。这似乎是一条规律。对于近年来中国雾霾天气增多的原因,绿皮书分析称,雾霾天气的形成主要源自人类活动,中国雾霾天气增多最主要的原因是社会能源消费增多造成的大气污染物排放逐年增加。污染的主要来源是地面灰尘、汽车尾气、工业排放和冬季取暖。数据显示,近两年,中国的温室气体排放总量已经居世界第一位。

除了人类活动,绿皮书指出有利于雾霾发生的气象条件出现更频繁。其中包括降水日数减少,风速减小,稳定类天气增多等因素。

绿皮书称，雾霾天气现象会给气候、环境、健康、经济等方面造成显著的负面影响，例如引起城市酸雨、光化学烟雾现象，导致大气能见度下降，阻碍空中、水面和陆面交通；提高死亡率、使慢性病加剧、使呼吸系统及心脏系统疾病恶化，改变肺功能及结构、影响生殖能力、改变人体的免疫结构等。

对于中国未来治理雾霾和空气污染，绿皮书亦给出了六条政策建议。

他掰着手指说：第一，要建立和加强多地区、多部门联合治理和控制大气污染机制，减少大气中凝结核的数量；第二，完善气象观测系统建设，建立空气污染和雾霾天气预测预警系统；第三，防治雾霾和空气污染要加强法治，但同时也要充分利用好经济手段；第四，增强城市治污能力；第五，协同控制空气污染物和温室气体排放，制定包括多种污染物减排的一揽子计划；第六，逐步实现信息公开，形成全民参与的治理新局面。以上六点建议都很重要。

临近中午时，我们结束了采访。

这次采访，让我们心里多多少少有了点底，少了些许恐慌。

专家“霾”见

那是一个飞霞的傍晚，北京城西山的火烧云红红的，红遍了大半个西天。严格说来，在京城是很难遇到这样的好天气和好心情的。

针对大气污染问题已经直接危害到国民的健康安全，如何从源头治理大气污染？政府、社会、市场应如何协作？就这些问题，我们又踏进了中国人民大学环境学院副教授、著名学者庞军的办公室。

给我的印象是人大的院子很大很大，庞军教授很年轻很英俊，也很有见识。

我们之间的采访很愉快，抑或说愉悦。

以下是我们采访录音。

记者：请问雾霾迷城原因何在？从年初开始的雾霾天气持续了近两个月，范围波及大半个中国，空气污染问题似乎呈现越来越严重的态势？

庞军：大气污染一直以来都比较严重，也不是最近才开始受到关注的。最初的空气污染物主要表现为粉尘，其来源主要是燃煤带来的污染物。此后，部分地区开始出现酸雨，因为煤燃烧后除了产生粉尘，还会带来二氧化硫，西南地区以及北京都遭受到酸雨的影响。为此，我国出台了关于两控区——酸雨控制区以及二氧化硫控制区的治理方案。经过这几年的治理，虽未得到根本性的缓解，但也没有出现过大规模的酸雨天气。

而此回空气污染再度集中爆发表现为大城市复合型空气污染，主要污染源亦由之前的燃煤转而加上了机动车尾气。可见，迫在眉睫的环境问题已经到了交相叠加的恶性程度。

记者：为何这次的空气污染问题如此集中？

庞军：有三个方面的原因：首先，这与我国经济多年来粗放型的增长模式密切相关。以往的环境问题在北京、上海等大城市表现得较为突出，周边城市可能因为经济发展相对滞后，环境问题尚未暴露出来。而这次的污染不一样，北京、天津、石家庄都有这个问题，其根本原因在于，这些地方在经济发展过程中所产生的环境污染一直没有得到很好的解决，最后导致集中爆发、共同遭难。

其次，我们对污染治理的手段也不够强硬。这次雾霾的罪魁祸首是PM2.5，这些细颗粒物是由污染物经过复杂的化学反应形成的，原先的一些氮氧化物在阳光的作用下进行光化学反应，生成细小的微粒物，结构比较复杂。北京PM2.5的来源中，20%左右来自汽车尾气污染，燃煤占到20%，此外，还包括建筑类扬尘，还有一块是外地沙尘的飘移。这种复合型的污染物的来源具有多样性，治理的手段也应该是更有针对性的。北京的空气治理其实花了不少力气，集中供暖、家庭炊事基本上都已采用天然气，北京的大气排放标准在全国来说也是最严格的，首钢也被搬迁到了河北，但是这次受污染最严重的还是北京。可见，空气污染问题不是一个城市的问题，而是区域性的问题。

再次，就是居民自身的生活方式。现在很多城市的交通道路规划中，自行车道已经消失，私家车成为越来越多居民的代步工具，从这个角度来说，居民对于空气污染也负有责任。

记者：治理污染，是不是政府要壮士断腕？如果要从源头上解决雾霾等空气污染问题，应该从哪些方面着手？

庞军：是的，政府不壮士断腕，力度就不足为大。这是主要的。如果单从交通的角度，目前公共交通还满足不了居民的出行需求，大力发展公交肯定是值得城市管理者思考的问题。但是对于解决空气污染来说，转变经济结构显得更为迫切和重要。单纯依靠居民出行方式的改变以及交通的治理，是很难从根本上控制污染的，治理成本也非常高。

记者：但是经济结构的调整不是想调就能调的。

庞军：没错，调整经济结构需要一系列政策的配套。如果管理者意识到以牺牲环境为代价实现经济发展的恶劣后果，那么这种发展模式必须被扭转。环境是一种公共物品，具有外部性，我们在享受优美环境的同时无法阻止其他人一起享受；同样，当有人破坏环境的时候，其他人也必须承受环境被破坏的负面影响。如何解决这个问题呢？我们可以将外部成本内部化，由排放污染的企业支付一定的成本；而对于优美的环境，也可以考虑承担享受费用。

记者：对于环境污染治理，政府应该如何作为？

庞军：政府作为公共物品的提供者，其职责是保证良好的服务和品质。政府可以通过政策引导，根据不同城市大气环境的容量，判断制订合理的排放标准，一旦企业排污超标，政府就要采取强有力的惩罚措施，征收排污费或者环境税。这对企业来说无疑是增加了高昂的成本，如其仍然坚持以往生产方式，产品利润势必大大压缩，竞争优势也将随之消失，这种局面使得企业要么提高技术，要么放弃市场。可见，政府通过政策引导完全能将环境治理交给市场来解决。关键是要把环境保护真正作为一个发展目标,而不是仅仅停留在口头上。这是最最重要的。

记者:环境保护有哪些政策工具可以选择?

庞军:可供政府选择的环境保护政策有三大类。一类是基于命令控制型的,例如制订标准、强制性的排放许可;第二类是基于市场手段的税收、收费、补贴等等。例如对国内的产业征收碳税,进行碳排放货币交易,对生产过剩高耗能高污染的产品征收出口关税,避免因转嫁环境成本带来价格优势的产品大量出口。同时,对企业治污的行为给予适当的补贴;对具有环境标志的出口产品实行补贴优惠。对于产业发展的政策扶持尤其要考虑到环境保护因素,避免像光伏产业那样一哄而上,反过来对环境造成负面影响;第三类就是宣传教育了。

记者:您提到的很多政策,相关环保部门也下发过文件,但问题是执行往往难以落实到位,这个问题应该如何解决?

庞军:很多地方政府对于发展经济与环境保护之间,往往还是会倾向于前者,即使知道这家企业排污超标,但为了 GDP、为了政绩而不作为,使责罚措施流于形式。当前这个问题仍然很严重,所以解决环境问题不光只是喊喊口号,而是要真正付诸行动,付出真金白银的代价。

记者:雾霾发生之后,很多人质疑油品质量标准,您怎么看这个问题?

庞军:我认为油品质量标准只是问题的一个方面,另一方面是对于汽车的排放标准也应制订得更加严格,而且全国统一。此外,还有工业排放标准问题。在雾霾最严重的那几天,很多工厂被要求停产。其实这只是一种心理安慰,缓解一下老百姓的情绪而已,并不真正解决问题。实际上,也不可能因为要治理污染,就停止所有的经济活动。

记者:对于区域联防联控,您有怎样的建议?

庞军:区域联防联控是一个区域内产业的调整和升级,由于各省市经济实力并不平衡,相互之间要协调互补。比如北京对于保护水源地的做法,北京的水源地位于河北,为了保护水源的健康安全,整个区域的重工业都受到限制,北京市则相应给予了河北省一定的补偿。如果你只是给人家提要求,而对经济补偿不闻不问,这也是不公平的。所以,未来要么是国家出面协调,要么是产业布局上有所倾斜,或者进行转移支付。

……

结束采访时,庞军先生又把一则喜讯告诉了我们,雾霾很大一部分来自我们“心爱的汽车”,说中国长安汽车集团董事长、总裁徐留平,自2006年执掌长安汽车以来,以绿色汽车产业化推动者和低碳生活理念倡导者的形象,带领他的同仁,攻克种种难关,生产出了第一辆中国自主品牌实现市场化的新能源汽车,为早日结束雾霾,留下了浓墨重彩的一笔,值得可喜可贺!同时他也获得了我国首个由政府颁发的环保人物大奖。

英雄创造世界,这就是我们当今中国的大英雄!

听了这则喜讯,我们心里暖暖的,对战胜雾霾平添了一种信心、力量、希冀!

他山之“霾”

2013,中国处在经济发展转型的十字路口。

向左还是向右?向前还是向后?

中国面临着选择。

经济高速运行的中国,没有本钱再走西方“先污染后治理”的老路了。如不进行有效约束,容量有限的环境迟早会突破承受的临界点。显然雾霾已成一个国际话题。既然西方的“先污染后治理”的老路不能走,那么有没有可借鉴的东西需要我们学习?于是在一个月高风静的傍晚,我们又走进了北京大学吴彬彬教授家。

别看吴教授个头不高,可他学富五车,让人敬慕。对于雾霾,他也有自己的理解。同时他也把自己的诗作拿了出来,让我们欣赏:

七律·雾霾

阴霾似雪漫苍穹,遮天盖日遍京城。
腾云驾雾滚滚来,是花非花看雾凇。
影影绰绰灰蒙蒙,烟岚云岫似仙境。
残冬腊月人情薄,碎琼乱玉待春生。

我说是好诗,有感而发。

他哈哈地笑了,转而直奔主题,说:雾霾对中国来说是个新名词,在国外早不新鲜。比如以前的伦敦、洛杉矶、休斯敦都发生过严重的雾霾事件。伦敦从"雾都"到生态之城,其经验北京可以借鉴。20 世纪 50 年代,伦敦雾霭重重酿成灾难,英国人自此痛定思痛,大力整治环境,并实现产业转型,打造生态社会。时至今日,伦敦摘掉了"雾都"的帽子,蜕变为蓝天白云的"生态之城",绿色产业成为英国的经济增长领域。从工业革命的先驱到生态文明的领跑者,英国为世界其他国家的工业化、城市化进程提供了借鉴。

接着他讲道,1952 年 12 月,逆温层笼罩伦敦,连续数日寂静无风。当时伦敦冬季多使用燃煤采暖,煤炭燃烧产生的粉尘、有毒气体和污染物在城市上空蓄积,引发了连续数日的大雾天气。整座城市弥漫着浓烈的"臭鸡蛋"气味。人们走在街头,甚至低头看不见自己的双脚。许多伦敦市民感到呼吸困难、眼睛刺痛,哮喘、咳嗽等呼吸道疾病高发。人们的愤懑到了点火就着的程度。从 12 月 5 日到 8 日的 4 天里,伦敦市死亡人数达 4000 多人。9 日之后,雾霾逐渐消散,但在此之后两个月内,又有近 8000 人死于呼吸系统疾病。鲜活的生命就这样没了!

在付出高昂的生命代价之后,英国人痛下决心,整治环境。1956 年催生了首部空气污染防治法案《清洁空气法案》。这一法案规定城镇使用无烟燃料,推广电和天然气,冬季采取集中供暖,发电厂和重工业设施被迁至郊外等。1974 年的《控制公害法》囊括了从空气到土地和水域的保护条款,添加了控制噪音的条款。相继颁布的法令严格执行成为"雾都"获得新生的保证。

扩建绿地是伦敦治理大气污染的重要手段。伦敦虽然人口稠密,但人均绿化面积达 24 平方米,城市外围还建有大型环形绿化带。即使在寸土寸金的伦敦市中心,也仍旧保留着海德公园以及詹姆斯公园等大片绿地。

伦敦的巴特西发电站曾是英国最大的发电站,被认为是工业时代的象征,巅峰时期每周烧煤一万吨,每天消耗泰晤士河河水 155 万立方米。1989 年,巴特西发电站正式关停。2007 年 2 月,时任伦敦市市长利文斯通宣布环保规划,计划在 20 年内将二氧化碳排放量减少 60%,把伦敦建成全球最环保的城市。根据规划,约 750 万伦敦市民将减少看电视的时间,换用节能灯泡。在商业领域,在节能和环保方面表现出色的企业和政府机构被授予绿色奖章。

这中间,英国政府认识到,城市大气污染问题既与燃料结构有关,也是人口、交通、工业高度集聚的结果,需要综合治理,其中产业转型是关键,不再单纯依赖制造业,而是大力发展服务业和高科技产业。

现在的伦敦"雾都"不再,宛若一个生态的公园。伦敦从"雾都"向"生态之城"的转变,正是一些工业化国家实施经济转型、努力与大自然和谐共处的缩影。

在今天的英国,绿色经济产业是目前为数不多的经济增长领域之一,预计至 2015 年每年的增长率将超过 4%。绿色行业将创造 40 万个工作岗位,而且这一数字还将不断上升,到 2020 年,绿色行业从业者将有 120 万人。

按照英国政府的计划,到 2020 年,可再生能源在能源供应中要占 15% 的份额,40% 的电力来自绿色能源,既包括对依赖煤炭的火电站进行"绿色改造",也包括发展风电等绿色能源。到时英国温室气体排放要降低 20%,石油需求降低 7%。

为更好地建设生态社会,2007 年 9 月,英国政府宣布将在全国建设 10 个生态镇。同年 11 月,英国政府宣布将对所有房屋节能程度进行"绿色评级",以提高房屋能源利用率和减少排放。政府要求从 2016 年开始,所有新建住宅都必须是“零排放”,此类环保住宅将享受免缴印花税的政策优惠。

政府还制定了推广太阳能的计划,补贴屋顶安装太阳能电池板。作为一个岛国,英国还充分利用海上风能,其海上风电站的装机容量位居世界前列。

良好的生态环境极大地提升了英国人的生活质量,并吸引了大量的海外游客。据英国官方统计,在 2012 年的伦敦奥运会和残奥会期间,英国共吸引海外游客 59 万人次。

节能低碳已成为英国社会生活的时尚。英国零售业巨头乐购率先建设了一些“零碳”超市,通过自备生物发电机、建筑节能、循环利用雨水等方式打造低碳购物环境。伦敦南部的“贝丁顿零碳社区”更是声名远扬,这个约百户居民的小区是英国最大的低碳社区,是上海世博会零碳馆的原型,其建筑、生活等许多方面的低碳设计已成为标杆。

英国 100 多年来经历了田园牧歌到烟囱林立再回归绿色生态的发展历程,这也为世界其他国家的工业化、城市化进程提供了理念和实践借鉴。最近,联合国环境规划署“国际生态系统管理伙伴计划”主任刘健说,一系列全球性环境与生态问题已经对人类发出警告,需要开创一个新的文明形态来继续发展,这就是生态文明。英国伦敦变成花园城市,是值得发展中国家学习的。英国国际环境与发展研究所主任卡米拉·图尔明认为,20 世纪六七十年代环保运动兴起时,环境保护是流行的概念,后来是可持续发展,但近几十年,这些口号“不再像过去那样有力了”。生态文明是一个全新理念,包含了环境保护、经济发展、生活方式等很多内容,具有丰富的内涵。在探索生态文明的建设中,作为工业革命发源地的英国是一个很好的样本。

尽管整个社会都在努力向生态文明转型,但英国也存在一些焦虑。一个突出问题是,英国设置了较高的减排目标,但现行政策可能无法提供足够的支持。据当地媒体报道,由于政策力度不足,英国 2017 年的近期减排目标可能难以实现。2012 年英国政府还暂停一些太阳能补贴计划,原因是大量住宅纷纷安装太阳能电池板,补贴资金难以为继。

尽管前路崎岖,但在发展的同时,拥有一个美好的生态环境,是许多英国人共同的想法。谈到英国在世界低碳道路上的先驱角色,英国外交部前任气候变化特别代表约翰·阿什顿说:“我们相信低碳转变带来的机会将超过面临的风险。我们最终把这看作一场竞赛,跑在前面的将获得最高奖励。”

……

听君一席话,胜读十年书。伦敦治霾的成功,让一头雾水的我似乎有点开窍。

接着,我们又谈了德国的治霾经验,直到吴教授在《环球时报》工作的太太回来,我们才结束采访。走出宅第,只见皓月当空,星星满天,心中升起一点点希冀,相信明天没有雾霾、再创“灰黄”了!

“霾”头苦干

过去的2013年,中国环境陷入重重危机。

过去的2013年,驱散雾霾已成当务之急。

中国的GDP占全球GDP总量的11.5%,但二氧化硫、氮氧化物、二氧化碳排放量分别占全球排放总量的26%、28%和29%,污染物排放量居全球第一。这么大量的污染物排放,必然带来环境质量的低下。目前,雾霾已成为常态,而造成雾霾的原因,说到底就是污染物排放量过大导致的。

从世界范围来看,坦率地说,中国是大气环境质量最差的几个国家之一。北京PM2.5最高的时候达到500—600微克/立方米,甚至超过1000微克/立方米。而同一时间,温哥华只有8微克/立方米,美国、日本、欧盟都在20微克/立方米以下。中国这样的环境质量,对人的健康、旅游业的发展,甚至对于国际上顶级人才的引进都带来了不利的影响。而从历史上看,中国的环境污染状况也比任何国家都严重。

中国人应该深思?

中国政府应该反省？

是要 GDP 还是要蓝天白云？

要不要重走西方先发展后治理的老路？

……

第一个站出来大声疾呼的是农工党中央。

他们呼吁政府治污战略要“标本兼治”，应急机制应尽快建立。

早在 2013 年全国两会召开前，他们便向全国政协十二届一次会议提交了《关于积极应对区域灰霾污染的有关工作建议》，并得到中共中央主要领导习近平、李克强的批示。在此背景下，国家发改委在当年 3 月底组织召开雾霾防治工作座谈会，几十位中央单位有关人士应邀与会。会议认为，什么问题最急？雾霾治理最急。雾霾治理应强调“标本兼治”，应急举措与长期战略相结合。

今年初以来，全国大范围的持续性雾霾天气，让人们对于空气污染的关注上升到空前高度。国家发改委日前联合环境保护部制定的“大气污染防治行动计划”有望于近期出台。而据国务院法制办有关负责人透露，《大气污染防治法》迟迟未得到修改的原因之一是“各方意见大”。

在 2013 成都《财富》全球论坛开幕晚宴上，中共中央政治局常委、国务院副总理张高丽发表演讲指出，解决环境污染问题，将以治理重点地区 PM2.5 为切入点，综合施策，区域联动，带动全国的治理工作。

北京大学城市与环境学院教授王学军也严正指出：治理空气污染要分清轻重缓急，通盘考虑长短期措施，目前要重点改变每年几十天的重污染现象。中国环境科学院大气环境研究所所长柴发合对此认同，他提出的建议是：当务之急是建立污染预警预报等应急应对机制，以大幅降低实际的污染程度。他和他的研究员们大声发音，说：

“鉴于调整产业结构等措施无法立竿见影，当前应立即加强气象预报部门、环保部门与地方应急办的联动，当有不利的气象预报发布后，环保部门能够结合气象条件采取控制措施，以快速缓解雾霾天气对人民群众身体健康的影响。

“在制定中长期计划方面，建议加强雾霾对健康影响的监测和预警，建立空气污染和人体健康的暴露反应关系。除加强大气环境与健康关系的前瞻性研究平台建设之外，还要将与灰霾相关的重要基础设施建设列入国家重大科技支撑项目。

“如果为治霾而治霾，忽略了其他方面的关联因素和综合作用，长期来看可能会事倍功半。加强灰霾治理的领导与宏观统筹规划，形成系统的责任体系。建议由国务院牵头成立灰霾污染专项治理小组，并由国家发改委牵头成立整治重点区域灰霾污染工作机构。

“首先关注污染源治理，控制汽车尾气排放为治污重点。中国社科院今年5月底发布的《中国低碳经济发展报告》显示，从目前京津冀地区PM2.5的主要排放源来看，机动车排放和道路扬尘占50%，工业排放占37%，居民化石燃料燃烧和电厂排放占10%。治理大气污染应当以控制汽车尾气排放为重点。

“我们研究发现，汽车排放100nm左右的超微粒子是造成雾霾的重要因素，要解决这一问题，首先要解决交通拥堵，可参考借鉴日本等国做法，建立京津冀综合交通网（轨道交通网）。”

中国气象科学研究院大气成分研究所所长孙俊英指出，以北京地区为例，空气中细颗粒总体比例较高，其主要来源有两种：一是燃煤和汽车尾气排放；二是在大气中后来形成的。他认为，应由此分别针对气溶胶本身和“前景物”进行治理。

“PM2.5达到50微克以上，能见度就会下降到10公里以下。”王跃思表示，目前制定的日均浓度超过75微克即为污染的标准已经很低了。而其中PM1的高低对PM2.5的数值高低也有重要影响，因此控制超细粒子在防污过程中相当关键。

王跃思同时认为，机动车尾气排放标准也应有所提升，以产业链的提升为基础，减少汽柴油中的含硫量和含氮量，要像“检查酒驾一样检查汽车尾气排放是否合格”。隋路也提倡大力发展清洁能源，2013年底重点区域全面供应国IV车用汽油，2014

年底供应国Ⅳ车用柴油,2015年供应国Ⅴ油品。

面对“长期雾霾”这样一个现实我们不能等也等不起,不能再停留在应急性的治理上,而应该制定长期性、战略性的防治方案。一方面调整区域产业布局,关停部分高能耗高污染的企业,提高能源的清洁标准,大力发展新能源以降低煤炭在能源消费结构中的比例:另一方需要尽快完善空气污染防治相关的法律法规,加大对污染违法的处罚力度,增加企业污染违法的成本,同时调整地方政府考核机制,不再唯GDP论,加强对环境污染防治成果的考核力度。必须处理好经济发展和空气污染的关系,让老百姓在享受经济成果的同时拥有清洁的生存环境。

发展经济是为了让老百姓能生活得更好,现在不能以牺牲老百姓的健康去换取经济的发展,我们不能本末倒置。保证每一个老百姓都能呼吸干净的空气是当务之急,治理雾霾刻不容缓。

接下来,是北京市人民政府主要官员、市长王安顺的积极响应。他说:“治理雾霾是北京工作当务之急。”他在接受采访中表明立场:“解决好大气污染防治问题,是当前北京市工作的当务之急和重中之重。实际上,不光是大气污染治理,对环境脏乱、污水排放、违法建设等生态环境各方面的工作,北京市今年工作的力度都是空前的。我们编制出台了2013—2017年清洁空气行动计划,聚焦压减燃煤、控车减油、治污减排和清洁降尘,锁定到2017年PM2.5浓度下降25%以上的奋斗目标,细化提出了84项重点任务,明确了工作要求、完成时限、责任主体。我相信,随着治理措施的全面落实,在全社会的共同支持努力下,空气质量会越来越好。”

再接下来,是全国工商联环境商会秘书长、著名学者骆建华献计献策。

他说中国已进入环境危机阶段,制定相应目标刻不容缓。怎样应对环境危机,除了树立信心外,更重要的是确定环境治理的总目标。在我看来,这个目标既有短期的,如大气污染治理行动计划,确定用5年时间,全国地级及以上城市可吸入颗粒物浓度比 2012 年下降 10% 以上，优良天数逐年提高；京津冀、长三角、珠三角等区域细颗粒物浓度分别下降 25%、20%、15% 左右。此外，还需要确立中长期目标，要像描绘经济发展目标一样，确立到 2030 年作为我国最终解决环境问题的最后时限，做到大气消灭雾霾、湖泊消灭蓝藻、河流消灭劣五类水。

要做到这些，理由是到 2030 年，我国的人均 GDP 已经进入到高收入国家的行列。结合发达国家的经验，到那时，我国有能力也有可能大规模治理环境污染，解决环境问题。联系到《决定》提出的这些环境治理措施，我觉得都非常重要，为解决中国环境问题，为实现这样一个环境保护目标打下了很好的基础。

但也应该看到，实现这一目标的过程还很艰难。因为，中国未来 10 年内，至少是前 5 年，可以说工业化、城市化还没有完全实现，这意味着钢铁、水泥等高污染、高耗能产品的峰值点还没有到来，消费的高峰点也没有到来，仍将是污染物排放量"爬坡"时期，在这个时期，要控制污染物增量的难度是相当大的。后 5 年，随着峰值点的到来，中国污染物排放的拐点有可能会出现，也为解决污染问题带来了有利的条件。

我认为，按照这个目标，现在就应该倒计时，一步步、先易后难地解决环境污染问题。根据《决定》的要求，应更多地依靠市场手段解决环境问题。过去环境保护主要是靠行政手段，如对于污染物超标排放的企业，通过罚款、限期治理甚至关停等手段进行治理，但行政成本高昂。未来，环境保护管理应更多地用经济手段和经济投入，我们没有理由等靠了。

时下，雾霾横扫中国北方地区，中央持续加大整治政策力度。随着国务院颁布"史上最严"大气污染治理的"大气国十条"、中央财政安排 50 亿元资金用于大气污染治理等政策相继出台，相关媒体预测中国将用 10 年时间，逐步消除重污染天气，再现蓝天白云。

治理空气污染，人人均有责任，此事刻不容缓！

治理空气污染，各方联合作战，此事迫在眉睫！

信号弹已经升空，总攻已经打响，此役务必拿下！

让蓝天更蓝,让空气更清,让中国梦早日实现!

拒绝雾霾,敬畏蓝天

老子言:道法自然。

浩瀚的宇宙对人类永远是个谜。

从宇宙角度审视地球,地球是渺小的。

站在地球之巅,审视人类,犹如在宇宙上审视地球一样,人类同样是微不足道的——犹如宇宙中的蚂蚁,甚至连蚂蚁都不如。

审视自我,抑或人类生存,总离不开叶落归根的故土。

我的故乡位于中原腹地河南鹿邑、涡河岸边,故自命为老子故乡人。

2500年前,道家鼻祖"老子"就降生在生吾养吾的故土上。《道德经》五千箴言,号称天书,使老子不老,在世界文化中定格。

实事求是地说:这部中国人的玄书不是中国人读不懂,而是"人定胜天"的观念让它束之高阁、尘封起来,抑或是"与天斗其乐无穷"的大背景下大相径庭。于是人们在批判着"无为而治""天人合一""道法自然"的高歌中战天斗地,直到今天的"道法自然",人类受到了天道的惩罚而觉醒。

这个"道"就是老子所讲的道:"道可道,非常道;名可名,非常名。"

"道"是宇宙之大本、之源头,那么它又是怎样形成宇宙、天地、万物和国家的呢?老子在《有生论》作了生动说明。

老子言:"道生一,一生二,二生三,三生万物。"

这里的"一"就是一个宇宙整体;"二"就是天与地;"三"就是天地所生之物。以此推理,物生物也,万物皆出。但"人"是万物之灵。故"道"的重要目的,还是在于生人。有了"人"便要讲"德"。

老子《道德经》的第二个主要内容,就是讲"德"。做人要讲德，治国也要讲德。《道德经》讲到“德”的地方也有44处之多。那么“德”究竟是什么？也就是说“德”的定义为何？老子说：“生而不有，为而不恃，长而不宰，是谓玄德。”

试问谁才能有这样的“玄德”呢？那只有“道”、天地与阴阳，只有它们才能如此无私无我地生长与泛爱万物。人类呢？那只有父母之于子女，才可勉强与之相比。其次就是圣人，为什么圣人也有如此之伟大呢？因为“圣人无常心，以百姓为心，善者吾善之，上善者吾亦善之，德善。圣人在天下，歙歙为天下浑其心，百姓皆注其耳目，圣人皆孩之。”这就是以天下国家为己任，以全人类为一家，视人之饥为己饥，视人之溺为己溺，视人之父母为己之父母，视人之子女为己之子女；微圣人，其孰能之！

由于“德”如此天真纯朴，故能“修之于身，其德乃真。修之于家，其德乃余，修之于国，其德乃丰。修之于天下，其德乃普。”

这样，有“德”之人岂不是无往而不利吗！

“德”既能发生如上之无限作用，当然它就可以感动人以德为本，主动去与天沟通以建立天与人的关系了，老子说：“治人事天，莫如啬（谨慎）。夫唯啬，是谓早服。早服谓之重积德。重积德，则无不克。无不克，则莫知其极。莫知其极，则可以有国，有国之母（以德为本），可以长久。”

这样，不但将“德”作为“治人事天”的标准，而且也就成为“天人合一”的关键了。同时也说明了必须有安邦、治国和平定天下之美者，才能称之为玄德。

有德有道，国泰民安。

人类，学习老子《道德经》，摆正天、地、人的位置，树立正确的科学观，将是新世纪的治霾热门话题。因此，人类必须更自觉地忏悔以重建我们内心的敬畏和信仰。

亲亲地球，珍惜脚下每一寸土地，珍惜头顶每一方蓝天，珍惜身旁每一泓溪流，珍惜身旁每一片绿叶，让我们与地球和平共处。不要说我们曾经拥有多少，更要珍惜今日的拥有。世界上唯有两样东西能让我们心灵震撼和敬畏：一是我们头顶上的蓝天白云,一是我们脚下的青山田园!

“人法地,地法天,道法自然”,这是千年圣哲老子留下的遗训。

美国研究人员表明,在20世纪的后50年里,1700种植物、动物和昆虫将以每10年平均大约4英里的速度向两极迁移,尔后便是人类大难大限的开始。反思2013年中国的自然灾害频发,不能不说跟老子的“道法自然”有关。

据中国官方提供的数字,2013年上半年全国各类自然灾害共造成全国15247.4万人次受灾,782人死亡,67人失踪,245.1万人次紧急转移安置;17.7万间房屋倒塌,330.6万间不同程度损坏;农作物受灾面积14199.7千公顷,其中绝收871千公顷;直接经济损失达1730.2亿元。另外,还有看不见的虚无。

君不见“雾”以吸为“贵”,有毒的雾霾在我们头顶驱之不散;

君不见暴雨成灾,不该下的雨照下,不该打的雷追着人们的屁股打;

君不见中、强地震非常活跃,一次次摧毁美丽中国的家园;

君不见低温雪灾损失突出,天上下雹子,一次次砸向我们,脸破头青;

君不见森林火灾2973起,烧掉了绿色,同样也让我们的生命灰头土脸;

君不见大自然的灾难一步步在向我们逼近,史前社会的灭亡和玛雅人的哭声一次次在唤醒我们,而我们却沉醉于奢靡之风的花天酒地里不醒……

殊不知,是我们人类把那张贪得无厌的嘴伸向了自己的朋友盘子里,是我们人类侵占了原本不属于自己的地盘,以至于地球村的物种每年以数万种在悄悄地消失。在动物的眼里,人类是地球村的强盗、霸权的制造者。在这“三个世界”划分的地球村里,人们最憎恶的是霸权主义,而对于其他生物而言,我们人类才是真正的霸权主义者。亲爱的朋友,不知你认真想过没有?作为一个环保主义者,最近我也常常做梦,常常杞人忧天。特别是那藏羚羊跪拜人类的一幕。每每醒来,便大汗淋漓。人间有托梦之说,昨日那只流泪的藏羚羊又走进我的梦幻,把一枚射进它的躯体的子弹送给了我,我颤颤栗栗地接了过来,我不知其意,但我知道这是证据。许是他们的生命之重托!

写到这里,我想引用莫言先生的话结束本文。莫言说:“在资本、贪欲、权势刺激下的‘科学’的病态发展,已经使人类生活丧失了许多情趣且充满了危机,我们要通过文学作品告诉人们,悠着点,慢着点,十分聪明用五分,留下五分给子孙。”

(原载《时代报告·中国报告文学》,2014 年第 4 期)

中国家庭浪费警示录

泽津 嘉孝

浪费,《新华汉语词典》的解释是,一切没有得到有效使用的资源或消费。

如今的中国,家庭浪费现象比比皆是,家庭浪费程度触目惊心,家庭浪费数字更使人心惊肉跳。难怪一位德国学者感慨颇多:“中国是世界上最大的贫穷国家,也是世界上最大的浪费国家。”

此言一点不假。

你看!

在中国家庭里,无论是节假日,还是庆生宴、亲属之间的聚会,那种穷“显摆”、穷“攀比”、穷“炫耀”、穷“讲究”之风愈演愈烈,甚至因“面子”而不惜倾囊出动,造成了极为惊心的浪费。无论是在吃、穿、用、玩,中国人的穷“折腾”,已经忘掉了本民族的优良传统,丢掉了“勤俭节约”的传家宝。

更有甚者,对中国“小皇帝”的娇生惯养,已经成为中国家庭浪费的根源。不管是春节、生日、升学、毕业,以及参加工作,平均每一位“小皇帝”的花销竟达十几万几十万人民币!

再看!

在中国各地的大大小小的酒店、餐馆、饭店、小吃部里,到处都是家庭讲排场、讲面子、比阔气的随礼场面,餐桌上整盘整盘的菜肴随意倒掉,整碗整碗的米饭随意倒掉,半瓶、大半瓶的高档、名贵的白酒、啤酒、果酒、饮料随意倒掉。超豪华的婚丧嫁娶,已在中国人面前司空见惯了。不惜重金的显摆、炫耀、攀比,已把中国人搞得眼花缭乱。

31950 亿元，在家庭一年不经意中流失

随着人们生活水平的提高，那种“享受、炫富、比阔、攀比”的恶习，渐渐地在每一个家庭中滋生蔓延。铺张浪费，不以为然。挥霍无度，津津乐道。透过这些林林总总，我们不难看出，中国的浪费不仅仅在官场上，而且在每一个家庭里，在每一名家庭成员中，体现得特别明显，甚至已经达到“登峰造极”的地步，这不得不引起全社会的关注。

1 家庭用水：收水费时的争执

“叮咚！请开门！”一阵轻轻的门铃声响，打破了黑龙江省绥化市二马路市场2号楼8单元居民们早晨7时的寂静。居住在502室的王女士一边穿着拖鞋，一边应答着：“谁呀？”

当王女士打开楼门时，门口站着两位佩戴“收水费”标志的工作人员：“我们是铁路收水费的！你家第四季度用水3吨，收费7.5元！”

两名收水费员转身敲开了501室的冯家。当收水费员告诉一个季度用水12吨时，冯家的女主人瞪着眼睛，不满地质问：“你们是不是多收了？我和对门的王女士家庭人口是一样的，他们家的水费为什么那么少？我们家的水费为什么这样多？这里面一定有什么猫腻。不是你们看错水表了，那就是王女士做什么手脚了！”

站在自己家门口的王女士一听，顿时生气了：“你说话注意点影响好不好？你凭什么说我做手脚？你有什么证据吗？”

冯女士更是不肯相让：“你就是在水表上做手脚了！我们就当着收水费员的面，好好地查一查！”

在冯女士极力坚持下，两位收水费员和她一起，走进了王女士的家。在王女士家的水表前，他们认认真真、仔仔细细地查看了几遍。可冯女士心有不甘，自己蹲在水表底下，又按照水管的走向查找了一番，也没有发现什么“猫腻”。

稍许,冯女士在王女士家的卫生间里发现里面放着一个红色的塑料桶,便问:“这是干什么用的?”

王女士笑着回答:“这是储存剩水、脏水用的塑料桶啊!”

冯女士还在继续“搜寻”着,她又发现王女士卫生间的马桶有些异样:“不对呀!你们家的马桶和我们家的马桶怎么不一样呢?”

王女士回答:“你们家的马桶排水量是6升的,我们家的马桶排水量则是3升的。”

这时,冯女士又发现了“新大陆”,手指着王女士卫生间的洗衣机,问:“你们家的洗衣机用水量是多少升?”

王女士轻轻地回答:“我们家洗衣机用水量是140升的。”

冯女士好像想起了什么,用手一拍自己的脑门儿:“哎呀!我们家的洗衣机用水量是180升的呀!”

王女士笑了:“这一回,你知道我们家的水费为什么少交的原因了吧?”

冯女士的丈夫不知什么时候站在众人的后面,用手指着自己的爱人:“你可别在王女士家里丢人现眼了!你们看一看!我们家购买的洗衣机用水量是180升的。当时,我觉得太大,可你却说用水量大的洗衣机洗衣服干净。可人家王女士家的洗衣机用水量是140升的,不也照样把衣服洗得干干净净的嘛!”

冯女士的丈夫又用手指了指:“你再看一看王女士家卫生间里的马桶,排水量是3升的。可我们家的马桶排水量是6升的。你们看一看,这一比较相差一倍之多呀!你不是看见王女士家有一只塑料桶吗,她那是将洗衣机排出的水,平时洗脸、洗脚的水,存在塑料桶里。家人大小便,全都用废水进行冲洗呀!”

这时,收水费员拦住冯女士丈夫的话头:“我们普通家庭中不良的用水习惯很多。比如,用马桶冲掉烟头和碎细的废物;先洗土豆、胡萝卜后再削皮;冲洗后再择蔬菜;用水期间,去开房门、打接电话、调换电视机频道而不关水龙头;停水时忘记关掉水龙头,来水时水流遍地而无人管;洗手、刷牙、洗脸时不关水龙头等等。”

冯女士脸红地点了点头。

收水费员介绍说:“我们每一个家庭、每一位成员,都应该节约用水,确保一水多用。例如,洗脸水用后可以洗脚,然后再去冲刷厕所。每一个家庭应该像王女士那样,预备一个收集废水的塑料桶,将洗衣等生活废水收集起来,用以冲厕、拖地等。如果这样,一个三口之家每月可节水1吨左右。”

另一收水费员补充说:“还有,我们用洗米水、煮面水刷碗,可节省生活用水及减少洗洁精的污染;还可用洗菜水、洗碗水来浇花、洗车。同时,用养鱼的水浇花,能促进花木生长。另外,我们用洗涤灵清洗瓜果蔬菜,需用清水冲洗几次,才敢放心食用,不如改用盐水浸泡消毒,只冲洗一遍就可以了。”

最后,两名收水费员不无感慨地说:“只要我们每一个家庭改掉不良的用水习惯,就能节水70%左右。照这样计算,每个月、每个家庭可节水1吨左右。那么,全国2.6亿个家庭(全国13亿人口,每个家庭以5口人计算)一年将要节省750亿元人民币!”

据国家中标认证中心高级工程师岳宗文介绍,家庭用水存在许多隐性的浪费。以北京市为例,北京居民生活用水严重超标,用水量超过8吨/月的用户占总用户的50%—80%,其中家庭洗衣用水浪费占有相当大的比例。洗衣用水占全部家庭用水的1/3,一般普通洗衣机洗一次衣服用水多在150升—180升之间。

目前,我国城市洗衣机社会保有量约2.6亿台,以每周3次使用频率粗略估算,全部洗衣机每年耗水量至少30亿立方米。如果每一个家庭、每一位家庭成员,改掉不良的用水习惯,一年全国家庭能够节约出714个昆明湖,或者是93个怀柔水库啊!

2 家庭饮食:一家三口的胡吃海塞

前不久,黑龙江省绥化市的孙大海家中搞装修,夫妻俩不得不暂时来到弟弟家借宿。因为刷墙的味道太浓,孙大海夫妻俩全天候地在弟弟家休息。到了中午时分,正在菜市场卖菜的弟弟,人还没有进屋呢,声音却从百米之外飘进了院内:“老婆子,今天中午哥哥、嫂子在咱们家,都吃什么、喝什么呀?”

弟弟穿着拖鞋直奔厨房,打开橱柜,端起装鱼肉的菜盘子,“扑”一声,将剩菜倒进垃圾桶里。接着,他抄起装猪肝尖的菜盘子,又是“扑”一声,将剩菜倒进垃圾桶里。

站在弟弟身后的孙大海,心疼地说:“那两盘菜一点都没有坏,你怎么舍得倒掉呢?”

弟弟嘿嘿一笑:“哥哥、嫂子来了,我和你弟媳怎能让你们吃剩菜、剩饭呢?”

弟媳补充说:“我们这个家没有吃剩菜、剩饭的习惯,一家三口人每天每顿饭全都吃新鲜的!”

孙大海遗憾地嘀咕着:“可惜啊!可惜啊!”

中午时分,经过弟媳的煎炒烹炸,六道色香味俱佳的炒菜端到了饭桌上。不一会儿,弟弟的儿子从外面回来了,与伯父、伯母客套一番,操起筷子夹了一块红焖鲤鱼,尝了一口,惊叫着:“妈妈!你这道菜怎么做的?怎么这样咸啊!”

弟媳随手也尝了一口:“不咸啊!”

弟弟之子生气了,将筷子一放:“我不吃了!”

弟弟夹了一筷子干煸肺子,嚼了几口,不满地说:“老婆,我问你,咱们家是不是缺少食盐啊?”

弟媳显得无奈的样子:“你又怎么了?我说你们爷俩儿怎么如此难伺候啊!”

结果,六道菜有三道菜谁都没有动一筷子。

午宴过后,孙大海夫妇和弟弟、弟媳闲聊着当今家庭装修的材质、款式、价格等问题。这时,弟弟之子从外面购买了巧克力糖、奶酪、冰糕、膨化食品。弟弟之子笑呵呵地用手抓送给父母、伯父母,并连连说:“这些东西可比炒菜好吃多了!”

当儿子将那些零食送进厨房冰箱里时,突然,弟媳大声地喊着:“儿子,你给我过来!”

弟弟之子走出来,问:“妈,你要干什么?”

弟媳用手指着摆在面前的零食:“我问你,我最喜欢喝的酸奶你怎么不买呀?”

弟弟好像想起什么:“不对呀!前几天买的完达山牌酸奶不是还有吗?”

弟媳一边吃着冰糕,一边解释着:“你还不知道吧?完达山牌酸奶我喝了一年多了,我现在就是想要尝一尝飞鹤牌酸奶是什么味道!”

弟弟听后,马上催促着儿子:“你快去买吧!”

这时,孙大海将所有的话题全部集中到“家庭饮食”上来:“我说弟弟、弟媳呀!你们家真的特别富裕吗?我看未必。可从你们家倒掉剩饭、剩菜,吃饭时挑食、随意购买零食来看,你们可不是一个勤俭之家呀。我看,找一个挥霍浪费的典型,你们家还是当之无愧的!”

弟媳有些挂不住面子了:“哥哥、嫂子,你们来到我家,那不得尽尽地主之谊嘛!平日里,我们不是这样的。”

弟弟一听,“扑哧”笑了:“老婆,你这不是在撒谎嘛!平日,咱们家不就是这个样子嘛!按照我的想法是,要想对得起自己,对得起自己的肚子,不吃好、喝好,那不是白活一回吗?否则,我们即使到了阴曹地府,那也对不起阎王爷呀!”

孙大海将手一摆:“弟弟你说得不对!你们这种思想完全是缺乏社会责任意识,你们这种铺张浪费完全偏离了正确的财富观。虽然钱是你们自己挣的,物品是你们自己购买的,可你们别忘了资源可是社会的。假如社会资源全部由钱来支配的话,那么世上的穷人将是寸步难行,甚至是无立锥之地。为此,我们家庭无论多么富有,甚至是亿万富翁,可都永远不会将所有的社会资源市场化,也绝不能将自己的财富当作骄傲和浪费的理由啊!

“如果将你们的奢侈习惯转化为节俭习惯的话,全国按照2.6亿个家庭计算,每一个家庭一天在吃喝上节省30元,全国可节省78亿元。全年按照300天计算,全国可节省23400

亿元!"

3 家庭穿戴:看不顺眼的旧衣旧裤

辽宁省沈阳市某一保险公司副经理曹元双(化名),现年56岁,原籍是黑龙江省望奎县卫星镇某村。从小学到中学,从中学到参军,从部队到地方,曹元双始终没有忘记自己是一位农民出身的孩子,家境贫困使他念念不忘的是"勤俭持家"。

曹元双从部队转业到沈阳市某保险公司任职,由于业绩突出,还不到一年时间,被提升为公司副经理。随即,曹元双也就组成了家庭,妻子是沈阳市某建筑商的女儿。他的妻子从小娇生惯养,大手大脚,讲究穿戴,挥金如土。

结婚之前,曹元双妻子的服饰就有八大皮箱。可以说,一年四季,春夏秋冬,数不胜数,应有尽有啊!结婚后,妻子在早、午、晚三段时间三次更换服装。对于妻子的举动,曹元双的的确确是看不惯啊!不到一个星期,妻子便从商场购买一套服饰,然后在家中对着镜子反反复复比照着。

有一天下午,妻子要去太原街,吵着、嚷着要让曹元双陪。没有办法,曹元双硬着头皮答应了。

当曹元双主动将妻子平时爱穿的裙子拿出来时,妻子却是一脸的不高兴:"你把这件裙子拿出来干什么?"

曹元双不假思索地回答:"给你穿啊!"

妻子鼻子一抽抽:"去去去!我不要这个过时、老气、丑死人的裙子!"

曹元双大为吃惊:"你前些日子不是都穿了吗?你看,这裙子哪儿都没有坏,哪儿都没有旧。你怎么说不穿就不穿了呢?"

妻子生气了:"对我们这样的家庭,对房地产开发商的女儿来说,穿着旧衣服,穿着过时的衣服,那是不允许的。我今天让你陪我去太原街,就是要购买新裙子的。"

曹元双用手指了指卧室衣柜上的皮箱:"你好好看一看,这皮箱里的衣服,还不够你穿戴吗?"

妻子听后,气得脸都白了:"我就明确地告诉你吧!皮箱里的衣服,我准备来一次大清理,彻底地将那些衣服扔掉。这叫'旧的不去,新的不来'呀!"

曹元双跺着脚,一句话都说不出来:"你、你、你……"

又有一次,曹元双的妻子在单位发现一女同事穿的服饰很好看,当即打出租车来到中街某一商场。可惜来晚了一步,此款式的服饰已经售光。无奈,她又连连进出七八个商场,总算选中了近乎女同事的服饰。一回到家,妻子前前后后、左左右右、上上下下地比试着。

曹元双斜睨着眼睛,问:"你又花钱买衣服了?多少钱?"

妻子眨巴着眼睛,不以为然地说:"不多,这件衣服才 3500 元呀!"

曹元双吐着舌头:"什么?3500 元钱你都不嫌多?"

妻子将嘴一撇:"我们单位女同事的衣服,和我一模一样,人家花了 5500 元钱都不嫌贵呢!我比她还少花了 2000 元钱呢!"

曹元双再也忍不住了:"你这个败家的女人,一点都不知道勤俭节约呀!"

妻子理直气壮地回答:"当今的社会,就是相互攀比、追求新奇的社会,谁要是拥有了新奇,那就拥有了高贵。高贵是每一位公民追求的最高境界!"

曹元双大声地喊叫着:"你纯粹是胡说八道!不行!我和你志不同、道不合,干脆你我马上离婚!"

妻子也不甘示弱:"好啊!你提出离婚,正合我的意!你这个土鳖孙,我还看不起你呢!"

当天下午,曹元双和妻子在当地民政部门办理了离婚手续。然后,曹元双沮丧地回到了楼区。

当曹元双快走到门卫室时,门卫喊住了他:"曹同志,有一个人找你。"

曹元双顺着门卫手指的方向一看,原来是一位环卫工人。

这位环卫工人笑了:"你是不认识我,可你的妻子却认识我呀!"

曹元双紧皱着眉头:“我和我妻子都已经离婚了。”

环卫工人听后,不无遗憾地说:“怎么能够这样呢？我是在清扫卫生时,认识你妻子的。你们这个楼区的住户,都是特别有钱的人家。你们扔掉的衣服、家具等东西,拿到农村都是宝贝啊！我就不理解,城里人真的那么有钱吗？尤其是你们家,扔掉的东西,特别是衣服,那是最多的!”

每天早晨4时,这位环卫工人起床到居民区各个垃圾投放点清理垃圾。在分装垃圾的同时,他发现其中有不少物品可以重新利用。于是,他便单独挑出来,有的是自己用,也有的是卖掉。现在,这位环卫工人全家人穿的衣服和裤子,以及戴的旅游帽,全都是从垃圾箱里捡来的。在他的临时居所,还存放着一些居民扔掉的家具。有的木柜,他拉回农村老家自己留着用。

这位环卫工人告诉曹元双:“我今天找你妻子,是想问一问还有没有秋季衣服了,我们村里有不少人没有换季的衣服呢!”

这位环卫工人说,城里人扔掉的许多东西都有用,有成袋的大米、白面和小包装的面包、饼干。许多衣服还能穿,就包起来扔掉。有的鞋子并没有坏,也被扔在门外。被扔掉的帽子各种各样的,有布的、棉的、皮的。

这位环卫工人痛心地说:“我们农村可干不出这样的事情,城里人扔掉的东西,农村人都用不起。农村有的人穿裤子都带着补丁,一顶帽子从爷爷辈都能戴到孙子辈呀!”

曹元双咬着牙,说:“就是因为我妻子过于铺张浪费,我才和她离婚啊!”

这位环卫工人哑然,悄悄地走开了。

半年后,朋友曹元双突然打来电话说,他和妻子复婚了!

笔者高兴地说:“好啊！复婚好啊！你们是怎么复婚的?”

曹元双回答说:“是妻子的父亲,我的岳父严厉地批评和说服、教育了她数次,这才使她认识到了家庭浪费的严重性。在我岳父串联下,父女二人主动找到了我。妻子是又检讨、又解释,我们就这样复婚了。”

然后,曹元双在电话里语气十分沉重地说:“老同学啊！中国家庭浪费猛于虎啊！我有一笔细账可以好好地算一算，按照全国2.6亿个家庭来计算，三分之一是城市家庭的话，那么城市家庭就是8700万个。每一个家庭平均扔掉的衣物每月为150元，全国城市家庭每月扔掉的将是130亿元，那么，一年全国城市将要扔掉的就是1560亿元啊！”

4 家庭采购：学龄前儿童的消费

随着经济的快速发展，随着人们财富的剧增，有个别家庭，对琳琅满目的商品，对眼花缭乱的大千世界，格外目不暇接，甚至有些措手不及。盲目地追求，盲目地跟风，盲目地攀比，盲目地挥霍浪费，已经达到令人无法理解的地步了。

笔者的侄女是在黑龙江省某县卫生局工作，丈夫是在某县银行任业务员。他们的孩子还没有出生呢，小夫妻俩就来到商场选购一大批《胎儿保育》《孕前知识问答》等书籍。同时，还购买了一大批有关儿童方面的歌曲CD。购买回来后，还没有一星期的“新鲜感”呢，干脆就丢弃在一边不管了。也不知是哪一位“高人”指点，侄女和侄女婿又将两个人的半年工资拿出来，到商场和书店选购了一批新的书籍和CD。

他们的儿子出生一个月后，侄女不管自己的身体如何，命令丈夫陪同她来到书店，不管价格多与少，只要是育婴方面的书籍，有多少就买多少。然后，又将育婴方面的CD，全部来一个“风卷残云”。

半年过后，他们的儿子已经牙牙学语了。小夫妻乐呵呵地一商量，得到了公爹、公婆的准许，然后，小夫妻在前面“开道”，公婆、公爹轮流抱着“小皇帝”紧随其后，“浩浩荡荡”地朝着当地的大商场开进。

一进商场，全家人齐奔儿童服饰专柜。凡是一年四季时髦的、奇特的服饰，统统收纳。紧接着，全家人又拥到儿童玩具专柜。这一回，不是大人来挑选，而是由售货员一件一件地摆在“小皇帝”面前。只要是“小皇帝”伸出手来，那就毫不犹豫地买下。售货员深知这是一家不怕花钱的主儿，干脆就“毫不保留”

地逗着全家人笑着、选着、买着。

逛了多半天,侄女累了,侄女婿的腰包掏空了,公爹、公婆也都傻眼了。他们打了两辆微型面包车,前呼后拥地离开了这家商场回家。

侄女的儿子已经 5 岁了。有一天,笔者因一次采访顺便来到她家看望。作为“姥爷”,笔者在附近食杂店购买了近 200 元的礼物。见面时,侄女却对眼前的礼物不屑一顾,弄得笔者尴尬万分。

笔者推开门,整个屋子里全都是五花八门、各种各样的玩具。眼前这个家,完全被“战争”笼罩着,完全被“武器”控制着。“小皇帝”从外面回来,一张嘴就嚷嚷开了:“妈妈! 商场里又有新玩具了!”

侄女拉着“小皇帝”的手:“好了,双休日妈妈领着你挑最好的、最贵的玩具去买!”

笔者急忙插话:“这屋里的玩具都摆不下了,怎么还去选购啊?”

说完,“小皇帝”摇晃着侄女的胳膊:“妈妈,我看见小豆子他在看一本叫什么《白蛇传》的小人书,你也给我买一本呀!”

侄女立即点头:“好的! 我给你买!”

笔者听后,笑了:“这孩子还小呢,他知道什么是《白蛇传》吗? 你给他买有什么必要吗?”

侄女回答说:“伯父,只要我儿子喜欢的,只要是市面上有的,那我就给他买。你知道这是什么? 这才是‘智力开发’呢!”

这时,侄女婿下班回来了。他坐在笔者面前,自我炫耀地说:“我们夫妻俩,不管是儿子的,还是我们的,还是我们父母的,只要是喜欢,那就要采购。不用就扔掉,扔完了再采购。”

当前,学龄前儿童的浪费触目惊心。由于过度追求“智力开发”,偏离了正确的引导方向,全国 2.6 亿个家庭,如果每一个家庭平均每个月浪费的额度为 200 元,全国家庭每个月扔掉的则是 520 亿元。那么,一年全国家庭扔掉的将是 6240 亿元。

由此可见,全国每年家庭浪费水资源是 750 亿元,家庭扔掉衣物是1560亿元,家庭儿童采购浪费是6240亿元,家庭吃喝浪费是23400亿元,还有家庭用电浪费、家庭手机浪费、家庭儿女订婚浪费、家庭电器浪费、家庭粮食浪费等没有列举外,一年全国家庭竟在不经意中白白地浪费掉31950亿元。

变了味的春节,每年扔掉2600亿元

春节,是我国最最喜庆的节日。我们在欢度这一佳节的同时,还记得"锄禾日当午,汗滴禾下土。谁知盘中餐,粒粒皆辛苦"这首耳熟能详的唐诗吗?调查显示,人们在春节期间的浪费,竟是非节假日的20倍。

5 春节前:忙碌送礼的面子消费

中国的节日和外国的节日最大的区别是什么?有人说,中国的节日,就是送礼。而春节则是中国人最隆重的节日,春节前最最忙碌的是送礼的人们。

大商场里,买购物卡的人排起了长队。很显然,大部分购物卡是用来送礼的。马路上,外县市的车辆突然多了起来,知情人说,那是外市县进省城送礼的,有单位送礼的,也有个人送礼的。年前,高档商场、名烟名酒专卖店、高档水果店、皮革店……全都是手里大包小包的人流啊!

在哈尔滨市松雷商厦里,一家进口服装柜台有一款牛仔裤,售价为1800元。一位顾客比画了半天,看得出来他是既喜欢又嫌价格太贵。这时,走过来一位中年人,张嘴就问:"哪一款牛仔裤最贵?"

服务员随手拿出这条1800元的牛仔裤,这位男子看了一眼,说:"给我开5条!你给我好好地包一下,我要回去送礼啊!"

在新世界商厦,有一款进口的脚部按摩机,6000多元一台。一位从大庆市来的顾客,一下子购买了6台,并让服务员帮忙放进车子里,嘴里不停地说:"我这是送礼啊!还不知道人家喜欢

不喜欢呢!”

在各个大型商场里,年前购物卡销售异常火爆,每天人们都排着长队。有的人一次购买几千元上万元甚至几万元的购物卡。所有的商场工作人员都说,个人买卡几乎没有自己用的,全都是送礼的。

除了商场的购物卡,健身卡也成为过年送礼的时髦选择。有一事业单位一位科长说,如今人们越来越重视健康。我们单位的几位领导都喜欢健身,过年不买别的了,干脆花几万元办几张健身卡送给领导,这样做既体面又贴心。

除此以外,有的人送锅,还有的人送菜刀。送锅,可不是一般的锅。远大购物中心厨具专柜营业员说,她们卖的锅是欧洲王室专用品,这个牌子在欧洲是十大奢侈品牌。即使是不使用,摆在厨房里也可以彰显主人的生活品位。最重要的是,此锅不用油,从养生学来讲,使用此锅就是为自己的健康投资。最便宜的三千多元,还有更贵的。别看此锅价格惊人,可购买者却是络绎不绝。特别是春节临近,这里每天平均销售不低于400套,全都是为送礼而来的。

现在市面上又流行起春节送菜刀。懂得内情的人说,菜刀因与“财到”谐音,自然也就旺销。有的进口刀具一套上万元,可送礼的人们,毫不吝啬地5套10套20套甚至50套地购买送礼。

当然,春节期间送烟、送酒一直很火。在哈尔滨市最大的烟草专卖店里,每天上午都会停放许多车辆,都是购买名烟的。

有一个顾客抱怨说:“我都排两个多小时了,还没有买上呢!昨天我是下午来的,名烟卖没了,什么都没有买着!”

有的人一箱箱地购买软中华,一条600元,20条需要一万多元。可有的人说,买的不抽,抽的不买。

在中山路一家名酒专卖店里,春节前的名酒销量大增。服务员说,虽然茅台酒已经跌价,假茅台酒也多,可作为中国人来说,是心中的“国酒”,仍然将茅台酒作为送礼的首选。有的人一买就是一箱两箱的,他说:“春节前要打点送礼的人很多啊!”

一位年轻靓丽的机关女干部，千里迢迢进京送礼。为了慎重起见，女干部提前一天进京住下，第二天她终于见到了居住在北京市的某单位领导。这位领导没有任何架子，热情地接待了她。由于是第一次到领导家送礼，女干部显得格外紧张，急得额头一个劲儿冒汗。临出门时，女干部慌里慌张地掏出购物卡放在茶几上走了。

可这位女干部回到宾馆才发现，自己在紧张之中，竟把购物卡送成了房卡。最后的结局是，领导百思不得其解了一夜，女干部翻来覆去地忐忑了一夜。

6　春节中：轮流吃请的面子竞赛

大年初一一大早，一阵电话铃声打断了黑龙江省绥化市居民孙静（化名）的梦境。他那疲倦的劲头还没有消退呢，便知电话是谁打过来的。一接听，是单位刘成（化名）的电话："孙兄，你们今天上午几点钟到我家呀？"

孙静回答说："年前我们不是说好的，那不是上午 10 点钟嘛！"

放下了电话，孙静和他的爱人穿好了衣服，打了一辆出租车，敲开了刘成家的楼门。

不一会儿，同事张霖（化名）夫妇也随后赶来，也用同样的礼数，走进了刘成屋内。还不到 10 分钟，同事赵宝（化名）夫妇赶到。

春节宴会开始了。饭桌上，摆放着热气腾腾的、五颜六色的十道菜肴。按照刘成的话来说，十道菜肴象征着今后的生活"十全十美"。刘成夫妇分别将高档白酒、罐装啤酒、精制果酒全部打开，按顺序为客人们斟满了。

然后，宾主频频举杯。当这里的人们"酒过三巡，菜过五味"之时，刘成夫妇将手一摆，高声地喊着："诸位兄弟姐妹们！下面有请我们的孙子、孙女为各位爷爷、奶奶们表演节目！"

刘成的孙子、孙女分别演唱了歌曲《蛙哈哈》《让我们荡起双桨》。随即，两位儿童深深地向客人们鞠躬。这一鞠躬不要紧,孙静夫妇急忙拿出1000元钱的红包奉上。坐在一旁的张霖夫妇皱了皱眉头后,拿出1500元钱的红包送给了刘成的孙子、孙女。

这时,同事赵宝夫妇声称去一下卫生间。不到五分钟,赵宝夫妇将2000元钱的红包递给了刘成的孙子、孙女手里,并连连说:"对不起!小意思!"

赵宝夫妇的动作,使得孙静夫妇、张霖夫妇特别尴尬,他们什么话都没有说,只是在心里各自打起了"小九九"。

此时,刘成夫妇在问:"明天是谁家请客了?"

张霖夫妇异口同声地回答:"当然是去我家了!"

第二天,也就是正月初二上午10时,孙静夫妇、刘成夫妇、赵宝夫妇鱼贯走进张霖家。形式和程序是一样的,不过,张霖家的宴席是12道菜。他没有别的意思,就是要比刘成家多上两道菜。至于口味如何,那是另外一码子事情了。

席间,张霖夫妇特意将自己两个孙子用轿车接来。这两个孩子没有唱歌,而是朗诵了毛泽东诗词《沁园春·雪》和《七律·长征》。为了顾及各自的面子,孙静夫妇递上的红包是1500元钱,刘成夫妇的红包是1500元钱,可财大气粗的赵宝夫妇的红包,又是2000元钱。

第三天,也就是正月初三上午10时,他们又在赵宝家摆开了"阵势"。有趣的是,宴席上的菜肴是14道菜。不用说,赵宝那是力压刘成夫妇和张霖夫妇一个"点",显示一下自己的实力。席间,赵宝夫妇不但将自己的孙女领来,而且还将自己的外孙女也请来,前来凑这个数。一个孙女和一个外孙女,特意为客人们跳起了新疆舞蹈和印度舞蹈。

这时,孙静夫妇考虑到自己的腰包,胆怯地递上了1500元钱的红包。刘成夫妇感到力不从心,脸色红红地递上了1500元钱的红包。而张霖夫妇既要照顾别人,又要考虑自己的面子,递上了2000元钱的红包。

到了第四天,也就是正月初四上午10时左右,这四对夫妇相聚在孙静夫妇家。顾及自己的面子,孙静夫妇炒了14道菜。

他们的意思是,要与赵宝夫妇扯一个平。

可惜啊!孙静夫妇的儿女们全都在南方工作,孙子、孙女们和自己的爸爸、妈妈在一起,根本不能参加这一特殊的“宴会”。其实,就在前一天晚上,孙静夫妇已经想好了,孙子、孙女们不能参加,那么,我们这一对老家伙上场进行表演,要拼命地将随出的红包夺回来。这时,孙静清唱了一首歌曲《祝你平安》,孙静妻子演唱了革命现代京剧《红灯记》选段《都有一颗红亮的心》。

当孙静夫妇演唱完了,顿时将另外三对夫妇难住了。他们心里都在打鼓:这红包我们是给,还是不给呢?红包是长辈送给晚辈的,可孙静夫妇与我们是平辈呀!如果不给的话,那孙静夫妇送出的红包岂不是无法“回收”了吗?

思来想去,还是赵宝的脑子灵活,他拍了一下手,说:“孙静夫妇的孙子、孙女全都不在家,况且他们夫妇俩还展示了自己的才艺。依我看,我们送出的不是红包,改叫为孙静夫妇的‘出场费’怎么样?”

在场的人们齐声称“好”。于是,刘成夫妇递上了1500元的“出场费”,张霖夫妇递上了2000元的“出场费”,赵宝夫妇递上了2500元的“出场费”。这四个家庭宴请后剩下的饭菜,还不到三天,统统倒进了垃圾桶里。

7　春节后:废弃·回收·打折·倒掉的浪费

春节,诚然是一个喜庆的节日。可是,一个家庭,尤其是家庭的每一位成员,除了吃好、喝好以外,绝不能忘记“节约”二字。近年来,中国的每一个家庭,恰恰就在春节期间大肆挥霍浪费,春节前疯狂地采购,春节中尽情地挥霍,春节后则心痛不已。笔者可以用邻居、亲属、朋友、同事为例,惊异地发现春节后每一个家庭的“四大烦恼”:

一是废弃的礼品盒。

一到春节,便是亲属朋友来到各自的家里登门拜年。这些人总是带着各式各样的礼品盒,有塑料的、木材的、金属的,甚至是皮革的,真可谓应有尽有啊!春节一过,堆积在屋内、厨房里的礼品盒，已成为家庭每一位成员眼前的一座"大山"了。笔者的好朋友宁某的妻子，不止一次地唠叨着："这些坛坛罐罐的、箱箱盒盒的，我们如何处理啊？"

宁某回答说："那就扔掉吧！"

妻子皱着眉头："扔掉？那多可惜呀！你看，铁盒、铁桶的，还有那些设计精巧的礼品盒，真是舍不得扔掉啊！"

没有办法，宁某妻子来到街道附近的废品收购站，张嘴问："同志！你们看一看我手里这些精美的礼品盒，能不能卖一些钱啊？"

工作人员看了看，摇着头表示不收购。

宁某妻子不解地问："为什么呢？"

工作人员解释说："这些精美的包装盒既不能按个儿回收，称重也比较困难。比如，有的金属礼盒里还套着纸盒、绸缎等，根本无法按斤收购。在我们眼里，这些精美的包装礼盒纯粹是'华而不实'呀！"

宁某妻子无奈地点着头，嘴里不停地叨念着："浪费呀！真是浪费呀！"

二是回收的烟酒。

大家知道，春节期间越来越盛行名烟名酒"送礼风"，同时，也悄然催生了一个特殊的行当——"名烟名酒回收"。

春节过后，就在每一处名烟名酒专卖店门前，贴出了一个赫然醒目的招牌，那就是"名烟名酒回收"。有的大酒店和废品回收站，也相继增加了一个项目，就是"名烟名酒回收"。事实上，许多城市的名烟名酒专卖店，本身又是名烟名酒的回收店。

长春市青年路一家烟酒专卖店的老板说，一些领导干部在年前年后，都会收到很多很多的名烟名酒，这些人平时不缺这些东西。春节一过，他们把这些贵重的名烟名酒拿到这里，以最低的价格卖掉。

正说着呢，有一位身着貂皮大衣的中年妇女推开了这家店门，伴随着"咯吱""咯吱"的皮鞋响声，飘然走到老板面前，就像地下工作者对接头暗号似的："老板，我家有很多贵重的烟酒，你们这个店能回收吗?”

老板也压低了声音:“能回收,你有多少货?”

中年妇女悄悄地说:“国务院事务局专供茅台酒26瓶,53度茅台酒36瓶,53度梦之蓝42瓶,53度赖茅酒40瓶。中华软包香烟8箱,苏烟6箱。”

老板说:“只要你们的名烟名酒不是假的,那我就照收不误!”

这时,中年妇女又坐在了老板对面的椅子上,嘱咐说:“一会儿,我打发别人分两批送到你的店里来。在这个时候,我和我的丈夫谁都不能出面。你能保证万无一失吗?”

老板举着手:“我用我的人格担保,绝不能出现一丝一毫的纰漏。”

就这样,老板和中年妇女达成了协议。至于什么时间送来的名烟名酒,又是什么时间结完的款项,他人就一概不知了。

三是打折的购物卡。

春节长假一过,在各个大商场里又出现了另一种奇怪的现象,那就是有一大批人专门在商场里,手持大把大把的购物卡,进行打折交易。

天津市某一大商场二楼、三楼的收款台旁,围聚着20多人。从他们的衣着打扮,完全看得出是社会上的闲散人员。这些人个个都身背着挎包,里面有一百多张购物卡,不时在每一层楼里来回走动着,嘴里叫卖着:“谁买95折的购物卡啊!既经济又实惠又安全啊!机会难得,快来购买啊!”

这时,有一位顾客好奇地走过来,问:“你有500元钱的购物卡吗?”

持卡人眨巴着眼睛,斜睨着这位顾客:“你有病吧!我这里的购物卡额度就是2000元、3000元、4000元、5000元以上的啊!”

这时,有一位顾客笑呵呵地走过来:“哥们儿!我要购买3000元的购物卡,你能给我多少优惠啊?”

持卡人用手挠了挠脑袋:“那我就93折卖给你吧!”

这位顾客讨价还价说:“你如果9折卖给我,那我就买。”

持卡人好像有点委屈:“哥们儿!你还不知道吧?这些购物卡不是我自己的,我是为某领导家出售的。我在中间只有二分钱的缝儿呀!”

这位顾客又问:“你一天能卖多少张卡呀?”

持卡人说:“我也就是这二十来天在这里卖。一天最多能卖掉十几张卡。”

这位顾客“哦”了一声,便以93折购买了3000元的购物卡。

四是扔掉的剩餐。

正月初五,也就是人们所说的“破五”。那意思是说,到了“破五”各家各户停止了串门走亲戚的活动。过去所指的供祭的祖宗牌位,到了这一天,也就开始撤掉牌位、祭品,这就预示着年已过,新的一年真正开始了。

由于当今人们过分地追求大吃大喝,又把“猛吃猛喝”的日子定在了春节期间。于是,出现了每一个家庭的剩饭剩菜剩酒剩饮料不堪入目的场景。初五一过,每一个家庭开始清理这些残羹剩饭。

每一个家庭的大门口、楼门口,全都堆积着大大小小的垃圾袋。这些垃圾袋,大多数装着“剩餐”。于是乎,全家来一个“总动员”,利用一个小时的时间,搬运和清理这些垃圾。他们将这些垃圾搬运到街道旁的垃圾箱,或者是垃圾点里。一家两家是这样,三家四家还是这样,那么,十家二十家上百家也在“总动员”。可眼下的垃圾箱如何承受得了?眼下的垃圾点又是一个什么样的场面?

这可忙坏了环卫工人。山西省太原市尖草坪区的环卫工人,从大年三十到正月初五,每天清晨还不到6点钟,第一车立即装满了,拉运的全都是炮纸。到了正月初六,环卫工人从清晨三点开始,拉运的垃圾全都是居民扔掉的“剩餐”。按照环卫工人的说法是,从正月初六一直到正月二十五,这20天拉运的全是“剩饭”“剩菜”呀!一天以10车计算,一个拉运组20天足足拉运了200车!

无论是大商场里购物卡的打折现象,还是名烟名酒的回收现象;无论是废弃的包装礼品盒现象,还是每个家庭扔掉的剩菜剩饭现象,这都说明了目前中国每一个家庭在春节期间存在的浪费已经达到"无可救药"的程度了。

我国仍是一个发展中国家,而且还是一个世界人口最多的大国。13亿人口,全世界人口的五分之一! 笔者为了取得可靠的证据,调查和走访了140个家庭(包括城市和农村、林区、煤矿等家庭)。他们告诉笔者,每一个家庭春节期间平均浪费何止是1000元,而是远远超过千元,甚至是几千元。如果每一个家庭在春节期间平均浪费1000元的话,那么,按照全国2.6亿个家庭计算,那就白白地浪费了2600亿元人民币!

溺爱、放纵的"小皇帝",是家庭浪费的主要根源

爱孩子,这是人们的天性。尤其是体味过艰辛的父母,为了使自己的独生子女过着比自己更幸福、更快乐、更完美的生活,极尽所能地娇宠着孩子,使得"小皇帝"们从幼儿园开始就颐指气使,说一不二,"令"出必行。

这些"小皇帝"走进小学,上重点中学,考取名牌大学,争取出国留学,一直到参加工作,结婚组织家庭,伴随他们的,并与他们形影不离的,就是:溺爱+放纵=挥霍+浪费。

8 节日里——孙子是"爷爷",爷爷变"孙子"

2012年除夕夜,辽宁省大连市西北路锦绣小区王老海(化名)家却上演这样一幕"戏剧"。68岁的王老海是某铸造厂的退休工人,他的老伴是大连锁厂的退休干部。两位老人和他们的儿子、儿媳,共同抚养、呵护着一个"小皇帝"王亮亮(化名)。王亮亮已经5岁了,在锦绣小区幼儿园上学前班。王亮亮在爸爸、妈妈眼里,是一颗璀璨的"掌上明珠"。在爷爷、奶奶的心目

中，是至高无上的“太上皇”！

这不，除夕夜的鞭炮刚一响过，锅里的饺子还没有捞出来呢，王亮亮就站在客厅里大喊大叫起来：“爸爸、妈妈！爷爷、奶奶！我的压岁钱呢？”

王亮亮的爸爸闻讯从厨房里走出来，顺手从裤兜里掏出200元钱，还没等递到王亮亮手里呢，他将手一摆：“200元的压岁钱？你拿我当要饭的打发呀！我不要了！”

这时，王老海从旁边打起了圆场，自己摸出500元钱递给了王亮亮：“我的大孙子，爷爷、奶奶的命根子呀！你看，这500元钱给你‘压压兜’怎么样？”

王亮亮气呼呼地抓起500元钱，狠狠地将这些钱抛在地上，上前用脚踏了又踏，手指着爷爷：“你还配当我的爷爷吗？抠里抠搜的！你看看我们幼儿园张晓晓的爷爷，今天上午一出手就是2000元压岁钱。再看看你们，一个当爸爸的拿出200元钱，一个当爷爷的拿出500元钱，亏你们有脸拿得出来！”

王老海浑身哆嗦起来，他心里知道，孙子一旦翻脸，那是什么事情都干得出来的。王老海清楚地记得，2011年端午节时因为购买的衣服颜色略淡了一些，王亮亮与家人，特别是爷爷、奶奶大闹了三天，摔盆子、砸碗不说，还把墙壁上的镜子砸了个粉碎。还有，2011年中秋节，因为王亮亮喜欢的玩具没有买到手，气得他竟将厨房里的饭桌子用菜刀砍了三下。

再有，2011年下半年某日，王亮亮的生日，因爷爷端错了酒杯，王亮亮大发雷霆，用尽全力将饭桌子上的饭菜全都掀翻在地。当王亮亮的爸爸、妈妈上前动手打他时，王亮亮却跑出小区，用“离家出走”的行动威胁着全家人。这下子，可把王老海夫妇、王亮亮的爸爸妈妈吓坏了，花了一整天工夫，总算在中山公园找到了王亮亮。

一听到王亮亮的喊叫，王老海哄劝着：“孙子，你批评爷爷、爸爸，那是对的！我和你爸爸虚心接受。”

王亮亮盛气凌人的架势又表现出来了：“既然你和我爸爸知道错了，那么，为什么不马上改正呢？”

说完,王老海转身走进自己的卧室,打开抽屉,从里面取出2000元人民币,笑容可掬地递到王亮亮面前:“大孙子,这是爷爷给你的2000元压岁钱,请大孙子收好!”

王亮亮的脸色似乎变得温和了一些:“爷爷你今天的表现还是可以的！这一回,我也能和张晓晓平起平坐了！还有,我爸爸的200元钱,必须给我！我可不能因为过春节,便宜了我爸爸!”

随即,王亮亮伸手夺过爸爸手中的200元钱。然后,他带着胜利者的微笑,用手指着:“今天晚上,你们必须给我炒8个菜,今天中午的剩菜剩饭不要端上来,我要吃新鲜的!”

王亮亮的妈妈说话了:“除夕晚上,家家吃的是饺子。你怎么还要吃炒菜呀?”

王亮亮的脸色“唰”地变了:“你们对我不公,这是我对你们的惩罚。我就是不吃饺子,就是要吃炒菜!”

王老海生怕因为一点小事惹出大祸来:“我的大孙子,你不要生气,爷爷有一个好的建议,不知你同意不同意?”

王亮亮将眼皮眨了一下:“那你说吧!”

王老海喘了一口气:“我们给你炒8个菜,全都是新的。但是,我和你奶奶、爸爸、妈妈该吃饺子还是吃饺子吧！这叫吃炒菜和吃饺子两不误,你看可以吧?”

到了零时,王老海和他的老伴儿急急忙忙地端上了新炒的8道菜,王亮亮的爸爸妈妈又将热气腾腾的饺子端上来。全家5口人分别坐好,一起迎接新一年的到来。这时,王亮亮喝了两口百事可乐,用筷子蜻蜓点水般地尝了尝一桌子的新鲜炒菜,然后,放下筷子,用卫生巾擦了擦嘴唇的油渍,不屑一顾地摆了摆手:“我不吃了！我吃好了!”

王老海看了看几乎动都没动的8道炒菜,吃惊地问:“大孙子,你吃完了？你吃饱了没有?”

王亮亮漫不经心地回答:“吃饱了!”

王老海手指着桌子上的炒菜:“这不剩下了吗?”

王亮亮一扬手:“剩下就剩下吧！剩下的就扔掉!”

王老海心疼起来:"这些菜扔掉多可惜呀!"

王亮亮也不知从哪里学来的一句话:"旧的不去,新的不来! 扔掉了,你们再给我炒新的!"

王老海什么话都不想说了,低着头,不时用目光斜睨着饭桌上的8道炒菜,声音低低地说:"这叫什么事儿呀! 孙子现在是'爷爷'了,爷爷却变成了'孙子'呀!"

9　上学时——我爸有的是钱,我不花谁花

绥化学院2010届数学系某男生宿舍里,共有6个在校生。其中,小郭同学家里的经济条件非常好。在同学们看来,时髦的、昂贵的物品,在小郭眼里统统都是"小儿科"。大三下学期时,小郭说要买一台电脑,电脑的价格在1.2万元左右。同学们知道,那么贵重的电脑对于他们来说根本是用不上的。况且,依他的兴趣爱好,有了这台电脑,无非又有了一个打网游的利器。

好心的同学劝小郭不要买。可小郭却说:"我爸有的是钱,我不花谁花?"

到了周日,小郭回到家里便向自己的父母提出了要求。可他的父母觉得买这一款式的电脑有一些浪费,没有答应他。小郭当时不高兴了,一气之下回到了学校,一连三个星期都不回家。爸爸打电话不接,妈妈打电话也不接。同一宿舍的同学劝他接电话,可他却说:"不给我买电脑我就不回家! 看他们怎么办!"

小郭的招数果然灵验。就在第四周的周日下午,小郭的父亲开着车来到了学院。一进寝室,父亲就把手里崭新的电脑举起来,冲着小郭喊着:"儿子! 你要的电脑给你买来了!"

小郭立即从床上坐起来,满面笑容地将电脑接了过来:"行了! 你要是忙的话,你就回去吧!"

小郭的父亲没有说什么,点着头走了。

同学们都说:"你应该好好谢谢你爸爸呀! 你爸爸这个人多好啊! 这么贵的电脑都给你买呀!"

小郭的回答却令人无话可说:"我还是那一句话,我爸有的

是钱,我不花谁花?”

在四川省某大学的校园里,有一位来自新疆的女在校生叫小顾,是 2011 届新闻系的学生。小顾属于独生女,家境比较贫困。当小顾无限憧憬进入大学时,一些潜在的东西却在头脑里被她激活了。它不是学习的热情,也不是勤奋的激情,而是奢侈消费的虚荣心。

一进校园,小顾看见身边许多人的穿戴都是名牌,比如鞋子基本上是 Nike(耐克)、Adidas(阿迪达斯)等。她想着自己高中时穿一个“特步”都觉得了不起,看来大学生真的高得不是一个档次了。走进教室上课,许多同学拿出来的不是笔记本,而是一款款触屏手机,可以将老师在课堂上播放的课件直接拍摄下来。有几个同学用的仍是按键式手机,都不敢拿出来示人。小顾心里的王牌手机是 Nokia(诺基亚),可在同学们面前应该是淘汰的了。

回到宿舍,寝室里的女同学谈论的不是学习上的问题,而是七嘴八舌地聊着衣服、化妆品。说着说着,她们的气氛变成了化妆品大比拼了,说什么某明星的护肤套装靓丽,说什么某明星的睫毛膏上档次,说什么某明星的口红是名牌。同学们每一次逛街回来,个个都在宿舍里当着大家的面,一件件地试穿着新购买的衣服。

每当这时,小顾心里不停地告诉自己,周末我应该去购买衣服了。因为别人都买了,自己可不能太寒酸了。说实在话,小顾之所以上得起大学,是因为她申请到了助学贷款、绿色通道,并获得了贫困补助等等。看得出来,小顾的学习是认真的、努力的。可随着时间的推移,小顾对待生活的态度却悄然发生了变化。

此时的小顾,打扮越来越时尚,粘假睫毛,贴双眼皮,衣服添置得越来越多。买这些衣服的钱,全都是她逃课出去打工赚来的。

小顾所学的科目是新闻专业,这个专业有一个自备单反相机的要求。同级其他的学生全都购买了,小顾却有些吃不消了,她给自己的父母打电话,大声地哭喊着:“爸爸妈妈,这个单反相机我就要买!你们给不给买?如果不给买的话,这个学我也就不上了!”

后来,同学们看见小顾手拿着8000多元钱的单反相机,与要好的同学一起在校园里反复地拍照……

中国“小皇帝”的成长靠的是什么?父母、祖父母的溺爱,说一不二的消费,无休无止的浪费。在校园里,这种攀比虚荣就像毒品一样,毒害着“小皇帝”们。他们有钱要买,没钱也要买;必需的要买,不必需的,只要有“面子”也要买。就连外国人都知道,中国人因“好面子”导致对奢侈品的“追风”。

10　毕业后——不给“四子”,我就让你们断子绝孙

笔者的一位亲属董二强(化名),死时刚好50岁,他家住在黑龙江省鸡西市鸡东县。妻子叫木花花(化名),鸡东县人。夫妻俩有一独生子,名字叫董事(化名)。小董事一出生,董二强就为儿子取了这个名字,寓意儿子长大了一定要懂事。

董二强夫妇对儿子特别溺爱,儿子要什么就买什么,要星星不敢摘月亮,要飞机不敢推大炮。为了儿子董事的大学学业,董二强和木花花凭着家中的两垧地,省吃俭用,辛勤耕作,日出而作,日落而息。宁可少吃一顿饭,少喝一口汤,也要将积攒的钱全部贡献给儿子的学业。

眼下董事就要大学毕业了,何去何从,这对一位农民来说,的的确确是一个天大的难题呀!有一天晚上,董事从大学校园里给父母打去了电话。

董事张嘴就问:“爸爸妈妈,我毕业以后的工作,你们给我找到了没有?”

董二强如实回答:“儿子啊,爸爸和妈妈全都是农民,我们上哪里为你找到工作呀?想要找工作,那还不得需要一笔钱嘛!”

董事接过话茬儿:“你这句话说得对啊!谁找工作不花钱?我要找工作,那就得你们掏钱啊!”

董二强为难地说："你让我们掏钱，我们哪有那么多的钱呀！"

董事气呼呼地说："有钱无钱，你自己还不清楚吗？没有钱，你们不是还长着嘴、长着腿吗？不会求亲戚、找朋友去借、去抬吗？"

董二强支支吾吾："那好吧，我试试看吧！"

第二天，董二强骑着自行车来到了鸡东县一位亲戚家。他此行的目的，就是求亲戚给儿子董事找一份工作。因为亲戚是银行营业所的领导，董二强想通过亲戚关系将儿子安排到金融部门工作。

当亲戚提出需要 30 万元进行"打点"时，董二强吓得一句话都没有说，蔫头耷脑地回家了。一进屋，他一头扎到土炕上呼呼大睡起来。

不久，董事大学毕业了，却手牵着一名大学的女同学一起回到家中。这下子，可忙坏了董二强夫妇俩。当天晚上，在饭桌上，董事当着女朋友的面，又在逼问自己的父母。

董事拉长脸："我大学毕业了，可我的工作到现在还没有个着落。我的女朋友也随着我回来了！你们说一说，今后我的道路应该怎么走呢？"

董二强似哭非哭、似笑非笑地说："儿子啊！你的工作我已经给你找了，可对方开口就是 30 万元钱啊！我和你妈就是把骨头碾成渣子，也凑不到 30 万元啊！"

董事干咳了两声："那好吧！既然我的工作你们找不上，我也就不怪罪你们了！谁让我出生在农民家庭呀！不过，你们作为父母来说，必须将'四子'给我准备好！"

董二强不解地问："什么是'四子'呀？"

董事伸出手指头，一一地扳着数："这个'四子'，就是房子、车子、妻子、票子。房子，你们要在鸡东县城里给我买。车子，考虑咱们家的状况，你们先给我买一辆面包车。妻子，你们这都看见了吧，我已把我的女朋友带到了家里，至于今后能不能成为我的妻子，那就看你们出手大方不大方了。票子，我要在鸡东县城里发展，手里没有十万八万元钱能行吗？"

董二强听明白了,这哪是索要什么"四子"呀?分明是要我的命呀!董二强紧闭着嘴唇,一句话都没有说。

这时,董事"呼"地站起来,歪着脑袋,用手指着:"你们俩,一个不声不语,一个装聋作哑。那好吧,你们如果不给我'四子',那我就让你们断子绝孙!"

说完,董事从厨房里操起菜刀,挥起胳膊,就向自己的头部砍去。全家人被董事这一举动吓呆了,他的女朋友一边惊叫着,一边伸手夺刀。

没有任何办法的董二强,"扑通"一声跪在了地上,眼里不停地流着泪水:"儿子啊!你不要逼迫爸爸、妈妈了!你千万不要做出绝情的事情啊!你不是要'四子'嘛!我和你妈豁出性命也给你整去!"

接下来的事情是这样的,董二强和木花花一商议,狠下心来,将自己居住的三间瓦房变卖了3.5万元,又将自己家的两垧地变卖了6万元(30年使用权不变)。同时,他又将积攒下来的4万元钱倾囊而出。然后,董二强在城郊为儿子购买了8万元的平房。接着,他又花掉两万元购买了二手面包车送给了儿子。余下的两万元,董二强二话没说,交给儿子作为活动经费了。

后来,董二强和木花花在县城租了一处平房,两个人每天起早贪黑,走街串巷地拾捡着废品,用平均每天30元钱的收入,维持着一贫如洗的生活。还不到两年的时间,董事却养成了嗜赌、嗜酒的坏毛病。在赌场上,他把父母为他购买的平房和面包车全部输掉。每天,董事是三顿白酒,每顿一斤。逢酒必喝,逢喝必醉,逢醉必闹,逢闹必伤。

当董二强得知儿子已将房子、车子挥霍得一干二净时,气得他心脏病突然发作,猝死在街道的垃圾箱旁。董事将父亲的丧事办完以后,他的女朋友却不辞而别。在这双重打击下,董事精神失常了!

11　留学中——富二代子女在国外挥霍浪费

这是《小康》杂志社一名记者朋友告诉笔者的一个真实的

故事。

记者朋友说,采访的主人公是南方某城市市郊的养猪专业户,此人健谈,性格开朗,在当地非常出名,与媒体记者很谈得来。为此,记者朋友一直与女主人公保持着联系。

可是,近年来不知什么原因,不但彼此没有通话,而且更没有了见面的机会。在2012年下半年的一天,记者突然接到了从英国伦敦打过来的陌生电话。电话连续鸣响了三次,记者不得不接听——

"你是××吗?我是大姐段丽丽(化名)啊!"

"段大姐,你怎么用英国伦敦的号码给我打电话呀?难道你在伦敦吗?你是什么时间去的伦敦呀?"

一连串的发问,段丽丽那边是一阵静默。

不一会儿,传出了段丽丽的叹息声:"唉!我是一言难尽啊!这是国际长途电话,你我就谈到这里吧!记住,我在一星期之内返回中国。你我在北京见面,我找你谈一谈如何教育儿子的话题。"

果然,星期五的上午,记者接到了段丽丽的电话,约定在沙滩红墙饭店大厅见面。一见面,脸色憔悴的段丽丽打开了话匣子:"兄弟,我和我丈夫的生猪买卖,一直是很不景气。我这个人是讲究'面子'的,始终以'女强人'的形象出现在公共场合。前几年,我来到北京,虽然是站在华侨饭店门前等你,可你是不知道啊!我是住在距离不远的地下室里啊!"

记者惊异地埋怨说:"那你为什么不和我说呢?"

段丽丽摆了一下手:"我不是不想住高档饭店,可我住不起呀!自从我儿子去英国上学以后,我们的生活水平一落千丈。表面上看,我们的养殖业是轰轰烈烈的,可我们却为了儿子,在国内打长活呢!"

记者这才知道,段丽丽儿子在英国留学,被人认为是拿奖学金的优等生呢!原来,她儿子的同学第一次考研没有考上,那家家长碍于面子,便送儿子到英国读书。段丽丽的儿子情况和他的那位同学是一样的,也要去英国深造。他们找的那一家出国中介说，你们要去的学校，既可以连续攻读硕士和博士，而且两年后还可以拿到博士学位。

段丽丽缓了一口气："你知道我一个月两次在天空中飞来飞去吗？"

记者不解地摇着头："你怎么一个月两次坐飞机啊？有这个必要吗？"

段丽丽闭上了眼睛，发自内心地感慨："我的辛苦是次要的，主要是心苦啊！这几年，我们的企业就像过山车一样，时好时坏。当时，我们以扶贫的名义在外地购买了一家很不景气的饲料厂。由于经营不善，那里的贷款必须是老厂子还贷。不瞒你说，我们连住的房子全都抵押给银行了。即使是这样，我对儿子说，只要你好好学习，学有长进，我们砸锅卖铁也都无怨无悔。"

没想到，段丽丽的儿子去英国留学后，连连向母亲索钱。每一次索要时儿子都是连哭带叫的。儿子哭诉着说，自己的信用卡被人盗刷，卡上分文没有了。同时，这一学期的学费等着交付。没有任何办法，段丽丽只好在地下钱庄借了高利贷。

好不容易熬到了儿子毕业，儿子同学的父母已被学校邀请，参加了毕业典礼。可段丽丽却没有接到学校的邀请，她打去电话询问，儿子却说："你们别来了！"原因是为了给家里省钱。

人家的儿子穿着黑色的博士服，戴着博士帽，在网上发回了毕业典礼上的照片。段丽丽的儿子这才不得不说，自己的学分不够，所以也就毕不了业，照不了相啊！儿子的这一举动，引起了段丽丽的警觉。于是，段丽丽找到了与儿子同去的其他同学。从其他同学支支吾吾的回答中，段丽丽知道了儿子的一些问题。

段丽丽咬了咬牙，办理了签证，来到英国，来到儿子的学校。没有想到，段丽丽的儿子却在学校里开着跑车，不寄宿学校，却和他的女朋友在外面租起了房子同居。谁都知道，英国的房价高得令人难以想象。可段丽丽的儿子，却在那里过起了无忧无虑、舒舒服服的小日子！

段丽丽强压着怒火，问："你哪里有这么多的钱？"

儿子不以为然地撒着谎:“我女朋友家的钱!她家有的是钱!”

段丽丽拦住说:“你不要撒谎了!我希望你要有一个真正学生的样子,以学为主啊!”

临走时,段丽丽劝说着儿子:“咱们不怕错,就怕错了不改正啊!”

段丽丽刚刚回国不久,儿子那里又出事了。儿子女朋友的监护人的信用卡被盗,儿子和女朋友已被警方当作犯罪嫌疑人。

儿子在英国那边哭求着:“妈妈!你可要带着我女朋友的父母再来一次伦敦啊!你在国内可要找一个著名的律师啊!”

记者听后,知道了段丽丽急于与他见面的目的了。可记者在想,全球各国的法律都会对其重罚的。那里是国外,那里是英国,而不是中国,你再找朋友那都是无济于事的。

段丽丽用一种既愤恨又惋惜的口吻说:“我们在国内饱受着煎熬,可儿子却在伦敦挥霍浪费。说出来,我们丢人现眼啊!”

记者知道,如果段丽丽的儿子诈骗信用卡罪成立的话,他们不仅仅是因为“挥霍浪费”而“丢人现眼”,她的儿子的信用记录将在可怕的黑名单里,就像影子一样伴随一生!

溺爱、娇惯、放纵的“小皇帝”,已经是全社会非常严肃认真的话题,我们应当怎样关怀培养下一代?看似一个十分浅显的问题,但是具体到每一个家庭、每一个人身上,似乎变得糊涂和复杂了。简单算一笔账:

按照“小皇帝”的成长经历,每个月以消费200元计算,一年以2400元计,从1岁到10岁累计为2.4万元。从11岁到18岁,每个月平均消费为3000元,一年则是3.6万元,那么,8年来则是28.8万元。然后,从18岁到21岁参加工作为止,每个月平均消费5000元,一年则是6万元,4年是24万元。回过头来细算一下,一位“小皇帝”从小到大的费用总计为55.2万元。全国已经有2.6亿“小皇帝”,当父母的则要拿出143.52万亿元来培养我们的下一代啊!

家庭随礼风:无奈、尴尬、浪费

当今中国家庭的“随礼”风,无论是农村还是城市,到处弥漫着怪异的味道,“很不情愿”的心理人皆有之。虽然大家心知肚明,却又不愿意点破。这就造成了每一个家庭经济支出的浪费,而举办者虽然收到了“礼金”,却又无情地给社会增添了新的浪费。

12　农村随礼——变调了!

2011 年 1 月份,正是黑龙江省农村的农闲季节。可这里的村民,每天都在各个村之间“转场”喝酒。但是,这酒不是白喝的,全都得随礼。婚丧嫁娶,生子庆生日等,请客的理由五花八门。巨大的随礼压力,让很多家庭难以承受。不过,很多农民家里都有一个记着“人情往来”的账本,上面密密麻麻地记载着每一笔“人情账”。这个账本是以后随礼或者收礼的唯一证据,是万万不能丢掉的。

黑龙江省木兰县农民老孟跟随儿女进城,不常在老家居住。即使这样,从 2010 年 3 月到年底,他一共随出礼钱 3580 元。他说,我人不在村里,但有亲戚在这里。人家有事就让亲戚给我捎信,我如果人不到,礼金必须随到。在老孟的礼账上,有 16 项与亲属邻居的孩子结婚有关,礼钱 100 元、200 元、500 元不等;有 6 项是因为邻居家的孩子升学,礼钱全都是 100 元;有 4 项是因为别人家的小饭店、食杂店开业。还有老人去世酒、老人过生日酒、生小孩酒、孩子当兵酒、盖房子酒、离婚酒、相亲成功酒、焕然一新酒(粉刷一下墙壁)等等,老孟全都随礼了。

老孟说,如今,很多人家孩子二婚甚至三婚的也都挨家挨户地通知。不但结婚随礼,这两年过礼(农村定亲)也开始随礼了。还有更绝的,有一位村民,十几年前离婚后,与现任“妻子”没有登记就开始同居。前几天,这一对“老夫妻”突发奇想,举办了一场隆重的婚礼,亲朋好友、左邻右居全都接到了请帖。

海伦市伦河乡王女士抱怨说，她家去年一年，光随礼就花掉了9000元钱。现在，屁大点儿的事情就要宴请，说白了，那就是收钱！“拐弯”的亲戚去世，都成了“办事”收礼的借口。眼下，很多家庭热衷于给孩子“办事”。过去谁家生了孩子，往往买点东西“下奶”就可以了。现在可就不行了，很多人家给孩子办满月酒、百天酒，全村人都得随礼。办完孩子再办老人的，给老人过生日，也成了收礼的借口。王女士说，村里有一家，前几年刚给父亲过完50岁生日，今年却通知大家给老人过60岁大寿，我们不知道这位老人的岁数是怎么计算的。

兰西县村民老赵笑着说，近年来，盖个房子就得“折腾”几遍。盖房子时请一顿，搬新房时再请一顿。还有的人家盖了个仓房，换了一个大门，也要请一顿。村里有一家，跑到乡里租了个小房，简单收拾了一下，挂了个牌子，说是开饭店。张罗了一顿，收了不少礼金。还不到十天，饭店就不开了。这不明摆着故意找个理由“办事”收钱嘛！

有一位派出所民警介绍说，有的农民家庭饲养的耕牛等大牲畜尤为重要，也是家庭中的重要财产。为了防止这些大牲畜被盗，所有买卖行为都必须到派出所登记。有一次，这位民警执勤时发现，有七八名村民在大集上卖牛、卖马。细问一下才得知，村里人情消费过重，遇到婚丧嫁娶等大事，血缘近的亲属要随8000元以上的大红包。可贫困山区收入少，无力随礼，只能卖牛、卖马了。

黑龙江省五常市八家子乡的村民大摆“家宴”是一大发明。“家宴”不是在家里摆酒席请吃饭，而是要到乡里的饭店摆酒。村民们戏称这个家宴，就是客人掏钱，主人请客。份子钱，少则100元，多则200元300元。一般人家都要摆个15至20桌。入冬以来，有的村民一个半月就参加了30次家宴。掏出的份子钱都有几千了，这对于年收入万元左右的农民来说，已经是不堪重负了。当然喽，八家子乡的几家饭店却是天天爆满。

有人说，都是一个村子里的人，这些份子钱随来随去的。不随不行，随了如果不请，随出去的钱就回不来了，亏大发了。可村民们一面抱怨着，一面又马不停蹄地赶去“赴宴”。家宴都安排在中午举行。办事的村民雇请一辆客车，早上七八点钟从村里出发，10 点半开席，中午 12 点钟结束。村民说，这车一般只管去不管回，包车费 100 元到 300 元不等。办事的人收完钱就不管了，这送钱的人还得搭上回程的路费，一个人是 5 元钱。

大摆家宴的饭店那是只赚不亏的。所有的饭店全都是一样的菜，菜码随着“家宴”的增多而越来越少。那个鸡啊，就像农家养的小鸡仔儿似的。一盘虾只有十几只，客人们动筷子迟了一些，那就一只都吃不着。所以，客人们专门对酒桌上的鸡、鱼、肘子下手，剩下的饭菜干脆一筷子都不动。每当“家宴”一结束，饭店的几个泔水桶装得满满的。

村民们心里都明白，家宴是一家摆，十家亏。十家摆，家家亏。既然是这样，那为什么还要摆呢？不摆亏得就更多，摆与不摆都得亏钱。但是，如果摆家宴，就能收回来一些。为了减少损失，一个村子里 40 多户，几乎家家都得摆。谁都不想得罪人，谁都不想吃亏。于是，他们一边大骂摆家宴的，一边自己硬着头皮也在摆。也就是说，被别人折磨的同时，他们也在折磨着别人。就这样，农村形成了一个随礼的“罗圈账”，这股风气也就进入了一个尴尬的怪圈。

有的人特别不满意这股农村的随礼风，在网上发文《朋友，你还要脸吗?》，文章是这样写的：朋友，你说买了新房子，你能领我去看看吗？你说你爸、你妈已满七十、八十，你能在派出所打个户籍证明吗？你买新房子办酒席也就罢了，你安装个大门也要宴请，打个院墙也要宴请，甚至修个厕所也要宴请……

朋友，收到你的请帖，我如果不去，面子是过不去。去了呢，我的兜里又不大方便……真是天不怕，地不怕，就怕你把请帖下。有时，我要横下一条心，老子干脆不去了。可是，我还是一个要脸面之人。别人不要脸，我能不要脸吗？

13　城市随礼——变味了！

城市家庭的随礼意义是什么？

刚刚毕业还不到两年的小云，在她读研究生时，父亲得了一场大病。小云没有任何经济收入，在医院陪护的时候，她多么希望有人前来看望自己的父亲啊！那时，她从心里感觉那个“随礼”好像是救命一样，令人感到及时与温暖。说真心话，那时的“随礼”的的确确发挥了一定的作用。有了工作以后，尽管小云十分排斥巧立名目的“随礼”，但要是遇到看望病人这样的事情，她都尽量多出钱“随礼”。因为随礼的本意就是众人相助，帮助别人解燃眉之急。

可现在城市“随礼”的本意已经消失了，寓意增多了，成为检验人缘、考验人心的“试纸”。有的人将“随礼”称为“高价饭票”“红色罚款单”，这里面包含了多少无奈。早先的“随礼”无非是婚丧嫁娶、孩子过满月等等，而现在城市人的“随礼”已经超过这个范围，没有边际，增加了百日宴、周岁宴、寿辰宴、升迁宴、开业宴、升学宴、乔迁宴、结婚周年庆典宴等等。

刘女士有一位“80后”男同事，两年内接了三次婚，次次都通知她参加婚礼。刘女士曾经暗示男同事，再婚时应该低调一些，不要大范围地通知了。可这位男同事却说，我的新娘要求我必须要与前妻的婚礼同等对待，必须大操大办，我也没有办法。无奈的刘女士在第三次“随礼”婚宴结束时，手握着男同事的手，言语真诚地说：弟弟，姐姐我希望你这是最后一次了……

有人害怕节假日，因为节假日是人们宴请、“随礼”的最佳日期。一到节假日，有人一直在各个饭店里奔波。有的是在中午，有的是在晚上。本想趁着假期好好休息一下，可多数人反倒更加身心疲惫。“随礼”的行情也在发生着“日新月异”的变化，一百元不吃饭，二百元一般般，三百五百感情深，再厚就要涨一千。

所以，这股越刮越盛的随礼风绝对是具有中国特色的，只有在中国这个人情大于规则的社会氛围中，每个人都被其所累，每个人都无力打破，也逃脱不出这个怪圈。难怪有人将“随礼”归纳出4句话：范围越来越广，频率越来越高，花样越来越多，关系越来越淡。

“随礼”行为虽然很伤人，可躲“礼”的事例也很多。市民赵女士说，都说红白喜事最怕的就是没有人气。但是，有的人“现用现交”的做法令人感到很别扭。她说，我们单位有一位很清高的大学毕业生，平时在电梯里相遇，最多与我点个头，从来不主动说话。前一段时间，他见到我时忽然变得很热情，赵姐长、赵姐短地叫着。不是夸我的头型不错，就是夸我衣着讲究。结果，不久我就收到了他的结婚请柬！

这种“现用现交”的现象在婚礼前是相当普遍的。退休的金先生说，我们这些退休人员平时都没有人搭理。可老同事、老邻居家的子女结婚的时候，我们总能被人想起来。有些人甚至是几年十几年都断了联系。我就很纳闷，让我特意去找都找不到他们，可他们是怎么找到我的呢？最初，我觉得人家是瞧得起你才通知你的。电话里那个热情劲儿，让你感觉到你要是不去，这个婚礼肯定会留下无比遗憾似的。

可是，你一到婚礼现场，根本没有人搭理你，这使我感到特别尴尬。回到家以后，电话再也没有一个。这样的怪现象，使我一连几天几夜都睡不着觉，总也理不出头绪来！

还有一种怪现象，那就是过分地看重“随礼”。其实，这是一种痛苦。市民谢女士的女儿结婚，婚礼设置 60 桌，男女双方各 30 桌。谢女士平时社会交往很广泛，应酬也很多。按照她的话来说，随了 20 多年的礼，再不“回收”，很多人现在都找不到了，那自己可就亏大发了。

当天晚上，谢女士和家人在家中清账。她一边看着礼账单，一边数落着：“王某他太不讲究了！他们家有事儿我都到场了，加起来至少有四五件事儿，哪次我都随礼二三百元。可他，竟然就给我随了 500 元！”

数着、翻着、看着，谢女士又用手指点着礼账单：“你们看看孙某，他前年提升科长的时候，民主测评都是我帮助他拉的票。要不，他根本就当不上科长！可他，就给我随了 500 元钱！人啊！真是此一时彼一时啊！要是我丈夫还在位的话，人也就不这样了！”

听得出来，谢女士所期望的和她实际收到的礼金差距相当悬殊，这让她难以接受。谢女士将礼金和礼账单收好以后，不无遗憾地说："我是希望所有曾经有过交情的人，都在我女儿的婚礼上有一个终结点。"

不过，有的人却与谢女士的想法大不一样。市民张先生说，随礼这件事情可不是小事，它关系到每一个家庭经济收支的大问题。所以，随礼有的时候必须要细水长流。像年轻人结婚以后，接下来就要生孩子，有的生完孩子可能还要办百天宴……你要是结婚的时候把欠对方家的人情都还上了，那生孩子、孩子百天、孩子周岁的钱，你又要支出了。而你这一边，未来多少年内家里可能不会有什么事情，支出的钱，极有可能是有去无回了。

大家心里都有一把尺子，日益涨价的"随礼"，虽然已被许多人情债包围着，可它的背后却有多少劳民伤财和巨大的浪费啊！

到外地"随礼"的霍先生，一提起这件事情，发自内心地连连摆着手："我的远方亲戚的儿子结婚，几次打来电话对我说，过来吧！亲戚趁机在一起热闹一下。我们全家人放弃了原本外出旅游的计划，到了外地。亲戚将我们安排在宾馆住，安排吃喝，安排车接车送。不说别人，就是我们一家三口人，就使亲戚没少破费。我们原本想随 1000 元的礼，可亲戚招待得如此周到，我觉得 1000 元钱根本拿不出手。所以，我们临时把礼金涨到 2000 元钱。我们想，大老远来一趟，总不能让亲戚在背后说我们不讲究吧！再加上我们的路费，这一次婚礼总共花掉 3000 元。而我家的亲戚花费也不少，估计招待我们的钱 2000 元都打不住。你说说，这里里外外岂不是'劳民伤财、两败俱伤'吗！"

其实，人人心里都有一笔账，什么样的随礼人要到场，什么样的随礼钱送到就行。为什么要多随礼？为什么要少随礼？只要是交情到了，你不通知，知道信息也会去的。没有那么深的交情，即使你通知了，也会给对方造成困惑。更为严重、令人吃惊的是，宴请的背后是不堪入目的极大浪费。

2012 年国庆节，丁先生的儿子结婚。丁先生不仅亲自登门发送请柬,婚礼前一天晚上还群发提醒短信。亲戚、朋友、同事接到通知后,有的碍于面子如约前来捧场,可有的则放弃了这一“随礼”。

40 桌的婚礼竟然空了 10 桌。那个场面令丁先生十分尴尬,而提前预订的饭桌是不能更改的。10 桌摆得满满的酒席,没有一人坐在那里。宴请结束后,10 桌酒席被统统倒进垃圾桶里。

据丁先生介绍,像这样的随礼宴,每一场都有剩桌、空桌,每一场少说有 5 桌到 8 桌是空闲的。按照一桌订餐费用为 600 元计算,平均每一场按照 6 桌空置,则要白白浪费 3600 元。丁先生的订餐酒店每天接待 4 场,一天浪费则是 1.44 万元。一年按照 104 天“双休日”计算,这个大酒店一年就得浪费 150 万元人民币。在哈尔滨市内,大摆“随礼”宴席的大酒店就有 260 家。那么,全年仅哈尔滨市就白白浪费了 3.9 亿元人民币!

那么全国又有多少大中小城市及乡镇的酒店、饭店大摆“随礼”宴席,又有多少剩桌、空桌、剩菜、剩饭在这宴席上白白地浪费掉!

14 升学随礼——变声了!

对于金榜题名的学生家长来说,8 月应该是“红色”的。而另一些家庭则经历了一个“黑色的 8 月”。因为“轮番轰炸”的学子宴,每一个家庭几乎陷入了“经济危机”。名目繁多的“学子宴”,真把人们吃得叫苦连天啊!

学子宴现象不仅仅在各大中城市势头不减,就连乡镇、农村也愈演愈烈。近年来,学子宴的名声的确是一天不如一天,很多人都在责怪学子宴已经变味了。倒不是学子宴的酒肉不合口味,重要的是家长举办学子宴的初衷让人感到不舒服。借机敛财也好,回笼资金也好,似乎金榜题名的喜悦越来越淡化,而人情往来的俗气更加浓厚了。

黑龙江省庆安县的李先生说,从 8 月份开始,他参加了七八个朋友安排的学子宴,妻子则参加了十几个。“我们两口子分头奔波,一个月没有消停过。有时,一个晚上参加两三个学子宴。在我们这里,最少的礼金100元,关系好的200元,关系非常好的随礼400元。我们俩一个月的工资加起来才2000多元,哪里够一个月折腾的!想躲又没有地方躲,学子宴快把人逼疯了!"

刚刚办完学子宴的金先生说,他的孩子高考成绩并不理想,一家人包括孩子在内都没有一丝一毫的喜悦。可是,全家人一商量,还是决定办一场学子宴。金先生毫不讳言地说,这些年自己参加的学子宴无数,少说随出有万八千元的礼金。这些"经济损失"如何弥补?就得靠孩子升学的机会来补偿一下。

一位政府官员杨先生说,自己这些年净往外掏腰包了,名为女儿考上大学风光一把,可心里还是惦记着通过这样的方式,把自己多年随出去的礼金回笼一下。

还有的家长不管孩子考得怎么样,这个学子宴必须要摆的。虽然自己觉得脸面有些发烧,可总比只出不进要来得实惠吧!

家住在兰西县的赵先生说,学子宴从学生走出高考考场那一天就开始准备了。很多家长在查到孩子分数,估计孩子能考上哪个学校的时候,就开始寻找饭店。有的家长在网上看到录取结果,还没有收到录取通知书,就开始预订饭店。有一位同事看到孩子的分数过了三本线后,迫不及待地张罗学子宴。结果,客请了,礼收了,可孩子没有被录取,闹出一个大笑话。

黑龙江大学一位教授说:"我的一个亲戚有一天参加朋友操办的学子宴,我问他那个孩子考取了什么学校,他竟然不知道!他说,去喝酒的人没有几个关心孩子考上了什么学校,只听家长说孩子被录取了,在场的人也都心照不宣,不去多问。再说了,参加学子宴,就是为了还一个人情,还一个面子。'礼'已经不重要,'礼'中包含的祝福和祝贺也不重要,重要的是'金'。人可以不到,但不能差钱。我亲耳听到参加学子宴的人走出饭店时,嘴里自然而然地冒出一句话'真没劲'!"

考生成绩不理想的家长在学子宴上显得很无奈,学子宴的主角——考生同样感觉很尴尬。海伦市的小高说,他高考时只考了一个非常普通的三本院校,这让他非常苦恼。本来,小高想在家里老老实实地待着。没有想到，他的父亲非要把亲朋好友全都叫来，说是热闹热闹，其实就是趁机收点学费。

小高又说，我本来是强烈反对的，可父亲说上学的钱还没有凑够。我硬着头皮，只好点头同意。请客那天，有一位远房亲戚问我考了多少分，我的脸“唰”的一下红了。当听说我只考了420分时，这位亲戚脱口而出：“考了这么点分儿。”当时，我恨不得找个地缝儿钻进去。对于我们这些考得不理想的学生来说，勉强被三本学校录取并不是喜事。家长硬是把我们推上学子宴的舞台，简直是让我们活受罪。

事实上，举办学子宴，不但没有让家长尝到甜头，反而有点“后悔”之痛。花销的钱财不菲，学生家长瘪了腰包，商家则赚了个盆满钵满。有的家长办完学子宴，家庭收入并未增加多少，只是赚了个“自娱自乐”。

其实，大办学子宴受益的不是家长，而是商家。这些年学子宴如此红火，和商家炒作大有关联。据了解，5年前黑龙江省鹤岗市的大包桌饭店还没有几家，而到了近几年就有20多家，2012年又增加了10多家，仅一个区就增加了4家。全市有些名气的大包桌饭店30余家，有的大食堂都临时改成包桌了。一家酒店主人说，七八九这两三个月干好了，一年的利润就不愁了，那是只赚不赔呀！弄好了就是几十万元的收入。说起这些话的时候，此人既有几分神秘，又有几分得意。

一位深有体验的家长说，举办学子宴，这钱全都让酒店、饭店挣去了。你办，我办，他也办，成全的是酒店老板，掏空的是学生家长的腰包。

一提起学子宴，我们不能忽略的是它所带来的严重浪费。每一场学子宴下来，都有大量的鱼肉鲜蔬和米饭、馒头成了残羹剩饭而被倒掉。那些好面子的家长唯恐客人们吃不好，一定都将大鱼大肉点得满满的一桌子。

可是，家长们顾及的是自己的面子，却忽略了客人的胃口。炎热的天气，人们根本吃不下不说，加上参加学子宴一天数场，肚子早已吃得“沟满壕平”，实在是“腾”不出地方了。还有的人只顾着赶场,礼到人不到的大有人在。这一现象,让举办学子宴的家长难以预料。桌要是少了怕人多坐不下,几乎每场学子宴都有5桌6桌的空闲。如果退回酒店,那是根本不行的。一旦打包回家,即使家有冰箱,又能放进多少?这大热天的,能够存放几天?

有人估算过,办一场学子宴,按照20桌,每桌300元钱计算。倘若扔掉了三分之一,每桌就得浪费100元,20桌则是2000元。按照黑龙江省鹤岗市有五六千学子大摆学子宴的话,那就有上千万元的食物浪费掉。

扎眼·刺眼·惊眼:中国人超豪华的婚丧嫁娶

婚丧嫁娶,是我们每一个家庭必然承受和操办的大事。然而,超豪华的操办,那就将婚丧嫁娶的真正含义扭曲了。显摆、炫耀、攀比,已成为国人最时髦、最得意的"词语"了。不知超豪华的婚丧嫁娶之风是何时掀起的,更不知超豪华的婚丧嫁娶之风的根源又是出于何处。

15 显摆——煤老板之子600万元娶亲

2009年3月27日,一场花费600万元的超豪华婚礼在浙江省衢州市隆重举行。这场全国罕见的超豪华婚礼,是2月份预订,在当地最高档的四星级酒店举行。饭店有关负责人说,这是饭店有史以来承接的最昂贵的婚宴。

根据婚宴上每桌6000元的要求,饭店从2月底开始大量采购。燕窝、鲍鱼、鱼翅全部从香港购买,一共花了40多万元。新人的父母提出"全新"要求,酒店从上海订购了1200多套高档餐具。从3月25日晚上开始,酒店所有餐厅更换了桌椅,并套上在杭州和绍兴定做的"新装"——鲜红的椅套和乳白的桌布。酒店还定做了100多套红色梅花图案的旗袍,作为女服务员的"婚宴礼服"。

新郎的老家在福建省，这次婚礼邀请了大量的福建省客人，新郎的父亲特地从福建省请来10位厨师，为每桌婚宴烧制4道地道的福建菜肴。新人包下了饭店所有的房间两天，从3月26日中午开始，已有近一半专程从外地赶来的客人入住。

饭店营销部工作人员说，酒店有300多位员工，所有人投入到婚礼准备中，仍显得人手不够，酒店不得不向其他酒店临时借来150多人。根据要求，酒店和两家婚庆礼仪公司联合制作了一本婚礼操作指南，足有五六十页，要求员工全部熟悉掌握，酒店还为此组织了两三次员工突击培训。

3月27日下午3时，一辆加长林肯花车将新人送进饭店。饭店里已经为婚礼装饰一新，红色地毯从路边一直铺进宾馆。点缀在宾馆各处的粉红玫瑰花球，让人一进宾馆就能闻到扑鼻的芳香。据婚庆公司介绍，婚礼上用花大部分从昆明空运而来，总价值近20万元。

从下午4点开始，参加婚礼的客人陆续冒雨前来。婚礼的来宾签到册不是一个本子，而是印有新郎新娘倩影的伸展长度5米左右的卷轴。签满名字以后，可以再拉出同样长度的空白页。到了5点左右，来宾达到最高峰时，等待签名的客人在长长的签名轴前排起了长队。

新人和他们的父母站在宾馆大厅迎接客人，对于客人送上的礼金，他们一概坚决拒收。他们包下了酒店的棋牌室、茶吧、酒吧、大堂吧，所有来宾都可以免费享用这里的小点心和茶水。婚宴安排在酒店三个餐厅和20多个包厢里。

为了让所有客人都能看到婚礼主场的盛况，新人特意请来当地电视台工作人员，架设摇臂摄像机对主场进行实况转播。

这场婚宴每桌价值达万元，菜品自然不能普通。婚宴菜单上有，澳洲大龙虾、顶级金钩翅、黄海螺、鲍鱼、深海东星斑、印尼顶级官燕……除了菜品，每桌送上一瓶市场价1000元的五粮液和两瓶克罗那红酒。

客人们酒酣耳热之际，婚礼工作人员开始为宾客们发放喜糖，随着喜糖一起送到的还有每人两包软中华香烟，这又让客人们感到一阵惊喜。主人似乎还觉得不到位，一定要让客人在这个晚上有第三次惊喜——每人再发200元红包。

一位女方家请来的客人，一边将红包往衣兜里塞着，一边说："这样的婚礼多参加几次就好了，不但不用送礼，吃了喝了还有红包拿呀！"

当天下午5点58分，在进行曲伴奏中，酒店门外的大草坪上，鞭炮炸响，烟花开放。燃放烟花的人说，烟花都是从湖南省浏阳一家烟花厂买来的。这家烟花厂曾经为北京奥运会开幕式制作过烟花。15分钟燃放结束以后，酒店前的半个草坪落满了红色的鞭炮烟花纸屑，工作人员紧急进行清理，为第二次燃放作好准备。

到了晚上8点钟，婚礼进行到后半段时，第二次烟花盛宴开始了，由烟花拼成的"珠联璧合、百年好合、永结同心"12个字在雨中灿烂显现。接着，各式各样的烟花在夜空争奇斗妍，一刻不停地开放。方圆数十里的市民，在自己家中就能看到这场烟花盛会。

这场烟花盛会燃放了40分钟。烟花盛会结束以后，几名负责清理的工作人员相互感叹说："这40万元的烟花，相当于我们10多年的工资，几十分钟就烟消云散了。"

举办这场前所未有的婚宴的新郎、新娘只有21岁，他们都是在当地长大的。新郎的父亲是福建人，1966年出生，多年在此地生活，后来到山西省做煤炭生意，这次婚礼的费用绝大部分都是他出资。而新娘仍然在大学里读书，她的父母也都在本地工作。

当所有的人都为这场600万元的超豪华婚礼内心产生五味杂陈之时，新郎的父亲却淡淡地说："这有什么呀，儿子结婚了，我只是借此机会请一请亲戚朋友聚一聚罢了！"

16　炫耀——浙江富豪举办全国罕见葬礼

2011年3月上旬，一场极度奢华的葬礼在浙江省温岭市新河镇隆重举行。在那场葬礼上，不但有9辆加长林肯轿车、80

多辆大客车、数百名鼓乐队送葬，更有 8 台摄像机全方位拍摄现场，3 台带有电子大屏幕的汽车随时随地在播放着去世老人的生平。上千个花圈及 16 架铜炮在当地重点中学——新河中学操场上一字排开。操场的旁边，当天高三毕业班的学生正在上课。在这一送葬过程中，数千人蜂拥在小镇的街道上，导致这里的交通瘫痪两个多小时。

这场被当地人称为“历史以来最牛气的葬礼”被媒体报道以后，引来了全国极大关注。温岭市政府把这一事件定性为严重违反丧葬管理规定的恶劣事件。后来，这个一掷千金、大操大办这场葬礼的林某被迫向公众道歉。

当地新河中学的赵老师介绍说，近几年来，学校的操场经常被出借举办追悼会，但像林某举办这么大规模的从来都没有过。当天的葬礼上，哀乐传遍了全镇，庞大的鼓乐队和好几百名做法事的僧人，已将全镇搅得不得安宁。在死者巨大的遗像旁，书写着“六位游子品学俱佳创造瑰丽篇章”之类的褒扬之词，显然大有炫耀之意。

当地媒体报道说，葬礼的当天，不管林某认识不认识的人，只要来给死者吊唁的，全都能得到少则 200 元，多则 1700 元的礼金，外加两包软中华香烟。这还不算，林某亲自召集会议，专门成立葬礼交通疏理小组。他们提前动员平时沿街摆摊的小商小贩们当天不要出来摆摊，每一个摊位发给 500 元经济补偿费，以方便葬礼车队的通行。

赵老师证实，死者家属确实花掉几百万元举办了这场葬礼。无论是租借学校操场，还是打点镇里的老百姓，以及各个环节，林某毫不吝啬。镇里的人们，就是被他们的“礼金”所吸引，纷纷举家出动参加这一空前绝后的葬礼。

当天，在新河中学操场上的追悼仪式结束以后，数千人紧跟在送葬车队后面，在镇里的主要街道上“游行”，然后前往殡仪馆。一位当地居民记录了当时的场景：温岭市巴士公司和浙江畅达旅游公司的 80 多辆中巴车停在街道两旁。举办葬礼的林某家的企业员工近千人来为老板的母亲送葬，他们有的打着正田国际大酒店的牌子。上千个花圈布置在酒店两侧，其中还有当地镇政府送的。镇里很多人搬出"纸钱"加入"游行"队伍之中，还有的干脆以送祭品为名拦路讨要"祭路费"。

虽然当地有关部门出动了几十名交警维持交通秩序，可还是出现了严重的交通堵塞。一辆消防车被围在人流之中，寸步难行。

这场葬礼的主角——去世的老人姓蒋，死时82岁。举办这场葬礼的是蒋老太的5个儿子和一个女儿。当地媒体报道说，蒋老太的6个子女全都是大老板，拥有房地产、酒店宾馆、企业厂矿等大中型企业，兄妹们每人为葬礼出资100多万元。据了解，蒋老太的儿女们确实个个都有钱，但最最雄厚的是小儿子林某——温岭市汽配行业的龙头企业——正田集团的董事长。这场葬礼，主要是由林某出钱，由兄妹6人共同操办的。林某在向公众的道歉中说，父亲去世很早，是母亲独自含辛茹苦地将6个子女养大的，很不容易，子女们都想要最后送走母亲时隆重一点。不过，花费没有超过600万元。

蒋老太在新河中学食堂工作多年，一直到退休为止。后来，她的儿女们全都出息了，老太太没有回过学校。这次林家兄妹把追悼会选在新河中学操场上，可能就是想让生前在这里做普通工作的妈妈，过世时再回到这里，从这里走得再体面一些。

根据媒体调查，林某生于1961年，毕业于浙江大学，经济师职称。1995年创办正田控股集团公司，专业生产各种制动器、汽车变速器等零部件，固定资产8个亿，现有员工2300余人，他的旗下还有四星级的正田国际大酒店。

温岭市是中国最著名的摩托车整车和配件生产基地，国内著名的上市公司钱江摩托就坐落于此。正田控股集团也是从摩托车配件生产起家的，它的前身是正田摩托车零部件公司。1998年，林某抓住中国汽车发展的大好时机，转型进入汽车配件领域，先后成立了4家汽车配件公司，一举成为当地生产汽车配件的龙头企业，产品除了供应国内，还有部分产品出口美国、欧洲、中东。

林某的几位哥哥,有的开办汽车配件公司,有的从事摩托车配件加工,有的从事摩擦材料生产等,全都是生意人。不过,事业最成功的还是林某。当地一些人认为,林某之所以如此高调,除了虚荣心作怪以外,更主要的是想通过这样一个机会,进一步确立正田集团在温岭市汽配行业的龙头地位。没有想到的是,他的"炫耀"炫得过头了。

可是,当地媒体在报道中,声称林某是一个很低调的人。浙江《新台商》杂志的一篇报道中说,林某不是一个张扬的人,他有着台州商人特有的低调和实干,不显山露水。文章还称林某是一个"谋略家",他"谋"出了一个正田控股集团。当真正拥有了数亿财富以后,在当地人眼中曾经低调的林某,这一次他不想低调了,以一场奢华无比的葬礼高调出场。同时,伴随林某的还有两个大字:炫耀。

17　攀比——年轻富豪超豪华迎娶的结局

山西省太原市有一位29岁的富豪,凭着自己的聪明才智,在煤炭经营上大大地红火起来,成为当地的首富。首富虽然风光无限,威风八面,可他私下还有不解的"心结"。那就是,他是三代"单传",父亲早年死于一场车祸,母亲辛辛苦苦将他拉扯长大。经过亲属朋友介绍,首富一眼看中了京城某一话剧团一级演员的女儿。这位女人年纪28岁,长得端庄秀气,眉清目秀,落落大方,苗条可亲。两个人见面后,双双坠入了爱河。几个月以后,在首富的提议下,迎娶的日子确定下来。

首富的母亲喜笑颜开,乐得嘴巴一直合不拢,她告诫自己的儿子:"婚礼举办得隆重不隆重与我无关,我最最关心的就是早日抱上我的大孙子!"

迎亲的前一个星期,首富特意将自己的亲戚、朋友、同事召集在一起,召开了一次临时性会议,首富兴致勃勃地告诉大家:"我的婚礼一定要热烈、隆重、气派!我不怕花钱,我有的是钱!"

当时,首富对新郎、新娘的装束、婚车、流水席、主客席、政商名流席等等,都进行了周密的安排。

就在这时,首富的母亲从卧室里走出来,她对儿子的安排没有怨言,只是补充了一条建议:"我儿子结婚那天,不许收取任何客人的礼金,咱们也像浙江衢州富豪那样,发放红包!"

首富母亲回过头来问儿子:"浙江衢州的富豪发放的红包是多少钱?"

首富稍微思索了一会儿:"他们的红包是200元钱。"

首富的母亲慷慨地说:"咱们家盖过他们,就发放500元的红包!"

还没等首富说什么,他的母亲将手一扬:"就这么定了!这个数字是我出的,你们必须听我的!"

迎亲的那一天,首富的婚礼在当地最豪华的大酒店里举行。两位新人身穿价值过万的定制的龙凤唐装,200辆婚车排着长长的车队迎亲,价值达800万元的长发动机罩、短前悬和长后悬的劳斯莱斯幻影超豪华轿车是这对新人特有的座驾。

就在婚礼的大厅里,首富特设了500桌流水席和106桌主客座席。婚宴上,山珍海味应有尽有。同时,每一桌都摆放一瓶53度茅台酒和一瓶53度五粮液,并有价值不菲的人头马果酒。座席上,摆放的是苹果、香蕉、橘子、葡萄、糖果、高级饮料。典礼仪式结束后,服务员马上将这些东西撤掉,紧接着快速地摆上了18道热菜和8道凉菜。按照服务员的话说,8字寓意着"发财"的意思。

流水座席刚一结束,首富宴请的3000名政商名流鱼贯而入。首富在热烈掌声中发表了讲话。接着这一对新人春风满面地举起了酒杯,与当地名流们共进午餐。前前后后,仔细地算起来,一共有万余人参加了这一婚宴。而最令人津津乐道的是首富的大手笔,对客人们概不收礼。奉母亲之命,每一位客人发放5包软中华香烟和500元以上的红包。光是这一项开支就达到700多万!

婚后的第一天早晨,新娘5点钟起床梳妆打扮,陪同新郎先去婆婆的卧室请安。新娘在新郎的搀扶下,迎面向婆婆鞠了一躬:“妈妈！早上好！”

燕语莺声的招呼,叫得首富的母亲心花怒放:“好！好！我们都好！”

只见首富的母亲将手一摆:“快把我当婆婆的献给儿媳的礼物拿出来！”

女用人将豪华的价值20万元的“仙鹤大福金项链”递给了首富的母亲。首富的母亲将这一沉重的、贵重的金项链戴在了儿媳的脖子上。然后,她左瞧瞧、右看看,嘴里不停地说:“这件礼物就是我儿媳的！这一戴上,我的儿媳显得更漂亮了,更好看了！”

站在首富母亲身边的,是4位没有见过面的婶婶。这时,首富的母亲分别对儿媳进行了介绍。每介绍一位婶婶时,这些打扮得珠光宝气的婶婶分别掏出15万元、18万元、20万元不等的大红包。

第二天早上,新娘和昨天一样,与新郎一起来到婆婆卧室请安。可今天的气氛与昨天大不一样了。坐在卧室沙发上的首富母亲发话了,不,可以说是在发布命令:“儿媳啊！我们这个家庭是传统家庭,按照祖辈传袭下来的风气,女的不许随意外出,只能好好地伺候男人。更重要的是,要在最短的时间内,怀上我儿子的孩子。”

新郎干咳了一声:“我和妈妈都商量过了,等过几天后,你将要好好地打理一下咱们家开办的名牌店。”

新娘又问:“什么是打理啊?”

新郎解释说:“名义上是打理,实际就是让你去负责管理。”

新娘又问:“难道我就不能回到京城继续演出了吗?”

首富的母亲不以为然地说:“那算个什么事情啊！你就好好地给我生一个大胖孙子,那比什么都重要！”

说完,新娘扭头回到了自己的新房。

事后,虽然首富自我欣赏婚礼的“气派”和“热闹”,可京城美女根本没有接受首富家的“条例”。她感到自己掉进了莫名其妙的深渊里。果然,在15个月以后,京城美女既没有打理首富的名牌店，也没有怀上首富的种儿。她还借故回到京城，几个月都不想回到曾经令她无限憧憬的地方，更不想与首富维系那个金碧辉煌的爱巢。

每当首富电话催促，又亲赴京城探望时，美女除了电话不接，不想与其见面以外，一纸诉状，将首富告到了法庭。诉讼的理由只有一个，那就是性格不合。首富接到诉讼状后，大吃一惊，心想：难道我的富有满足不了她物质上的需求吗？难道我的迎娶就单单是为了她的容貌吗？

一连一个多月，首富对于京城美女的举动，那是百思不得其解呀！当首富以被告的身份出现在法庭时，竟消瘦了一圈。

就在世人曾经无比艳羡的婚姻里，京城美女什么都没有得到。在法庭上，她那掷地有声的一句话，却令首富感到特别茫然、惊诧、不解："对方的家产，我一分钱都不要！"

通过以上事例我们不难看出，按照全国2.6亿家庭的八分之一来计算，每年全国就有3250万个家庭将要举办婚丧嫁娶仪式，每一次以10万元（包括定亲、买房）浪费为计，全国每年就要白白浪费掉32500亿元人民币！

中国仍然是一个发展中国家，目前人均收入排名仍在全球百位之外，相当于美国的1/25、日本的1/21和世界平均水平的1/4。现在，我国还有4320万人年收入在1067元的贫困线之下。一些贫困地区的孩子连上学、看病都十分困难。尤其是中国各方面的发展建设和社会保障等都需要大量的资金，哪能称得上是钱多了呢？

齐抓共管，破解家庭浪费难题

经济学家说过，奢侈是公众的大敌，节俭是社会的恩人。中国是一个人口众多的大国，如果人人躬行节俭，集腋成裘，聚沙成塔，那将是多么巨大的财富？建议从四个方面入手：

一是建立健全节俭教育。造成挥霍浪费严重的原因是多方面的，但有一个不容忽视的原因是，节俭观念渐渐淡化，节俭教育严重失位。从目前来看，加强节俭教育必须从娃娃抓起，要从小学生、中学生、大学生抓起，要从公民自身做起。尤其是在学校和家庭里，节俭教育必须是每一位家庭成员的必修之课。在一些公共场合，在一些大中小学校园里，几乎所有的地方都张贴着有关勤俭节约的标语和公益广告，但真正起到作用的节俭专题教育却几乎没有。当前绝大多数青少年都是独生子女，生活条件相对优越，他们意识不到资源短缺和浪费的危害，难以把节约资源变为自觉行动。因此，加强对他们的节约教育是社会的重要任务。

事实上，近年来，我国不乏对学生进行勤俭节约的教育内容，无论是大、中、小学生《守则》都有规定。专家学者认为，学校和家庭都要发挥培养教育孩子勤俭节约良好习惯的主阵地作用。现在我国有2.5亿中小学生以及大学生，学校应将勤俭节约教育作为教学的重要内容，通过主题班会、专题讲座、节约能手评比等多种活动，让学生们认识到资源是宝贵的、稀缺的，任何人都没有理由浪费。

二是建立健全家庭节俭制度。在德国，吃饭不浪费是一种非常普遍的现象。原因在于，这个国家不仅一向非常重视对国民进行珍惜粮食的教育，更重要的一点是，不论是在家庭中还是在社会上，吃饭浪费都要挨罚。在家里，小孩子如果浪费粮食，会被家长惩罚劳动的。在很多餐馆里，都张贴着醒目的规定。如果有浪费现象，任何见证人都可以向城市秩序局等相关机构举报，工作人员立即赶到并按规定罚款。

所以，建立健全家庭节俭制度是我们每一位公民的首要任务。对于在家里浪费粮食、服装、用水、用电等现象，每个人都要拿起惩罚的武器，对那些人进行面对面的批评和抵制。用家庭节俭制度，严格地要求，严格地督促，严格地检查，严格地执行。节约每一粒米、每一滴水、每一分钱、每一张纸、每一度电……必须从你我做起，从现在做起。

三是建立健全社区“家庭奖罚”相关规定。以社区为单位，积极开展“好家庭”“好家长”“好媳妇”“好孩子”的评奖活动，对于勤俭节约的家庭先进事例，给予必要的奖励。通过各种宣传工具进行大力宣传，树立“勤俭节约光荣，挥霍浪费可耻”的良好社会风气。同时，还要评出“一般”“较差”“很差”的浪费家庭，予以公示曝光，并对其进行罚款。罚款额度的多与少，以起到警示教育为准。只有这样，才能使家庭浪费成为人人喊打的“过街老鼠”。

四是建立健全上下齐管机制。信息公开不够、缺少制度规范、处罚没有威慑等，都是家庭浪费之风形成的原因。其中，监督环节是核心。纪检、审计、社区、村委会，要联合起来一起督察，公布举报电话、畅通监督渠道，借助公众力量的广泛监督，让家庭浪费无可遁逃。

中华民族是世界上最最勤劳的民族，但我们勤劳而不富裕啊！勤劳的中国人赶快警醒吧！在全国范围内抵制和反对家庭浪费，刻不容缓了。

（原载《北京文学》2014 年第 11 期）

消逝在酒馆里的岁月

——一个酒徒的忏悔

马　　语

保证难写

记得在很早以前,也写过一两份保证书,为戒酒。

这些年身边不时会听到有人因喝酒出事或丧命。在奔向40岁的路途上,在这个春天里,我准备了好些天,下决心写下这份保证书:不再那样喝酒。绝不能再那样糟践自己的身体,绝不能再那样荒废时光与生命……

我没敢写我要彻底戒酒。

在我们这个地方生活,不喝酒,那怎么可能?仅仅因为走错了房门,一下就多喝了几十杯酒:那天去北中国大酒店吃饭,记错了朋友说的包间号,推门进去一看不是,反身要退出却已来不及。在座的也是一帮熟人,只好过去敬酒,连敬带被敬,在我仓皇退出时已喝下30多杯酒。如果全国那么多和我一样的机关干部,都像我这样喝,那还能喝不掉一个西湖?两个三个都有可能啊。我只能保证,今后我个人一次喝的量要少,若没有特殊情况不能醉。特别是喝酒的次数要绝对减下来。

下午下班,在走向酒馆的路途上,一边是家中妻子打来的电话,不允许我去喝酒,要我立马回家;一边是朋友们在酒馆里打来的电话,要我快点过去,说就差我一个人了。我在电话里一再向朋友推辞,说妻子死活不让我出来喝酒了,一定要我回家。

朋友哈哈一笑,要我赶快给妻说明,喝酒也是工作的延续嘛……这一点,我自己其实比这个朋友更清楚。善喝酒,酒量大,让一些干部确实沾了不少光。这些年,吃喝招待之风如此盛行,其中蕴藏着很深的处世“哲学”和人生“学问”:吃出好印象,吃掉工作中存在的问题,在各式宴会厅,在频频举杯中,你好我好大家好。对此,美国马萨诸塞大学波士顿学院社会学教授邓小刚有这样的观点:“中国有一个文化传统,一个人得到提升,很大程度上不是看你的业绩,而是看你跟领导的关系和你的社交网络。怎么获得领导对你的好感?一个办法就是各种铺张浪费,大规模招待,使上级领导感到有气派、有场面,给足自己面子。给上级的招待多了,领导对你的印象就发生变化,对他的决策也产生影响。特别是这种现象在中国上行下效。”

在故乡黄河岸边割草、放牛长大的孩子,曾一直为自己的身体很自豪,我就是黄河边石壁上自由行走、奔跳的那一只黄羊,或广阔田野上无人管束的那匹小马。初到这个城市的时候,我曾在它的体育场那细沙石子铺成,长满一片一片青青蒺藜的跑道上,一气跑十来圈。可是现在,在新修成的世纪广场的塑胶跑道上,仅能跑下一圈来。东沙的老城墙上,是我以前经常去的地方,那里清风徐徐,空气澄明,四季都有鸽群从空中飞过,可以一览这个城市的全貌。好几年了,再没爬上去过,每次只是在老城的石板街上,前后走一圈,抬头望向东沙那老城墙兴叹。

这些天,家人和亲友一直在催促我,去医院,作检查。在这人生及生命的重要时刻,诸事打扰,未来得及去,但已作了很多深思:这个城市,成年男人身体大多有疾,许多都是与喝酒有直接的关系;许多人之所以停了酒,就是因为以前喝得太多,身体出了毛病。如我的赵非兄,过去一回能喝一瓶白酒,今年夏天做了大脑开颅手术,才止了酒。许多人再不戒酒,性命不保。就是现在,我只要三到五天不喝酒,轻松自如,又像出现在故乡田野上在金色阳光下欢蹦乱跳的那匹小马。

这是一块什么样的土地?生活在这里的人们为什么这样不惜生命地喝酒?我一直在寻找答案,阅读史志,阅读尘世,也阅读了大量古人饮酒留下的诗文。

斗酒诗百篇

古人是怎样喝酒的?

翻阅古代的文学作品,与酒有关的诗文灿若星汉。曹操"对酒当歌"、陆游《楼上醉歌》、苏轼《水调歌头》、杜甫《醉时歌》、李白《将进酒》……都是流传后世的不朽之作。这些酒诗的文化内涵之深、积极意义之广,是后人千百年都未能品读尽的。

曹孟德喜饮杜康,白居易、苏轼好喝屠苏酒……历代文人都与酒结下了不解之缘。欢乐时"白日放歌须纵酒";愁苦时"醉里不辞金盏满";相逢时"一壶浊酒喜相逢";送别时"劝君更尽一杯酒";赏月时"举杯邀明月"。无时不酒,无处不酒……

唐敬宗宝历二年(826),刘禹锡罢和州刺史任返洛阳,这一天白居易也从苏州归洛,两位诗人在扬州相逢。筵席上,二人对饮并以诗相赠,刘禹锡写下了他的传世名篇《酬乐天扬州初逢席上见赠》:

巴山楚水凄凉地,二十三年弃置身。
怀旧空吟闻笛赋,到乡翻似烂柯人。
沉舟侧畔千帆过,病树前头万木春。
今日听君歌一曲,暂凭杯酒长精神。

"五花马,千金裘,呼儿将出换美酒,与尔同销万古愁。""古来圣贤皆寂寞,惟有饮者留其名。"……历代文星之中,饮酒赋诗,当推李白。翻开他的诗词,一股侠客豪饮之风扑面而来。从诗仙的众多诗句中,我们似乎看到他经常醉着,而他却是睁着一双世事洞明的大眼睛。他就这么一边喝着,一边激扬文字,指点江山!"君不见黄河之水天上来,奔流到海不复回!"黄河源远流长,此时在诗仙的诗中如从天而降,一泻千里,东去大海。上句写大河之来,势不可当;下句写大河之去,势不可回……黄河日夜奔流,青丝与白发就这么悄然地交替……

有什么是属于永久的期待?

是酒,与那酒香中流泻的诗情,才是诗人亘古常新的生命关怀。“人生得意须尽欢,莫使金樽空对月。天生我材必有用,千金散尽还复来。”也许有人会说李白也是悲情的,但那是巨人式的伤感!不是颓废,而是更大的自信。张扬自我,肯定个性,李白相信他不是凡人;不相信人是金钱的奴隶,一切随心而动,千金散去全不悔。“会须一饮三百杯”,可以想见,那是一场多么磊落的豪饮……

同样是饮酒,一壶酒,让天才诗人苏轼诗兴大发,写下与《赤壁赋》齐名的千古名作《水调歌头》:“明月几时有?把酒问青天。不知天上宫阙,今夕是何年……”把酒临风,诗人抬头遥望当空明月,其思想情感插上了翅膀,天上人间自由翱翔。将青天作为朋友,把酒相问,这是何等不凡的气魄!“但愿人长久”打破时间的局限,“千里共婵娟”打破空间的阻隔,这又是何等丰富博大的精神境界!众多史料证实,苏轼酒后的书画更具神韵,提倡“诗画本一律,天工与清新”,肯定“诗中有画,画中有诗”的境界。存世书迹有《黄州寒食诗》《赤壁赋》等。存世画迹有《古木怪石图卷》《竹石图》,近年发现的《潇湘竹石图卷》也是他的作品。苏轼在诗、文、词、书、画方面,在才俊辈出的宋代均取得了登峰造极的成就,成为中国历史上少有的文学和艺术天才。

千年之后,在我们这座城市这些高档酒店,一大桌的肥肉大酒,常会有多半桌吃剩,大盘大盘地端走倒掉。凡桌上饭菜堆得小山似的,酒足饭饱后剩菜满桌、酒瓶成堆的,不用问大多是公款消费。诺贝尔经济学奖得主弗里德曼这样说过:“花自己的钱办自己的事,最为经济;花自己的钱给别人办事,最有效率;花别人的钱为自己办事,最为浪费;花别人的钱为别人办事,最不负责任。”过去的这些年,仅此造成的资金、资源浪费难以计算。中国也因此成为泔水大国,更引起地沟油泛滥,连政府机关领导的餐桌也未能幸免。最让人心痛的是,一桌这样的酒宴,会吃喝掉一个甚至几个贫困大学生一年上学的费用!

古人是怎么饮酒的呢？“故人赏我趣，挈壶相与至。班荆坐松下，数斟已复醉。父老杂乱言，觞酌失行次。不觉知有我，安知物为贵。悠悠迷所留，酒中有深味！”写出不朽之作《桃花源记》的魏晋名士陶渊明，请友人松下坐饮，没有桌椅，只好铺荆于地，宾主围坐，没有丝竹音乐，只能听风吹树叶，听父老说乡野闲话。这样的情境，诗人却“不觉知有我”，物我两忘；有些人迷恋虚荣名利，而我则知“酒中有深味”，追求一种与自然冥合的境界，酒之深味是在于此。

故乡的酒曲

小的时候，在我的故乡，每遇嫁娶、祝寿、老人过世，事主家要请来四邻八村的亲朋好友大摆几天酒席。搭起火塔，窑洞里、场院上，吹打起热烈而悠扬的鼓乐、高亢嘹亮的陕北唢呐，小山村总要红火热闹好几天。

那时小山村的酒席上，喝酒是要按一定的套数来的，分告坐、要酒、看酒（即斟酒）、让酒、奉承、对酒、退酒等，每个程序都有酒曲。唱酒曲的程序，一般是当客人在席前坐定后，主人先将第一杯酒泼于尘埃，以祭天地，然后传壶递饮。

酒过三巡，主人开始劝酒，每位宾客敬酒两杯，谓之“两相好”。敬酒三巡，谓之“桃园三结义”，然后相互敬酒。此时主人先唱《敬酒歌》，如：“弦子抱在怀，小小酒曲唱上来，油漆桌子安上来，湿布子擦来干布子揩，象牙筷儿对对来撒开，四个菜碟四下里摆，事主家有酒大壶里筛，银壶里添酒金盅里来，斟起冒起圪堆起，一个罢了一个再来。”唱毕，酒宴才正式开始。席间可以行令、猜拳、打通关。其间有唱《要酒歌》的：“太阳出来一点红，照见主家大酒瓶，大烧烧酒不给喝，小烧喝得怪头疼。”有被众客人请起来唱的：“叫我唱来我不会唱，众位亲朋多多原谅。拦羊的嗓子回牛声，惊起母猪掀墙根。掀起墙，压死羊，一家叫我打新墙，一家又叫我赔绵羊。哎，今天咱就丢下这么两句狂。”输者要唱《告输歌》或请人代唱，如《担承我们年轻人》：“一来我人年轻,二来我初出门,三来我人生认不得人,好像那孤雁落在凤凰群,展不开翅膀,放不开身,叫亲朋们你多担承,担承我们年轻人,初出那一回门。”也有借酒兴上来自告奋勇亮开嗓门唱的:“生来我一十九,吆上那牲口赶马头,远走那山西汾阳府,路过又走古名州。马家硷的果馅到口酥,麒麟沟过来又喝四两酒,石湾街,月牙路,四根旗杆擎天柱,柠条梁上我驮回两桶油。”

酒宴时间长了,酒令就逐渐变得随便,而歌兴很浓的人,则可以找人对歌,即兴出口,各显其能,如对歌《月儿弯弯照高楼》:“月儿弯弯照高楼,几人欢乐几人愁。什么人在高楼饮好酒,什么人丢下在外头?”“月儿弯弯照高楼,新女婿欢乐新媳妇愁,客人亲戚在高楼饮好酒,吹鼓手丢下在外头。”如对答不上就罚酒,相持不下,就猜拳行令定胜负。到了最后酒酣歌尽时,便唱《退酒歌》告终。如:“一垧高粱打八斗,高粱头上有烧酒,酒坏君子水坏路,神仙出不了酒的够。”意思是喝酒应有所节制,主客之间、客人与客人之间不要再互相敬酒和对歌喝酒了。

酒歌,或荤段子

今人的酒桌上,酒歌早已消失。李白:“风吹柳花满店香,吴姬压酒唤客尝。”李清照:“沉醉不知归路。兴尽晚回舟,误入藕花深处……”吟诗作赋,或巧对妙联,亦早已绝迹。当今的酒文化已经很少“风、雅、颂,赋、比、兴”,不管大小酒场,听到的全是与两性有关的“比、兴”话题,或荤段子,且在社会上广为流传。

只要是两性话题,今人的想象力并不比古人差多少。我们这里有个地方,为了说他们的羊肉好吃,竟说男人吃了女人受不了,女人吃了男人受不了,如果男人和女人都吃了,家里的床受不了。一小碟咸菜,都能给编出精彩的段子,服务员送上来一小碟咸菜,一干部就指着桌上这一小碟咸菜给大家讲:在县里,一男子到相好的家里串门,只有女人在家,两人就热火了一回。事毕男子欲匆匆离去,不想被从外打完麻将回来的女人的男人碰在了门里。男人看床上的情形及两人的慌张神色,已断定不该发生的事发生了，操起家伙对着那男子大喝，文来还是武来？再看两人还在地上放的便盆里尿了半盆尿，男人喝令男子，先把那半盆尿端起喝了。这个时候，男子只有听命，端起来喝，没喝几口，又酸又涩又臊，实在难以下咽，苦苦求告，能不能给点咸菜就上两口？段子还没讲完，在座的人已笑得前仰后合，包括那两位女士，一点恼的意思都没有……一个段子，再次助燃酒场气氛，一朋友站起来要给大家敬酒，每人都端起了面前的酒杯，大家看他一个人站着喝，不好意思，都叫他坐下来一起喝。这朋友为表敬意，坚决要站着喝这杯酒，一领导身份的朋友就出口了，尿的酒量都没有，还要站着喝啊？即兴又给大家讲段子：说一男子躺在病床上，手术前先做皮试，年轻女护士给他剃阳物周围的毛，男人的东西一下硬起来不倒，吓跑了护士。护士长听后，一脸平静，拿了酒精瓶过来给男子阳物上倒了点酒精，冰凉的酒精一刺激，男子的阳物立刻软下去了。护士长一边走出病房一边骂道，尿的酒量都没有，还要站着喝酒……类似的段子在酒场上不断被翻版，随着场合的不同，桌上饮酒者层次及文化程度的不同，有无女性在场，均会有不同的演绎，往往是有一二女性在场同饮，这些段子会被演绎得更“精彩”。

“喝酒基本靠送，抽烟基本靠供，老婆基本不用，工资基本不动。”这条从酒桌上下来的段子，在民间已流传好些年，它是不是反映了一种真实面目，相信百姓心中是有数的。如果说上面这条段子是针对有地位、有身份的人士编的，那下面这条可以说是为很大一部分国人编写的：男人“四鬼”——“晚上下班回家是穷鬼，晚上 9 点回家是酒鬼，晚上 12 点回家是色鬼，凌晨 4 点回家是赌鬼。”还有喝酒人为自己编的这条段子，早就是名篇：一男子喝得大醉，出去解手，闯入人家猪圈，醉倒在猪旁，老母猪被惊动站起来哼哼。男子开口，别唱了，唱我也不喝；随后老母猪撒尿时淋在了男子脸上，男子便骂，别灌了，灌我也不喝；一泡猪尿将男子淋醒了一点，他爬起来小解，提裤子时不慎将裤带扎进了猪圈门栅栏，怎么也走不脱，男子嚷道，别拉了，拉我也不喝了……

一千多年前，范仲淹身居朝廷要职，仕途沉浮几十年，数遭贬黜，但他澄清吏治、忧国忧民之心始终未改，“宠辱皆忘，把酒临风”，写下“不以物喜，不以己悲”和“先天下之忧而忧，后天下之乐而乐”的千古名句。

一路喝过来

20 岁前，我还是没有沾过酒的，不像现在的男孩子，大学毕业前，岂止是喝酒呢？好多事他们都做过了尝试过了。我最早接触酒，是那年到县教育局工作的时候。有一天，局里派我到大山里下乡，老校长叫了乡上的书记来陪我吃饭，那是我第一次下乡，那“长脖”西凤很辣，我眼睛都流出了泪。但看着几位领导站着给我把酒端过来，特别是乡书记那样热情地给我敬酒，我还是一仰脖喝下去了。再看看老校长那两个如花似玉的女儿，我一杯一杯把倒到我杯里的酒喝了。山里的小饭馆，就剩那两瓶“长脖”西凤了，后来我们改为喝啤酒，不知道是什么时候结束的。第二天早晨起来，老校长问我，他看见半夜里我在门背后转来转去直转圈儿，不知在干什么。我使劲回忆，想起可能是这样的：那天老校长安排我和他在一孔窑里睡，待我酒稍醒一些的时候，我一定是想去看老校长的两个女儿哪里去了。可我没这么说，我说出口的是另外一条原因，啤酒喝多了，尿憋得厉害，起来要出去解手，却又惧怕门外院子里那条凶悍的土狗。

从那，我开始沾上了酒，而且一喝不可收。

有一回下班，单位里几个同事不回家，要去喝酒，他们只是礼节性地让了下，叫我跟他们去。待酒稍喝大的时候，不知什么话没有说对，请客那个同事直指着我喊叫，我们又没叫你来，你出去吧！那天我醉得不省人事回到家。妻不能理解我，其实这些年来，只要我喝了酒，她从来都没有理解过我。我醉了骂她，她会用更恶的话语来对付我。那天我本已那样醉，妻还又骂我，我端起灶台上的一铝锅饭向她身上摔去。

离开我初参加工作的地方，来到这个更大一点的城市，酒局就更多了。初到这里那年,有一天在大湖公园里喝酒,是公园的人请,在公园西边湖畔的那个铁皮房子小饭馆里,从上午11时半开始喝,喝到下午6时。喝醉了,几个人都要上舞厅继续喝。走到一家叫"夜夜红"的舞厅,又开始喝,而且还叫来两个小姐。那时,歌舞厅的小姐,还仅限于跳舞的时候稍稍搂抱一下,我们一直喝到夜里12时。那时妻还在县里,我单身,没人管我。

这几年,我把自己鼓捣成了我们这小地方的名人,徒有虚名,但每次上酒桌,我还总是被一同喝酒的人给让到主要一些的位置坐下。我没有钱,说出的话不管用,给人办不成事,只一介文人。但我不怨怪任何人,从内心里,感激机关干部和各行各业我的那些读者,没有他们,我什么也不是;他们是水,我是一叶小舟。

实在不胜白酒的烈性,我要求喝点儿啤酒,在座的喝酒人,大都不同意。说土豆不算豆,酱油不算油,啤酒不算酒,我要不喝白酒,这场酒就没气氛了。只能喝白酒,每回我喝完,有人总要盯着我的杯子,看有没有残留的,只要有一点,必须要我重喝。当然凡这样要求我的那些朋友,人家自己肯定是全喝了,一滴不剩,感情深,一口闷嘛!还有好些朋友,在平时的电话里,大家都是要安慰、劝说一番的,今后一定少喝酒……喝酒实在是伤身体了……可一旦坐在酒桌上,就变得不像那个人了,就不让我喝剩了。轮到我的,一杯都不想让我少喝。有一次,我实在喝不下去了,不得不给他们打了喝酒认尿书:

> 2012年5月1日,在煤海大酒店喝酒,因本人思想素质低,摇骰子技术不如人,酒量实在是差,真的实在喝不下去,我心甘情愿向张明签下投降书,承认我就是小酒量,从此喝酒讲话不能大声,别人说我窝囊不能还口,必须点头承认并应一声:我是小酒量!另:还欠刘振军6杯酒,于下次喝酒的时候先还清才可上桌。
>
> 见证人:李平、王二飞、刘引林
>
> 本人:马语
>
> 2012年5月1日

有一回,和妻到了她乡下的娘家,当地县里的朋友请喝酒,晚上回到乡下,一下烂醉如泥了。不,是不知人事,无端地把妻子娘家一家人手指着大骂一通,连同岳父岳母,大概像村妇骂街那样。我当然一无所知,这是第二天妻子的描述。为什么这一两年喝酒不断"出事"。早在前些年,我曾给家人说过一句话:我的身体是一捆燃过旺火的柴火。那时搞新闻,每个深度报道写完,必然要感冒。这几年,工作上轻松了一点,但完成了自己的几个大作品,在社会上引起了反响,还获得了全国大奖,它们是我生命的结晶。如今40岁刚过的人,早上洗脸看一下镜子,看见的是一张50岁的脸。人家为什么都那么能喝?酒桌上人家都比我喝得多啊,好些人还开着车呢。

那天,从大西南回来,朋友们要为我接风,自是醉了。第二天早上,我去办公室取一个东西就走了。中午又回到办公室,同事说我南方一行晒黑了。我说是昨天喝多了。她说:今早上,我开门进办公室,就闻到一股酒味。

人过留名那句话,在这里被我改写。

喝酒的理由

曾喝过这样的一回酒。没有什么风,古城街道两旁老槐树上枯黄的叶子,快要落光了;阴沉的天空,一点预感没有就飘起了星星点点的雪花。

这雪花使办公室里的人即刻意识到冬的到来,几个同事就坐不住了,这是今年的第一场雪啊,咱们一定要庆贺庆贺!

还不到下班时间,我们就都把手头的工作草草安排了,离开单位,走向酒馆。开车在雪花飞飞扬扬的街道上,从前到后转了几圈,都找不到有雅座包间的地方,每一个酒馆里都坐满了人。看来此时此刻北方大地那无数的办公室里许许多多的人,和我们几个的心情是一样的。

其实,这样的喝酒理由,还有很多很多。10年的新闻记者了,这两年却不敢下乡采访,在高原之北的这些地方,一下乡,不管你走到哪里，迎接你等待你的，都是酒。基层机关单位的同志有的是时间，有的是人力来陪你喝酒。你一个人，他们来一桌，首先就是敬酒，正职敬了，副职敬，完了干事再敬。在生活中，在工作上，好多事他们相互推诿，但上了酒场，给客人敬酒，则一个都不甘“落后”。有一次仅敬酒，我就喝下半瓶多白酒。

后来，躲避回大矿区那个县办事、出差，哪怕有再重要的事，能不回去就不回去，就是怕酒，有四五个人就要喝掉一箱的老白干。那天下午到那里，县里很有头脸的人过来敬酒，来去几拨人，光敬酒就喝了不少，怎样从酒店二楼上到十楼，倒在床上睡的，全没有记忆。第二天起来，感觉颧骨不对，划了一个小口子，问陪我的人，才知我从床上滚下去，在床头柜角上划了一下，要是再往上划一点，划在眼球上呢？头天下午到达，只有喝酒的份了，第二天，才能真正开始办事。因为求人办事，所以大中午就开始喝酒，喝完酒回去，一下午都没有醒过来。六七点，叫了两个朋友来，他们领着我出去吃饭，大脑还不清醒，连眼睛都模糊，难受得坐不住，饭吃了一半，就跑回宾馆，大睡。令朋友很是遗憾，他们本是在饭后安排了另外的“项目”。

从大矿区一回来，就住进了医院，医生检测我的尿液，化验结果出来，我的尿液所含酒精度比啤酒还高。

中国酒风，恐怕在全世界都是最盛的，特别在党政机关这一庞大队伍中，不喝酒者可以说是少数的另类吧？大大小小的机关干部，他们工作重要的一部分就是陪喝，甚至连同女士。上面下来人要喝，开会要喝，庆典节日要喝，领导检查工作要喝……由此好多人年纪轻轻就患上“三高”，更有甚者还成了“酒烈士”。可悲的是在这个时代，那份“酒烈士”名单上，新人辈队伍还在不断壮大。

让我没想到的是，躲在我们这个城里，同样躲不过酒。正常的接待客人及参与婚丧嫁娶自不必说。同学来了，各地朋友来了，这个城里的那么多朋友，加上本单位同事间的往来，遇自己的心情不好，或某件很难办的事，让自己给拿下了，反正喝酒的理由有千千万万个。特别是每个人大小有点高兴的事，同事们朋友们就嚷嚷着要庆贺，自然是到酒馆大喝一番。有不少人，每遇一点高兴的事，就是朋友们不撺掇，自己也不想回家，总会叫几个关系好的人去酒馆里坐坐。

领导讲话

这十多年，我们这地方酒桌上的喝酒，实际上是一种赌，这种赌，赌的是酒。我不会要赌，却深深地迷上了喝酒的赌，不信赢不了人家，结果却常常是打人一千，自损八百，每玩一把赢了人家十来杯，我自己也得代喝三两杯。

赌具就是打麻将用的骰子。一人拿一把骰（三颗）用专制的塑料壳扣着，有“成和压点”或“只比大小点”，有“诈金花”，有“十八硬”，有“打麻将”，有“捉老麻”。问问工作上又有多少创新呢？每个机关单位刻写、张贴在楼道、走廊上的形象宣传语中，不论写了什么内容，具有什么行业特点，离不了“创新”“务实”这两个词语。而实际的情形又怎样呢？相信我们大家都心知肚明，大多属于吹牛，有的怕还会相反。而在这喝酒的玩骰子上，不断创新，骰子一颗到两颗到三颗直至玩到六颗。勇于开拓，这些年开发了多少种玩法，没有人一时能点得清。每一种赌法，里面的玄机与智慧之大，一时又怎能说清？但我们这里的机关干部大多样样都会，包括女士。

最通用的一种赌法叫吹牛，是我们这里机关干部于当下现实生活中“提炼”出来的一种新玩法，将时代中的一些情绪现实化，搬上娱乐场。两个人一人拿一把（三颗）骰子摇，里面的红点一，可以是任何数，且吹到七以下，这个红点一，一个算二，若吹到了七以上，一个就可以算四个。你吹了三个什么的话，对方就得吹比三个什么大的数，上四或更大的都行。比如你先吹三个六，对方至少要吹四个以上的什么数，你不打开，再吹到七个以上的什么数，比如七个六，对方不信有，打开了，如两个人的骰子上面的六点加起够七个六，算你赢了，不够你输了。自己手中有几个，再猜对方手里有几个，可以根据情况实际一点吹，但更多的时候可以完全瞎吹,自己一个某点数都不拿着,可以吹多个。可以实吹,也可以虚吹,虚虚实实,真真假假,无法捉摸。一般是虚的多,如自己一个某数字都不拿,就可以喊叫到多个。实话实说,却不一定能赢,玩虚的胡吹,赢的机会还大。很快人又把这种“吹牛”玩法改叫“领导讲话”。上了酒桌,谁的角色重要,在主要位置坐着,大家就让谁先开始打通关。已习惯了,这时候人们就会说:“领导,你先开始讲话吧。”

有的地方还“发明”出了“一拖三”,这种赌法的输赢大,只摇一把,算三把数,一把按“领导讲话”算,一把按“诈金花”算,一把按“上面红点找差价”算。如果一个数字顶一杯酒,这样的一把就有可能输赢十几二十杯酒。一桌坐四五个人,要是用这样的赌法,一个人打下一个通关来,就得一瓶白酒。这样的赌法,我也曾参与过多次。好多人,每天下班后,就用这样的赌法,坐在饭馆酒店一瓶一瓶喝着酒。

在请客应酬的大军中,有不少人其实浑身都喝出了毛病。有的甚至查出了疾病的先兆,然而为了将要到来的升迁与提拔,他们置自己的身体、健康和生命于不顾,决意要喝,待到那个山花烂漫的时刻。故乡那里,有一位乡长,肯为群众办实事,在百姓中口碑很好,做了肠道切除手术,几年内不许喝酒。因升了副县长,又开始少量喝酒,也有不得已喝醉的时候。病犯,如日中天的他,早早殒命。这样的悲剧,在当今官场上又有多少?

女人与酒

关于女人与酒,有这样三句总结性的话语:一般的女人不喝酒,女人不喝一般的酒,喝酒的女人不一般。因此喝一点酒的女人,多一点特别,也多一份生活的品位。

酒桌上有女子,气氛必然活跃。坦荡地说,我就是爱与女子喝酒的一个人。不过我是这样想的,一个女子敢喝,一个大老爷们儿还怕什么酒?这时候,有人就看见我的酒喝得痛快。怀着这样的心理,就更容易上她们的当。一次与一位女士在蒙古包喝酒,两人都醉了,相比我更醉。一觉醒来,才发现只剩我一个人在蒙古包的炕上睡着。

在酒场上,要有女人,特别是那种年轻姣好又能喝两杯的女人,会把酒场的气氛燃得更旺,几个男人是烈酒,女人是一把火。许多时候,东道主或请客的人往往会把这些女士安排在领导身边坐,当然不是指明安排座位,是用目光或一种看不见的情感的力量,在客人进来时顺势安排的。在喝酒过程中,领导们多是把自己输的酒,给别人端出去,但要是坐在他身旁的女子输了酒,只要那双白皙绵软的手给他端过来,没等人再劝,就慷慨笑纳,仰脖一饮而尽!当年那个男女在一个山头上锄地的故事依然保持着鲜活的生命力,在这里得到了完好的印证。

妻怕我出去喝酒喝死,怕我出去请人喝酒花钱,也不愿意我去和女人喝酒。

晚上不回家吃饭的时候,都是提前给妻子打电话,等我到外面坐下的时候,她还是把电话打过来了。特别是每次酒桌上一有女人,她偏偏就把电话打过来了。我又不能指令人家不能出声、说话。我越不敢接,她越疑心,越不停地使劲打……在座的女士,有熟人,有同事,也有桌上一块儿喝酒的其他朋友带来的,我能和人家这些女人有什么问题呢?可我却在这个时候,不敢接电话。在我们的生活里,有多少物事不能按它的真相出现呢?

在我们这里,女人能饮者很多。女人们多是先开始不喝,不管你费多少口舌劝说。如果一旦喝上十来杯,她们的头脑也就开始发热。那白皙的脸庞因酒而艳若桃花,那明眸下,更泛着无限春波。有热心者就根据女人喝酒的表现给喝酒人设定了"五个阶段":第一是"处女"阶段,严防死守,指好多人上了酒桌,刚开始是任你怎么劝,一杯也不喝;第二是"少妇"阶段,半推半就,指开始喝上几杯,你再端过来也会喝的;第三是"壮年"阶段,来者不拒,指酒喝到了中途,头脑开始发热,你来多少喝多少;第四是"寡妇"阶段,你不找我,我找你,指酒已喝高了的人,这时你不挑他喝,他会主动挑你喝;第五是"老太太"阶段,明知不行还要瞎比画,指酒已喝醉了的人,这时明摆着喝不进去了,还要和人展手论高低。

喝酒的女人有些特别，喝酒透露着女人的真性情。这是我的酒友王福田的“总结”。往往酒到杯干，来者不拒的女人，豪放！个性热辣，是极好的红颜知己，但很难成为一个好妻子。别人频频相劝，就是滴酒不沾的女人，标准淑女。喝得不多，却爱装醉的女人，聪明，自我控制极好，而且做事讲究手段，目的性很强。不该醉时偏醉的女人，太容易动感情，是那种爱起来天翻地覆，闹起来鸡飞狗跳的女人。在得意时猛喝酒的女人，外冷内热，个性及情感一如沉默的火山，不发则已，一发惊人！

女人饮酒是风景，和女人抽烟一般，因为有那么一点不寻常，就更加吸引我们的目光。在愈演愈烈的喝酒之风中，女人成了牺牲品：一些政府接待办、宾馆和社会高档酒店，招聘女工作人员、服务员，把喝酒能过一斤的女孩，当作条件。我想女人喝酒，特别是经常喝，或喝到大醉，一定会付出比男人更沉重的代价。

酒坏君子水坏路

那天，就为了庆祝北方的天空下起了第一场雪，我和王小轩、张自民、刘君、赵生财五个人在北中国大酒店喝了四瓶二锅头。人家要关门了，我们才从酒店出来。

这时候没走几步，我就一脚滑开，不能站住，浑身都沾了雪，这如鹅绒被般的大地，没有摔疼我，摔疼的是我的心。我从雪地上爬起来，仰望茫茫雪天，在心中一遍遍问自己，我为什么要喝酒？我为什么要把自己喝到这种模样？几个人都醉了，几个行为怪异、没有了正常思维的人，此时一个要送一个回家，另一个不让送，两个抓着一个。步行街上车辆少，路灯发出格外温柔的光，雪片儿在它们的照射下飞飞扬扬落下来。此时的街道上已不见过往行人，这伙摇摇晃晃的醉汉，在橘黄的路灯照射下，跌跌撞撞，拉扯了大概有多半小时，谁也把谁没办法，就各自摇晃着回家走了。

在我们这个城市的街道上，不论是哪个季节，你都能碰见那些醉卧街头的“英雄”“好汉”。人们都习惯了，没有人惊呼，也不会围上去一圈人。一次在钟楼巷，碰见两个醉汉打架，引得路人驻足观看，一个往一个脸上打一拳，另一个反过来把这个踢一脚。又两个人扭在一起一个往倒摔一个，费了好大劲摔倒了，却一个又往起拉一个，还给拍打身上沾上的泥灰和一块狗屎。这是打架吗？说不是，一个眼圈血红，一个一拳上去把另一个的鼻子打得出血了。说他们是一对憨汉，也不像。真不知他们的家人何时才能找到他们？还是在这钟楼巷十字路边，一男子用肩膀，将一辆高档小车扛住，那小车只好停下来，站着不敢动，男子说他会武功，直到警察过来，才将其拉开，原来是个醉汉。

我们单位的小王，人年轻、勤奋，又不多说话。只是一喝了酒，就完全换成了另外一个人。只要他醉了，所有办公室的人都不得安宁，他挨个儿往过“操练”，人们都知道了他的这一面，所有人都躲着他。一领导硬要劝小王回家，他可能误听成单位要打发他，开除他回家，当时就把这位领导办公室给砸了。从此，小王喝酒很少了。但不是说他从此就不沾这个魔鬼了，那是去年元旦前一日，单位集体会餐，他又把握不住自己，喝醉了。回到单位又挨个往过敲办公室的门，走到五楼路过会议室，看见里面有人，进来就把话筒一把夺去，坐下说开了：开……开……的什么会……啊？我……我也不知道……你们就开会了啊？屎的毛病……我宣布从现在开始，从头开始……再来……幸亏那天我们单位的一把手不在，没来开会。唉，这实在是应验了那句民谚：人是好人，酒是坏孙。

还有我们单位的柳晨阳，他是北京名牌大学毕业的高才生，年龄和我一样不到40岁，就升到了副处，是个极注重个人形象的领导。他分管我们科室，一般情况下我们都在一起，就是出席饭局，有我，他一般是不往醉喝的。只是柳晨阳的饭局太多，总有过不去而喝醉的时候。这时候有人请他去歌厅，他也都顺从了。进了歌厅，我们唱歌，他却和他的小姐（现在改叫“公主”了）继续喝啤酒。喝着喝着更醉，就搂着“公主”亲，当然给他找的“公主”都是年轻貌美的。我不好意思看领导的举动，就使劲唱，在换曲目的时候，顺带瞟一眼他们，柳晨阳和“公主”坐一起，一只手臂搂着“公主”的后腰，一只手那么亲热地抚摸着“公主”的大腿……真是古人说的：酒坏君子水坏路啊。

是酒坏了君子？还是自绝于人民？

在我们的国土上，有多少人身患重症，因交付不上巨额医疗费，挣扎在死亡线上？在我们的城乡，有多少优秀的孩子，因家庭困难交不起学费、生活费，徘徊在辍学边缘？而我们的一些官员，纸醉金迷，荒淫无度。死在20岁女性肚皮上，家属竟要求法医修改鉴定，群众愤其无耻，为张家界那位曾经是优秀公务员的工商局长赠写挽联一副——上联：赤条条来，深入裙中，海棠树上梨花颤。下联：光溜溜去，牡丹花下，嫩草尚绿老牛归。横批：畜生入死。不知道贪官污吏们面对百姓这样的送别挽联作何感想？

终因酒量撑不住，命丧黄泉。媒体上不时就会曝出官员喝死的消息。然而，中国一年到底有多少官员淹死在酒缸里呢？可以作这样一个粗略的计算，到全国各地作个查访，或听听民间传闻，一年之中，在一个县里，有没有一到两个局长、副局长以及科员们喝酒醉死？答案一定是肯定的，并且不会只是一两个人。以这样的方法推算，全国那么多县，每一年倒在酒缸里的官员会不会有几千人呢？

那一次酒驾

我唯一的一次酒驾。

那次在煤海大酒店，这个城里的写作者聚集在这里，纪念本土籍一位已故全国著名作家去世20周年，活动搞得很热烈。我是近12时在外面办完事，顺路过来的，露个面，没准备喝酒，就把车停路边。一进得大厅，大家热情那么高，一个一个敬酒，推杯换盏。后来回想，我从酒楼下来，走到车前开门上车那阵子，人还行。开车走动晃荡一会儿，大中午的，酒劲呼地就涌上来了。中途有一个印象,我从一个大十字路口过的时候,打开车内私装警报,一时间满街警报大鸣。有几个交警过来挡我,我不知骂过他们,还是向他们说了讨好的话,都没印象了。

这是我的一个小兄弟事后给我的复述,那天我给他打电话,说喝醉了,要他赶快来接。为了快,他打一辆出租车找我。说我什么都说不清,一会儿说在这儿,一会儿又说在那儿,他追过去却没有我车的影子。最后他是在我常停车的地方找到我的车,前保险杠蹭烂,车牌子都快剐得掉下来,其时我在车里睡得如烂泥。他一脸无奈地说。

其实,在我们这个城里,酒后驾车不是不怕,是实在不便。公交不是哪里都有的,到现在我们这里大多数人还没有坐公交车去吃饭的习惯。打车太难。一次,我在路边等着打车,听见同样站这里等着打车的一个操外地口音的女子给人打电话说:这里的车实在太难打啊,这个城市的出租车,路远的地方不去,路不好走的地方不去,人少的地方不去,人多拥挤的地方不去,不想去的地方不去。女孩的表达能力怎这么不错啊,这正是我们这里打车的现状。而且所有的出租都拼座,一路上拼,见你要是一块儿站着两三人,你再怎么招手他们也不会停下来,的哥眼睛很毒。风雨雪天,那就更不用说了。所以,好多机关干部,吃饭喝酒时都开着自己的车。

2013 年春上的一天,我接到老家来的电话。是我的五爷,本来有点口吃的五爷,话说得磕磕绊绊,快哭了,大概意思是,五爷的小儿子,喝了两瓶啤酒,因酒驾被抓进去了。紧接着又是我的同学杨明军打来的电话,说的是一回事,奇怪,他们怎么扯到一块儿的?杨明军一个接一个地给我打电话。能不能办了事,故乡的情不能断,我当天驾车回到县里,查问清事情的真相,五爷的儿子原来正是给杨明军开的车。喝完酒从酒店出来,倒车时,剐了正好驶过来的一辆奔驰 350,是交警的。我反复查对,五爷的儿子也不是只喝了两瓶啤酒。县城里一个老板出了车祸,他身上所有的债务全烂杆了,这样的事情还在发生着。杨明军他们有时为一笔放出去的贷款不好往回收,一夜都睡不着觉,有时四处跑着盯梢、寻找贷了他们的款、后来发现不太可靠的那些客户，几天都吃不下饭。那些全从远亲近邻手中吸收来的钱，要是被人骗了，血本无归，怎样面对父老乡亲？脸面只是一回事，真要还不了，真会有人敢卸掉他们的胳膊腿脚。绝处逢生，多天追讨无望的一笔款，终于有了一线希望，激动难抑，几个人开着路虎进城里最高档的酒店痛饮一场，连司机都放开了喝，死死活活一打里走。说"奔驰"让当天晚上就去处理，要五千元，可他们第二天去处理，结果就报了酒驾，关了人。

我当夜去了，公安局已下班。次日早上，找到公安局，一打问，案子已移送检察院。故乡的土，故乡的人，故乡有我一颗少年的心。几度风雨骤，几度雪飞春。以往的同伴，依然在梦中……我火速跑到检察院，一番奔走，终于弄得个取保候审。返回后，有一天电话里与我同在那个城里上班的一个朋友说起这事，朋友说，酒驾在他们那边，只要抓回去，往出放一个人，得花三五万元，多的有出十来万元者。

酒　色

这当然还不算什么，还有更严重的问题。古人早就替我们总结出经验和教训：酒乱性。

朋友 F 君，我们每次只要和他一起喝酒，必然还要上 KTV，上洗浴场。F 君其实是一个很有才华，也很有奋斗精神的人。

那天中午下班，我碰见他，他回家路过那片小旅馆，走过一段后，站在远处的路上，回头望向那片旅馆，那片市井闹市，久久陷入痛苦的思索。那姿势是在决绝地剥看自己的伤口，也似乎在打量这人世间的悲哀。

他想起了头天晚上，酒后他们又去了半坡的一家会所，一人要了一个公主，哗一下上来了十来位身材高挑、统一着装的公主，简直就是一排礼仪小姐。一群淫男荡女，混作一团，喝酒，蹦迪，疯狂……

而面前这些小旅馆一条街，是城里那些可鄙之人，为乡下那些打工者、进城务工人员开的场所。长年离家,他们也是人啊。可他们能进了会所和高档酒店吗?这里花几十元钱,半个小时,能解决了他们的问题,是极乐世界,可也是陷阱,甚至是死亡陷阱——性病、艾滋病到处蔓延,只能眼睁睁地看着那么多乡下来的农民工兄弟,跳入这死亡陷阱。

这些年,我们这座城市,每个区域都有一片一片的旅馆,或旅馆一条街。旅馆生意“兴隆”,主要靠流动人口、底层打工者;说得更直接一些,好多这样的小旅馆,主要靠那些底层人的色情服务、色情交易的抽成,盘剥妓女的钱,在维持生计。从媒体上看到,一些大城市的高校周边,也完全是这样的情形。数字显示,艾滋病感染率在15岁到24岁的青年群体中的提高更令人担忧。

性解放是社会的进一步开放与人类文明进步的鲜明标志?性给我们带来的是个人激情的完全释放和“性福”,还是相伴的一系列疾病等恶果?性解放的步伐与艾滋病的感染速度成正比?

不管怎么说,人们的“性”观念越来越开放,古老的贞节观也显得越来越过时。20世纪六七十年代,“性”被人们视为“有伤风化”,女性不可以穿裙子。而今“一夜情”“坐台”“傍大款”“包二奶”“养小三”甚至在知识精英中都很流行。“性解放”已成为中国社会中明摆着的“暗流”。

酒后,即使是在第二天,朋友F君也很想去那里找女人。而这样的话,一辈子也只能把它死死地抵在心底一角,没办法向任何一个人倾诉的。现在,他撑不住了,向第一个人倾诉了堆积在他心底的隐私,心灵之病痛。他甚至给我说,酒喝多了,走在街道上,那些女人,每一个都能勾去他的心魂。

F君是这个城里有地位的人,所以他有实力常请我们喝酒娱乐。但他走在街道上,目光常常会被那些弱势者勾去,那些跪在地上铺着的布子上,向过路人兜售一些袜子、发卡等日用小物品的女孩,那些蹬着三轮车,拉着比三轮车自身大几倍的物什,一步一步往前走,脸上积满岁月灰尘的人。每每此时,他内心的痛苦就会决堤,自己怎就那样不成器?他恨死了自己那些卑劣行径。

他常常这样想,人的灵魂深处,可能圈着许多的动物。跑出来的,只是我们身边日常的那些牛羊猫狗,而那些巨兽、怪物却还圈在灵魂里。

这座城市,酒楼林立

高楼林立,不如说酒楼林立。

新世纪以来,我们这座城市,要用"雨后春笋"来形容某一项事物的话,当数这块土地上大大小小的饭馆和酒店了。烩菜馆、羊肉馆、三鲜馆、火锅店……大街小巷到处都是小饭馆;北中国大酒店、万国锦园、天上人间、煤海国际大酒店、石油大厦……高档酒店不断建起、投资、开业。

高档酒店是我们这个城市最为瞩目的建筑,大多是这个城市标志性建筑。但小饭馆生意也一派红火景象,每到饭口,大多挤满食客。在小馆子喝酒的人们,往往是以花生豆带头的四五个小菜一上来,他们就开喝了。骰子哗哗摇三下,开始"领导讲话",上七酒减半,不请不代"吹牛"。打关是顺时针方向进行,挨个打关。如果坐五六个人打过关时,一般是喝空四瓶白酒,有的人可能就会支不住,上洗手间吐了酒,但这五六个人一般都要定"N 加 1"(坐几个人,就得喝几瓶白酒,最后再加一瓶)的目标。"人对事对摊场对,三瓶五瓶把咱喝不醉"。高档酒店一座一座建起来了,每家的生意却并没有受到影响。这个城市的政要与老板,请客与接待,已完全不在乎钱多钱少,十分注重面子,去的都是煤海国际大酒店、北中国大酒店这些牌子响亮的酒店。商家抓住这种心理,店名一家比一家叫得响亮,装潢一家比一家高档;一本点菜的菜谱,越做越精美,越做越大,力气小者还拿不起来。至于新推出的电子菜谱这玩意儿,好多人更是丈二和尚摸不着头脑。这样的菜谱上,一道最简单的西红柿拌白糖,美其名曰"雪山过火",一盘菜只上两只牛蛙敢叫"生死相恋",一碟普通的花生豆又换名“奉陪到底”。有的饭菜质量并不比小饭馆的好,卖价要高出多倍,却食客爆满。真是像这些老板们去外地买东西,只要贵的,而且是开口就问有没有了,还有多少,全拿来。

老板宴请官员,下级接待上级,普遍的一个标准就是把领导陪好喝好。只要领导喝高兴玩痛快,什么资金、项目,什么提拔、调动,全都好商量。领导当然也不能不尽人情,更不愿意担高高在上目中无人的骂名,于是最终被灌醉喝倒。

这些年在官场,酒已远远超出了它自身,被奉为“政治饮料”。战争年代,毛主席说:“革命不是请客吃饭。”和平年代的今天,在很多机关干部那里,“请客吃饭就是革命工作”。

这座城市的白天和夜晚

这是两年前的“十一”国庆节,白天的这座城市,到处都洋溢着喜庆、祥和。柳溪公园至开发新区,从南到北,各大宾馆、酒店,婚礼一场接一场地举行着,每家酒店门前都“雄壮”地挺立着一排包裹着红绸缎的大铜炮,整“弹”待发。宾馆房间爆满。一千多万元一辆的林肯车开道,它后边跟着三四十辆披挂红绸缎的奔驰、宝马、路虎。宝马、路虎们从城南起身,因为奔跑速度在这里受到严格限制,使它们看上去像一队笨熊,缓缓地爬行到了城北的一座豪华酒店。这时满城炮声隆隆,硝烟弥漫,彩屑在天空中飘散……

夜幕降临,浮华与喧嚣的潮水随着日落从古塔山下的这个县城里退下。暮色从西山上铺过来,华灯也就势从西边的九龙山与东边的牧马梁射下来,从河滨路到兴华街,彩灯闪烁,霓虹炫目,掀开了都市另一幕的繁华。

与从京城来的一帮知名作家走在街头,地方上的朋友说,我们的身边随时都有可能走过几个千万富翁。大家的目光同时也被身边开过的一辆辆几百万元的豪车勾去。京城的朋友们说,以前只是在报纸上看到这个几省交界的能源大都,现在亲自走在这座城市的街道上,到处都能感受到这块土地的英雄气息。这话我多少觉得有点嘲讽的意味。"波澜壮阔的煤田开发"与我当年进城来考小中专的那个小县城,同时映现于我脑际。窄窄的小胡同,不足千米的一条石板街道,雨水从四合院的檐头滴落在青石板上四溅,从乡下来的灰头土脸的我,走在其间。

此时此刻,我们混迹于其间的街道,老板多,名车多,小姐多。在城里一所中学教书的一个同学这样说,小姐比他们学校女教师还多,大的娱乐场,一下就能拉起来上百号统一着装的女孩子。

在这个城市,大大小小的宾馆酒店里,你住宿的房间,都会从隔壁,不,有时你真弄不清是哪个方向,传来女人的呻唤之声;那是痛苦的,还是淫荡的;是难耐的,还是兴奋的;你是无法分辨出的。你只能埋怨,为什么要发出那么大的几乎是夸张的声音呢?

只是,住隔壁的一个男人闻此声,会是什么心情?要是夫妻呢?要是一家子人呢?要是一个老爷子听见呢?要是一个正在上大学的花季少女听到呢?这声音污染的只是视听吗?

是什么样的男人?是什么样的女人?是男人与小姐发出的,还是与情人发出的?

那是一种幸福之声、文明之声、开放之声,还是卑鄙下流之声、民族倒退之声?

多次听人说,住店者有一半是当地人。富不过三代,在这座城里,下一代的教育几乎成了一个很危急的问题。有的人对子女的要求,已降到只要将来会收账就好了;好多人把孩子送到省城、北京读书。那些拿着苹果4S、提着LV名包、浑身珠光宝气的婆姨,纷纷去往省城、北京陪读,剩下男人,家干脆就搬宾馆了。有的是在宾馆谈生意,吃喝玩乐,听说捉老麻,输赢一把就是一沓百元钞。也听说,不少小青年、富二代,夜里不回家,三五一伙,领着女孩子在宾馆里吃喝玩乐。

印象之中,我这么多年很投入地看过的电视剧就那么几部,《上海滩》是其中之一。浪奔浪流,万里滔滔江水永不休,淘尽了世间事，混作滔滔一片潮流。遇到那些唱两句的场合，首选就是那首主题曲。我意识里那是个再乱不过的“滩”，除过男女情感纠葛，电视剧里看到的大概全是警匪之间、帮派之间争权夺利的打斗、杀人、放火……

一个老板就曾这样告诫我，在这座城市的街上，杀个人都不算什么，需特别地当心。说不久前，在一娱乐场，一个人上洗手间没注意痰吐在了另一人鞋子上，两人发生口角，一个喊来几个小后生，噗噗，两把刀就插入了对方的前胸后背，小老板这样向我比画。特别叮嘱，夜里酒后别去 KTV 这些地方。我理解，那么多从各地来的混乱的人员，黑帮间的伙拼也可能常有，死个人，赔几十万几百万了事，不经公，也是完全有可能的事。包括他们说的，在这座城市的街头，一些豪车，交警害怕不敢管，也可能是真的。这时我常常会想起《上海滩》上那些情节……

富奢靡

“富二代”，这个词典里没有的新名词，如今层出不穷。

那年路过县城，在一个远房亲戚家里住了一夜，走时把带在身上的一本刚获茅奖的《尘埃落定》丢他家了。从那时开始，这些年无论到哪里去，包里总带着一两本书，哪怕不带洗漱用品——一介书生。这是亲戚家的儿子王明后来告诉我的，那本书被他收起了，前后看了好几遍呢，太羡慕书中土司的那个儿子了，傻傻的，却又那么喜欢女人，整天和他身边的女人们泡在一起，享尽天伦之乐。作为一个很不爱动脑筋、学校里的混混学生，那时王明只看到了土司儿子弱智、傻帽，衣食无忧，有那么多女人供他玩的一面，没有读到“大智若愚”后面的才智与野心，及最终悲惨的结局。

现在，王明似乎真的过上了他曾梦想的日子，虽然他没有上过真正的大学，只是在省城的一家民办高校混了一张文凭，通过父亲的关系找到了一份正式工作，有一半时间又在自己家的焦化厂打理事务。王明说圈子里的朋友，不少人都在凌晨三四点睡觉，第二天下午两三点起床，打电话呼朋唤友，找个地方，吃饭喝酒，消磨上几个钟头。

天黑的时候，一天才真正开始，转移到KTV唱歌喝酒；还会转移到宾馆酒店的房间，叫上来一群小姐喝酒、打牌，狂欢作乐。

他们不是天生的大酒量，而是需要酒精和女人的刺激，让那厚重的金钱包裹下衣食无忧的麻木生活能找到另外一种感觉。他们怀里搂着女孩子，确切地说是小姐，这些五湖四海的共用一个名字的女孩子，是他们的玩物，在他们眼里，这些女孩子都是赚钱的工具，也是有血有肉的女人，生活中还没有哪个良家女人会让他们这样玩弄。他们一杯一杯一瓶一瓶地拼着酒，灌入朋友嘴里，灌入自己嘴里，更多的是灌入那些付费的女孩的嘴里。喝醉酒的女人，更有味道，或性感迷离，或灼烫如火，男欢女爱，尽享各式各样的性服务，堪比昔年帝王将相们那三宫六院般的生活。

他们也没有多好的嗓音，不是音乐方面的立志青年，从没听说他们之中有谁去报名参加“星光大道”。他们或醉眼蒙眬，或酒气冲天，有气无力或怪腔怪调，在小姐们的脱衣舞中，唱着周杰伦、齐秦、周华健、蔡依林、崔健、罗中旭、凤凰传奇们的歌。他们用这样的方式招待着朋友，也被圈子里的朋友这样招待着。小小的县城，有大大小小的娱乐场所上百家，夜夜都有人在里面欢歌作乐。这些挥金如土的娱乐场所，主要靠煤老板和富二代们来捧红。

普通人不曾这样想，也不敢这样想的问题，是王明这一茬富二代面对的问题——钱怎么花掉？

喝酒、玩小姐、赌博，一掷千金，没有谁会皱一下眉头。“人民币、人民币，在人民的手里才是币。”这是富二代们常说的一句口头禅。当年我考上改写命运的小中专离开故乡的时候，王明才在县城的中学里上学，爱逃课，在巷子里打架，可以从人家瓦屋顶上跳下去。岁月一晃20年过去，我辈好像在社会上混出了个模样，其实只是混得了一些虚名，生活的不宽裕，自己心底最清楚，经常出入于地方上的重大活动和一些有头脸的场合，常穿的也就那几件衣服。那个周末，王明从县城来到我们这座城市找我喝酒，戴的是十几万的金表，拿的是六七万的手机，一套西服十来万，一双皮鞋一万多元，就是一条裤带都上了万。我不能因为“悬殊”太大，就割断和他的交往，王明常爱找我喝酒，说他至今记着我当年丢在他家的那本《尘埃落定》。

打小的时候我们就认识，虽然我比王明大好几岁。那时他跟着他母亲常来我们村，住在福贵家隔壁的院子，我们三个常在福贵家大门外那盘石碾子边上玩。福贵爹那时在乡政府工作，还是个副乡长，常给福贵捎回来玩具，那辆拧发条的橄榄色的小汽车没少让我玩，却不让王明碰一下。福贵爹是乡干部，但福贵的功课成绩却常在我后面，考试的时候，还常常得央告我给他递纸蛋，那哀求的目光，远比王明想玩一下他那辆小汽车可怜。小汽车跑远了，王明跑在最前，想在它走完发条不动时给我们捡回来，福贵大喝一声，王明弯下去的腰猛地直起来，怔在原地不敢再动一下。玩“开汽车”，王明也常常是在后面给我们推车或只能坐在后面车斗里，从不让他在前面驾驶；大人们劳动使用的架子车，我们再找一个车轱辘，将其用绳子捆了固定在架子车一根辕杆上作前轮，一人坐固定处的辕杆上，两手把握那只车轱辘方向，以驾车往前跑。

即使今天，我看王明也并不见得对车懂多少，虽然他们家已拥有四辆豪车。在富二代这个圈子里，已形成了一种比车的心理，看到谁买了一辆名车，嘴上不说，暗地里较劲，你有的，我要有，你没有的，我也要有。用不了几天就去买一辆更好的回来开着。哪怕是从街道上走过，发现一辆新的豪车，心里也过不去，莫名地发火。

林肯、保时捷、凯迪拉克、雷克萨斯、宾利、宝马、奔驰……走在王明生活的那个县城并不宽阔的街道上，一辆辆高档豪车轰鸣着从身旁驶过。

只比排量、价位，并不懂得多少车辆的性能，高档名车，有些时候，在他们来说只是玩具。一位富二代，买了悍马，为了试一下是否可以水陆两用，跑到一条小河边往水里开，结果直接陷进去了。无独有偶，另一位富二代买了大奔，开到走马梁的展滩上，找了一个大沙坑，打算开进去再开出来，大奔一头栽进去就不动弹了，最后找了两辆吊车才拉出来。

喝酒喝得实在撑不住，闲又闲得无聊时，他们就会出去“遛车”，大概像“遛狗”那样吧。他们把车开上高速公路，一辆宝马跑着250迈，旁边过来一辆大奔，嗖一下超过去就走了。网上发出视频，社会惊呼，这条高速至此安上了区间测速监控设备。

这个初夏的一个星期六，我坐王明的路虎去一座神山。百公里的弯弯油路上，没见到一辆这样的车子。这是刚接回来不久的路虎·揽胜，王明主要是想把它开上神山，染染山上的神气。日暮时分，我们下得山来，又上石头城。在山城的“王府井”人民剧院那一块喝酒，偏遇停电。听出我们的口音，那个很壮实、露着满口黄牙的女老板，进来连连说不好意思，说他们就这样的条件，给你们点支蜡。很快就叫一个黄头发方脸的女孩儿点上来一支蜡，颤颤巍巍的。王明还是嫌不亮堂，他今天的心情不错，准备好好喝一场。山上的老道长给他推八卦，说他的命很特别，很硬，这一生大有可能谋什么成什么，官将至厅局级。他出去把路虎开到雅间窗户下，发着车，将两片雪亮的光，投射到我们的雅间，用5.0排量的路虎给我们喝酒照明。当地接待我们的朋友说，整个山城还没一辆路虎。我们的车像一只老虎，横行在尚没有红绿灯的这个石头城上，两旁门店里的那些男女老少，像发现怪物，都盯着看这一庞然大物。再往前，街道边上停着一辆霸道车，路虎过不去了，使劲按喇叭，那男人从车里伸出头来，看了看，很不情愿地慢慢腾腾把他的车从路上移开了，大概在他眼里，他的霸道车，在这里就是老大了。

贫作乐

大约是两年前夏末的一天，我接到一个陌生的电话，操着我老家那一带的口音，叫着我的小名，电话中使劲让我猜他是谁。诸事纷扰，我实在不爱接这类电话，最后还是对方自报家门，是我初中一个同学,小镇中学毕业后再没见。他说他现在在我们这个城市的街道上,想见见我,并约在酒店见面,电话中一再说明,要我确定吃饭的地方,一定高档一些。

电话挂了,我很想见我的这个叫杨明军的同学。第一次进县城,是那年参加小中专考试。同学们都跟着老师住进招待所,那时很少见宾馆的字样。我住不起招待所,就跟着同学杨明军住在他舅舅家,在铁厂的旁边。县城给我的印象:铁厂在城北郊外,从铁厂出来,一条柏油路通向城里。

油路下边是农田,农田间的一小片空地上,一个小铁皮房子,用毛笔歪歪扭扭地写了“小吃店”几个朱红的字。上午和下午考完试,我从城里回来路过“小吃店”,顺便在这里买饭吃。就一个中年男人开着店,同时来几个客人,他就忙不过来了,让我每顿饭交上五毛钱,自己动手随便吃。

在指定的接头地点,杨明军过来了,他开着一辆宝马,和他一起从车上下来的还有一位穿红衣的年轻女士,问及还不是他的夫人。这个班里当年最穷困、多次考试要我给递纸条的同学,今天西装领带,说起话来一套又一套,酒量也很大,显然是经见过大世面的人了。他给我悉数县城的大老板,并说哪几个与他私交甚深,还点出了二三县领导,说常在一搭喝酒。我不好多说,只有嗯噢。这个当年坐在我后排与我一样的贫民家的孩子,今天在县城当起了小额贷款公司的老总(后来弄清他其实就是开办了地下钱庄)。

在外地人眼里,他们那个县城遍地撒的是钱。早就听说那里民间资本富可与各大银行三分天下。与数百亿元民间资本伴生的是遍及县城上千家“地下钱庄”;与“富二代”伴生的是“贫二代”,他们在这个高消费的县城里,过着难堪的日子。实现了免费上学,然而大量的农村人口拥进城里来,大批的农村学校关上门,使得在县城里上学摊上了更大的代价,不少孩子上个幼儿园,还拿着县领导写的条子,上个初中,择校费不用提,为了挑个好班,好多人拿着县领导的条子,有的老板托人办这件事花到了5万元。赶超大城市,堪比北京、上海等一线城市的房价,20多元的一份早餐，让这些在外很“荣耀”的人，也只能望房兴叹，常常得把裤带往紧勒一勒。

再去那个县城的时候，我找过同学杨明军一次，他是在城南的一栋高档酒店里租房子办公。他的地下钱庄，合伙人都是从南山里上来的几个做各种各样临时性事务的后生。老家那一带没有资源没有多少暴富者，可那里净是熟人，南乡是他们永远的背靠。他们用多年在县城街道上练下的嘴皮子，回到乡里，大姑大姨，爷孙侄儿，跑遍十里八村，把庄稼人家里那些沾满泥土、汗水，藏在粮囤、地窖里的钱，煽惑到他们手里，又用比别人更高的利息筹集到了一些钱，开始放贷。

鼎盛时，这样的地下钱庄遍布县城各小区和大大小小的宾馆、酒店。有人心急火燎，有人铤而走险，打着有什么什么背景，用比别人更高的利息，四处吸收钱，吸收那些“放贷集体昏了头的人们的钱”。更从小学、初中、高中各处的同学、兄弟姐妹、亲戚朋友手上把钱吸收过来，再以更高的利息放出去，自己当起了二老板。

有了存、放款业务，地下钱庄运转起来的时候，几个人最大的心事是买一辆高档小车。开着一辆破捷达，整天在县城街头的车林里穿梭的他们，闭住眼都知道县城街道上有哪些豪车，虽然只是初中文化程度。有人提议买一辆霸道，有人当即表示反对，什么眼光？一点都不超前。为了慎重，再上街的时候，他们的目光总会盯着富二代们那些豪车。走在酒店门前，看见停着一辆豪车，就要围上去“研究”一番。好些回甚至被保安给盯上了，以为他们几个是贼娃子。最后他们直接把路虎给开回来了，一次到位。

就这样，开上路虎出去，四处招摇。

我们开车从县城的大街上走过，听一位官员的司机这样介绍，在我们这里，暴富者多，穷人多，两多。东坡的一个后生，买了200多万的车坐着，他还有十多台车，整天在社会上转着，贷款一个亿。先前他有生意，现在什么也不做了，他的日子是，花钱，把钱全花完，走到哪天算哪天。

现在银联卡转、存款,每办一笔业务,持卡人都能在第一时间收到告知短信。一条一条短信来了,杨明军他们坐在房子里,就有一笔一笔钱,从四面八方打入他们的银联卡里。每一条这样的短信,都能让他们惊喜一回,激动上一次。不由得谈论起年少时那恓惶的光景与日月来。“小的时候,没有衣服穿,我穿的衣服都是哥姐们退下来的,夏天从来都不穿鞋子,光着脚山梁河沟满世界疯跑。”“你那算什么?我到小镇上读初中了,还穿着破了裆的裤子呢,沿河村那些捣蛋的学生常常把我推向女生群里起哄。星期天下午返校,好多同学都从家里带来了干粮,我什么都没有,一点干咸菜都没有,不回家留在学校复习功课的那些星期天,校园里人少,我曾转到学生灶堂外,趁人不备翻过窗户爬进去,偷过玉米面窝头。”“你那也算不了什么,农村刚实行责任制的时候,我家穷得连耕地的犁铧都没有,我爹在夜里出去偷了别人家的一具犁铧,真丢人啊。为了吃一顿猪肉粉条,我给义兵我五爷家背了一天庄稼捆子……”

说到激动处,还不到下班时间,他们走向酒馆,纵情豪饮。酒足饭饱,狂热不退,他们又来到县城一家高档娱乐城,喊来一群小姐,继续喝酒,在午夜里疯狂,一点不逊色于富二代。

一个不说方言的游子

在省城,见到朋友田谷先生,青年时离开老家,在省城生活30年,谈吐间没有一点方言。问及,先生直接告诉我,他不愿说方言,特别在一些公众场所。田谷是这样认为的,在省城,外地人说起咱那一块的人,先说有,有钱;跟着就是无,无知无畏。在钟楼、在帝都,各大公园等公众场所,最粗鲁的人,可能就是咱那里的人。街道上走过,常有人在背后指画。过去家乡人来省城,大家聚一块儿,谈地域文化、民间艺术。今天,就谈钱,老板,谁家的孩子又捅了娄子,谁谁贷款几千万几个亿。

我回去,几个朋友开宝马过来接。车上,一个叫另一个张总,人家说,你去年赌博输掉了3000万。那个张总,他就用那么平淡的语调回答,听他们胡说,我只输了1000万。喝酒中,大家一直在谈钱;从车,谈到房子,又买了几套房子。有一个外地朋友谈到咱那民间文化,有人插话,那值几个钱?话题又回到了钱上。

田谷说,当年,我出了自己的作品集,回去一帮同学来见我,一顿饭几千元,晚上还上了小姐。我很痛心,不要这些,买我的一些书吧,算对我的支持。事后,有关系好的同学私下劝我,以后回来见了同学别提这个要求了,他们不会给你这个钱的,反倒会给你传出很多不好听的话。

张口就是钱,但他们都是并不懂管理的老板。不是凭智慧、谋略来做生意,经营自己的公司。而是,忽然间在自家后院挖出几坛子金银财宝,一夜暴富,然后用钱再去赚钱。他们的生意经,几乎都无法摆到桌面上去,大多是靠走后门,找关系,行贿,钻政策的空子,倒贩资源,买了一块地,转手又赚了多少钱。

有钱,加灰汉,结果是什么?最容易捅大娄子。2011年11月27日夜,一黑色幽灵出现在省城钟楼附近,它是从娱乐场喝完酒出来,拉着四名女子,以86公里的时速先撞坏护栏,后撞向旁边行驶的出租车,出租车里两青年当场亡命。咱老家那后生开的百万元黑色大奔,钟楼下逆向奔驰,撞死的不只是两个行人,它撞伤的是时代,撞痛的是我们的心。

当年,咱老家就是贫穷的代名词。走哪儿都被人瞧不起。不及10年,暴富了,走哪儿还是被人鄙视。一贫一富之间,都获不得尊重。为什么?缺少了文化。开着奔驰、宝马,心里却空虚、茫然。不知去哪里?

醉了的人生

从20岁开始“涉足”酒场,喝了多少酒,醉过多少回,无从计算得清。喝醉酒做过多少荒唐的事,说过多少胡话,更不好计数,不敢回想。

许多时候,第二天,我不知道自己昨天最后是在哪里唱的歌，喝的酒，更回忆不起来我是在什么时候，又是怎么回的家。怎么请假？我硬着头皮给单位领导打电话，有事过不来了。经常这样，连我自己都很不好意思，无法给领导交代了。我十分清楚，领导不用想也能知道我为什么没来上班，因为这样的事，已不是一回两回了。一连两天没上班，我在家中全身痛苦得坐不成，卧又不能，特别是大脑，如一颗打烂的西瓜，全身都是说不清的疼痛，说不清的麻木。但我能清晰地意识到酒精的毒素如无数带毒的细菌，黑压压地附满我全部的大脑组织。一个可怕的意识，时不时就出现在我心头，说不准一口气上不来，就永远不能再醒过来了。

这是我们这个城市许多人必有的人生"履历"。无法记清多少次，从酒店出来挣扎着跑回家，一头倒在床上再没起来。我睡得像死人一样，但胃里却翻江倒海，我的脑袋简直像岩浆剧烈"活动"的地壳，要迸裂。这一睡就睡到了天黑，我强挣扎着下地，喝了两碗稀饭，在妻子的骂声中又滚回到床上，蜷缩在被窝里。第二日，我曾几次回到办公桌前，但精力无法集中起来，大脑虽不像昨天那样疼，但仍覆着一团雾瘴，情绪阴郁，整个身体都是有气无力，完全成了一个重病在身的人，什么也干不成，又在床上睡了整整一天。

有时候，误的是一生的大事。前年秋天，我们这个城市通过考试提拔一批干部，我本不够资格，经多方奔走，有市上领导看我在全国性大刊物发表了文章，在考试前一天，同意我破格参加这场考试。为了庆祝这一大喜，朋友们纷纷打电话要祝贺，那天一桌没坐下，开了两桌，大家给我敬酒和我给朋友们敬酒，已喝了很多，之后打通关，我也不知喝了多少杯酒。第二天无法到考场，而是住进了医院。是悲哀还是悲壮？一言难尽。

这十多年，这样的痛苦经历了多少？我无法说得清。曾暗下决心，再也不喝酒了。曾在单位办公室和外面的许多场合许多朋友面前，郑重"宣布"再不喝酒。然而，那样的誓不知发了多少回，正像我无法算清我喝醉了多少回酒一样。正如民间流传的这首酒鬼诗：不去不去又去了/不喝不喝又喝了/喝着喝着又多了/不多不多回家了/骂着骂着睡着了/睡着睡着渴醒了/喝完水后又睡了/早上起来后悔了/晚上有酒又去了。

在那么多酒桌上,这个城市的名人,总是坐在主要位置,让人们那样抬举着,我尽量尽量地控制着自己的喝酒,一般是不会比别人多喝的。在酒桌上,从未和人不悦过。只有回到家,不知怎么的,总是安稳不得。

喝完酒回家里,我最想要的是,妻子给我打盆洗脚水,哪怕不给我洗都行。再给我铺好床,盖好被子,让我安安稳稳地休息。我出去喝酒也不容易啊,我今天还是喝得少的人呢。我是为这个家出去喝酒的啊,单靠工资我们能过得了日子吗?又弄到了一笔小收入,和人家已经说好了;或某一件要办的事,基本和人家谈妥了。

实际的情形却常常相反。印象中每喝完酒回家,没有一回是相安无事的,每回都短不了吵闹,有几回还大打出手。吵闹,说理,到实在说不下去的时候,只有动武力了。妻子在沙发上躺着看电视,我硬把她拖到地板上。现在想起,还有些后怕,要是把她的腰背脊椎什么的碰坏那不是全完了?当年年轻的时候,有一回她和我打架,她出手也很狠,我就将一碗饭扬在她头上。还有一回,我实在不想向她动手,就将买房子的缴款票据,一撕几块,急得她当场就号开了……

尽管是那样,妻子常挂在口头的一句话:只要你喝酒回来,我一夜不得安睡,得听你的动静。有时一夜起来几回,走到床头,摸摸看你还出气不出气了。

红尘滚滚,那么劳累,费尽了心,家是多么温暖的港湾!总想在外面喝了酒,回来安安稳稳地睡在妻子身边。可是,命运偏偏不让,即便不吵闹的时候,妻子也嫌我打呼噜,特别劳累,再加上喝了酒,我常常鼾声如雷……

每一次,究竟谁是谁非,因为自己醉了,无法说清。妻说她以后要用手机把我喝完酒回来的无理取闹录下来,只是也没见她录过一回。40岁的人了,只好再央告妻子,我一个人睡一个房子吧,我要是喝了酒回来,你要是看我醉了,千万行行好,别和我说什么，让我安稳地一个人在一个房子里睡了。原来还以为，家是温暖的港湾，醉了回来那么痛苦，让妻子扶一把，坚持多年的这个念头，现在不得不彻底打消。央告妻，离得远远的，以免吵起来，自己一个醉汉，一失手，造成更大的伤害。确实已下了决心，要是外面有个住的地方，那我晚上酒后，就不回家了。去那里躲着住一晚上。

就这样瞎折腾一顿，第二天一切照旧，一家人洗漱、做早点，穿插利用时间空间，叮叮当当、稀里哗啦一番，纷纷去各自的学校和单位。

时不时，就能听到身边哪个同事或好友，检查出了某某疾病，就更害怕，人家不喝酒身体都那样了，自己的身体，多年来天天酒中泡，怎么能不出问题？连着喝过两三天酒后，回家连楼梯都爬不上去了。回家躺在床上，汗水一摸就能抓到一把，一夜里，被子一次次湿了，再一次次地用体温焐干。大脑有一下一下昏迷过去的感觉，我似乎感觉到死神在某个不远的地方等着我。

我们离喝死有多远

那是刚到这个城市不久，周末闲逛时，在一家医院院子里，我曾目睹了这一幕：从急诊楼里抬下来一个男子，一个女人从医院大门里一进来，看着白布包裹着的担架，就是一声惨烈的号叫：天呀，你叫我的孩子咋办呀？听围观的人说，死者是个小生意人，死前陪客户喝了一天的酒。他的妻子见到他尸身的第一句话就是：天呀，你叫我的孩子怎么办呀？是啊，没有父亲的护送，在这样一个浑浊的人世间，一个孩子这一生怎么往下走？

再看这个人死得多冤，也是在我们单位附近发生的事：他是一个中学的语文老师，喝酒间，出来小便，周围不见公厕，他就从一座正在施工的大楼走进去撒尿，没想一脚踩空，一头倒栽地下室没了性命。其实，在我们这个城市，多年来，光天化日在大街小巷撒尿的人到处都是啊，大多是醉汉。这个老师要是和大家一样，就好了。许多的街角写着“在此小便者猪狗不如”，我曾看见两个正在撒尿的醉汉,大概还说着这样一些话,我们就这样尿了,不是眼睁睁被人给骂了吗?一个给一个指墙上那句话,一个答:骂什么骂,你以为我们比狗强?

一次与公安上几位领导喝酒,看领导喝,我还怎能推辞?我们相互敬酒,一杯一杯,一轮一轮。敬酒间一位副局长说:人,到什么年龄,就做什么事。我现在最想做的事是,抱孙子,你们年轻,该干什么,就干什么。那天,酒后,我们一伙人又开到KTV唱歌喝酒。只是,到了什么地方,到了哪个KTV,我什么都不知道,一点记忆都没有。

妻则好多天,不能忘却那天他们送我回来那一幕:上衣反穿,裤带松开着,头也偏向一边吊着,口里掉着哈喇子……

我们那座居民楼,几年前,喝死一个人。就在我喝酒大醉回来的第二天晚上十点多,楼下路口又撞死一个人。两周后,我们楼上收电费的老女人的儿子喝死了,她儿子住在离我们不远的一个小区。

星期六、星期天,整整两天,我在想着一个问题:我当时,现场说了哪些胡话?骂人的话,倒也不要紧,他们难道看不到我当时喝成那样?我怕我说了个人隐私,不能在场面上说的那些话。比如与某某领导人往来的事。酒大后的人,最大的特点是,瞎吹他与多大的领导关系好,再则是他有多少女朋友或他的情人是谁。我们一块儿喝酒的一个家伙竟然说他与中国某位当红歌星睡过。他们要听到我的那些隐私,也叫信息,或"星闻",肯定会传扬出去,甚至到处都在传,一旦叫领导听到耳朵里,那就坏了我的大事。一直想打电话问省报驻站那个朋友,没勇气。说真的,喝成这样,我恨他,不愿意给他打电话,尽管不是他有意让我喝成这样。

我身体里,感觉存着大量酒精产生的毒素,我要把这些毒素排放出去,不只是毒素,简直装着一个魔鬼。就像《神曲》里,那个和尚与尼姑在暗夜里的对话。和尚:现在在我腰间缠绕着一条毒蛇,它时时刻刻折磨着我。尼姑:我这里有地狱,你把它打入地狱吧……第二日,我去北中国大酒店办事,路过酒店洗浴按摩中心，我的脚步，不听我的使唤，还是决绝地进到了那里。上到房间，朋友却说，他昨天喝多了，浑身难受，想下到酒店按摩中心让按摩一下，边说边关门，我没再说什么，跟他走向那里。

从洗浴按摩中心出来，一片巨大的阴影铺在我面前，铺向很远的地方……我又不能向任何一个人诉说我心中这巨大的恐惧。两三天，我被一种恐惧死死地笼罩着，我的内心却又被孤独这两个字，无限地胀大撑破，流尽了血……

我想我的奶奶。她在故乡那里的医院住院有一个月了。我不能去看她。就在前两天，叔父们带着那里医院的化验切片，来到我们这个城市，托我找到一家医院的权威医生。几位主任医师同时确诊，是白血病，而且还是急性的。亲戚们都对我有看法，怪我不回去看看我的奶奶。谁知道我心里的苦呢？我去了，怎样面对奶奶？我给她说什么呢？父亲在故乡的山路上遇难后，家里人都哄着奶奶，说我的父亲，是我领到我们这座城市里来，给人家看守大门，忙得一天也不能离开。一年多过去了，现在，我怎样见奶奶呢？我多次想过，我什么都能掩饰得了，唯有这个事，我怕我在奶奶面前掩饰不了。

父亲在故乡的山路上遇难，给我们一家人，甚至一大家上百号人，造成多大的灾难啊！想想，我现在，为什么还那么不注意呢？酒后，睡在那里，再也醒不过来呢？酒后，走在街道上，那些车辆不危险吗？陪朋友们上娱乐场，那都是玫瑰杀手，遇艾滋病，那不也是与生命打交道吗？这，都是行走在死亡的边缘上。我为什么还要去给我的亲人们，制造那黑色的灾难呢？

原本，这个时代，我们的个体生命，几乎可以说无时无处不面临着危险，甚至是死亡的威胁，这难道是危言耸听吗？本来就这样危险，我们为什么还不小心，铤而走险？走向那黑色的死亡之深渊呢？

“你现在已经成功了。你要的是下一段旅程中更大的成功！路是你自己的，目标也是自己的，你选择了更高的目标，这就需要坚守。但人生不单单是成功，还得有生命的乐趣，偶尔放开自己，与朋友们一起乐乐，又有什么错呢？”这是一位女士朋友给我发来的一条手机短信，初看很有道理，似乎能一下就让我几天来沉重的心得以释然。细想，这短信只是普通大众的一种心理，等于偷着安慰自己，避重就轻，甚至是对人生并不负责任的一种解释、安慰。

但，它是不是可以解释为那种大人生呢？

我不相信。

我常常这样怀疑，是不是老天在给一个人好处，让他成功的同时，也要安排他去做一些给他带来灾难的事，甚至是灭顶之灾？

几天里，我的四肢一直隐隐作痛。夜里睡觉，连着做噩梦：无端地梦见几个女孩，在大街上那么凶残地恶战一场，打斗的场面实在骇人……我走在高高的悬崖边上，下面浑黄的河水恶浪滔天……

问题的可怕，妻的认识和感受其实远远没有我自身深刻。只是，那么多喝酒的人，完全麻痹了我的警觉。就像混乱中，河水中奋力向对岸泅渡的那群角马，谁也不会去想自己的脚下就潜伏着鳄鱼。那么多人，天天都在喝，比我喝得更厉害。

但我有口说不清。接下来好些天，在家里吃过晚饭，我开上车，让妻坐上，从老城区到开发区，大大小小的酒店，往过转；从酒店门口的停车到进得酒店内，又从酒店内几层的走道里往过看，南北大菜到火锅店，大小馆子，到处都是觥筹交错，热气腾腾，人声鼎沸……

就在今年春上一个周一的早上，我们单位的干部职工，三三两两陆陆续续向机关大门走进来。9 点钟要开全局大会，讨论新一年的工作计划。全局干部职工都到了，只短业务一科科长艾忠义。当人们在宾馆的房间发现他时，他早就睡着了，是那种永远也醒不来的睡着，走到了另一个世界。

在春天的阳光照耀下，大地上残留的那些春雪，早已荡然无存。脱掉臃肿的冬装，女人们已穿起缤纷的裙装走上街头；在春风的吹拂下，这座城市街道上的古槐再次绽露出嫩绿的新芽，世纪广场上的桃花已开得一片火红！一个朋友却永远地留在了黑暗之中。

这天清晨上班时间,从开发路北面过来了好多执花圈的人,队伍走得特别缓慢;街道两旁的人们,相互耳语,相互议论着什么。很长很长的送葬队伍中,很多人都是自发进来的,几乎都是同艾忠义一起喝过酒的。人们啧啧惋惜:“又一个好人死了,好人怎就这样命不长呢?”

一年一年复一年,一杯一杯复一杯

我虽然写下了保证书,但我无法做到彻底戒酒。

又一个人死了,可他没给这个城市的人们留下一点什么。太阳还从古城的东山上照下来,这座城市大大小小街道上的车辆仍旧那样羊群般地穿梭往来着,这座城市大大小小的酒店门前,每天仍旧挤满着那么多喝酒人停下的小车。

这十多年,我们这里因地下资源大规模开采,经济迅猛发展,各项增长指标位居全省前列。但也有不少地方还很穷困。有些单位穷得电话用不起,锅炉烧不起,办公笔墨纸张买不回,干部职工只得一年四季放假或轮流上班。

但经济成倍成倍增长毕竟是事实,消费大大提高已是“大势所趋”。所有的人都开始大吃大喝,各个单位都在酒店饭馆记着一沓欠条。好多人都是酒友、熟人。这个城市的那些大大小小的老板,就是这样。也许是通过别人,在一个酒桌上认识。从此,他们就开始“常来常往”,老朋友可能没忘记,新朋友已交下,好多大老板就是这样由小老板而变成的。在这个城市,每天都有许许多多的大大小小的老板们和大大小小的干部们,坐在那些大大小小的酒店猜拳行令,大吃二喝。你是官员,你给我的公司、企业招揽生意,减免税费,多开绿灯;我是老板,我就给你买购物卡,送红包,请你喝酒,上歌厅。

这话也要从前一些年说起。这个城市,钱一天一天多起来了。用政府官员的话说,经济实现了跨越式发展。经济的发展,社会的进步,更明显地体现在酒桌之上,这样一个不大的城市,酒楼林立,海鲜都是空运,菜蔬一年四季都一样鲜嫩。

早些年的本市“两会”上,群众反映最强烈的一个问题——机关干部公款吃喝风。后来人们似乎顾不过来管这些了,酒店里,私人请客的比例迅速增大;当然,政府官员、机关干部仍然是请客和应酬的大军。上上下下认真研究和把握国际国内资本转移和产业发展的最新趋势和动向,一时间产业招商、委托招商、代理招商、网上招商、服务招商、以商招商,在这个城市全面铺开。最大限度地减少审批事项,做到一个窗口对外。一时间,煤田开发、盐田开发、煤发电、煤液化、盐化工,中国和世界各大集团公司,围绕最大的地下资源,各地都要来投资建设最大的加工生产线。

一时间,中国最大的、亚洲最大的、世界最大的知名企业纷至沓来。

不管雨点大小,反正雷声很大。

我们这个城市早在十多年前,就已成了一个特大的接待场,考察项目的、观光旅游的、考察项目捎带着观光旅游的,甚至浑水摸鱼行骗的,成群结队而来。正职接待不过来,常务接待;常务接待不过来,其他副职接待;市上接待不过来,区上接待;还有人大、政协。我们这里的人,无酒不成宴,所以从周一到周五,有多少会要开,有多少客人要陪,有多少酒在喝,有谁能统计得清呢?

你能看到的是这些,这是一个疯狂扩张的城市,但开了多少酒楼,家家门前一到饭点准排满了车。

那年,在北京王府井书店,那么一座大楼,挤了那么多买书的人,而我们这个城市,书店大多冷冷清清,只有在酒店才会有那样的情景。有几个人会买一本文学书?他们的人生就是在公家单位上班,从此,所有的生活就是上班下班,开会,学习文件,跟上领导吃饭喝酒。唯一的出路就是等着领导的重用和提拔。当官后,再率领着手下的干部们,踏着前任官员的足迹,爬文山过会海,革命的小酒天天喝。

发生在我们单位政府这一重要部局的这种情形,应该是这座城市这些年来机关干部生存的写实。简要记述于下：

这两天，我们局的局长早上来，门开了，洗个脸就匆匆走了，你很难见上他一面，甚至一连多少天如此；上班时间，他要在宾馆房间里陪客人，饭时，又转到酒店陪客人吃饭喝酒。

先是省里主管厅下来人，陪了两天。

一年之计在于春。开春了，各县局纷纷来人，讨要今年工作安排计划，说市上的安排出不来，县里就无法下手。工作计划没讨到，但都还要请市局领导吃个饭。局长应酬不过来，则由副局长、纪检书记领着各科室的人应酬。但对那几个有煤气油地下资源的县局，局长还是挤出时间，亲自应酬。

不仅要应付县里来的，还有从全国各地来的，承包工程、推销产品，各色人等。我们这里遍布红色足迹，但去境内的神山敬神是必定的。1947 年，九九重阳节，毛主席登上这神山与群众一同观看了真武大殿对面戏楼上演出的晋剧《反徐州》，随后在真武大殿抽了“日出扶桑”那一签。据说破“四旧”的时候，一切都砸了个稀巴烂，神山却完好无损。“站在最大多数老百姓的一面”这句话也是主席最早给神山下的县委题的词。这一来一去又是陪玩陪吃两天多。

我们这里的人能喝酒，但有一些外来的人，也不是等闲之辈，其实中国很多地方的人都很能喝酒。我原来以为只有我们这里的人能喝酒，这是错的。我生活的这个地区，这几年，资源大开发，在全国都成了一个香饽饽，凭羊、煤、土、气“扬眉吐气”。在这些春天里，多日的大喝，各科室的科长们早已喝不进去了，我们的局长仍旧不服气祖国四面八方来的客人，仍旧同客人大战，每输下酒，高有福局长就自己喝一半，让司机小刘喝一半，反正司机小刘也不是第一次代他喝酒了。在我们这里有多少人酒后驾车，无法统计，你随处都能碰到。更有不少人喝得烂醉如泥（多是有头脸的），照旧开车从街头驰过。

在我生活工作的这座城市，喝酒次数最多，档次最高的当数这些机关单位大大小小的官员们。他们有的人是带几部手机，忙碌得像 110 值班室的那些电话。刚上班那个时间，来电有不少是预约喝酒的；快到下班时间，来的电话几乎全是赴宴喝酒。就这样，一杯一杯复一杯，一年一年复一年。

文明之风拂大地

有一人踩着梯子，往一只高大的杯子里扔人民币捆子，这是一幅漫画；另一幅漫画，病床上卧着一官员模样的人，医生正在向他出示化验单，是肝病；还有这样一幅漫画，酒馆门口，一戴草帽的农民，满脸凝重，一串叹息，将馒头、大鱼、大肉收入三轮车上的泔水桶。这组漫画的意思大概是，公款吃喝是个无底洞，官员伤的是肝，百姓伤的是心。

而我的思绪却被几幅漫画扯到了遥远的乡下，在我家老宅院塬畔梁上，一个花发小脚老婆婆在小路上走走爬爬。她是我的老祖母，我的几个爷爷和叔父们早就不许她出门下地了，可老是管不住她。在人们都出山收秋大忙之际，她一个人爬到窑塬畔梁上来。一会儿爬行在小路上，捡拾着撒落在路上的金黄的粮食颗粒。一会儿佝偻着腰身拄着拐棍望向四山里收割的人们。千百年来，只有这些面朝黄土背朝天的父老乡亲，才懂得粒粒皆辛苦！比起他们，我们的辛苦又算得了什么？我们却大鱼大肉，灯红酒绿，醉生梦死。

这些年，中央禁止公款大吃大喝的文件发了那么多，然而公款吃喝之风在广大的国土上愈刮愈烈。当年干部下基层时自己掏钱交“伙食费”，那岁月早成“老皇历”，曾经的“工作餐”“四菜一汤”的规定也几乎成一纸空文。

目前，全国一年公款吃喝的开销已达3000亿。如此庞大的公款吃喝数额，挤占教育、卫生、医疗、社会保障等民生支出。例如2009年，我国行政管理费用支出（包括一般公共服务、外交和公共安全三项支出）占财政支出的比重高达18.6%；同时，教育、科技、文体与传媒、社保和就业、保障性住房、医疗卫生、环境保护等民生支出，比重不足38%。

——这是2012年九三学社中央所拟全国“两会”提案中列

举出的一组数据。

国外行政管理费用支出占财政支出的比重大多低于10%，如日本是2.38%、英国是4.19%、加拿大是7.1%、美国是9.9%。“舌尖上的中国”成为热门话题。央视有这样的报道：“中国餐饮业每年要倒掉约两亿人一年口粮。”然而也有这样的报道：“据不完全统计，全国每年浪费食物总量折合粮食约1000亿斤，可养活约3.5亿人。”

2012岁末，人民大会堂里的一项决议，赢得春雷般的掌声！反对铺张浪费，狠杀公款吃喝之风的行动，在中国大地上风暴式掀起。

大风过处，“成千上万”的高档烟酒不见了。大型酒店门庭冷落，生意无以支撑。就连私人请客者都非常注意这个问题了，因为腰包虽是个人掏，饭桌上却是公职人员有头脸者坐着。他们说：生怕被那些多事的媒体记者给拍下。于是，官员到酒店先把车牌遮住，司机放下领导开车就走，豪华宴请转入各地办事处……在百姓中间流传着这样的话：这场运动，也有不切合实际的地方，高档酒店里，一桌饭有多半吃剩倒掉，一瓶酒上千元几千元，这是令人痛恨，无法容忍的。但一所大酒店，它既已存在，自有它立身的意义，它是承载着许多东西的。这也是民间的意思：大酒店的冷清，并没太大地改变问题的本质内容，公款消费除转向中小饭馆，各种各样的“会所”，开始在大大小小的城市里迅速蔓延滋生，那些“会所”，消费并不见得比高档酒店低。有媒体记者暗访，北京的一些会所，每位消费达到2000元。

在民间，在百姓眼里，这吃喝的浪费，一定不是一个小数字。他们没想过的是，这粮食和各类畜产品的浪费，是看得见的心疼，看不见的是我们素质低下、良知缺失的令人心痛。

一场运动的大风，能不能把“公款吃喝”“铺张浪费”像树叶、纸屑一样给彻底卷走？

一场大雪，覆盖了大地，白茫茫一片。

中央的决策是英明的，指挥者是有力的，然而这场摧毁恶习之战，若靠少部分人作战，难以很快取得大胜利。

鲁迅先生说:“中国欲存争于天下,其首在立人,人立而后凡事举。”“立人”通常意义上的理解,必定是指完善我们的思想和文化修养;广学多读,用文化和智慧擦拭掉我们思想上的“浮尘”,才可“凡事举”。

“少一些烟酒气,多一点书卷气。”这该是新的一年里我们的民族之声!这才是美丽的中国画卷。

在大街上,经常可以看到的是那些摇摇晃晃走过的酒鬼,捏着烟卷走过的人,没见几个腋下夹着一本书、兜里插着一支钢笔走过的人。在这个社会思潮和价值取向复杂多样,价值失落、价值混乱、价值扭曲的时代,要让书店门前的车多得像酒店门前那样无处停泊,仍是需要时间的。

人类文明的脚步啊,它为什么总是那样遥远而缓慢地向前行进着?

(原载《北京文学·精彩阅读》,2014 年第 1 期)

野人山淘金记

赵　瑜

去年正月,我回山西长治过春节,住在老吴处,常有六子等人招呼。讲起山西当代冒险家的故事:先去缅甸搏战赌场,后来转向野人山淘金。中国民间老板,跨国争夺商机,冒险担当"国际个体户",正是开放30年演化出的新现象。

冒险家故事悬念多

以太原老霍为发端,继有长治文虎、清徐老阎、晋城狗狗等山西各路弟兄,前往缅甸边境参加赌场活动,还说是比澳门费用低,更好耍。不少赌徒在山西搞过煤。

我熟知这位太原老霍,年轻时当过铁道兵,开放后在省城人气很旺,那时人称小霍,与我有许多共同朋友,是道上一个干家。只是老霍生来好赌,大把钱出出进进的,是为常态。数年前到缅甸开办了好几个大赌场,几度邀请朋友们过去玩玩看看,确有不少人前往参赌。

老霍本是清徐人,却不愿再回山西,因为老家毒品太贵,回来活不下去。200元人民币的缅甸土制烟膏,可以食用一日;山西吸毒者总得600元到1000元才能维持一日的花销。

2010年,缅甸与中国警方联手禁赌捕人,老霍的赌场因而倒闭。这批赌徒多数人回国,少数冒险家滞留缅甸,转向密支那东北部,在大江一侧淘金。水畔砂金是古代黄金第一来源,后来才发展到矿砂淘金。

老霍在上缅甸,相识了密支那的地方武装势力喇主席及丁司令，结为一种经济开发的合作关系。赌场事败，他一转身当了淘金大拿。喇、丁原先是克钦邦军队里的高级将领，被政府“招安”后，作为昭示反政府军队的新政策，特许其在一定范围独立开发。于是喇、丁开拓了恩梅开江南岸的采金业，吸收中国流散老板，武装保护开采，坐收20%的税金，以扩充实力。喇、丁的地盘，恰是插入克钦邦大地中间的地带，战火几无停歇。

据说，老霍引进了清徐老家一位姓阎的老板入缅，情况不明。而动员晋城狗狗等人参盟淘金属实，已经在大江南岸给狗狗圈地300米。狗狗一家曾经采煤多年，有些实力，很快从国内调购设备，入缅采金。

继而，长治文虎发现商机，也决心大干一场。文虎既聪明又性悍，喜做生意。在长治湿地里开一个小型农场，在208国道边开一家小桑拿娱乐城，经济条件不错。偶去中缅边境赌场拼搏，不幸陷入两难境地。淘金虽险，也是一条生路。

老霍带着文虎，结识了喇主席、丁司令。文虎一举介入其中。但在当时，文虎只能瞄准晋城狗狗，在他刚刚盘圈的300米江岸上打主意，不惜力量展开斗争。文虎想在晋城狗狗口中挖出一块肉来。要分得100米地段，怎么办？

斗争才有生机，文虎的办法是，一方面按游戏规则办事，派人前往晋城狗狗老家，放下10多万补偿钱，企望狗狗让出一块地。另一方面，调动道上力量加盟争夺。他在长治老家有几个贴心弟兄，一大帮人。这帮凶悍弟兄曾在晋城、高平煤乡为煤老板们帮忙，或被雇用，与同类老板包括地方百姓展开资源争夺，充当保护煤老板利益的武装力量。文虎曾是晋城地面玩命头头之一，文虎搬来这批弟兄，要震慑晋城狗狗，兼向清徐老霍示威。而狗狗对文虎的威名是知道的。

文虎中等身材，敦敦实实。文虎带弟兄七八人南下，从腾冲越境前往缅北江畔金场。在老霍指挥下，对狗狗大加挤压震慑，逼迫狗狗缩让出100米地段，给了文虎。狗狗又分给四川人100米收“税”，自留100米开挖。狗狗从晋城调来了亲爹和亲哥，父子三人认命，在当地军政保护下，开始埋头苦干，数年不归。

文虎占地成功后，筹购设备开挖，但是资金不足，便拉了几个股东加盟。后来，为了避免利益纷争，又在老吴的调停下，几个股东退出股份，文虎单干。

文虎给自己找了一处好地段，“只一铲，金颇丰”。此地在江河下游。随着雨季来临，文虎悄悄把铲坑埋好，不告诉任何人，把铲车架起来让人看护，回国回家，待9月里旱季再去发财。唯一不便的是，金坑位置距离保障柴油供给的三姐基地，要行船两小时以上……

文虎相告，没有三姐干不成金场，这个少妇还收金子，协助金老板往国内打账哩！三姐，又一个悬念。

这时候，出现一个有利于文虎的机遇：原先的牵线人老霍，因为涉嫌赌场案事，被关进了中国云南牢局。如此一来，文虎独立自主，与缅方喇主席及丁司令建立合作关系，得以顺利开发。

文虎和晋城狗狗的金场，同在缅北大江南岸。地势不高，雨季一来，江水就会淹没金场。通常要把机器设备置于高岸，交给缅人看护，淘金人撤回国内老家，一年最多产金七个月。狗狗不管这一套，经年不归。文虎说狗狗要钱不要命，便自己开一部车回来，携带一些小型木器和翡翠宝石，到了旱季再去。

文虎的种种述说，加上长治老吴、太原老霍的邀请召唤，引发了我赴缅考察的念头。过去晋人走西口，云南边民闯缅甸，华人先辈远赴美国旧金山……世纪更迭，中国人从来不乏冒险家的犀利精神和世界眼光。这等壮举，作家不该融进去看看吗？弟兄们敢作敢为，吾身又有什么金贵？

四千公里赴腾冲

2012年2月26日，老吴购置了米、面、酒、醋等，给采金弟兄带了晋东南特产——60斤小米，还有50斤白面，外加四箱汾酒及一批烟草，把4500丰田越野车的后备厢装了个满满当当。

我们于3月1日早晨向西南出发，老吴和我、司机庆国，加文虎一位挖金助手共四人，驾驶这台越野车，纵穿山西、河南、湖北、重庆、贵州、云南保山到腾冲。单程3800公里。

记忆中，英美文学涉猎黄金的作品较多，如茨威格的作品等。我读过两部中国淘金小说，一本是前辈作家沙汀的《淘金记》，写了民国时代四川金矿的生活。另一本是当代作家彭见明写的《淘金者之谜》，反映了湖南乡土金客的命运。纪实方面，有山东八路军给延安送去30万两黄金的往事，有武警黄金部队的生活，有民国黄金大劫案等等，印象都很酷。

老吴一路抽烟说笑，对我的工作又发感慨：你这人写书，跟别的作家不一样嘛。我问哪里不同？老吴说：一竿子插到底！我大笑。老吴进而发挥：一竿子插到底，作家就知道了生活中的真货，发现了有意思的东西。

3月4日午时到达腾冲。

我初步设想，入缅后可分三步走：一是尽快与老霍会合，提出深入采访的行动纲领，二是去文虎方向完成生产采访，三是赴密支那方向作些民间交易采访。谁准备好，我便到哪厢去。我以采金技术员身份进入。还要注意采访晋城狗狗父子、清徐老阎及各省淘金汉。了解他们独特的人生命运、精神世界和缅北生活境况。

见到文虎，弟兄们相聚甚喜。文虎请我们品尝地道风味。

穿越国境线

细商入缅诸事，大家认为我最简单的越境办法，不妨体验体验淘金者之路。众人低语过境之法：平时有些国内员工，来不及办理签证，可在中方猴桥边防站与缅方甘拜迪边防站之间乡野，从简过关，也就是“偷渡”。先由入境的生产汽车，载人到达边境附近，把人交给中方农村专营此道的摩托车手，避开关桥，载客到界河岸边，踩摸石头过河，重上摩托前行。行至已经到达缅境的生产汽车前，摩托车手取得小费返回。两厢边警都不照面。生产汽车开到缅方甘拜迪关防，再行登记，缅方要求每人将中国身份证留下。文虎即命缅方关系上前,用缅文把各人真实姓名写清登记,缅方用粘纸条将写好姓名的小纸片贴在身份证上,留下,便于回返时不至搞错,发给入境者一个临时旅游护照,手续即完放行。来人又上了自家生产汽车,沿新公路向密支那驶去。遇到哨卡,出示缅方证件,半个月再续。

我持有正规中国护照,仍让文虎同时办理正式签证。双管齐下,遵纪守法。

老吴兄加上司机庆国,在腾冲休养一段日子,等待我回归祖国。

缅甸被联合国列为最不发达国家之一,整个国土南北走向,左印度而右中国,上宽下窄入海,像个巨大逗号,分称上下缅甸。缅甸从 1950 年 6 月就与中国建交,共享 2000 多公里边境线。大部分缅族居住在省,135 个少数民族居住在邦,长期分裂。60 多年来,政府军与缅北克钦族等多个族邦军事对峙,时发战火。上缅甸两条江流,一条迈立开江,一条恩梅开江,到密支那合为伊洛瓦底江,流经首都曼德勒入海。盛产砂金的两江,奔流在缅北克钦族大地,久被称为野人山,曾经十分荒蛮。

野人山蚊子多,人人惧怕毒蚊叮传疟疾,文虎解大手时,在屁股后头点蚊香,洒敌敌畏防咬,急速拉完快起,听来恐怖。

3 月 6 日,天亮出发过境。告别老吴,文虎驾车载我驶过古永镇,又驶过中方边境垰桥边防站。云雾绕山间。文虎把车停在小小的猴村,熟门熟路找到了傈僳族小熊。小熊常常帮人偷渡,挣个零花钱。小熊无二话,迅速带我上了他的摩托,双方业务显见极熟。

文虎掉头,走正路过边防,到那边接我。

摩托车穿过一条界河的水坝之顶,凉风飕飕的,就切到了中方边防站以外的山路上。

说话间,小熊带我成功越境,竟未步行。想起方才摩托车上,也有过几分慌怯。

文虎以合法证件驶过边防大桥,在站外两公里等候我们驶来。

渡客成交,文虎给小熊 100 元人民币,载我向甘拜迪驶去。

不一阵,过友谊隧道,到了缅甸境内甘拜迪边防站,是缅北“军管开发区”一处重要通道。

按照惯例,文虎取了我的身份证,进站找缅方熟人,加小费办理旅游签证,却极不顺利。久等一个时辰办不了,文虎无奈,忽然提出:还是找找老霍吧!我这才得知,老霍甘拜迪赌场停业,转而请动喇主席关照,已在此地落脚,看护着大片封闭赌场,兼开一家旅馆,张罗内地冒险家前来淘金,以增补收入。

文虎领我去见老霍。步行往高坡上走,进入甘拜迪小镇,很快找到了这位老友。老霍正提着大竹筒子吹烟,忽见我不期而至,十分意外惊喜。真是说书人那话:踏破铁鞋无觅处,得来全不费工夫。

老霍让文虎自顾去忙,当即说:把老赵交给我好啦,你们甚也不用管。不难看出,老霍与文虎之间,关系漠然。二人势均力敌,有话即长无话即短,仍是中国北方道上的架势。于是文虎与我相约,一两天他从国内返回,接我去考察恩梅开江边的金场。

老霍赌场的毁灭

我留在老霍宾馆住下,二人从容说话。老霍用南国常见的竹筒水烟袋,抽“福寿膏”,云南人叫吹烟。他用一种柔软植物纤维,主要是芭蕉叶,揉入膏泥,捏成小小褐色烟团,点火吸食。花 200 元至 300 元人民币可买一两,或是 16 两制的两,装在小塑料袋里,可抽大半天。但见上午与下午,老霍基本上没有停歇,房内咕噜咕噜的水烟声四起,有甘拜迪的小喽啰们也趁机抽一抽。老霍自我安慰道:太原价格可高了。反正抽啥也要上瘾嘛,抽烟不上瘾?喝酒不上瘾?一尿样嘛,这东西对身体还有好处,我的血脂降下来了!当场,他自我检测了一下,说是又降下来了。我观其面色苍黑,毒已日深。

文虎后来回忆中国警方抓捕老霍的情节:从瑞丽乘车返归

腾冲，一路上，老霍与文虎交谈兴致勃勃，讲他马上回到甘拜迪正式签约，要轰轰烈烈和喇主席搞一场采金大承包。据此感叹昔日羁押在太原上马街看守所惨况，说老子再也不受那个罪了！车到腾冲，看守所故事正好讲完。谁知就在当晚，二人登记宾馆住下，半夜老霍即被捉拿，又一次进了看守所。本来次日即可签订包揽黄金开采大合同，结果只差一天，老霍身陷囹圄，合同彻底泡汤。

老霍获释遥遥无期，文虎无从判断：老霍开办赌场多时，究竟罪大罪小？谁可知何年自由？不幸那时，文虎已经购进了淘金设备，没有退路，只能放下老霍，独立与喇主席和丁司令搞好关系，开始了缅北野人山的自我奋斗。他无形中脱离老霍，实属无奈。老霍四个月出狱，文虎还给过老霍25万元，算作了断。事情过去，文虎认为自己并非不义，一直喊冤。

老霍并不怨天尤人，向我作了一个客观小结：

四年前，老霍壮别山西煤与赌，远赴大西南，日夜奔波在漫长的中缅边境线。凭依“七十二行，赌博为王”的古老观念支撑，他从西双版纳开始，一路北上，试开过多处赌场，最后一站是甘拜迪。这个镇子虽小，“三分钟走完整条街”，但老霍创建的赌场规模最大最豪华。兴旺时，拥来众多大陆赌客，说日进斗金毫不夸张。可叹人算不如天算，去年，缅甸政府支持中国警方彻底取缔赌场。老霍一个大赌场被封，第二个大赌场建了主体，当然也停了。餐厅歌厅高尔夫球场随即报废。广场清冷，成了当地人的小型汽车站。

中国警方惩治了一批赌场大佬，抓捕百人回国。老霍必成大案对象，先在腾冲关，后在保山关，先后四个月。万幸老霍与残害赌客诸案没有直接责任，不曾伤人害命，审清后得以出狱。只是得了严重的疥疮病，至今色斑难消。老霍讲：赌场早已收回了投资，只差一周转卖澳门帮，再得数亿元进账；只差一天，签署采金大合同。连续两项，巨大毁灭。

赌场毁灭，冒险家的梦想不毁。老霍不思返回北国，仍旧落脚甘拜迪。喇主席和丁司令，继续支持他开拓淘金产业。

老霍谈到此处，情绪顿显激昂，清徐口音不变：大到一个国家，小到一个成功者，黄金都是财富和地位的象征，美国凭什么耍横？他抓住二战胜利，搞定黄金 8200 吨，世界第一，支撑美元 80 年！希特勒凭什么疯狂？德国是第二黄金大国，拥有黄金 3400 吨；意大利和法国当时都有 2000 吨到 3000 吨；现在小日本缓过劲儿来，全民藏金计划很大，国有储备也达到 800 吨，上升到世界第八位啦。有人说我信仰金钱，这有甚不对？哪个国家不拿黄金垫底？

我大笑一阵，表示听闻斯言给劲。

饭后，老霍吹了一阵子烟膏，再度兴奋起来，继续表现冒险家永不言败的性格基因：老赵啊，我经手的钱，少说有过五个亿，给我一个支点，我就能撬起整个地球！你看这条大江，我领一个军，保证一星期占领狗日的，到那时，咱们独家经营开挖，翡翠宝石黄金虎骨象牙犀牛角，全是好东西！这里发展虎骨酒，一只老虎架子，能出三吨酒，一瓶 3000 元，1000 瓶 300 万元，一万瓶就是 3000 万元。用大象骨头酿酒，效力极佳还有胶性！

老霍可爱的程度，与我所熟悉的马俊仁先生有一拼。老霍老马年轻时都当过兵，吃苦精神亦极相似。老霍当年在铁道兵六师 27 团，远驻新疆库尔勒，驾驶工程车还当过标兵。1981 年大裁军，六师转为中铁十六局，老霍解甲返晋，对各种工程机械十分在行。只是，冒险家说事儿只想结局，不讲实施，只讲梦幻诱惑，不讲现实困境。

老霍领我到小街上照了一帧两寸快照，第二天办证需用三张。

老霍打算在此扎根，也具备了新的实力，这里的人肯定没他见识多。我以此地战火未熄为憾。老霍不悦：和平年代还能轮到咱们挖黄金吗？话刚说完，有三位植物园公司领导来到老霍这里，说“山兵”夜抓壮丁，扣押了公司人质，知道老霍与几方面武装建立了合作关系，故来商讨办法。那位公司领导是四川人，愁眉不展，老霍安慰道：战争时期，不足为怪，花钱消灾吧。

夜宿老霍宾馆，很不怎么样。凉水，阴冷，寒气森森。案上烛蜡落痕斑斑,可知此地常常停电无光,是文明与荒蛮的过渡地带。一家简易电视台,彻夜播放色情录像,可以看到世界上多个人种,性交不已。

艰难驱进野人山

次日早晨,老霍手下人拿了我的三张快照,办理入缅签证一个月。在老霍办公室等待时,见到腾密公路指挥者常先生,他告诉我,向西走通往密支那,路况不错,是中国出资修建的196公里新公路,参考了著名的史迪威公路北段,也就是抗战后期广为传颂的"腾冲快捷方式"。新公路利用了丁司令控制的12公里地段,现已完工。常先生提醒我:路上有战火,可要小心!

可惜我未能与这位修路总指挥多谈谈,9时许,文虎自腾冲返回甘拜迪,来老霍处接我进山。我提起行囊欲行,老霍反复嘱咐一件事,就是严防疟疾,又查问文虎金场有没有蚊帐,说过些天到密支那会合,再到克钦邦地面上探一探行情,就怕老赵生病,回太原交代不了朋友们。短暂离别,我有些感动。

登上文虎的旧吉普,一台三万元从昆明买的二手车。噪音奇大,拉货不少,长治司机名叫老闷,神情肃穆。我们向西疾进,驶上通往密支那的新公路,将在百公里之外,右转,拐向北部山区。文虎介绍战况:几年前,克钦邦独立军控制这条公路,设卡封锁收费,补充军饷。自从缅政府军占据密支那之后,这条路成了战场,缅军丁司令所部,逐段向甘拜迪推进,争夺关卡。沿途有双方炸掉的多处桥梁,政府军放火烧掉克钦军营地,留下残棚废墟随处可见。你看,克钦邦的"拉扎"指挥部在咱们右手,中央军委在咱们左手,这条公路就在中间,还能和平吗?

有一次,文虎冒险回运补给,遇到了战斗。文虎不顾前头打得凶,驱车勇进,赶在中途路口拐入了山林。当时江边金场完全断了粮草,弟兄们抓食蜥蜴充饥。

这次会不会遭遇战火?昨天在老霍那里,已知几天前,克钦邦“山兵”,潜入公路一侧,到丁司令儿子合作的植物园公司抓壮丁扩军,不能当兵的,绑票要钱。此事正在谈判中。这些天有消息,说甘拜迪又要发生激战,克钦邦还要打。

行进不久,通过一架刚刚修复的工兵桥,其旁可见政府军守桥碉堡。这时,遇到前方武装士兵持枪拦车,文虎取出喇主席和丁司令颁发的塑料薄膜牌照,出示给士兵,老霍给我办理的入缅证件也发挥了作用。所有机动车辆,均须喇主席发放的特殊通行证。哨棚登记时,文虎放下十包方便面,哨所放行。沿途岗哨很多,文虎又准备了几份小费,说沿途撒放些散碎银两,有钱好办事。但长期劳作的人,对拿枪的大兵,不可一次给太多,要压价,否则难以持久应对。在一百多公里的途中,我们遇到政府军关卡三次,均公开要小费,要买菜钱,要方便面。

如此亦走亦查,西行三小时,中间吃了一顿手抓米饭。文虎对我说:从和平环境突然来到军阀割据的年代啦,赵兄感受如何?我一时无语,只顾凝视前方,文虎竟在后座上酣然大睡。

刚刚驶离大公路,向北转入沙砾道路,向北部山地行进,又遇到移民局查车,万幸顺利放行。政府移民局虽然不同于大兵,却相当于半个警察局。以前某次,移民局曾连车带人扣押文虎,押回密支那,不交款不放人。文虎只好请喇主席守护金场的营长赶来调解,无奈,文虎给移民局买了一台数码照相机,一台快速出照片机,花掉70万缅币,相当于5600元人民币,才把人车放出。

所谓野人山,并不是一条山脉,而是指密支那以北大部分山地。晚清地图即有明确标志,腹心地带包括从喜马拉雅山脉南部发源的两条大江以及江心坡,东侧与云南高黎贡山接壤,历史属于瓯脱之地,林广人稀,只有几个尚未开化的部族居住。今天的野人山区已遭到严重破坏。

一路上没有任何路标。离大路渐远,森林稠密起来。北行一小时,村庄稀少,几乎无路可行。由于文虎采用机械采金,所以，将挖掘机、铲车运到这里，只能自挖道路向江边前进。我们进入这种临时小路，5—10 公里，少说走了 1 小时。小坑接大坑，泥水加石头，这时候则可以触摸到野人山的原始森林了。无奈陷车两次。幸而对面来了一辆缅甸人的改装小客车，总算用铁链把我们拖出。仰望两侧原始丛林茂密，我立即想起了二战时戴安澜 200 师陷入野人山的悲壮情景。

吉普车继续北进，颠簸着向恩梅开江岸而去。还要两小时才能到达江边金场。

行至一块伐尽木材地段，路遇喇主席手下的“努努”营长，见文虎而停车，说要去密支那走两天。努努是喇的外甥，他统领一支丛林武装部队，管控着野人山里七家较大金场，老板都是中国人。这些老江湖无一不是国内腐败场上的玩家，谁都知道如何轻而易举地收买军官。今天，努努押送几名偷盗滤金绒毯的缅方毛贼，文虎当然会适时出手孝敬，且出手不凡。我以淘金技术员的身份，与努努营长在他的皮卡车前留影。

跑了整一天，大约 200 公里，实际行车 8 小时，让缅工拖过两次车，我们终于在昏黑的夜色中进入文虎营地。

谁也说不准这一带的地名，只知从缅语音调上，叫作“代翁”。

文虎金场离狗狗金场很近，从江岸上看，相距不过几公里，两位晋东家扎了堆。但车辆通行却无比艰难，那简直不叫路。到处是挖掘机采砂留下的大坑，有好几丈深。你今天开车过去，明天肯定会变化。

文虎用三万元人民币，重新搭建了三幢竹棚屋。全由缅人包工完成。竹床离地近一米高，防潮，文虎专门为我从外面买回干净被褥，趁着篝火的光亮，取出铺好。还特地为我挂好了蚊帐，严防毒蚊叮咬传染疟疾。

淘金筛石机连续工作，隆隆作响，日夜运转，在严重噪音中入睡。半夜起来，打着手电筒记了以上片段，这浑浊而又难忘的一天。

文虎金场开眼界

3月9日,晨起,我看到工棚上贴着中国对联,红艳艳的,心中十分感慨。在人迹罕至的野人山中,山西人形成了小型社区或称村落人群。

早餐,长治弟兄欢呼吃到了小米稠饭。有位壮汉名叫大刚,亲自炒了土豆丝,说数月未得此美味。

大刚年轻时因盗窃判刑7年。他抓住1998年抗洪捐款的时机,咬紧牙关,给灾民捐献3万元,成为山西囚犯捐助灾区第一人,被狱方评为“模范囚犯”,得到减刑表彰,实住4年半,28岁出狱。近年跟上文虎来了缅甸,成为骨干,常说全世界就数长治好。

上午,文虎让胞兄与大刚包饺子,说老赵来一趟可不容易啊。

文虎领我巡视工地一圈,占地约30亩。大刚说,世界上比较先进的金砂生产,也不过如此。

了解基本工艺,始知首先要仔细看地:分析发现鹅卵石层,说明古代有较大河流经过,水小则不能冲金淤积。老辈淘金汉常说,“大河看滩,小河看湾,河直无金”,至今仍是不可颠覆的铁律。当代开发者也只能把地段看准后,才敢于开挖原始森林,伐木破土,花钱移民,然后正式挖掘工作大坑,揭露表土,直至金砂层。想起老吴曾向诸位推荐高人,说那人是武警黄金部队因犯事退下来的勘察专家,文虎却因战区局限着地段而没有采纳此议。老吴便讥讽这二人:只埋头拉车,不抬头看路!我立即附和:路线是个纲,纲举目张。吴:政治路线确定之后,干部就是决定因素。我:世界上只要有了人,什么人间奇迹都能创造出来。吴:世界上怕就怕认真二字。我:长征是宣传队……吴:长征是宣言书…我:长征是播种机。吴:支部建在连上。我:没有调查就没有发言权。吴:需要猛击一掌。我:事情正在起变化。吴:

离右派只有30公里啦！二人举杯笑喷，少年时代落下病根儿了……

建场选址，要建在江岸高坡上，以利于导水滚渣。挖掘车不停工作，剥去表面厚土层，再挖深色土层，均无金，直至见到异色砂层叠压，才算或多或少有金。这金层未知浅厚，启用重型卡车，轮番装载金砂于大型筛沙机顶部，10分钟自卸一车，同时用大泵吸来冲注水流，不断淘洗砂料，学名叫作"重力选矿跳汰法"。筛机分两层透水，第一层把大石滚下，第二层把小石筛下，使含有细金砂的浑水，流入底层三个水孔，导出金砂浑水，注入三道下坡铁溜槽，废水沿溜槽回泄江中。关键在于，那三道溜槽上，铺设了近百张日本出品的绿色塑料毛绒毯，可以取换。溜槽长度几十米，由塑料绒毯一块块铺满，利用绒毯上洒好的水银，吸留浑水中的小金粒片。水银需要每日铺洒，废水泄去，碎金留下。

各种机械连续工作20个小时，中午停机。工人们从溜槽里揭起一块一块滤金绒毯，集中在一立方米的铁皮大箱当中洗涮，留得水银及金渣储蓄于箱内。大约一个时辰，把近百块毛绒毯洗完，用慢水管冲涮铁箱。慢水从箱底开口处，把水银及附着其中的精华金砂流入不锈钢小盆内，盆一满，倾入一个塑料桶中，再接再倾，直至满箱金砂洗完，主要金体与水银同入塑料桶内。铁箱内慢水流入小铁槽，亦有小绒毯再次滤收。

把这只沉重的塑料桶抬离现场，抬到竹棚里，抬到两平米大的水箱前，由手法老练的技工，持一只淘金木盆细细淘洗。

帮手把塑料桶中的宝货挖出一碗，再盛入圆木盆或三角木盆，每盆淘尽一碗宝砂，便得到一颗小小的水银滚珠，珠内含金。一次次将此珠倾入钢盆。淘尽一碗接一碗，终于把这只塑料桶淘完，大约需要半个时辰。

小小的闪光滚珠，集中在小钢盆中，积少成多，遂用红布裹起，从容用手挤压，水银从布中漏下，布包里凝集出一个含金水银圆蛋蛋，像一枚银色包装的巧克力，学名叫作混汞金，也叫作汞膏。大刚接过这个圆蛋蛋巧克力，放在专用钢盘里，用手压扁，直接拿喷火罐喷烧。真金不怕火炼，少顷，盘中水银蒸发，留下橘红色金饼。冷却后变成黄色，竟与太行乡亲们常吃的棒子面煮疙瘩毫无二致，一模一样。把这只煮疙瘩过一过电子秤，便知多少克了。

整个出金过程，始终有喇主席的武装士兵现场监督。我拍照全程，士兵们未曾阻拦。这些战士相当于“地税员”，看好了电子秤显示重量，掏出小账本记录，文虎员工当场签字，过几天集中上交账本存量的20%，税收即告完成。交税时，往往还是一块黄灿灿的金饼。

当日炼得金饼一只，不算大，双方记录在案，重77克多点儿。

中国古人计量金银包括烟土，向来以“两”论，从不使用也不知道公制英制，更谈不上盎司、克。那么，一两黄金究竟多重？我也是这次掺和淘金，才刚刚明白：1两黄金=31.25克。让我惊异更无法破译之处是：中国古人千年计用的一两黄金，与国际市场交易的一盎司黄金，其重量竟然基本一致！你看，1盎司=31.1035克=0.9953两，拿到手头，谁能掂出那丁点差异来？

那江边，早已重新将百张滤金绒毯铺回三道溜槽里，重洒水银一道道。隆隆机声重又起，载重卡车往来装卸金砂，跳汰筛机重新工作。我专门乘坐缅工司机驾驶的运砂卡车，上下往复装卸数趟。卡车每天工作20小时，搬运金砂1500立方米，始出不足百克黄金，比例悬殊。铲车需在一块砂场挖铲三层，每层大约一米多深，挖到第三层，早已形成巨坑，才可能出金400克到600克。通常是这样，但也不一定，希望总是伴随着失望。而坑又连坑，生态环境则连根儿破坏了。

三溜铁槽所铺绒毯，总长80米，上部长约30米，为文虎等金老板所有，虽然不长却忙不过来。因此，金老板允许当地老缅村长、家族头目和本土士兵，分三段收取下半部分铁槽绒毯，沿坡而下30米。当文虎中午停车收绒毯时，当地人也冲上前来，抓紧收取他们的下半部分铁槽毛绒毯，快速到近旁小溪边，淘洗毯上金砂，以期尽快把毛绒毯铺回槽上。一小时后，文虎重新开机。就是说，大型机械开采，流落遗失金砂甚多，反正文虎的人手也收不全，还不如让当地人把剩余部分回收利用，日出几克黄金是可能的。文虎说，这样也好，你吃肉得大头，人家喝汤，才能保平安。

淘金成本费用高

文虎认为，挖金这种事，不宜随便结伙合作。在黄金面前，很少有不闹矛盾的。晋城狗狗兄弟俩，一个时期加上老父亲，尚可持续到今天。文虎这边，靠了亲哥哥和多年亲近弟兄，否则也不能干。文虎常常半开玩笑地对努努营长说：一定要看好金子啊，免得人家说我们偷金！

而文虎深感压力不小。投资 250 万，目前尚未收回。喇主席 20% 金税必交，每日生产耗油颇多，又需一大笔钱。文虎雇了 10 位缅工，由“老黑”工头带领，住在一片茅棚中。每月 2500 元、3500 元、4500 元三个档次，挖掘机最高档，汽车、装载机其次。缅工每月工资，推迟 5 天发放，如无故离矿，白干 5 天。

文虎这些山西老弟兄出国受罪，收入甚少可咋办？文虎其哥的分红，我不很清楚，只知长治六个弟兄，去年每人每月得 10000 元。一年旱季 7 个月，每家得 70000 元，还是不错的。但今年情况不佳，日产金饼往往不足百克，故文虎保障每人月资 5000 元，情况好转了再议。

大刚向我介绍采金工地设备及其造价：柳工 920D 挖掘机一台，90 万元。龙工 850 铲车一台，30 万元。红岩金刚双桥自卸汽车 15 吨两台，60 万元。还有自卸车、发电机、选矿震动筛机、泥浆潜水泵、越野车等，各项约合 255 万元。必须保证每日出金 50 克以上，才能基本持平维持。目前一天只出 100 克上下，所剩无几。说起来，去年也有过日出 500 克的好日子，最多时一天出过 600 克，可惜这等好事仅仅三天。晋城狗狗那厢开工较早，情况大同小异。

老霍认为:晋东南两家的收益不可能理想,不可能发财!他公开抱怨:他引进了狗狗和文虎,都不想与他履行长久合约,狗狗隔过老霍本人,过河拆桥,直奔喇主席,对老霍几无补偿:文虎给过25万元,老霍觉得远远不够。文虎则认为,给老霍这笔钱,说不定还算多哩,如若挖不出金来,老兄你甚至得不到这个数。老霍不满:话不能这样讲,要发展则不能算小账。实际上文虎吃了大亏。其秘密在于:丁司令和喇主席与老霍本有协议,商定日出金300克收税20%,300克以下收10%—15%,100克以下免征。结果,老霍生了气,懒于疏通此事,故一律收税20%。老霍叹道:"多少钱让人家白白收跑了?"他认为文虎实在不合算,且埋下了不和的种子。老霍对狗狗意见更大,公开说迟早要给予严厉惩罚。

看来,枪杆子里头不仅出政权,还能出黄金。我又想起老霍强调的话:我必须整顿边境开发秩序!

金命难料,疟疾恐怖

去年雨季,文虎回了一趟长治,回来后居然把保险柜号码忘掉,谁也开不了。反复回忆猜想,还是打不开,最终用斧头劈坏了柜门。说明书仍在里头放着,猜想中差了一个号!现在给钢门加了一把铁锁,放在竹棚床下。存放几日金饼,总是不敢再留,只好匆匆卖掉,转账家乡。有弟兄嘟囔说,砸了金柜,金运还有吗?……

头一年,文虎老工地日出金饼70克以上,都嫌不好。来这里以手工试淘,认为不错,花钱费时转移过来,结果仍不理想。挖金子、卖金子如同赌博,命运难料。文虎大刚狗狗,反复琢磨国际金价行情,试图持金等待机遇,而中国人一到春节就要回家,便不得不到密支那,以每克280元卖掉。谁知道回家后没有出了正月,金价飙升了!总是等不好。国际黄金市场按盎司计算,一盎司即31.1035克,在2011年9月,出现过每盎司1920.3

美元的历史最高峰，目前每盎司1685美元。半月之间每克相差5元到10元，实为常见，如每日产金300克，即可能相差人民币千元左右，这就叫金命难料。大刚无奈道：谁能把握住这个事儿，谁就是神仙！文虎便说：咱就把他供起来。

真是金命难料。距离山西冒险家不远，有湖南七位同乡，据说其中还有与彭德怀元帅同一祠堂者，估计是怀化人。七人合伙投资，闯到缅北淘金，一开始吃足了大亏：入缅时开进整卡车设备，价值30万元，结果被乱兵扣留，连汽车带设备血本无归。但是湖南人极其顽强，二次投资卷土重来，总体上成本甚高。湘帮开挖以后，照样有人患染疟疾，同时得了少金焦虑症，七雄吵架一年不止，险些动刀。突然间，时来运转，湘帮大举挖出了重磅金窝子，每日可达700—900克，竟然持续挖得两个月，几乎天天如此！这一来，七人笑逐颜开，再也顾不上吵架，只知日夜不离金场，埋头苦干。好些天，山西老板都以为有人编了故事，不敢相信这一切是真的。直到亲自蹲在湖南帮的金场边，又亲眼看过人家出金，才大叹不已。金场就在同一块地面，"人家有，咱没有，就连梦中也没有，人家日出800克，咱们不过100克，咱就是紧紧挨着挖也不行！"直至雨季到来，江道涨水极快，淹没了湖南人的金场，湘帮始退，把设备卖了个白菜价，一去不归。

文虎对考察淘金者有言在先：你们要来，一是条件绝对艰苦，须有充分的思想准备；二是别人挖得金，你未必能挖到，挖不到金子不能怨朋友；三是喇主席、丁司令20%的税金不可不交；四是文虎疏通上方关系，文虎的10%不可不交。文虎还告知他们三姐供油较贵这一环节，让人心知肚明。文虎又说：江岸上几乎没有道路，你选定一个地段，必是别人排列顺序之末，当利用完别人的便道后，你还要披荆斩棘开路拓入，这是成本，否则设备进不来。而江岸上开挖，向原始森林和砂土层要金子，先要砍伐百年树木，才能揭掉厚土层，寻找老河床的鹅卵石层。这个土层有厚有薄，厚者好几丈深，工程不小。如果还挖不到金，只能自认倒霉了。这一番忠告，让追逐黄金梦幻者回返清醒，陷入沉思中。

淘金者最怕什么？恐怖的疟疾！热带雨林蚊虫叮咬，让人受不了。据著名史学家方国瑜先生记载：中国远征军大反攻，滇西民众全力支前，保山仁爱、周里两个乡，派出民夫420人，有120人染瘴毒倒下，死亡50余人，比例极高。整个滇西出动民夫416万人，简陋统计死亡3054人；中美联军强攻密支那，竟有980名美国大兵因病撤出前线。缅北当地人同样受不了，喇主席前任金场营长，突发疟疾而亡。现在的努努营长原先是个副职，前赴后继而已。

文虎金场的长治老宋，皮肤怕咬，一咬一片大疙瘩，中间小红眼，周围溃疡。老宋身染疟疾垂泪返晋，还需文虎从腾冲购买良药寄出，四天时间老宋才能收到。晋城狗狗染上重病，努努营长用快船，冒险夜行江道急送密支那，又转腾冲，再用急救车送往昆明抢救，住院两月始愈。努努营长救了山西人一命。

大刚去忙，我独自要一杯简易咖啡，在此记点东西。抬头望，恩梅开江以北，就是克钦邦独立军的控制区了，最北端与西藏昌都地区墨脱接壤。那边野人山深处，也有黄金砂带。据老霍讲，克钦邦多为景颇族，近来与政府和谈又不成。而下缅甸大部分省邦基本上都属于缅政府。克钦邦号称五个旅，说有5万兵力，实际每旅均不满员，数营而已。双方对峙战场主要在缅甸东北部，与云南接壤的很大面积。

据说，目前密支那小城每晚戒严。我很想见一下丁司令或者喇主席，却难以如愿。

确实，喇主席的士兵在这里起着保护淘金人、震慑金场秩序的作用。不久前，努努营长抓住一名伪装士兵而讹诈黄金者，马上通知江岸各金场主集合，无须任何司法程序，当众对此人执行枪决。可惜我不在现场，未能拍下这组残忍图片！

江畔金场连绵，也就出现了从事金场服务业的中间环节，可以保证各个金场机械的柴油供给，也可以协助诸位老板炼成金块后，交易出手。渡口上，那位人称三姐的中年女性，专营此业。

文虎有时省掉密支那之行，就近把金饼卖给她，她按国际金价稍压一点收下，然后电话通知国内财会，将人民币打入文虎银行卡中。举例说金价每克275元，文虎以272元一克卖与三姐成交。三姐重新把碎金冶炼成整块，走向国际市场。

三姐同时开一家竹棚“超市”，卖些日用烟酒百货，供应给多个金场弟兄。或以金易物，如柴油、啤酒等。我应该尽快采访她，但是需要逆江乘船才行。

大江行船考察

长治兄弟肖兵，年轻干练，打算效法文虎淘金。这时过境前来考察金场，带路的正是六子。六子有痔疮隐疾，过境后病情发作，一路疼痛，艰辛言说不尽。

肖兵和六子到了江边，文虎用10万元缅币雇了机动小船，往返观摩。我们共同乘船到江上考察。

往上游行船不远，舵手径直靠向克钦邦北岸，我心一惊。文虎嘱我速将照相机藏于怀中。有持枪克钦邦武装查收行船税。只见船老大掌舵，船老二从船头打开一小木箱，取出一袋食品，递给岸上的山兵。山兵笑纳，为民间行贿的早期形态。山兵持枪严肃地打量我们，船夫表示船上都是中国来的好人。克钦邦山兵肤色很黑，年岁也不小了，看看无疑处，挥手放行。这时，岸上有山民向我们举手，高举带毛的野猪肉贩卖。文虎说那肉不好吃，想吃香的，什么样的肉都有！看来，野生动物在这里只是一种普通资源，并无人保护。

每行不远，即可见到一处正在开挖的淘金场，大如巨舰的淘金船，锚定江心开挖，机声轰鸣，中等规模者多用吸砂泵淘金法，甚至还有潜水吸砂小船，工人全身水装，气管伸出江面供氧，淹没于江底吸砂。小如古代农机具，以桶盆注砂，手工淘洗。而现代化的大型机械开挖如文虎者，以江南喇主席地盘为多，克钦邦北岸很少，说明那里还没有展开经济外交。

不少地段，从江心到江岸，百孔千疮，植被破损。大型开挖金砂，剩出卵石渣堆，堆拥极大面积，可抵江半，如半个足球场大小。试想，像文虎那样的金场，每天堆拥 1500 立方米，十天即 15000 立方米，百天、半年知多少？

船行激流中，又遇到克钦邦江岸武装关卡，船夫重又上岸交纳税金。前后两关相距大约 20 公里水面。山兵手持“铁托式冲锋枪”，像二战时期的苏式武器。怪异处在于，其手榴弹、子弹夹等装备袋子，居然平挂在臀后，近尺宽，大概是应该拴在腰际的。现在这袋子悬挂于大腿后部，一甩一甩的，未知是何原因。我担心人家没收相机，不敢正面拍照，待山兵转身而去时，我连拍两张，立此存照。

机船上行约 30 公里，到达南岸一个较大村落，竹楼层层叠叠。前头多次提过的华侨三姐就在这里。

三姐多悲情

众人登岸，始知文虎的老工地曾在附近。

文虎沉重地告我说：这位三姐，投身于淘金后勤供给，给南岸上大小十几家金场提供加价后的柴油。每桶油多收 300 多元，长期带着一个侄女及几个年轻女孩，多为中国云南籍。这侄女也学会了炼金子。万万想不到半月前，发生严重阴谋事变：这侄女与年轻姑娘们联手，趁三姐夫妇外出送油的空当，将家中黄金及美元、人民币、缅币洗劫一空，不知去向，总价值大约 3000 万人民币！三姐当即跌入谷底。

我们进村，寻访这位资深金场女士三姐。沿村道向纵深而去，村中缅北风情扑面而来。

三姐实名李林娇，爷爷当年从云南盈江县昔马乡来缅。三姐为第三代人，所以会讲中缅两国语言，只是写不好汉字。这样的华侨在缅甸很多。

三姐的丈夫吸毒已深，两次戒毒失败。终在 2002 年死亡。给三姐丢下两个孩子。

三姐无奈，开始与一位年轻缅人能林搞成“姐弟恋”。能林踏实能干，身体也好。三姐看中了能林，遂以高报酬与商人争得能林。一来充作生活伴侣,免遭各种兵士欺辱;二来让能林学习汉语,以推进与中国淘金老板的业务关系。能林成了三姐家里人,跟随三姐已近十年。三姐经常主动出钱,帮助能林家的小村庄打井、修水池。将来怎么办?三姐对我说:待我的两个儿子长大,供到大学毕业,能林可以自由,我会给他娶个好媳妇。

几年拼搏,三姐挣了很多钱,大桶油加价160元,走野人山,渡激流河,不舍昼夜,给沿江金场送油供货。从她这里了解到,金场老板先后来自中国10个省:计有山西人、湖南人、湖北人、广西人、广东人、浙江人、福建人、四川人、江西人和云南人。三姐风雨无阻,用船只从江上送油,用拖炮车从陆地送油,需求量很大。

文虎为三姐算了一笔油账。以文虎工地每日用油5桶计,10家工地即50桶,还有许多中小型吸砂泵、采金船用油未纳入。每桶收取高额运费160元,10桶1600元,50桶即8000元,10天即80000元,30天24万元。每年按工作7个月算,去掉雨季,就是24万元×7=168万元;再加上收金、兑换币种、客货混运密支那、竹棚商店供应粮油菜百货等收入,三姐年收入应在250万至300万元之间。减掉成本、人工费用50万元,净利不会低于150万元人民币。

茅屋为秋风所破

傍晚,我们返航。与文虎攀谈金场诸事,始知出了病号老宋,足堪悲痛,继而灾祸连绵:去年雨季来临,弟兄们低估了雨季的凶暴。就在文虎大刚归国的前夜,江水突然暴涨,半小时骤升7米!金场紧傍江畔,众人惊呼,猛向高处奔逃。洪水最后上升到20米,倘在中国又会说“百年不遇”了。金场全面损毁。大刚孤零零一人,被困在筛石机顶部三天三夜。第四天水缓才救了下来。当地人知道,从5月份到10月份,中间最多两三个晴天。这真是不可思议的毒雨,怪不得,那么多人都会身染疟瘴!

近日,风雨摧毁了文虎的金场,茅屋为秋风所破,工地上又撞坏一辆卡车,修车必将危及生产。

文虎谈起他的晋城经历:曾为当地一位豪强撑腰搞煤,此公也曾入狱三年,后来卖掉了煤矿。本来决策正确,无奈此公好赌,把卖矿与积累的两亿人民币,悉数输在了澳门,弟兄们从此衰败下来。可叹新一代中国富翁,什么样的能人都有,偏偏不会理性消费,巨额财富得而复失。

狗狗劫后余生

文虎陪我前去狗狗金场。狗狗比文虎年龄小些,比老霍更小了。最初时,老霍带着文虎众弟兄,闯到狗狗工地,强行打下木桩,拉绳子圈地,瓜分狗狗的地段,狗狗怒拔木楔子,与老霍和众人直接发生冲突。狗狗是在暴力之下被迫让步的。再者,当时狗狗确实吃不下 300 米地段。

山西乡亲一大特点,有矛盾不愿亮在客人面前,岁月艰辛,图个和气。狗狗与文虎的关系便是如此,大面上都要过得去。

狗狗长兄去工地照看机器,狗狗本人正在竹棚歇着,穿一身国内带来的条纹睡衣,像医院里的病号服。身边一本读物,是国内地摊上的盗墓传奇。

去年雨季,疟疾肆虐。狗狗突然发病就呈急性,皮肤溃烂,腿肤流血,半昏迷状态。当时又逢打仗,出山道路封锁,是努努营长带兵,冒险从江上夜航密支那抢救,又送腾冲转昆明,留下一条性命。

狗狗保持了浓重的山西晋城乡音:本来,咱打过两支疟疾预防针,说是管用四个月,雨季生产也不要紧。唉,很可能狗日的毒蚊子,咬人排卵,排在我伤口上了,病菌直接通向全身血管。我突然就昏迷了,一阵阵醒来觉得满嘴喷火,腿上流出血来,敢是绿颜色的!一阵阵甚也不知道了,等于咱已经死扊了……你这个兄弟心肠硬啊,打死不落泪,那年中秋节,咱在医院里大哭一场!原来兄弟很瘦,现在,吃激素吃扊胖了,反正死过一回,还管它胖瘦哩?喇主席的老营长倒是本地人,不也病死了?那个词儿咋说哩，劫后余生吧！

努努营长曾在新加坡培训，英语、汉语都能交流。我后来见到他，为此事补充了不少细节：狗狗突发疟疾，两只黑色眼珠完全变成黄色，双腿巨肿，口吐绿色液体。狗狗所说腿流绿血，实际是呕吐物喷到腿上，他神志不清的记忆。如果夜间开车送人，不等到密支那，人就会死在泥坑里！唯一选择就是冒险乘船，而民船根本不敢夜航，既无航标灯，亦无船头灯。营长当即决定启动军用快艇，强渡恩梅开江巨大激流，速送密支那。官兵驱动快艇，几度险些翻船，终于赶到密支那，急送医院抢救，医生说此人只能活六个小时！一线希望，就是急送中国云南，要说抢救还是腾冲水平高。努努当机立断速调军车，从密支那赶赴甘拜迪出境，送到腾冲人民医院抢救，缓解了病状，狗狗终于得救。接着出18000元雇上救护车，再送昆明，在成都军区57医院继续治疗，努努返回。狗狗在昆明住院40天，输了6次培养血，也就是全身大换血，终于康复。

我表示谢意，谢他救了中国兄弟一命。努努营长便说：军用快艇夜航密支那，是得救的前提，喇主席还免了狗狗的快艇费用呢。

前些天，狗狗驾车去找新金场，往野人山深处走探。后来根本没有路，只好雇了大象，有缅人牵着，20万缅币用两头大象，可以骑一天，折合1600元人民币。狗狗说：那大象可聪明了，会选路，骑上去倒是平稳。倒霉的是，骑在象身上太高，原始森林的树枝打人，专打咱的脸，噼里啪啦一顿饱打，把老子的脸、上半身都打肿啦！实在受不了，咱只好跟在大象后边走路，走不动也得走，人家缅工反而骑到了上头，用一把砍刀砍树枝。单程走㞗50公里，受大罪了！山区就算有金砂，开拓道路太长，生产成本太高，还是没法干。

讲完这一段，狗狗对我来句挑衅性戏言，说野人山淘金："没㞗文化能待住，有㞗文化干不成，赵哥你相信不相信？"

我说：弟兄们的奋斗史，就是一种文化。

狗狗让我查看两个本子，无意之中，看到兄弟俩记录的产金账,字迹工整绵密,原先有一个29公斤,后面有一个23公斤,两年至少产出黄金52公斤。我不禁称赞:好兄弟,你很了不起啊!狗狗说:这算个甚?经验少,没弄好,不然可比这多!复又怅叹,这一带就要挖光了,日产无多。必须抓紧找到新金场,转移。

狗狗共给喇主席上交黄金10多公斤,约合税款400万人民币。到了今年腊月二十几,喇主席总算酒后发善心,说,既然你那里效益不好,就暂时不必交税了。眼下,狗狗依然心中焦虑,维持状态,已逾多时矣。

从竹棚里出来,这才注意到,附近独有一株参天大树,四周竟然无树无草,尽被砍光,十分空旷。我好奇相问这是为什么,狗狗山西泽州口音顿显浓重:砍光拉倒,砍光了不生蚊子!咱可是怕了疟疾,那病主要通过毒蚊子传染,干脆用推土机把狗日的一遭推光!

他早先听长治弟兄念叨,说有个作家想来看看,他不信,说中国作家会来这鬼地方?写书受罪还不够赔的,作家要是真来到,我的名字倒着念!众人便笑,倒着念还是狗狗。

我站在那株唯一剩下的巨树之下留影,它是此地曾经无比繁茂的证明。我想起科普知识说,越是砍伐,生物减少,毒蚊越是向人类发起进攻。

在纷争中进步

我请狗狗前往文虎这里喝汾酒,不妨继续聊聊。狗狗说汾酒难得,与赵哥相聚难得,此酒必喝。他开了一辆摩托,越过3公里沟坎,跟来文虎这边。

好酒无多,自酌不劝。酒过三巡,狗狗面热。

不久前,狗狗勘探新金场,到达一个寨子,预案需移走缅人30户,每家3000元人民币,移至5公里外,引起当地寨民不满。人家的土地,当然不愿让大型淘金设备破坏家园,或者多要一点补偿。狗狗勘查进寨,当地一位中年缅人,对狗狗的到来表示

“不尊重”,双方发生小规模冲突,但没有激烈举动。争执中,狗狗突然暴怒,竟从腰间拔出“六四”式手枪,枪击此人,致其死亡。这在国内是大事。而狗狗拿了500万缅币,合人民币4万元,去找喇主席做主,喇虽不满,还是摆平了这场人命血案。狗狗补给死者家属两万人民币拉倒。此事令我震惊不安。而狗狗却说:就是要强势,只有强才行!

大刚嫌狗狗逮住别人好酒往死喝,不免心疼,便在一旁表露不满:开了鸡巴一枪,说了多少回啦?除了你腰粗敢瞎干,谁敢!咱可没那个胆。

我联想到,许多美国影片公司进入非洲山林与山民的冲突,又联想到美国早期的西部开发,牛仔拔枪的暴戾场景。狗狗以贿赂手段,与盘踞这里的豪强搞成了利益集团。十分令人悲痛。

狗狗虽然有些狂躁,其背景却是浓厚的中国文化,又狂又智慧。他举杯先干为敬:依我看,赵哥你要深入采访,可不要图一时几个小钱,胡屎圪编,要照实写一本真正的挖金人生活,一家伙轰动全世界!胡编乱造有屎甚个意思?来,赵哥一口干啦!

狗狗只在山西上过小学。狗狗与文虎弥合早期圈地矛盾,不愿以邻为壑,便将“想不开,仍有意见”之责任,推向其长兄,说主要是我那个老大,思想固执,而不是我呀。这也是中国乡里一门处世哲学,虽不深奥,外国人却不懂不会。

年轻的狗狗思虑颇远,令我惊异。他引导文虎众弟兄说:山西晋商过去闯天下,我就不信如今闯不出来!这块地盘上山西金老板较少,不团结一致不能成帮,将来山西人想成气候,要带头成立中国商会!而太原老霍尚且达不到“德高望重”的境界,“咱们当然不能选一名让人伤脑筋的人嘛,霍老板能达到德高望重的地位吗?他当然达不到!”狗狗试图与老霍争夺喇主席那里的采金开发权,争夺土地多种经营的“买办权”。他说:缅甸人缺钱,但不缺土地,你跟他要500万缅币,他肯定不给你,但他会说,这块地给你用吧。

惊闻此语,我一下子想到,晋籍台商郭台铭回老家开发,山西官员也爱说相同的话:我们这里没啥东西,再给你规划几千亩土地吧!

老霍与狗狗明显伤了和气,老霍公开讲:让他小子过不了甘拜迪!

狗狗回应:大不了开枪,打死谁算谁,我知道他有一把勃朗宁!

文虎只操心转向克钦邦的新金场,对于二人争斗并无兴趣。狗狗及时转了话题:过山兵那边去,虎哥你们怕不怕?要不给你带几支枪?新型冲锋枪,又小巧又好用还不贵。文虎是经历了煤山血泊的人,青少年时代屡因重伤害而被追捕,这时便以过来人的经验说:有了枪更惹事,不如没有,我爱发脾气,喝了酒比你还急,开枪开炮,最后不好摆平。你有喇主席的硬关系,我只有几个老弟兄,其他没有。再说,喇主席能给你摆平一回,不一定摆平下一回!到了克钦邦地盘上,开枪死得更快。

狗狗说:我还是认为枪杆子管用,有人逼我怎么办?有人开枪打我怎么办?美国西部决斗,看谁出枪快!不过,咱可办了一回聪明事,这边人让我枪打霍老板,我坚决不干,老缅不敢打中国人,让中国人打中国人,我能这么干吗?

文虎说:人家恨不得咱们自己打起来,鹬蚌相争,渔翁得利。

按照计划,我该找更多的弟兄细聊,肖兵和六子也有一肚子内容,并想前往努努营长的军营探看。而计划赶不上变化。午二时,大刚正给我理发,老霍派人捎信儿来,说是有了重大决策,请我速到密支那会合,共同前往克钦邦中央考察。我顿时生出几分激动。在许多国际记者和作家眼里,那是一片久久未知的盲区,一片鲜有报道的大地。

密支那一夜

机不可失,我立即着手准备,检查我一大一小两台相机,一台相机是单反尼康 D300S 机身,装入新的数码储存卡,配上便捷实用的18—300mm镜头,免去携带与更换的麻烦,号称一镜走天下。为减少拖累,我仅用一个黑色平绒专业包装袋,放入备用电池和充电器;另一台小型松下Lumix2007年版本,随身配置,补充尼康之不便。它除了快门反应慢些,其余均好。

为轻装简行,其余一应物品尽量不带,我存放了已经拍过的旧卡,收起了闪光灯具和其他器材,还有钱钞证件、多余衣物,全部打包严整,郑重交给大刚保管。

我和文虎开动212越野车,前往密支那。大刚、肖兵、六子,原地不动淘金,等候我们回来。

车行未远,又见来时那无数的泥坑情景。有大片地段,原始森林尽成荒原,处处是吸砂泵淘金残留的沟壑。本来,缅甸的国树是贵重的柚木,半月来我没有见过一株!都说缅甸森林覆盖率达到50%以上,照此狂垦下去,亦不知能否保持?

进入密支那,必须通过伊洛瓦底江的钢桥,这桥晚7时封闭,实行军事管制。在大桥戒严前5分钟,我们驶过此桥,看到了桥头的碉堡。好在密支那城内近期不再实施戒严宵禁。整个密支那城区,路稀人散,可看到残留在路边的路障铁丝网。全城没有任何高层建筑,最好的地标还是金色佛寺。总体上如同一片县乡,不如中国当代大镇。

二战中,在整个上缅甸,密支那成为敌我双方最重要的战略中心。中美联军在1944年淫雨中对密城发动攻坚战役:远征第一军将士,在名将孙立人、郑洞国、廖耀湘等率领下,从印度杀将回来,与美军“梅支队”同壕作战80天,攻克密支那,5000日军仅从伊洛瓦底江上逃出400残兵。远征军发动云南、缅北两路大反攻,痛歼日军“丛林战之王”第18师团等部20394人。日军少将水上源藏绝望自毙,我军以18000名将士的牺牲,夺取了反攻胜利,世界反法西斯战场对日地面反攻的序幕,由中国军人拉开!七十载光阴逝去,鬼子的“慰灵塔”兀自立在此地街头,却也证实了这段酷烈的战史……

在老华侨开设的瑞鸣宾馆,与老霍重逢,二人欢愉不尽。他得知文虎想去克钦邦看看地,也没说什么难为的话。

正谈笑间,来了一位陈翻译,是当地华侨。见过之后,大家到江边吃特色菜,开了一瓶带来的汾酒。霍总举杯:昨天克钦邦与缅政府谈判啦,这是大好事,肯定对"国际个体户"有实效。他总是不失时机,给一切冒险家灌输着光明的希望。

密支那——正是大江旁边之意。恩梅开江和迈立开江到密支那汇合,形成伊洛瓦底江,在餐厅一侧浩荡南去,她将流过全缅大地,流经2150公里,注入安达曼海域。缅甸真是一个美丽的国家。

回到瑞鸣宾馆,老霍多有醉意。随身携带粗壮竹筒,毒膏烟火交加,彻夜宏论复兴大业。他的一段霍氏狂想曲,在我所经见的数十年开放史上,尚属首例:

不瞒老弟啊,老哥我是壮志未酬啊!当初,咱的宏伟计划是个什么样呢?我在甘拜迪借助赌场东风,首先面向全国,精选56个民族顶尖美女,大办一流红灯区,保护、防疫全面配套,客人底价三千,由他挑选消费,实现"民族大团结"!然后进军密支那,发展"世界大团结",各国美女竞争上岗,美女赌博购物住宿娱乐餐饮,服务一条龙。山珍野味咱保障,生下孩子不可怕,办好全球顶级幼儿园,替客人管起来,只要他花钱,可以跨国跨洲,监护代养到18岁嘛!

老霍接着问我:老赵晕不晕?

我即以酒兴捧场:霍兄两个大团结,奠定了世界第一鸡头的基础,不,应该叫国际红灯总裁。不,不全面,红灯区太局限了。老霍重复感慨起来:真可惜呀,当地参谋长特别支持咱的规划,遇上了天灾嘛,壮志未酬啊。这几年我钻在野人山,还是要重新崛起。

老霍真晕了:各个民族的女性,我不差甚比较遍啦。各国相比,欧洲女士文化最高,中国女娃皮肤最好,印度女人生殖最好,性功能,生殖系统都不一样!做人要老实,咱们必须承认,有一点不好办,要老老实实承认,自身有缺点,就是咱们的东西,天生不大!

我仿用云南边民的方言说:你吹烟吧,多吹多吹,你那个东西就大喽……

老霍打算在克钦邦认购几百亩地,说是含金较多,可以坐收20%,甚至可以自主开挖。文虎同样认为,山兵那边不但金砂好,而且政策好,一次性上交军方8万元,即可得300米地段采金,不再另外收税。但是那里的"营长"管制,唯独老霍拉上了关系户,还要给霍20%,才能平安生产。因而想转到那里去,又不想在老霍地盘上挖,心里很矛盾。长短是老金场不行了。文虎只有一个愿望,希望我能出面帮忙,跟老霍通融一下,降低老霍所收百分比。如果老霍给面子,就下转场决心!

关押在军营

我们只在密支那住了一晚,第二天去考察克钦邦。这次出发,我只与老霍和文虎二人相熟,与湖南老龙昨晚才认识,还有河北井陉一人,密支那华侨陈先生担任翻译,共六人,两台越野车。汽车后厢里,整整一大编织袋,放着满满当当1000万缅币。

一大早,我们驶出密支那,一路向北,驶过引发了争端的密松水电大坝。前半程,为缅政府军控制地区,过了密松,行走亚洲公司水泥路线,前后多处铁丝网、军寨、钢桥和哨卡。

沿迈立开江西岸走,行进数十公里,到达一处渡口,无桥,两辆汽车需要摆渡。我们必须往东岸去,才能接近克钦邦地盘。那边还隔着相互封锁的一片对峙区。那边的士兵区别于国军,被称作"枪兵"或"山兵"。眼下,距离山兵只有小半日路程,而政府军控制着摆渡铁船,占领着江流两岸哨卡,是无论如何也飞不过去的。

这里成为政府军的最前哨,要遇麻烦就在此地了。

车辆上了渡轮,过得江来,我们果然遇到了麻烦。一群持枪士兵横在高坡上,将刚刚上岸的两辆汽车拦截,枪口一致对准了我们。

车一停，我打开了相机镜头盖，老霍急喝：老赵不要动！我只好收机，装入软袋。一位年轻的副营长伫立道旁，军装整洁，腰带上居然佩有短剑一把。他目光炯炯，十分英俊，并不多语，注视着士兵们持枪上前，查看车辆，没收汽车钥匙。副营长用手势指挥士兵，命令全体人员，空手下车。

陈翻译试图解说些什么，长官士兵俱不理睬，一个挨一个搜身。老霍走在头里，我们排成一行，亦步亦趋被押入兵营阵地。

低坡处，竹尖朝外构筑围墙，挂满了闪闪发光的罐头饮料桶子，在越战影片中可见此类战地设施。进入高地时，有弧形的三道战壕，坑道里几个士兵，衣装不整，扇面上三个小堡垒，各架一挺机枪，枪口对着四外山野。副营长在前带路，我们踩踏竹皮架板，跨过战壕。最高处，是较为平整的场地，有绿色大碉堡十分坚固，长长短短的通讯架杆好几座，上有一束高音喇叭，一面战地旗帜在指挥所上空迎风飘扬。

士兵将我们带到军营一侧。这里有一通竹棚光板大铺，上面放着两个长方形的木枕头，竟是红木，包浆明显。顶上设棚，可避风吹雨打。允许躺下，不允许走动。是软禁，也是囚禁。

老霍无语，先是仰面躺下，沉思片刻，然后，他大声喊了报告！

老霍被带走，我继之放倒全身，枕一枕红木枕头，等待着他的归来。

半个时辰的样子，老霍被一名肤色黝黑的士兵押回。他镇静地告诉我们：咱出40万缅币，副营长还是不放行。副营长命令陈翻译，往返50公里，去曾经路过的水电移民村，那里才是营部，让陈翻译面见营长，进行谈判。

陈翻译独自开摩托车而去。中午燥热，众人又饥又渴。文虎胃不好，此刻窝倒在光竹板上，双手捂着肚子。老霍皱着眉头，干咽唾沫。

我跳下大竹床，向不远处士兵走去，决计向他要些吃喝。我一边走，一边热情打招呼：敏哥拉巴，敏哥拉巴！我打着手势，做索要喝水状。士兵平端自动步枪,命我退回原地,但点头表示明白了我的要求。复等了一阵儿,另一位士兵送来两只军用水壶,让大伙儿轮流饮用。水很清凉,引发人性回味。

后来得知,营长明火执仗,要求交出1000万放行。陈翻译反复交涉,说好歹给留些零花钱吧!营长索要不讳:你们犯规了,我们可以扣车,移民局可以长期关人,你们看哪个合算?

万般无奈,双方终以750万元成交。营长断然决定:自己亲自驾车,全副武装,带陈翻译再次渡江,前来哨卡提钱。

夜闯克钦邦

兵营扣押前后6小时,交钱放行。万幸人无伤残,相机尚在。陈翻译开车,我们忍着饥渴,继续向克钦邦领地进发。野人山深处,双方封锁对峙地段,几无一处好路,时常遇到炸断的小桥,须从便道涉水攀坡通过。

我们终于来到山兵前哨关卡,臂章符号都与英俊副营长那边不同。山兵哨卡同样收费,但不多。陈翻译说:这里到处是武装起来的民兵,也有一位营长带兵防卫。

又过两公里,轮到了克钦邦中央政府设卡,竹架上写了告示:每车收5000元缅币。

行程漫漫,一见路边有了人家,大伙急不可耐,猛吃一顿香蕉叶子米饭,喝南瓜汤,味道赛过山珍海味。

终于到达一个叫作"软毫"的地方,与山西清徐阎老板会合。

阎老板小名阿圪蛋。他受到老霍召唤,约几个合伙人,交给克钦邦财政30万,进入此地淘金。不论效益好赖,30万元不会退。老霍收取金场20%回报,清徐人嫌贵,可能会有纷争,但不要紧。清徐人实行内部股份,同样发生利益之争。

到了大竹棚,一切顾不上,大伙儿只顾快弄吃喝。不一阵,山西人用缅刀砍削出青竹酒杯十几只。老霍玩笑说:竹叶青就是这样来的吧!竹、木烧火极旺。

阎老板开过饭店,赶紧压了面,配上鸡蛋西红柿卤子,那味道真是美极了。人困马乏,能在野人山中吃到正宗山西面食,令人感慨万端,无法言表。

相逢清徐阿圪蛋

过去,阿圪蛋在老家包过洗煤场,开过饭庄,挣过200万块钱。不防备之中,竟让媳妇"买彩"给倒砸光了。阿圪蛋一跺脚,来了缅甸。他久有糖尿病,从去年8月15日至今未归。他举杯,向老霍汇报说:咱在这儿吃熊掌、鹿肉、野猪肉,猎人卖的猪肉价!山珍野味加上天然矿泉水,半辈子谁也治尿不好的糖尿病——好啦!你看现在,反过来咱还要吃糖,才保持平衡哩。金场每天能挖1000立方米砂土,咱怕费油,只挖狗日的500立方米,照样出金300克,挣了好钱,又换了好身体,真是太好不过啦……

火,燃烧在半截汽油桶里,众人睡在竹棚大通铺上,鼾声如雷。

这位阿圪蛋,在野人山里骑坏了三辆摩托车。他面黑脚赤,竟敢开着摩托车,从此地穿越200公里山林,直奔老霍所在的甘拜迪。那次,他连冲带绕,闯过无数哨卡,没吃没喝,一口气跑了两天一夜,哨兵在他背后开了枪。到达甘拜迪,又躺了一天一夜。

阿圪蛋言语夸张,却很有趣:老赵你看见了,这地方比咱山西落后80年吧,要我说,落后地区并不可怕,不落后还能有商机?

阿圪蛋还说:有个缅工,敢在我面前装病,我二话不说,给他打一针解决问题!后来叫他打都不打,再不敢装病啦。我弄不清,阿圪蛋给人家打了什么针呢?

老霍先期引进了一位四川人,已经来到阿圪蛋这里,即将开发,此人尚在。这样,在克钦邦这片竹棚前,聚集了来自中国的山西人、四川人、河北人、湖南人。其中,要数山西老霍财力最厚,湖南老龙淘金经验最丰,不过运气也数他最差。

湖南老龙见识多

下午老龙先回来，只听他高声说了一溜行话：我走过那道牛脊背山梁，又下了几层楼梯子墩儿，就到了一片鸡窝洼地段，下头含金相当厚实。心情当然高兴喽！大筛子支在下面，不会错，我要先挖这个鸡窝洼！

我抓紧采访老龙，他引领我走向了淘金故事的纵深：

我跑遍了中国、缅甸，还去过菲律宾。你看我的菲律宾身份证，原来脸这么长，后来变成那么长，没办法，人一受罪就变丑啦！在菲律宾，每天至少出金 200 克。四个股东，我是其中一个，挣到 6000 克的时候，又闹起矛盾来，我退股不干了。淘金帮嘛，自古这样，没有不闹矛盾的。

也许受了沿海华侨的影响，老龙特爱说一句话：我走遍了！……什么瓜子金、腰带金、弯豆金、狗头金，我走遍了，都没少见。要说有一种窝子金，咱没有遇到，听行家说确实有，就在恩梅开江的上游，有帮江西人，不是你们山西人，三个晚上出了 75 公斤啊！最后使用氧气罐装金，拉走，设备丢掉不要啦！

说到身体，老龙立即接茬：老天爷还能便宜了我？瘴毒很可怕，疟疾病菌可以在身体中潜伏三年，弄不清啥时候感染，也弄不清啥时候发！我先后发过三次疟疾，第三次最严重，差一点儿丢了命。

到了 2008 年，我老龙还是不死心，又出山前往瑞丽边境，只身寻找黄金路。这次去瑞丽，打算住到老霍的赌场宾馆，就是这次与老霍相识的嘛。可是呢，我坐火车一进云南，便觉得浑身很不舒服，但是没在意。从昆明下了火车，搭上长途卧铺汽车，往瑞丽走，走到一半，头昏脑涨了，我下车解小便，已经分不清东南西北，几乎栽倒，撒尿还要人扶，我意识到可能是狗日的疟疾复发！半死不活间，我坚持摸到了霍总宾馆，二话不说，抓紧吹了 20 分钟大烟，这才感觉好些。我明白此病不可耽误，需要赶快去医院检查，当天晚上我就去了嘛！万万想不到的是，刚抽过大烟的人,医院竟然检查不出我有疟疾!难道我想错了?或者伤风感冒好了?就这样耽误了一个夜晚。

不料,第二天更加难受痛苦,赶紧去医院,这回医生说,疟疾!来晚了,太严重了!而昨天晚上是同一人,就是查不出来。这一下,住院抢救,连续服药治疗半年,终于治好了疟疾,说是去了病根儿。这三四年没有再发。

2009 年,不想走回头路,我从缅北出发,考察独龙与缅甸阿丹交界处,艰苦步行了 13 天,爬雪山,把四个脚指甲搞掉了。还有一支湖北人探金,步行一个月,才出了山。前后跑了五个月,餐风宿露连母牛都没有见到一头,更别说女人了。我好不容易走到独龙,金脉没发现,倒是找了一个女子相好了。

说到业绩,老龙低调陈述:我先在国内后来缅甸,多年使用淘金船干活,不如岸上大型筛机搞得好。一条船上只需要四五个人,最多用不了六个人,弄个女人在船上洗衣做饭,夜里伺候。各项成本都很低。但是船要经受大风大浪,比岸上淘金危险。往来拉关系,吃吃喝喝,更不像老霍那样方便,处处被动。那是 2004 年吧,我带好一笔钱来了,在恩梅开江上游,用一条船开挖。当时找了一位缅方军界朋友做靠山,说是很过硬,能摆平克钦邦的山兵。想不到,这家伙独吞了我的"关系钱",还唆使营长带兵前来抓捕老子!那天半夜,我在船头看见山兵来了,急忙跳江,奔向荒山逃避。当时来不及嘛,光穿了短衣短裤就上了山。我赤身蹲在野人山里,没有窝棚,没有吃喝,我成了蚊虫的大餐,浑身都让毒虫咬烂啦!就这样坚持了两天两夜,等到山兵退去,我悄悄下河上船,一看满船设备毁了,财物空了,只好流浪回国。唉,什么鸡巴靠山,靠得住吗?

老龙继续:我现在说这些事,头还会痛!那是第一次,第二次我又来了,干脆和缅甸合伙人一起干,这样总该放心啦?还不行!总有山兵袭扰淘金船,我们只好重新摆平军方关系,等你返回船上再看,中小件设备让人偷没了,又花几万元重进配件,修船,抓紧恢复生产。结果,刚出了 500 克金子,这边的合伙人就变了脸,说好四六分账,变作了六四分账,还大打出手,逼得我老龙险些开枪杀人！人家实际就是赶你走，你滚蛋，他好独挖独占嘛。第三次，还不顺当。把关系折腾好了，我得了疟疾，又到了雨季，只好放弃当年，空手而归……

老龙前后丢掉了三只船，得过三场疟疾，挥耗总价值超过400 万元。风雨如磐 20 年，老龙除了爱过一位独龙族少妇，生过娃儿，是成功的，其余都是失败。

老龙还讲了一段闻所未闻的秘诀。老龙说：中国武警设有强大的缉金支队，整日把守山口，持枪巡逻，抓捕滥采滥挖的金客，抓住可不得了！半年闷在深山淘金，人财两空白干。如今大陆上，几乎没有了私人淘金队，否则，咱这项顶级秘密，绝对不能告诉你。什么秘密呢？就是用硝酸和盐酸组合成液体，一比二兑成一种水，叫“王水”也行，准确不准确咱不要细说。我们将淘来的碎金块儿溶进去，一会儿就化成金水了！就和茶水一模一样，黄色的，谁能看出来才叫有鬼。然后，我们用玻璃杯，或者带盖儿的水果罐头瓶，把这种金水倒入，一杯可以溶解 500 克金子，那是五两黄金啊。武警都是小青年，他当然不懂，我们往往大摇大摆的，好像手里拿了个水杯喝茶，他防不胜防，就这样蒙混过关啦。这杯水也真怪，溶了金子反而变得不重了。过关到了安全地方，你再用硫酸亚铁等两种药液兑入，当然可以复原为黄金嘛，那杯水又重了！黄金的重量一克都不减，没有任何损失，这种金叫海绵金，成色反而特别纯！

针对老龙如上说法，我后来咨询几位老师，都说不太清楚。

拜见山兵营长

浓雾弥漫了山林的早晨。四川人的挖掘机往来驰骋，开始大举建场。看来，“破旧立新”一语，用到哪里都少有善意。

来了一些缅工，每人只带一把柴刀，为金场搭建竹棚。早就听说，克钦邦一个班的士兵，仅靠一把柴刀，就可以在丛林中持久生存下去，政府军武装因而束手无策，今日眼见为实矣。

与四川人共进早餐。无意中，看到简易冰箱中存放着东西，是谁从膝下砍断了少年人的两条腿？我赫然心惊！稍作镇定，明白了那是一对儿熊掌，已经收拾得白白净净。

陈翻译开车，拉上我和老霍，去深山拜会山兵军营的营长。老霍有意不叫文虎同行，其意自明，他要独控克钦营长这份资源。

车到一个“20 英里村寨”，三人停车，从一位绰号 007 的克钦邦汉子手里买了猪肉等山货，贿赂山里的军营。

过山兵哨卡，陈翻译取出一份血水猪肉，递给持枪哨兵。那山兵高兴极了。陈翻译介绍：克钦邦几个旅，号称六万独立军，实为三四万。被政府军包围在深山中，武器弹药和通讯装备陈旧，各部队每小时按时通话，用多变的暗语口令，严防政府军渗透，严防特工。陈翻译来过此地，与哨所相识，否则根本进不来。

克钦族差不多也是景颇族，在缅北有一百多万人口。原有的缅共人民军，早在 1989 年 3 月瓦解，一部分纳入了克钦邦独立军。从 2011 年 6 月起，燃起新的战火。双方交锋多为游击战术，并没有较大战役，山兵偶向密支那扔炸弹。克钦邦也抓壮丁，属民们不愿意打仗，斗志不旺，但民族意识很强。在其内部，主和一方力量不大，主战一方保有实力。他们个个都是丛林作战的高手，逢山开路，遇水架桥，人手一刀，很难征服。

克钦邦军方财力明显不足。今日有人送猪肉来，比给他们钱还强。一时吃不完，可以腌熏晾晒，做成类似中国的腊肉。

近午，车至一片深山军营，克钦营长带家属，住在营区中心草地上，养鹅七八只，个头不小。营长之妻微胖，见到成桶的猪肉，高兴收下。营长端坐屋内，对我们的到来表示微笑，并不外出迎接。

晴空白云，四野静谧，唯一回荡着士兵们自娱自乐的卡拉 OK 声，说不好是从哪里缴获的。在这种单纯而又嘈杂之中，陈翻译引领老霍与营长相见，介绍我是一名黄金技师，在中国大学里教书。老霍开门见山，表达前来拜会的诚意，谈起了淘金补偿事。

我留心观察，这位营长 30 多岁，面色坚毅。曾在某大国军校受训，有职业军人气派。他从容地坐在木制沙发上，守着三四台电话机，茶几上放置步话机。竹屋空空荡荡，墙角有台电视。案上放着自动步枪子弹袋。门边，靠着一发苏式火箭筒的弹体，约二尺长。但发射筒不知哪里去了，显然这是一发废掉的残弹。竹壁上，挂着典型的缅式砍刀。

克钦营长文化程度尚好，竟会交流少量汉语。

老霍外交功力不浅，仿佛他天然具备中国官方身份似的。在不卑不亢之中，他很快与克钦营长谈妥：开发每亩山地，须上交中央财政缅币1000万元，运进一台大型机械再交500万，一次交纳结清，不再重复收税。淘金地段不好，允许更换，实行内部管理，军方守卫。

克钦邦“招商引资”政策不错，颇有吸引力。但在目前，江岸上有那么几家却不多，深山中只有山西阿圪蛋一家，四川帮算是第二家，都是霍总引进的户头。看来，战局之下无安卵，樱桃好吃树难栽，冒险家还是不多。

老霍赠送营长一只电子量金小磅，很精巧。营长高兴地收下。我注意到，竹壁上插着一枚克钦邦军政的塑料标志牌，营长见我喜欢，便拔下来送给我，以示对一名中国黄金技师的尊重。我表示感谢。双方十分欣慰，合影留念。

此次谈判十分顺利，背景无疑在于中国的国势日强，我不禁想到那句老话：弱国无外交啊。

克钦营长要留我们吃饭，老霍婉拒。一出兵营，老霍再次恶狠狠地自语道：今后决不姑息养奸，严格按照游戏规则办事，老子必须加强整顿黄金开发秩序！

重返密支那

次日清晨，我有幸观赏了清徐金场的收支账簿。此账分作两册，装订整齐，记录清洁，书写详密，就是一斤山药蛋、两瓶矿泉水，也录写得清清楚楚。不愧是卓越晋商后代，继承了优良传统，令人肃然起敬。这般上乘小楷佳品，与阿圪蛋没啥关系，是一位叫作福明的中年人所为,在老家干过商务。

早餐毕,人们相互告别。两车离开阿圪蛋工地,返回密支那。

老霍还有一项重要任务,就是路过密支那政府军营,回拜那位狮子大张口的营长,进一步巩固“感情”。真是有趣,双方阵营一边一个营长,老霍昨天见一个,今天见一个,中间坐着一个中国老板,分别在两边地盘上淘金。我想起数日前在此被关6小时,经历饥渴。营首长自定规则:750万+40万=790万,始得以放行。

又到迈立开江边,得知老霍返程,那位英俊的副营长,从哨卡阵地走出来,腰带上挂着美式短刀,佩带小手枪,把我们送至江边渡轮,一言不发。待两台车上船,彼此挥手辞行。

过江后复行,接近密支那,到了政府军“野战3旅21营”驻地。铁丝网门外,哨卡单放老霍和陈翻译进入营地。

未料,一小时以后,老霍拜会营长出来,居然领着阿圪蛋金场的两位清徐工人,昨日还见过的。二人神情十分狼狈,我大为惊异。两位当中就有那位记账的福明,另一个叫四儿,我吃过他俩做的杂面,何以出现在百公里之外的铁桶兵营中?

老霍无意中营救了两位山西老乡。情况竟是这样:昨天,我和老霍去往山兵军营。傍晚未归前,阿圪蛋大骂福明四儿,说你们干屎甚也干不好,双方发生争执。阿圪蛋摔掉竹酒杯,大打出手,要坚决将二人驱逐出场,致四儿手部重伤。这两人并不屈服,于昨下午6时半,带伤夜走野人山而去。俩人浑身带伤在原始森林里行走一夜,通过军事对峙区,二人搭乘一辆拖炮车,终于逃出了大山。待到江边,一举被英俊副营长冷笑着拿下。

两位山西偷渡客,一句缅语不会讲,全身上下无证件、无钱钞、无散碎金银。哨所遂将二人押送密支那营部,关押处理,已经关了半天。正饥饿难忍间,万幸霍老板来到,向营首长求情,这才解救出牢。看来,原先那790万元,还是没有白费。老霍对我感慨行贿之道:早花迟花都是个花,迟花不如早花,遇上这号事儿,不捞人不行,捞人吧花得更多!

福明四儿重见天日,这时挤到车内,纷纷哭诉而行。我查看四儿手指,几被阿圪蛋打断,一天一夜尚未包扎,急需医治。

老霍便抱怨,阿圪蛋这种干法,还叫个鸡巴管理?分析下来,老霍怀疑其内情在于:阿圪蛋搬迁场地后,明后天可以出金,便故意找茬,排除一方股东代表福明,以便在日产金量上做手脚……

车到密支那,天色尽黑,文虎已经先到。陈翻译把老霍与我放在瑞鸣宾馆,即载福明四儿前往医疗包扎,打破伤风针预防感染。

老霍像个淘金主官

宾馆房间不多,我与老霍同室。二人洗澡换装,靠近文明。

老龙过来辞别,说雨季后再来开发,明晨先行一步,到腾冲与独龙族老婆相会,还有他俩共同的男娃,那是艰难爱情的结晶。

老霍望着老龙出门的背影说:山西人、广东人、四川人、浙江人,依靠资金和技术开发,湖南老龙是靠“手段”开发,要么发大财,要么吃大亏。这回又是吃亏!原来,老龙在畹町时,搞了当地 30 万元黑钱,后来偿还不上,人家追杀讨债,他跑到甘拜迪我老霍这面,刚刚躲过杀身之祸嘛。这几天,在山兵地盘考察,老龙确实看中了好地,也决定了开发,说好让我帮他筹些资金。现在忽然就变了卦!为什么?昨天咱们去拜访营长,快到 007 家的时候,先遇上了一队马帮,后来遇到几个骑摩托的挤了过去,老赵你记得吧?我说记忆犹新。老霍继续:冤家路窄呀,那几个人就是追杀他的债主,也来到克钦邦考察淘金!晚上回去,我悄悄向他一说,老龙的黑脸吓成了白脸,他只能再跑再逃,躲避追杀,还说什么雨季后再干,唉,回去抱住龙中龙哭尿哇。

文虎入门来告,他给金场捎信了,让大刚带上金饼,专程来密支那卖一趟金子,肖兵和六子也将同来。我感谢文虎的美意,文虎却说:收摊吧,下决心转到克钦邦那边去,金子反正不存了,要筹集转场资金。这番话,同时是说给老霍听的。

老霍腰围缅式笼仉，手持烟枪，神情淡定，从容不迫。

河北井陉老高，也来与老霍定板：此次考察成功，决定立即进入，又详谈细节。自昨日起，老霍开始使用中国驻缅淘金主官的语气发言，今晚已臻成熟。

还在宾馆门前，我与老霍还有文虎，发现湖南老龙早已绝尘遁去。突然，老霍向我示意，迎面走来三条汉子，正是瑞丽追杀老龙的债主！有二人匆匆进了宾馆，一人忽见老霍止步，打了个招呼便问：这两天见老龙啦？老霍不好实说，猛然高喝：你们那种烂事不要问我！那人一怔，文虎迅即上前两步，以身躯护卫老霍，皱眉挥手，示意那人让开。

那人跟进了宾馆，他们显然在追踪老龙，而老龙大早逃遁离去，又是多么英明机警。

人兽之间的挣扎

上午人少，文虎来到房间，正式向老霍表态。老霍看看我，没有否决此议。我适时发表意见，希望老霍宽让几个百分点，助弟兄们一臂，然后我说出一个 13%，这也是我分析思考后提出的，并非盲目之谈。老霍很给面子，又表扬文虎今晨表现不错，知道保护大哥，双方成交。在平和气氛中，我作中人，动手写出简易“采金合同”三份，三方签字画押按手印。文虎收好合同，表示一定履行不误。

文虎出门，老霍有感：本来我能得 20%，老弟你一句话，成了 13%，文虎每月多得 20 万元哩。我不信，老霍随即放下烟枪，拿出计算器：文虎平均每天出金 300 克，按照新合同，每 100 克少交 7 克，乘 3 就是 21 克，按每克 300 元计算，每天节余 6300 元，10 天 63000 元，30 天 19 万元。对不对呀？

倘若灵验了这笔盈利测算，我当然为长治弟兄们高兴。而我不以为然，老霍算账，毕竟来自虚拟数据，前提是日产黄金 300 克以上，假设每天连 100 克也淘不出来呢？一旦战事升级，转场滞陷，供油困难，选地失算，文虎还不赔死？

老霍冷语道：千年铁律，愿赌服输！这也是你的面子。

二十多天观察体验，我深深感到，老霍老龙阿圪蛋诸君，不谈黄金时，做善人，当侠客，重情义，讲道德，一谈黄金便近乎于魔鬼。每一天，霍兄都在不经意之中，表现出了人性的多重性。淘金的人们在人与兽的两极间挣扎着。

金店卖金饼

上午，与文虎、大刚、肖兵、六子，共同前往密支那金店。密支那有很多金店，文虎大刚常到一处李家金店交易，显然也是一家子华侨。这一带曾经留下不少国民党军队的亲属，原国军第八军李弥军长以及第93师等部，在此地影响最大。文虎不太操心昔日历史，只说李家老板娘讲诚信，价格也比较合理，江岸金老板多来此地卖金。店里每日收购黄金竟然达到5公斤以上，使用大号编织袋装运缅币，垒得很高，看上去有点吓人。点钞机工作繁忙。

来客持金入店，有饼子形，有圆蛋蛋形。后者为挖金船或吸砂泵产品。

金店要将金货用高温喷枪重烧一次，去一去水银，然后才收。金货复烧后，百克能少一克。

李家实为前店后厂，购得黄金，在后院小厂做成首饰，加价再卖。密支那，随处可见此类黄金行道。

这次，大刚带来金饼子400多克，得1500万缅币。准备转进克钦邦新金场使用。文虎在一旁说：淘金虽累虽险，却好像有饵料勾人，本来准备不干了，饵料就会勾你再干！

卖金顺利，皆大欢喜。大刚拿过相机，给我和老板娘合影留念。

别离战乱中

转回宾馆来，老霍一脸沉重，正在倾听陈翻译带来的恶劣消息:政府军指责克钦邦破坏阻挠密松水电大坝的建设,说中缅两国都很恼火,双方谈判又一次谈崩。政府军正在调动10个师的重兵,加上飞机火炮,围剿惩罚克钦邦独立军,大战即将爆发。陈提议霍,迅速返回甘拜迪边境,观望危局,过一段再干。

战局骤然升级,并不令人意外。我表示,陈翻译言之有理。

老霍思量片刻,放下烟筒,稳当当地说:不但我不能走,我还要快快返回克钦邦那边去,四川家在里边刚刚挖开,老阎赶走俩人更困难,文虎的人马就要进去,我不在,人家给他办地皮吗?越是战争,克钦邦越需要黄金嘛!

这位中国驻缅淘金主官,郑重宣布:老赵你明天就走,抓紧撤回,老陈啊,我们离不了你,你不必担忧,我让文虎给你另加一份报酬。好,不要纸币,最少给你500克黄金,文虎不加我加嘛。

陈翻译无语,不再多说。

老霍当即决定,明晨出发,与陈翻译重返克钦邦腹地江心洲。

忘了问老霍,他是不是一位共产党员?越是艰险越向前。

早晨,密支那尚未苏醒,见远处一列火车,在不安中驶向首都曼德勒。难道说,这是最后的和平景象吗?

宾馆门前,我和老霍就此分离,霍兄保重啊。

举手劳劳间,气氛多悲壮。

我必须先和文虎大刚重返江畔,去金场取上行囊,然后才能赴甘拜迪,希望那时,老霍能够安全归来。

肖兵、六子,今日直接去甘拜迪,等我会合,渡境回国。

众人登车,兵分三路而去。

再进文虎金场

又过重重泥坑,二进文虎金场。

众人急急商讨,从明日起,开始拆卸装备,从速搬家。取道三姐所在“仓松”地段,等待老霍和山兵营长电信儿,与克钦邦武装接头,船载设备渡江。尽量在一个月之内,搬迁新场复工。争取赶在雨季到来之前,能在那边挖到重金。

我复入此地,取回行囊只是一个说法,其实心中总在琢磨:是否继续参加金场搬迁全程?

每月5日,缅工早早就在等工资了,这当然正常。有趣的是每月15日,缅方工头“老黑”,将会领取金场4500元伙食包干费。只见一到14日傍晚,老黑便唆使缅工,端上瓷盆,拿起竹筐,前来找大刚嚷嚷“饿得不行了,米吃光了,菜也吃光了”,生怕金老板滞后扣钱。山西人就笑,说劳资矛盾无处不在,层出不穷。大刚批判老黑:“人民公社社员也没有你们日能!有一天你住到高墙里,就省了这份心啦。”这语言何其生动。

老黑领上4500元,并不懂大刚的幽默,只顾欢欢实实,带着缅工踢耍藤球去也。

尘土飞扬中,大刚又来一句:踢得再好,也进不了奥运大家庭!

努努营长来了,要协助或者监督文虎搬家。他向这边人反映,说晋城狗狗兄弟俩,这几天大闹分家呢,老大要求各干各的,狗狗正在算账云云。看来,恩梅开江畔金场诸事,军管人员没有不知道的,并且,也学会了翻闲话,从而利用矛盾谋取私利。

我抓紧对努努进行访谈。这位喇主席的外甥,在大江南岸督管着七个采金工地,知情甚多。

努努营长今天高兴,排除顾忌,粗算了一下:他每天带兵为喇主席监收金税,以每工地平均日产200克计,他可以收到40克。那么,7个工地可收280克。10天2800克,每月8400克即8.4公斤。去掉雨季,每年生产7个月,努努营长年度监收灿烂黄金60公斤。

按1克黄金300元人民币折算,每1000克即1公斤等于30万元,60公斤为1800万元。江岸上,类似努努营长的工地,竟有五块之多!另外四位营长,都和努努一样,监收金税。每个年度,加上缅甸本土金客,喇主席在这段江岸上,至少可得一个亿人民币的收入。从努努这里得知,喇主席还要分给丁司令一半。

这不过是一年的收成,怪不得经年战火不熄。过去有传说讲,缅军一位顶级将领,在女儿出嫁时,陪送嫁妆5000万美金,过去怀疑,现在信了。

努努营长的爽快,使我有些意外。事后得知,文虎又要带他去腾冲玩耍。文虎笑谈,拉军官下水很好办,请他过境玩两次,轻松搞定。一开始,努努喜赴腾冲古永镇,夜会美女,小姐见努努肤色特黑,便问:“你怎么长得这样黑呀?”努努当时汉语不灵,木木然答不上来,小姐愤而离去。文虎立即更换一妓,叮嘱营长“进门关灯即干”,努努如愿以偿,大叹中国美女肤柔丰腴,精妙性感。而努努营长非常聪明,再来时,使用中缅对照字典,学会了生僻的汉语私房话,并会准确说出“好舒服”三个字。

我听罢这一段,未觉多么好玩,倒觉得我国老板真是能死了。

我约文虎坐下来,进行了以下产金合计:

狗狗挖金 55 公斤,阿圪蛋 35 公斤,文虎 14 公斤,大刚少些为 10 公斤,四个山西金老板,两年来采金 114 公斤。加上今年尚有 4 月 5 月 10 月 11 月 12 月五个生产月,四个山西人,采挖 170 公斤黄金应无问题。仍按每克 300 元计,总价值 5100 万元。刨掉成本 2000 万,毛利 3000 万元。分析四家所获,三年下来,两家挣了两家平,忧喜不均。一如赌场那样,几番折腾下来,还是抽水的、洗码的挣了。在金场,更是军方暴利。

战乱尾声

战事日紧,我实在不能再停留了,这是我的遗憾。

今天赶赴甘拜迪,大刚开车相送,我与文虎深情话别,他将继续奋斗在野人山中。像老吴讲述一样,文虎见我就要回返故里,这位从不落泪的中国北方汉子,眼圈湿润,紧紧地握手。我与众弟兄合影,告辞而去。

我们回国后的第二天,气氛顿时紧张。缅甸北方打了一系列乱仗,多在靠近中国边境的地方。政府军的飞机在甘拜迪等地盘旋,投下了炸弹。昨晚,公路桥梁多处被炸断,致使大刚困在密支那半路上,进不去。老霍文虎困在克钦邦,出不来。如果我们迟一天回国，必被卡住。

有资料载：从2012年9月至12月，缅甸政府军与克钦邦独立军交战355次，重大战斗95次：政府军伤亡1100余人，克钦邦独立军未见伤亡数字。

4月2日，我与老吴六子告别腾冲，驰返山西。

到了4月中旬，文虎终于电告：克钦营长派兵，骑摩托带枪，把设备车辆，开进了十八棵桩地段！山兵不断警告：休息解手靠右侧，左侧是地雷。走一阵，左右布雷又告变化，50公里走了两天两夜，文虎大刚总算走进了野人山的纵深。

5月里，待到文虎安排新的竹笆棚子，支锅造饭建好摊子，刚刚开始淘金生产，无情的雨季率先而至。

5月18日，清徐阿圪蛋撤出。

5月25日，文虎队伍撤出。

新一轮的金场赌博，行将失败。

在无比困难之际，文虎履行承诺，补给陈翻译金饼600克。

那边只剩下老霍一人了。我深切地挂念他，不知他安危如何。他充分地谱写了与艰难险阻英勇搏斗的壮丽人生，冒险家的悲壮历程还将继续。

我的祖国，正处在多种社会因素长期并存的冲突之中，呈现着一个真与假、善与恶、美与丑同生共长的现实世界，这是历史的必然。我想起黑格尔的观点，他认为，“恶”是社会历史发展的动力和杠杆，恩格斯对此给予肯定。

温驯的人们，毕竟不是推动历史前进的动力。我几度思索：老霍文虎阿圪蛋，还有大刚，他们算不算时代中国新一轮的英豪？这道难题，不妨留给智慧的读者，从容破译。

（原载《北京文学·精彩阅读》，2014年第4期）

“懒汉”治村

徐锦庚

懒汉非懒汉，为小名，大名徐樟顺。懒汉与我同村。村在浙西开化，一听村名，便知是深山冷岙：东坑口。

前些天，弟弟来电，语带喜气。哥，懒汉连任村主任了。

我纳闷，上个月，他刚选上村支书，咋一人占俩窝？

镇里动员他的，要他“双肩挑”呢。

其他候选人服气吗？我有点担心。

怎么不服气？其他人选票差了一大截呢。

我是外来户，懒汉是土著，虽然同姓氏，并非是亲戚，远房都攀不上。他当选，弟弟何以兴奋？

他当家，村里有盼头。弟弟说。

我涌起一阵冲动，要为这个小人物立个传。

一

我这个村，人多有小名，为保孩子平安，特意取个贱名。我两个外甥，大的叫狗懵，小的叫癞痢。狗懵的意思，像狗一样傻，狗那么通人性，咋会傻呢？狗懵自然鬼灵精怪。至于癞痢，一头茂密黑发，还带自来卷。

懒汉兄妹五个，皆有小名，然而除了懒汉，个个命运多舛。两个哥哥，一个阿福，一个阿伴，阿伴也叫两斤半，奇怪不？哥俩差一岁，三十刚冒头，接连暴病归西。二姐小妮姑，幼患癫痫，婚后加重，孩子半岁夭折，精神彻底崩溃，廿三岁就没了。大姐小名不雅，也叫癞痢，因是女孩，多个后缀，MAO（音猫），类似语气助词。癞痢 MAO 患过小儿麻痹症,一腿瘸,两耳聋。村妇背后嚼舌,啧啧,幸亏又瘸又聋,不然……言者虽没恶意,听者头皮发麻。看来,取小名保平安,纯属扯淡。

懒汉可不懒。人没锄把高就砍木头、抬石头,净干苦力。廿三岁,任村火腿厂厂长,两年后自己承包。三十岁,揽交通工程,再办融资担保公司。栉风沐雨,苦没少吃,钱没少赚,是村里首富。

当老板后,懒汉多了新名:徐总。不过,村里人叫顺了,张口闭口,懒汉长,懒汉短。县干部下乡,也会远远吆喝:懒汉!若问他大名,人多挠后脑勺。

如果不是那个偶然,他只不过是个小土豪,犯不着劳我费墨。

懒汉人生之彩,出在那个偶然。

2011 年初,懒汉喷着酒气,打镇政府门前趔趄而过。忽然,门里蹦出一个小个子:"懒汉,想和你商量件事。"

懒汉膀大腰圆,血管里淌着彪悍,往那一站,不怒自威。可是,看到小个子,却自觉矬了矬身。哦,是方书记,找我?

小个子方明,一张奶油脸,地位不容小觑:杨林镇党委书记。

村委会要换届,我们拨拉半天,主任人选难产,刚才在楼上看到你,我忽然冒出念头,何不请你试试?

不行,不行。懒汉打了个饱嗝,摇起拨浪鼓。我搞工程还行,当干部不是料。

怎么不行?你工程做得好,说明脑子好使;在外面闯荡多年,社会阅历丰富;手下队伍棒,说明善于管理;为人豪爽办事泼辣,肯定有开拓精神。

都说嘴皮薄、口才好,方明果然会忽悠。

一个空壳村,欠债几十万,人心散了架,这副烂摊子,谁愿挑?你另请高明吧。懒汉酒醉心清,边说边退,准备开溜。

方明一把拽住。看你血气方刚,有能力有思路,指望你重振雄风,不料是个懦夫。东坑口人丢尽脸,被叶兰坞人嫌弃!

成功男人有弱点,十有八九怕激将。懒汉一蹦三尺:方书记，你狗眼看人低，净揭疮疤！

叶兰坞是畲族村，人口全镇最少，以前属东坑口，“文革”时，被东坑口当包袱甩了。东坑口人说起叶兰坞，那口吻，像上海人说乡下人。

然而，风水轮流转，这十多年，东坑口顺坡溜，叶兰坞逆坡上。这不，镇里欲合并两村，儿子竟嫌老子穷，投奔了富村川南。东坑口人羞啊，差点脑袋掖裤裆。

懒汉一跺脚，腾起一缕烟。方书记，树要皮，人要脸，我干！

你若愿干，赶紧报名，村民选不选你，不好说呢！方明拿捏着火候，不动声色，再将一军。

一个月后，村民投票。懒汉七百一十二票，第二名五十三票。

二

我离开家乡时，懒汉尚穿开裆裤，鼻下两条黄虫。一晃三十年，再没相遇过，只知他大发了。如果不是那个偶然，这辈子，我俩八竿子打不着。

忽然有一天，接到陌生电话。哥，我是懒汉，东坑口的懒汉。

懒汉？哪个懒汉？村子不大，懒汉不少。在浙西乡下，懒汉，癞痢，是高频词，街上吼一嗓子，回头率不低。

住您大姐隔壁的。

噢，原来是黄虫孩子。

我刚选上村主任，您见识广，路子多，多帮衬啊。

好说，好说，只管吩咐。我声音提高八度。

放下电话，念头一闪。这个懒汉，不愧老板，甫当村官，急于公关。

不过，能被乡邻认可，是件高兴事。有的人，在外面人五人六，却被乡邻嗤鼻，做人很失败。

打那以后，这个号码成了热线，隔三岔五就响，有时天蒙蒙亮，有时天麻麻黑。

懒汉爱晨跑晚遛，听说我习惯早起，便瞅准空当。他说，净是鸡毛蒜皮小事，知道您忙，怕耽误您上班。瞧瞧，虽然五大三粗，心像女人般细。

电话里，懒汉絮絮叨叨：想安装路灯啦，想建垃圾箱啦，想拓宽村道啦，想道旁搞绿化啦，想户户通水泥路啦，想给水库清淤啦，想在村头建公园啦，想在大樟树下建戏台啦……

每次絮叨完，懒汉会说，哥，您看行不？帮我出出点子。久了，我发现，他做事很少拍脑袋，自己先有谱，再向人请教，并且是出选择题。比如建戏台，他传我两套效果图，让我选一套。

这个农民不简单，懂得科学决策呢。我暗想。

光有想法不够，还得有钱办事。仗着脸厚嘴甜，懒汉到处化缘。开化财政底子薄，我纳闷，蚊子腿上三两肉，他是怎么割下的？

我是急性子，不爱电话唠叨，三言两语就挂机，可是奇怪，懒汉的话句句勾魂，放下电话，魂魄出窍，飘飘荡荡，飞越万水千山。那个小乡村，生我，养我，让我魂牵梦萦，泪湿枕巾。天下游子，倦鸟思归呀。

他的设想，多成新景。每次回村，皆有惊喜。三年来，他对我敬重未减，我对他叹服渐深。

哦，我美丽而贫穷的家乡哟，如果多几个懒汉，多几个充满创业激情的农民，还有什么不能改变！

三

镇政府设在东坑口。一条小溪，穿村而过。桥那头是镇政府，桥这头是我大姐家。

大姐两层楼房，二十年了，旧了点，模样还过得去。门前有个场院，平时堆柴搁物，秋时摊晒稻谷。这些年，因村道拓宽，场院被蚕食，剩下巴掌大，矮墙半截，顽强守护。楼旁菜园，渐次萎缩。园里茅厕，露了出来，兀立在路边，与镇政府隔溪相对，颇煞风景。

去年清明,我回乡扫墓,眼睛一亮:茅厕无影,矮墙无踪,村道变宽了,车辆畅通无阻。不过,也有遗憾,场院没了,村道连着台阶。

大姐哼了一声,语气倒算平静。懒汉说了,你家是门面,要光鲜点。拆茅厕,拆矮墙,我同意。但这么点场院,我舍不得。他说,要不我同你弟讲,让他做工作?哼哼,我怎能让你为难?

这小子,竟用我来压大姐!心里嘀咕,嘴上却说,好看多了。

为我哥的事,他又搬出了我。那天晚上,他先诉了半天苦:会上议修路,人人都说好,真占谁家地,祖宗也挨骂,气得我要抡拳头。

我开导他:多磨嘴皮,别动粗,乡里乡亲的,抬头不见低头见,伤了和气不好相处。

懒汉话头一转:刚才,你哥好凶,骂得我七窍生烟。

我哥在宁波打工,嫂子去了温州,帮女儿带孩子,家里铁将军把门。

我一惊,出啥事了?他道出原委。

路修到哥门前,须推倒围墙,征用菜园。我哥提条件,征用菜园行,围墙应砌好。懒汉说,征地只赔钱,不代建,他不能破例。

我哥脾气像炮仗,一语不合,嚷嚷起来:不砌围墙,不让征地!摔了电话。

我连忙道歉:他不明事理,别和他一般见识。你看这样行不?他不在家,缺人手,路修好后,你安排把围墙砌好,费用我来出。

懒汉说,不是钱的事,一两千元钱,我垫也行,只是村民要误会,以为搞特殊,会闹着攀比。

我二话不说。行,就按你说的办,我哥工作我做。

拨通电话,我哥还喘着粗气呢。我捺着性子,听他发泄完后,才慢声细语说:懒汉当主任,钱没多挣,气没少受,图什么?还不是为大家好?他回村三年,村里变化多大?你为村出过啥力?你让一步,就当是帮他,行不?

我这老哥,除了脾气暴,还是头犟驴。这回,听我这一说,他居然不喘粗气了。

我指了条路:你请人砌围墙,费用我来出。

咋能让你出钱呢?哥瓮声瓮气,让步了。

我趁热打铁:懒汉被你气坏了,你打个电话道声歉吧。

围墙我修就是了,还道歉?让我老脸往哪搁?老哥嗫嚅着。

你不打?我替你打。

我打,我打。

一会儿,懒汉电话里笑成了串:哈哈,今晚我可以睡个好觉了,哥放心,我不会让咱大哥吃亏的!

呸!得了便宜还卖乖。

不过,这家伙借力使力,我不仅未反感,反而欣慰,为他的办事公道。在农村基层,干群关系紧张,最大病因就是:干部办事不公。

四

数一数,我已被这家伙算计了三回。

今年元旦前,他热切问:哥,元旦回家不?

才三天假,路上要花两天,不回了。有事?

声音压下去,又扬起来:您回来一趟行不?我有事想求您。

你只管说,我尽力而为。我这人,就是好面子,怕人求,惜弱。

村里新建两栋楼,大的出租,小的办公,想把村里的能人请回来,搞个启用仪式,座谈一下,出出点子,再聘几个顾问,您是第一个。

别看咱村小,千把人,还真出了几个人才,恢复高考后,全镇首个大学生,全县首个清华大学生,都出自咱村。现在,有电力专家、留美博士、政府官员、团职军官、新闻记者、企业老总。

人家都盯着您呢,您来,他们来;您不来,他们不来。这样行不?您飞到杭州,我派车接。懒汉继续缠着。

接倒不必,不过,元旦当天赶不上。

那我改到二号。

我没得选择,只有答应。

懒汉如数家珍:办公楼是多功能的,有便民中心,有农家书屋,有乒乓球室,有老年活动中心,有办公室,有会议室……

我连连称好。

好是好,只是里面空荡荡的。懒汉吞吞吐吐。

我明白了,忙表态:你直接讲,需要我送什么?

送实物吧,您太远,不方便。要不,干脆送个红包?

没问题,多少合适呢?

两三千就行。其实呢,我不是图您的钱,是想请您领个头,带动其他人。您捐,和别人捐,大不一样呢!

瞧瞧这张嘴,抹了蜜似的。我忽然想,这个狡黠农民,对别人也这么说吧?

两三千拿不出手,我捐一个月工资吧。

您工资多少?

一万多点。

电话那头笑出声来:哎哟,太多了,太多了,您出个整数,一万就行!

元月二日上午,我如约而至。嗬,满屋子的人,八旬老支书来了,历届村干部来了,乡贤们也从京城、省城、外省赶来了,只剩国外的没来,并且都没空着手,捐款捐物,折合廿五万元。

座谈会上,七嘴八舌。不愧是乡贤,点子不一般。有的说,开化是钱塘江源头,该搞生态旅游。有的说,方志敏在这打过仗,搞红色旅游好。有的说,搞生态农业,规模经营。有的说,多种阔叶树,保持水土,美化山林。有的说,河道筑几道坝,保持水体,便利灌溉,还添景观。

我领到一本聘书,红彤彤的。论级别,这是中国最低的顾问吧?可我捧在手里,沉甸甸的。

这时,有人嚷起来,怎么才聘三个顾问?我大老远赶来,咋没我的份?

懒汉眼睛乐成一条缝:你们要当顾问,欢迎啊,只要多做贡献,我们一定聘,一定聘!嘿嘿!

我有感而发,写了篇千字通讯,《乡贤热议“生态村”》,发在2013年元月四日《人民日报》上。

五

9月底的一天,手机响起,里面劈头一句:国庆回家吗?

这回不是懒汉,是县教育局长齐忠伟。此君笔头了得,当过县委报道组长,把开化吹得天花乱坠。

手头事情多,不回了。我说。

你最好回来一趟,有件事你得出面。他一不寒暄,二不客套,口气很严肃。

什么事?我心头一紧。

都是懒汉惹的事。齐忠伟气急败坏。

我们搞教育改革,撤了东坑口村小学,并到镇中心小学。县里费了好大劲,与深圳企业家达成协议,打算投资几个亿,把村小学改造成特色学校。

这不是好事吗?我不解。

浙江母亲河钱塘江,源头就在开化。2000年,开化确立生态立县思路。今年又提出,打造国家东部公园。建特色学校,既能促进开化招商,又可带动村里三产。

懒汉要把好事搅黄哩!他想收回校舍,借口修路,推倒了传达室。校舍是国有资产,他这是犯法呀!我派人去交涉,他横竖不买账。听说他敬重你,你回来一趟,帮我劝劝他。

我立马拨通懒汉。

哥,有事啊?电话那头,声音很愉悦。

你个大老粗,好歹不分,还犯法!我没好气。

我良民大大的,犯啥法?

我把事一说,他嘿嘿一笑:我就是要把事情闹大。

闹大对你有好处?

校舍虽然是县里的,可地是村集体的,没有办过手续。他们只与镇里谈,没把村放眼里。村民意见很大,以为我得了啥好处呢。你说,我能这么便宜他们吗?

我语塞。他说得在理。征地纠纷,已成为攸关稳定的火药桶,政府漠视群众利益,难辞其咎。

你虽然占理,也不能蛮干,好好说呗。

你树底下讲风凉话。好好说?压根没人找我们,我们对谁好好说?会有人听吗?一个破传达室,值几个钱?谈得拢,赔就是了。

我无语。可不是嘛,懒汉不来这一手,齐忠伟也不会绕着圈找我。

看来,这个农民不只狡黠,而且智慧。

你看这样行吗?你把村民意见理出几条,双方坐下来,心平气和谈,别漫天要价。

哥,您放心,我们虽是粗人,讲道理的。去年 4 月,高速公路征地,全村一百三十一亩水田、二十七座坟,涉及一百一十户,一个星期就搞定,全县最快。有的村,征四五十亩地,三个月还征不下呢。

我把懒汉态度一说,齐忠伟沉吟起来。是我们工作没到位,就按你意见办。

过了几天,齐忠伟报喜:谈妥了,多亏了你,我和懒汉约定了,国庆你必须来,好好喝几杯!

六

这次回乡,听到几件喜事。村里欠债已还清,固定资产原先空壳,现在有七百多万;楼出租后,村集体一年进项二十万;新办两家来料加工厂,一个制衣,一个制鞋,一百三十八名妇女就业,最大的六十五岁,去年人均收入两万。

还有,叶兰坞人后悔了,想回到老东家;看到懒汉干得欢,其他村的老板动心了。

高兴劲还没过,严颂华找到我,一脸焦灼:村两委将换届,懒汉要辞职,他若走,村里会走下坡路,你做做工作吧。严原先是镇长,前年接的方明。

我急忙找到懒汉。村里刚上路,你怎么撂挑子?

不当村主任前,村里人见了我,客客气气。现在呢,自己的业务耽搁,往村里贴钱不说,还时不时挨骂,想想不值。懒汉说。

不值?当村主任前,村民有这么认可你吗?县里、镇里有这么看重你吗?我会认识你吗?

懒汉低着头,不吭声。

我灵光一闪。你是不是想当支书?

他迅速抬头,瞥我一眼,眸里闪过一道光。我怎么好意思和东方争?

东方姓余,厚道本分,人缘不错,是个老好人,支书当了十多年,可就是缺乏闯劲,不温不火。

我顾不了得罪人,向严颂华直陈:懒汉当支书更合适,选村干部,要选敢于担当、有创业激情的人,老好人成不了事,这十几年就是证明。

严颂华一拍大腿:咱俩想到一起了,我也猜出他心思,不过,东方已干四届,没功劳有苦劳,有点不忍心。

我出了个主意:要不,让他俩一起竞选,票高者上?

严颂华略一思忖。行,我来协调,既让懒汉参选,又让东方留下。

过了几天,严颂华打来电话。我同他俩谈过了,懒汉愿意参选,东方有点低落,想去儿子公司,我做工作后,他答应扶上马送一程。

11 月上旬,村支部换届。票选之后,镇党委宣布,懒汉为村支书,东方和另一名党员为村支委。

前些天,我问严颂华,他俩配合得好吗?

好,很好!严颂华说。东方脾气好,懒汉性子急,东方打前站,懒汉收摊子,一个唱红脸,一个唱白脸,回旋余地大多了。

我释然了。有的村,新班子清算老班子,老班子暗地使绊子,水火不容。

刚放下弟弟电话,懒汉电话就响了,滔滔不绝描绘蓝图:想建座饮用水池,解决夏天饮水难;想把村口那座桥改造成廊桥,方便村民歇息聊天……

我的喉咙忽然有点紧。村里底子薄,你干点事不容易,真难为你了。不过,要提醒你两点:“双肩挑”后,一别做村霸,二别糟蹋集体钱。

哥,您放心,我不会让您失望的。懒汉的鼻音也有点重。

他的话,我信。

这个懒汉啊,治村有一套。

(原载《人民日报》,2014 年 3 月 19 日)

诚信老爹

朱晓军　梁春芳

2013年,84岁高龄的吴乃宜老爹成为"感动中国"2013年度人物候选人。

吴乃宜是温州市苍南县霞关镇三澳村的老渔民。霞关镇是浙江省最南的乡镇,距苍南县城37.5公里,从霞关镇到三澳村还需要再走9.2公里的山路。山道难行,车像蚂蚁似的顺着山道绕来绕去,有的路段又急又陡,这还不说,还要穿过一条条长长短短的隧道。这村子实在太偏僻,偏僻得几乎被世界遗忘,它坐落在海拔150米的柳垄山顶上,山脚下就是一望无际的大海。可以想象,这要是在几十年前去那里,恐怕是要难于上青天了。

吴乃宜老了,岁月不仅染白了他的两鬓和胡须,还在他黝黑的脸庞上刻下一道道沟壑。他的腰弯了,背也驼了,站起来不足1.6米,可是这位可爱的老人却像饱经沧桑的老树顽强地挺立在三澳村。就是这位老人以"人死债不烂"的诚信,以穷人的高贵志气,抓住苍南人、温州人、浙江人以及全国各地人的心,把大家感动得稀里哗啦,被人亲切地称为"诚信老爹"。

1

2006年8月10日是吴乃宜锥心刺骨的日子,那天夜里"桑美"台风刮走了他晚年的安逸与幸福。

苍南素有浙江"南大门"之称,东和东南濒临东海。"一年大台风,三年小台风",当地人对台风已习以为常,既不像台风四年登陆一次的珠海,听说有台风就紧张兮兮;也不像八辈子不刮一次台风的其他城市,听说有台风登陆竟有几分兴奋,甚至跑到户外去看台风。

10日那天,天空像被一口黑乎乎的铁锅扣住,风狂野呼啸着把雨点摔打在门窗上。

住在砖木结构的两层小楼里的吴乃宜和老伴早就把门窗关严了。这幢小楼是四个儿子凑钱给他和老伴建的。他生于三澳,长在三澳,又在大风大浪中打了二十多年的鱼,经历过的台风多了。刮台风有什么值得大惊小怪的?过去划着小木渔船在海里打鱼都没被吓倒,现在77岁了,躲在家里哪能被吓倒?"躲进小楼成一统",该吃吃,该喝喝,该干活儿干活儿。

谁知这台风还真有点儿与众不同,没登陆就像狂躁的疯子,把门窗拍打得山响,大有破门而入之势。好在他家的窗子少,仅一面有窗,这样的房子比两面有窗的更具抗台风能力。不过窗少有窗少的弊病,屋里不透风,阴天时有点儿幽暗。可是,不是阴天这房间又能亮堂到哪里去呢?窗上有几块玻璃碎了,用木板钉上,墙壁也好久没粉刷了。

吴乃宜在生活上已简朴到极致,除锅碗瓢盆、被子席子、一张旧木床、一张摇头晃脑的餐桌之外,几乎没有多余之物。那唯一的家用电器——电视机还不是他想买的,是儿子瞒着买回来的。怕他逼着退回去,儿子抬回家时对他说:"爸,这东西只要买了就退不回去了。"这样,他心疼了好几天才习惯受用。

他家一年四季吃的菜差不多都是自己种的。老伴蔡细梅见他那么大年纪还顿顿青菜萝卜,连点荤腥都没有,于是多买了一点儿肉,想给他营养一下。没想到他大为光火:"不年不节的,你这样花钱,家里什么时候能过上好日子?"

"好日子"让他向往了一辈子,也为之奋斗了一辈子。过去下海捕鱼时,凌晨三四点钟天还没亮,他就下海了,晚上七八点钟,白天黑夜已完成交割,他才回来。回到家扒拉几口饭,他就补渔网,补到半夜11点多钟才上床睡觉。如今,年纪大了,不能下海了,他也不闲着,在山上种几亩薄地,仍然像陀螺似的不停地忙碌着。

在村民的眼里,吴乃宜这个人很硬。当地人说的硬,就是骨头硬,有骨气,刚强。很硬的人大都是宁让身受苦不让脸受热。他留给二儿子吴秀全最深的记忆是小时候他们兄弟几个淘气,把邻家的萝卜地给踩坏了。他知道后,这还得了,把自家的萝卜全都拔了出来,给邻家送过去不说,还非逼着儿子登门道歉不可。

风越来越大,吴乃宜多少有那么点儿不安,倒不是怕这混账的台风闯进家来,而是担心儿子们。他有五子,除长子夭折之外,其他四子均子承父业以打鱼为生。四个儿子都下海捕鱼去了。

这几年随着海鲜贮藏技术的提高,捕捞虾米的利润渐渐可观起来。吴家四兄弟将家里的木头渔船卖掉,又从农村合作银行贷了17万元,还跟亲朋好友借了几十万元,买下一条30多米长、127吨位的二手钢质渔船,并配备了先进的渔具,成为霞关镇第一批“武装到牙齿”的渔民。虾米要冬季捕捞,船买来了就不能闲着,四个兄弟为了父亲常挂嘴边的“好日子”,踌躇满志地开着渔船去捕鱼了。

此时此刻,儿子和他们的渔船在哪儿,海上的风雨比村里大多少?这像一团阴云缭绕在吴乃宜的心头。

突然听到有人敲门,他急忙把门打开,狂躁的风裹着村镇干部就涌了进来。

“阿公啊,这台风太大了,在家不安全,你赶快跟阿婆出去躲一躲吧……”村镇干部扯着嗓子喊道。

天空的云越积越厚,大有“黑云压城城欲摧”之势,只要看一眼就会恐慌得透不过气来,风和雨像涨潮似的越来越大。

“风怎么这么大,不知道渔船会不会有事儿……”他的老伴嘟囔了一句。

俗话说:“儿行千里母担忧。”何况她四个儿子都在海上,万一有个闪失怎么活?

村镇干部安慰道:“阿婆,别担心,渔船已得到了通知,现在可能都在避风港呢。”

“这有什么好担心的？他们过去用木船都没事儿，现在用钢船了，能有什么事儿？”吴乃宜粗声粗气地说道。

吴乃宜说老伴，自己心里也不见得有底儿，这台风还没见影就这么大，登陆时说不上怎么样。他这辈子也没走出过大山，没见过山外的世界，除当地说的山里闽南话之外，连山外各地流通的普通话都听不懂。

他在电视上看过关于“桑美”的报道：“8 月初的太平洋失去了太平，热带洋面上几乎遍布着扰动，在短短的 10 天内集中爆发 4 个热带气旋，这其中就有创下多个第一的超强台风‘桑美’。从天空中俯瞰，它形体婀娜，结构匀称，色泽饱满，然而，在美丽的云墙之下，却是狂风暴雨、惊涛骇浪。从不起眼的热带云团到超强台风，‘桑美’只用了短短 4 天。其强度之强、风力之大为百年一遇，破坏性更是超出人们的想象……”

中国天气网首席气象专家李小泉说：“‘桑美’就像一个庞大的高速旋转的陀螺，运行过程中又几乎没有任何阻挡。其强度之强、风力之大为百年一遇，是新中国成立以来登陆中国大陆最强的一个台风。”

另外，这一天是农历七月十七，适逢农历天文大潮期，“桑美”登陆时很可能出现风、雨、潮三碰头，将破坏力提升至极致。

吴乃宜没听懂，对他来说看电视就像我们看外语影片似的，人的表情看个八九不离十，却不知所云。

下午 5 时许，“桑美”在苍南县马站镇登陆，强度超出测风仪的设定。据温州鹤顶山风力发电站测得的最大风速为 81 米/秒，以 17 级的强大威力横扫福建、浙江、江西和湖南……

2

次日下午，台风终于过去了，给三澳村，给苍南县，给温州，还有福建、江西、湖南等地留下一个悲惨的世界：小树被拦腰折断，大树连根拔起，房倒屋塌，满目废墟，瓦砾遍野，一片狼藉……

吴乃宜和老伴匆匆赶回家,损失不大,多少有点庆幸。就在他跟老伴收拾屋里院外“桑美”留下的残局时,有人来报信:“阿公啊,你家的船侧翻了……”

“人呢?”他忙问道。

“全都掉进海里了……”

吴乃宜的脑袋“嗡”一声,台风、翻船、掉海,这注定凶多吉少,别说四个儿子全都掉进了海里,就是掉进去一个,作为父亲都无法接受。

吴乃宜和老伴的长子小时被别人抱养,后来夭折了,这成为他一块心病,想想就心痛。后来,他们夫妇又生了五个孩子,四男一女。这四个儿子懂事、孝顺、仁义、勤劳,这是他这一辈子最大的骄傲,提起他们来腰板都不禁挺一挺。

难道他们没收到刮台风的通知?不,不,收到了,而且闻讯就将渔船开进福鼎沙埕港了。

沙埕港是福建的重要渔港之一,也是闻名的天然良港,港道长 40 公里,宽将近两公里,“水深无礁,久不淤积,不起风浪,航道稳定”。有群山庇护,港内风力比外边低 4 级,可避 12 级台风。

“桑美”到来前,有 12000 多艘船只像被赶进山坳的羊群进港避风,港里的船一艘挨着一艘,桅杆林立,旗帜猎猎。

渔民低估了“桑美”,麻痹大意了。船进港后,他们不肯上岸,怕在风浪下渔船一旦脱锚,像疯狂的老鼠四处乱窜,造成船只损坏或倾翻。人要是在船上,可以将船头对准风浪,开足马力顶上去,这样渔船就可以安然无恙。哪艘钢船不值一两百万,对渔民来说,船就是他的身家性命,哪能大意!

许多渔民没有上岸,吴家四兄弟也都没上岸,坚守在船上……

“桑美”具有极其强大的破坏力,甚至可说是毁灭性的,它以超过 60 米/秒的风速、17 级的风力横扫一切……

17 级台风是什么概念?据中央气象台首席预报员介绍:60 米/秒以上的风速,气象观测仪器已无法测出来。32.7 米/秒的风速，即12级台风，能将整列火车掀翻，能把20吨重的汽油罐抛到80米的高空！且不说风速超过60米/秒，就是60米/秒也差不多是风速32.7米/秒的两倍，它的强度和毁灭性可想而知。

10日上午，“桑美”登陆沙埕港，狂风大作，巨浪拍天，暴雨如注，摧枯拉朽，不论什么船只把油门推到底都像患严重肌无力的病人四肢绵软。一个大浪打来，一艘23米长的渔船像片树叶飘上半空，随之被倒扣在海里……事后，渔民郑行军说：“我不知道怎么从船底下出来的，抱了一块木板，漂啊漂，漂到岸边喊救命，一艘铁船把我救了上去。”他是幸运的，那艘船上的其他八个渔民都遇难了。

傍晚，雨停了，风也戛然而止，港内翻船一片，惨不忍睹，散架的渔排、破船板、竹竿、绳子，还有血污满面的尸体，漂了一层……

谁知“桑美”并没善罢甘休，20分钟后，又杀了一个回马枪——“回南风”再次席卷而至，比上一轮更为惨烈。

两个多小时后，“桑美”终于过去了，部分遇难渔民的遗体被潮水冲到岸边……

据不完全统计，在这场台风中，1000多艘船受损，福鼎市的死亡人数为248人，其中福鼎籍127人，外地籍57人，不明身份的64人；另外还有50人失踪。整个沙埕港7万口渔排网箱几乎在瞬间被全部摧毁，500多处水利工程被洪水无情冲毁，七成以上的村级道路被破坏，8万多间民房倒塌，一些村庄几乎被全部推倒，一片狼藉。

吴氏四兄弟那艘钢铁船也沉了……

吴乃宜站在码头上，似乎变得更瘦小了。

“爸……”老二喊了一声，一瘸一拐地扑过来。

这是老二？只见他浑身上下赤条条的，仅穿一条裤衩，而且身上到处是伤。

“怎么就老二一个回来了，他们仨呢？”吴乃宜心一下就提到嗓子眼，脚步蹒跚着向前挪动两步，声音沙哑而颤抖地问：“老二，你哥和你弟呢？”

“爸,没了……全没了,大哥、老三、老四都没了……”老二放声大哭。

“什么,什么?全没了?你再说一遍……”

“风太大,把桅杆折断了,砸中了老三……后来船侧翻了,被渔网缠住的老四飞了出去,大哥把身边的救生圈给了我,他被一个浪头冲走了。他们都不见了……”老二哭着说。

老二的左脚被网绳缠住绞伤,在海里苦苦挣扎了四个多小时才获救,命是保住了,绞伤的左脚因在海里浸泡时间过久,伤势很重,一时半会儿难以康复。

吴乃宜不相信,打死也不信,那三个儿子怎么会一下子就消失了呢?当初,四个儿子怀着要“过好日子”的梦想,生龙活虎地驾着那艘钢铁渔船走了,回来时只剩下一个,还遍体鳞伤,做父亲的哪里受得了?俗话说,少怕丧妻,老怕丧子。这一下子失去三子,什么人能承受得了?他两腿一软,晕了过去……

3

三个儿子没了,老三和老四的媳妇把政府发放的台风遇难者家属补助领走一大半,把两个年幼的孩子留下,回娘家了。老四的女儿刚刚两岁,老三的女儿才10岁。这还不说,还有80多万元的债!

吴乃宜和老伴病倒了,不吃不喝,在床上躺了三天。老伴儿18岁时嫁给他,他那年25岁。他们夫妇在一起经历了半个多世纪的风风雨雨,感情一直不错。在她的眼里,他是一个老实本分的人,不会说什么好听的,只会埋头做事儿。他平时就从不占别人的便宜,即使跟别人借一个螺丝钉也要还,她知道这80万元的债他肯定要还,可是他用什么还呢?即便砸锅卖铁、扒房卖瓦也抵不上个零头儿。

霞关农村合作银行派人进村调查过,认为贷给吴氏兄弟的17万元钱将成为死账,收不回来了。有些债主也心里慌慌地拿着吴氏兄弟的欠条到吴乃宜家转了一圈儿,出来时心都凉透了,吴家已到“要钱没有,要命几条”的地步,这债就是神仙也讨不回来了。

好打抱不平的邻居见了,说:“这种情况你还管人家要钱?他们家人没了,四个儿子四个家破了三个,还叫人家还钱吗?”

吴乃宜却爬起来,用手抹去布满皱纹的脸上的泪水,对债主说:“人死债不烂,是我儿子的欠条,我都认,我一定会想办法还。”

债主看了看这位年近八旬、卧病在床的老人,再看看他那一贫如洗的家,他用什么来还?这不过是句安慰话而已,谁能当真呢?

吴乃宜却当真。

好心人劝他:“你三个儿子都死了,你就是还不上钱,别人还能把你怎么样?”

他没念过多少书,却守着一个理儿:“做人要讲良心,做事要讲信用,借债还钱,这是天经地义的,儿子欠的钱我一定要还。”

有人告诉他:“从法律的角度讲,‘子债不用父还’,您老不必替儿子还债。”

吴乃宜说:“银行的钱是国家的,要还;亲戚朋友的钱是靠情谊借的,也要还。做人要讲良心,人家的钱也是辛辛苦苦赚的,有的是冒着生命危险出海捕鱼换来的,一定得还。”

有人劝他:“你都快80岁了,还不起债也没人怪你。”

吴乃宜却正色说:“做人要讲信用。儿子已经死了,我不能丢儿子的脸!”

保险公司赔偿了24万元,这是三个儿子的人身保险和船只保险。有人提醒他,按法律规定,死亡赔偿金可以用来抚养儿女,赡养父母,不必用来还债。他没有听,取到钱后连家都没回,直接交到霞关农村合作银行。他把裹在旧衣服里的十几捆百元钞票掏出来时,工作人员都惊呆了,真是咸鱼翻身,这笔看似死账的贷款不仅活了,而且还上了。

余下的7万元钱,他也用来还债了,一分钱都没留给自己。

吴家四兄弟的那艘沉船打捞上来了,亲戚劝吴乃宜:“把这艘船留给老二吧,债主是不会逼你卖的。”

二儿媳妇田晓玲心也活了,悄悄对丈夫说:“把船留下来吧,船没了,一家人可怎么生活?再怎么着,家里还有三个没有长大的孩子啊。”

老二秀全走到父亲跟前,父亲却连头都没抬,从牙缝挤出几个字:“卖掉还钱。”

最后,那艘船卖了30万元,他和老伴还是分文未留,统统拿去还了债,连老三、老四赊欠小卖部的几百元烟钱也都还了。

债主不好意思地说:“你把这最后一笔钱还给我们,自己怎么活?”

吴乃宜已是耄耋之年,年迈体衰,为什么就没想给自己留个过河钱呢?万一哪天病倒了,拿什么去看病抓药?

“我能养活家人。”他自信地说。

从那之后,再也没有债主上门了。

吴乃宜要养活的家人,不仅仅是老伴儿,还有老三和老四留下的两个孩子,这是多么沉重的负担!何况还有26万元的债没还。

从那之后,他和老伴每天吃两顿饭,饭是稀粥,菜是盐水煮青菜,连一滴油都没有。有的剩菜吃了好几天,都已经坏了,甚至生了虫子,他们也舍不得倒掉。穿的都是旧衣服,破了就缝缝补补。他们连家里那盏15瓦的节能灯都舍不得点,他每天晚上摸着黑在院子里冲凉,老伴儿借着月光洗碗。吸了几十年的烟也戒了,后背长了骨刺,疼痛难忍也不肯花钱抓药。老伴患有严重的风湿病,走路拄着棍子,左腿犯病痛得呻吟也不去医院看……

可是,这样能节省出几个钱?那是26万元啊,他这一辈子也没赚过那么多钱啊。不行,还得想法赚钱,可是怎么赚钱呢?再下海捕鱼是绝对不可能了,且不说没那个力气,在船上都站不稳了。出力的活儿干不动了,那就想点儿轻的吧,轻活儿有啥呢?织渔网!

老两口披星戴月，起五更爬半夜地织起渔网。可是，他们年纪实在太大了，不仅老眼昏花，而且手脚也都不灵活了，织得缓慢。他患有骨刺，心脏又不好，坐时间长了就喘不上气，织一会儿就得起来活动一下；老伴不仅患有风湿病，还有白内障，即便眯着眼睛还时常把竹梭扎在手上。他心疼小自己7岁的老伴儿，总劝她："你眼睛不好，别织了，去喝口水吧。"老伴说："我不织哪行啊，你一个人织要织到什么时候啊。"这钱也实在是难赚，织一万个网眼赚三四元钱，为这三四元钱，他们要干8个小时。织个三四个小时，他们就腰酸背痛，手指麻木，老眼昏花了。尽管如此，他们还要坚持，每天要织到半夜12点钟才肯上床歇息。

夜深了，万籁俱寂，像叹息似的声音从床上飘来："还债、还债、还债……"

睡在他身边的老伴听着听着，不由得泪湿枕头。她最清楚这些债在老头儿心上有多重。

还债成了他活着的唯一目标，这些债要是还不上，死不瞑目啊。

可是，织一年渔网也就赚个千八百元钱，靠这样还债不知要到猴年马月，就算吴家子子孙孙还得起，债主等得起吗？吴乃宜想到拾荒，柳垄山的山脚就是海，被人丢在海里的饮料瓶让浪送回到岸边，冲到沙滩上。

天还黑蒙蒙，海拔150米的柳垄山脚下出现两幅剪影，一个佝偻着身子，拎着一个编织袋；另一个手里拄着棍子，步履蹒跚地在海边捡饮料瓶。捡一个瓶子能赚几分钱，运气好的时候几天就能捡一大箩筐，一大箩筐就能卖4元钱。

他还在山上多种了几垄番薯、青菜和小葱，在山坡上养了一大群鸡，时常坐在村口的路边，卖自家鸡下的土鸡蛋和自己种的番薯、青菜。

他把赚来的钱一点一点地攒起来，凑够五十或一百元就交给二儿媳妇田晓玲，让她拿去还债。

每当接过被老人攥得热乎乎的钞票，田晓玲心里就酸酸的，慌忙转过脸去，泪水悄然流下。老爸啊，你已经到了风烛残年，我们做小辈的不能养活你，还要你拼着老命去赚钱还债，我们怎么承受得起啊！

债重如山啊，要是搁在村里其他人身上，怕早被压进地平线了。吴乃宜却不泄气，还一分少一分，还一元少一元。

他最担心的是自己死后债还不上，不时地叮嘱二儿子秀全："我们家可以穷得没饭吃，不可以欠债不还。"

老二秀全含泪点头答应了。他的左脚在海难中受伤留下了后遗症，有一两年的时间不能从事重体力劳动，只能在家干点农活儿。他眼看着父亲的腰越来越弯，背越来越驼，行走越来越蹒跚，心里特别难受。他劝父亲别那么拼命了，毕竟年纪不饶人，这样下去哪里受得了。

吴乃宜清楚自己这么大年纪了，说不准哪天就什么活都干不动了，不要说赚钱还债，有可能连生活都难以自理。他对儿子说："我年纪大了，以后更难还了，要多干早还。"

他想趁自己还能干得动，多还点儿，早点把债还上。

一年又一年过去了，吴乃宜越来越瘦，越来越枯了。邻居看不下去了，有时给他送来一碗米饭，或一碗海鲜汤，让他补补身子。本村的谢月娥时不时给他送来点杂鱼和菜蔬。吴家兄弟欠她 5 万元钱，这钱是她从别人那转借过来的。她觉得吴乃宜是个好人，钱借给他家放心。"桑美"沉船后，她悄悄把债还上了，没像其他债主那样拿着欠条上门讨债。

可是，吴乃宜却没忘这笔债，经常主动跟她提起还钱之事："这次还不上了，下次再想办法还。"她相信他的为人，只要有钱就会还的。

4

2011 年，吴乃宜摔了一跤之后，身体越来越衰弱了。这时，他已 82 岁了，感到自己离大限不远了，还有将近 10 万元的债没有还，他把老二夫妇叫到跟前，说："我已无能为力了，家里的债你要接着还。”

老爹不仅把还债的任务交给了他们，同时移交的还有养家糊口的担子，他们还要养活自己的儿子、老三的15岁女儿和老四的8岁女儿。

“爹，你放心，就是再吃苦十年八年，我们也会把剩下的债还清的。”老二秀全说。

这几年为还债，老两口过的是什么日子！

为还债，老二秀全夫妇抛家舍业去外地打工，在福建的石狮和浙江的台州等地一干就是三四年，春节都不能回家跟父母团聚。他们没什么技术，也没强壮的体魄，收入低微，夫妇俩每月才赚2500元，去掉生活费所剩也就不多了。二儿媳妇一闭眼睛就能想起公爹给她的那五十、一百元钞票。她尽量少开销，多攒钱，连5元钱一包的烟也不让丈夫吸了。

吴乃宜一家把裤带勒得紧紧的，已有点儿残忍了。老三留下的女儿婷婷15岁那年，给老二打电话说，别的同学每周的生活费要100元钱，自己才20元钱，平均每天的伙食费还不到三元钱，不够用。老二沉默片刻说了句：“只能这样了。”就挂断了电话。他呆坐许久，感到难受啊，感到对不住老三啊，可是为了还债，他也“只能这样了”。

老二他们对婷婷“冷酷无情”，对自己的儿子巍巍更是如此。

他们外出打工时，读初中的吴巍巍正值青春叛逆期，谁的话也不听，学习成绩掉得厉害。初中毕业后，巍巍想读高中，田晓玲想了很久，说：“成绩不好，进了高中也是混七混八。”巍巍不死心，跟同学一起报考了浙江广播电视大学，2000元报名费是向同学家借的。

田晓玲知道后，冷冷地说：“家里没钱，你是知道的。”

话一出口，她就后悔了，恨不得一头撞在墙上。儿子二话没说，去学校要回报名费，还给了同学，然后去宾馆当了服务生，从此再不提读书的事。

老四的女儿思慧7岁那年该上学读书了，可是学校离家5

公里,吴乃宜和老伴无法接送。思慧见村里有孩子读书的家庭大都在学校附近租房子,就要爷爷也把家搬到山下。

吴乃宜心如针扎似的摇了摇头,哄着孙女说:“爷爷和奶奶年纪大了,没人愿意把房子租给我们。”

浙江农村是有这么个风俗——让外人死在自家的房子里是非常不吉利的,所以他们大都不愿意把房子租给年纪太大的人。不过,吴乃宜真要想租也未必租不到,只是舍不得钱,租间房子要少还多少债?他只得硬着心肠不租。可是,他看着别人家的孩子去上学,思慧待在家里没书读难受啊。

老三、老四啊,爸爸对不起你们!你们活着时最大的愿望就是让女儿读书,读大学,可是你们走了,爸爸连她们读中学、小学都供不起。他想着想着就老泪纵横了……

唯一让吴乃宜感到欣慰的是,欠条像初春的冰雪一点点地消融了。

黄敬瑞是霞关镇的渔具店老板,2006 年赊给了吴家兄弟七万元的渔索。他清楚吴乃宜的现状和难处,三个儿子没了,两个儿媳妇也走了,已是家破人亡,再上门讨债实在是没人性了。可是,吴乃宜却找上门来,分两次还了 5 万元钱。黄敬瑞感佩地逢人便说:“这个老人为人厚道,守信,让人敬佩。”

一天,漂泊在外的老二秀全听说在苍南县城蹬人力车每天能赚五六十元,思乡心切的他们背包罗伞地回来了。谁知他刚刚蹬了两个月人力车就起不来床了。海难留下的左脚旧伤发作了,只好跟妻子回家养病。

2010 年,一位网友将吴乃宜替子还债的故事发到网上,在社会上引起强烈反响,跟帖铺天盖地,他被网民称为“诚信老爹”。

一位网友说:“这位老人身上流着道德的血液!”

网友“领王”说:“德,不因显爵而高尚;品,不因贫穷而低劣。向老人致敬!”

“恋上草莓的美”说:“重情义讲诚信的传统美德在您身上闪耀,不等不靠不求的行为让我们深深汗颜。”

“Evanes”说：“给个账号吧，我想捐点钱，老人老了，让他的晚年过得好一些。”

吴乃宜的故事被主流媒体报道后，感动了苍南县、温州市、浙江省，乃至全国各地的人们。那两年温州等地频频发生大老板欠债跑路事件，而山村的一位普通得不能再普通的老爹却坚持“子债父还”，这不能不让人动容。

2010 年 3 月，他被评选为苍南县首届道德模范；

2011 年 2 月，他又被评选为“感动温州十大人物”；

2012 年 9 月，他又入选“中国好人榜”……

5

2013 年 9 月，难熬的溽热天终于过去，吴乃宜却病倒了。

家人劝他去医院看病，他以为自己感冒了，怕花钱，硬撑着不去，拖到 10 月，身子已像发酵的面团绵软无力了。老二秀全见不去医院是不行了，劝道：“爹，我们去医院检查一下就回来，花不了多少钱。”

也许挺不住了，也许想花不了多少钱，吴乃宜点头同意了。

老二秀全以为老爹的胃出了点儿毛病，打几针，抓点药就可回去了，谁知到了苍南县第一人民医院一检查，肌酐值已超过 800umol/L，已超过正常值 44—133umol/L 数倍，被确诊为尿毒症晚期，要立即住院治疗。

医生认为吴乃宜的肾脏已接近坏死，这可能是长期营养不良和劳累过度引起的，考虑他年事已高，不适合换肾，只得采取透析。

“这感冒怎么还没好，不看算了。”他病后心绪烦躁，多次跟老二发脾气要回家。

老二骗他说，他患的是感冒，治一治就可以回家了。他相信了吗？这只有他自己知道，尽管他耳朵背，听不懂普通话，但从老二秀全那张泪水不断的脸庞看不出来吗？

此时，吴乃宜最大的安慰也许不是荣誉，而是在外界的帮助下还清了旧债。

这几年社会各界纷纷伸出手来，帮助他解决实际困难，苍南县委县政府给他3.1万元慰问金，苍南县青年企业家协会捐助了16.6万元，苍南县农村合作银行不仅勾销了所欠的10万元债务，还捐助他8万元在山下建房，以解决孙女上学之虞，民政部门给他一家解决了低保待遇，教育部门给他孙女减免了全部学费，还有人给他寄来治疗骨刺的药……

2012年8月的一个傍晚，远山将西边最后一道晚霞收去，步履蹒跚的吴乃宜、拄着手杖的老伴、活蹦乱跳的小孙女思慧来到山脚下的海边。他们要告慰三个失踪的儿子：80万的债还上了，都还上了，一分也不少。老大、老三、老四啊，你们可以安息了！

他们默默地望着大海和渔港内船只的剪影，思绪万千，感激不尽。几天前，吴乃宜还让老二秀全找媒体帮忙做个广告：告诉大家，我们家的债还上了，从此不再接受捐款了。

其实，他家还有一笔债没还，那就是建房欠下的九万多元。吴乃宜将这两笔债分得很清，对老二秀全说："旧债都还清了，我也就放心了。新债是建房子欠的，我们要自己赚钱还，不再麻烦大家了。"

期盼已久的好日子终于来了，旧债还清了，孙女有学上了，老二夫妇买了一条小渔船，又可以下海捕鱼了。老二秀全有时还到舟山沈家门港装卸虾米，尽管这活儿又苦又累，凌晨两三点钟去，晚上十来点钟才能回来，可是一个月能赚四千多元钱。田晓玲在家也不闲着，照料几个孩子，养一群鸡和侍弄几亩番薯。

吴乃宜还像过去那样捡饮料瓶，与过去不同的是腰越来越弯，步履也越来越蹒跚，有时站在水边，拿着竹竿颤颤巍巍地捞饮料瓶。邻居见了就劝他："老爹，别捡了，万一摔倒还不够看病的呢。"老二也劝他，爸，家里的旧债还完了，建房子债也还差不多了，你苦了一辈子，不要再捡瓶子了。

忙碌一辈子的吴乃宜哪里闲得住？他觉得闲着也是闲着，多赚一元是一元。

可是,建房子欠下的债还有两万元没还完,他就病了,而且这病来势凶猛。

“这么大的医院都治不好,我还是回家吧,不花这钱了。”他躺在病床上,对儿子说。

老二秀全一直不敢告诉他实情,怕他拔掉输液管或透析管要回家。

他出生在一个穷苦人家,又穷了一辈子,到老担心的还是钱。不过,他家的确缺钱,按治疗方案,他每周要做三次透析,仅此一项一个月就要七八千元,除去医保部分,个人要掏三千多元钱。另外,看病要个人先掏钱,然后去医保部门报销,吴乃宜入院不到一周就欠下四百多元的医疗费。

欠账,又是欠账,老二秀全像热锅上的蚂蚁似的打电话借钱,没想到被苍南县委一位官员碰见了。“诚信老爹”生病住院的消息像风似的传到苍南县和温州市。温州市文明办和苍南县慈善总会在第一时间送去2.6万元的慰问金,浙江省委宣传部和省文明办也决定为吴乃宜解决一笔补贴,苍南县第一人民医院决定免除医保后需要自付的40%医疗费,还有30多名志愿者表示愿意为老爹提供长期免费陪护服务……

老爹住院时,老二秀全整天在医院照料,只有周末老母亲带着小孙女思慧过去替换他两天。地里种的番薯要收获了,老二媳妇多次打电话催他回来采收,再不收下雨就烂在地里了,可是老二回不来,邻居帮他家采收回来……

过去为省钱顿顿喝稀粥,现在有吃的了却吃不下,他越来越瘦了,眼窝越来越深了,体重也从90多斤减到80多斤。

他说话的声音变得微弱,变得更加沙哑了,他最担心的是钱。

老二秀全告诉他:“昨天文明办主任来了,说钱不要紧,让你安心养病,知道吗?”

“看病要付钱的呢。”老人说。

“他们会帮我们出钱的,你就安心养病吧,知道吗?”

“现在年底就快到了吧?欠的钱都还了吗?”他突然冒出了

一句。

“还了噢!”

“没钱也得还掉噢。”

老爹这句叮嘱又让老二秀全眼泪横流。

透析是漫长而痛苦的,一次要五个多小时。一次老二秀全为逗他开心,指着温州市委宣传部刚送来的“全国道德模范提名奖”证书的字问:“爸,这几个字你看得懂吗?”

他点了点头,抬起手指一下说:“全国道德……我躺着真不道德啊,躺着了还有什么道德?”

老二没想到自己没逗老爹开心,老爹却把周围的人逗开心了。

2014 年 1 月 15 日,老爹坐在三澳村老宅的院子里,眷恋地看着远处的山、山下的海、近处的房子,还有种过的地……

他是三天前出院回家的。在医院的最后几天,他已吃不下饭了,整天半昏半睡。可能知道自己大限将至,他说什么也不在医院住了,非要回家不可。回家的路已变得漫长而颠簸,尽管救护车开得缓慢,他仍然休克过两次。医生劝他重返医院,他咬着嘴唇摇了摇头拒绝了。

阳光温柔地洒在老爹那布满沟壑的脸上,照在他那双无神的眼睛上。他突然对身边的家人说:“我年纪已经很大了。我走了,你们住这儿不要害怕……”

他病重后,家里所有人都回来了,老大的女儿已经结婚,老二的儿子也长大成人,将要出国打工了。

老爹陆续交代老二秀全:“你妈年纪大了,她跟我一辈子没享过福,你们要对她好一点儿,要孝顺她;做人要诚信,不管怎么样都要凭良心做人;要替我好好感谢所有的好心人……”

在这之前,老爹还跟他交代过,家里欠的钱,你一定要还,要自己还。你要是不还,我死都不瞑目。

1 月 19 日零点 10 分,老爹吴乃宜走完了人生的最后旅程,安详地闭上眼睛,离开了这一既被他感动、又让他感动的世界……

1 月 23 日，老爹出殡，两百多人从四面八方赶来送他，他们分别打着“诚信老爹，你是浙江的骄傲”“诚信老爹感动你我，感动中国”的横幅，护送老爹一路走好……

（选自《高地》，浙江人民出版社 2014 年 1 月版）

中国境内最后24位“慰安妇”调查

单颖文

6月12日，联合国教科文组织受理中方提交的南京大屠杀和日军强征“慰安妇”历史档案申报“世界记忆名录”，批复时间将是明年——二战胜利70周年。

“慰安妇”制度是日本军国主义违反人道、违反人类两性伦理、违反战争常规的制度化的国家犯罪。此次提交的“慰安妇”历史档案主要包括驻扎在中国东北地区的侵华日军关东宪兵队档案、华中宪兵队档案、上海公共租界警务处档案、汪伪政权档案、“满洲中央银行”档案以及日本战犯的笔供等。据中国“慰安妇”问题研究中心的研究，二战期间日军强征“慰安妇”制度的受害者，中国籍女性约20万人。中国“慰安妇”问题研究中心主任苏智良说，由于战乱、疾病和固有文化观念造成的舆论压力，我国境内愿接受访谈的幸存受害者只有120多人。时至今日，中国境内仅剩下24位幸存者——山西10人，海南9人，广西2人，湖北2人，黑龙江1人。

近日，本报记者前往晋琼桂三地，实地探访这些受害者的生存境况，并对多位长期关注这一问题的中日两国学者、民间人士进行采访，以期从更深层次上呈现这段历史的现实意义。

不屈的抗争，风雨索赔19载

“没有告赢日本吗？请你们再核实一下好吗？”靠床而坐的

黄有良吃力地向前探了探身子,焦急地对村干部说。

在一旁的儿子胡亚前,叹息着摇了摇头。他说,早在2006年8月30日,日本东京地方法院一审判决原告败诉时,母亲就知道了她作为海南“慰安妇”幸存者起诉日本政府的结果,“整整一天,她没有讲一句话,也没有吃一口饭。”

对于悲惨过往,现年87岁的黄有良记得很多细节,却似乎刻意在忘记一些重要的事。在海南省陵水县这个相对闭塞的黎族村寨,黄有良很期待外人来探望她,特别是陪她去日本打过官司的律师和学者,企盼听到那个她想要的结果。

“日本人干吗不承认?当年他们那么恶霸……”黄有良抬起枯枝一般的手,蒙住了双眼。

不断被驳回也要再上诉

> 海南受害者起诉案与之前的3次山西“慰安妇”幸存者诉日案件一样,在反复上诉与驳回之间挣扎,最后均以原告方败诉告终。

黄有良的对日诉讼之路,长达10年。

包括她在内的8名海南“慰安妇”制度受害者起诉日本政府,是截至目前最后一场中国境内“慰安妇”幸存者的对日诉讼。

2001年7月16日,黄有良等8名原告(两名已过世原告由遗属出庭)提起诉讼,被告是日本国,要求判令日本政府在中日两国媒体上公开赔礼道歉,并赔偿每位原告2300万日元(按当时汇率约合152.6万人民币)。这些幸存者大都是海南的黎族或苗族,在1939年2月10日日军登陆海南岛起长达6年的统治中被强征和掳掠。她们遭受日军性暴力时都是未婚少女,年龄最小的仅14岁,最年长的才17岁。

一审期间,黄有良、陈亚扁等受害者均以原告代表身份赴日出庭作证,不幸的是,当时又有3名原告过世。2006年8月30日,日本东京地方法院一审判决原告败诉。法院认定了当年的侵害事实,但以“个人没有权利起诉国家”为由宣布原告败诉。

2008年12月,海南受害者再度出席东京高等法院开庭并作证。2009年3月26日下午,日本东京高等法院就中国海南岛“慰安妇”诉讼作出二审判决,驳回原告方要求日本政府谢罪并给予赔偿的诉求。原告陈亚扁老人等再度提出上诉。

2010年3月2日,日本最高法院第三小法庭决定驳回原告上诉,维持一、二审判决。至此,海南受害者起诉案与之前的3次山西“慰安妇”幸存者诉日案件一样,在反复上诉与驳回之间挣扎,最后均以原告方败诉告终。

“怎么会没告倒日本呢?”黄有良蹙着眉,喃喃自语般反复道。

研究“慰安妇”问题22年的苏智良教授认为,日本各级法院判决各国“慰安妇”受害者败诉的根本原因,是日本不能正视和反省自己所犯的战争罪行。迄今为止,所有在日本法院的“慰安妇”诉讼均以败诉而告终。其理由无非是“个人没有权利起诉国家”,即“国家无答责”,或者是索偿已超过20年诉讼期,以及赔偿问题在邦交正常化时已解决等。但这些理由并没有可信的法理依据,因为根据目前国际社会普遍认知和联合国人权委员会的报告,均认定“慰安妇”是二战时期违反人道、侵犯人权和妇女权益的反人类罪。根据《海牙公约》《日内瓦公约》等国际法原则及二战后有关国家(如德国)相关案例,反人类罪等战争罪不适用时效问题。日本宪法第98条第2款也规定:“日本国缔结的条约以及被确立的国际法规则必须诚实地遵守。”因此,日本国内法庭审理因战争行为引起的诉讼时,完全可以直接援引国际法。

“中国政府放弃了对日的国家赔偿,但并没有放弃民间赔偿。”1995年3月,时任外交部部长的钱其琛在全国人民代表大会上说。在这句话发表5个月后,“慰安妇”制度的中国受害者走上了艰难的对日民间维权之路……

她们不是军妓而是性奴

中国受害者是在日军实施“慰安妇”制度背景下，被抓捕关押的性奴隶，不像军妓那样有钱款收入，而是被残酷虐待、生不如死。

李秀梅，最早出现在日本法庭上的“慰安妇”受害者。

1994年10月22日，李秀梅在女儿的陪同下来到北京，与准备帮助中国女性受害者向日本政府提起诉讼的日本律师团律师大森典子、简招友了见面。大森典子记得，李秀梅是第一个写下诉状的受害者。

1995年，李秀梅成了第一批中国“慰安妇”对日索赔诉讼团成员。

令人痛惜的是，今年4月10日，87岁的李秀梅在家乡含恨去世。至此，第一批诉讼团的所有起诉受害者均已离世。

“在日本法庭上，李秀梅老人铿锵有力的话语，仍浮现在我们眼前……我们失去了一个与日斗争的战士。”大森典子发来唁电。

李秀梅1928年生于山西盂县西潘乡李庄村。1942年的一个秋天，日军打到了李庄村，李秀梅一家和乡亲们都躲进了山里。到了下午，人们误以为日本鬼子回据点便纷纷回了家。谁料想，李秀梅全家遭遇杀了个回马枪的鬼子。父亲被鬼子的刺刀逼着，母亲被打晕在地，李秀梅则被强行掳走。不久，母亲因悲愤绝望上吊自尽，父亲精神失常。

到了日军据点，李秀梅当晚就被几个日本兵轮奸。在以后的5个月里，她受尽凌辱。一次因为她反抗日兵，遭到毒打，直到一只眼睛被皮带打瞎、大腿骨被踢断，奄奄一息。哥哥接到同村的伪军通知，用箩筐把她抬回家悉心照料。李秀梅活了下来，但因为这段性虐，数十年来她都生活在屈辱之中。

1992年7月，张双兵的出现改变了她最后的人生轨迹。那时，张双兵已经做了10余年山西省“慰安妇”幸存者口述史的收集工作。“她一见到我，就把这些经历原原本本讲了出来。”张双兵说，他当时大为感动，“这么多年的屈辱，把大娘压抑太久了。”2000年8月，中国“慰安妇”问题研究中心主任苏智良偕夫人陈丽菲探望李秀梅，她把自己经历的一切都告诉了他们，形成了3000多字的“口述历史”材料。

1995年8月7日，中国抗日战争女性受害者对日索赔诉讼团李秀梅、刘面换、陈林桃、周喜香等4名盂县受害女性，在日本辩护律师团和日本市民民间友好团体帮助下，第一次向日本东京地方法院提起诉讼，要求日本政府道歉、谢罪和赔偿每人2000万日元（按当时汇率约合196万人民币）。之后的1996年和1998年，山西“慰安妇”制度受害者又分两批12人，向日本政府提起同样的诉讼请求。

1996年7月，李秀梅与刘面换老人来到东京，这是中国“慰安妇”受害者第一次“人证到庭”。在东京地方法院法庭，当庭审法官问及李秀梅母亲的情况时，家破人亡的悲剧让李秀梅当场痛哭，久久难以平复。

“那时，我们根本不知道老人们有这样严重的后遗症。”大森典子说，“看到李大娘哭，我们才感受到留在她们心底的创伤有多严重，知道当年日本兵对那些少女的暴行有多残酷。”事实上，当时对中国“慰安妇”的真相很多人并不了解，甚至一度被误传为“军妓”。曾为多名日军“慰安妇”幸存者做口述实录的陈丽菲说，在日语里，“慰安妇”等同于“军妓”。在日本，确实有相当一部分女性是自愿为自己的同胞兄弟服务，她们是“慰安妇”。但中国的受害者是在日军实施“慰安妇”制度背景下，被抓捕关押的性奴隶，她们不像军妓那样有钱款收入，而是被残酷虐待、生不如死。“直接称她们为‘慰安妇’是对这些老人的侮辱，没有一个中国受害者是去‘慰安’日本鬼子的。”

2000年12月5日，李秀梅再次来到东京地方法院出庭作证。2001年5月30日、2004年12月5日，日本东京地方法院和东京高等法院以“国家无答责”和“诉讼时效已过”为由，两次驳回山西盂县李秀梅慰安妇受害者的第一批诉讼请求。2007

年 3 月 27 日，日本最高法院作出终审判决：驳回李秀梅等 4 人的诉讼请求。

尽管在日本政府的强烈干预下，李秀梅等中国受害者提起的对日诉讼全部败诉，但二战时期日军曾严密掩盖的这项反人类罪行已被越来越多的人所了解。“正因为有那么多和你一样勇敢的女性站出来揭露日本军队的残酷暴行，才让我们了解到那一段真实的历史……想想你们含恨离开这个世界，我深感内疚……我发誓一定倾尽全力，让日本政府以实际行动真诚面对历史，向所有受害者谢罪，不让这样的历史重演。”在大森典子致李秀梅的唁电中，她这样写道。

今年 4 月 18 日中午 12 点，李秀梅老人出殡的时辰到了。鞭炮齐鸣，挽幛飘舞。大娘的后辈手捧老人遗像，走在 200 多米长的送葬队伍最前面，8 个亲友抬起老人的薄棺走在最后。队伍穿过小镇，在荒野中，老人的棺木缓缓下葬。傍晚，天色突变，大雨如注。

“就算现在那些当年给中国人民带来灾难的日本人已经去世了，也要将官司一直打下去，让日本政府正式道歉与赔偿。”离世一个月前，李秀梅对中国“慰安妇”问题研究中心研究生赵文杰说。

“丑啊”也要说出苦难

> 中华海外联谊会理事林伯耀认为，“中国人如果不说，那没有受到过全面历史教育的日本年轻人，要怎么才能知道这段历史？”

这个承载了中华民族历史上最沉重伤痛的受害者群体，因为惨遭日军性虐待，不仅落下一身重病，甚至不成人形，而且饱受乡间舆论的歧视，她们的真名一度被“进过炮楼的女人”替代。

张双兵说，当他辗转找到这些幸存者，开导她们说出过往身份时，常常是在一场沉默之后，听到两个字——“丑啊！”

“我们的观念还是太落后。”中华海外联谊会理事林伯耀认为,“中国人如果不说,那没有受到过全面历史教育的日本年轻人,要怎么才能知道这段历史?”

今年77岁的日本一桥大学名誉教授田中宏说,在日本,至今还有很多人不清楚侵华战争到底是什么,“因为我们的历史教育问题很大”。在他看来,日本实际进入侵略战争状态的时间可以追溯到1894年中日甲午海战,但在1945年,田中宏上小学三年级时,教科书中涉及战争的部分,只写了1940年日军因“南进”与在东南亚设有属地的英美等国发生冲突,以及1941年日军偷袭珍珠港,对美国宣战,“就好像日本打仗的对手一直只有美军英军,而且几乎没有提及日军多年来对亚洲人民的伤害”。这致使有些日本人坚信,日本发动的侵略战争时长只有5年——从1941年与英美发生冲突,至1945年无条件投降为止。

田中宏认为,这也就可以解释,为什么1931年日军“原创”的“慰安妇”制度、1937年12月13日开始的“南京大屠杀”等等历史真相,在日本右翼大放厥词的遮掩和否认之下,会有不少日本民众相信这是“莫须有”。

长期旅居日本的中国电视人朱弘说,日本教科书中对于这段战时历史的描述,特别是侵华战争等发生在亚洲战场的记录,常在左翼与右翼的“攻守之间”。他打了个比方,如果说在战时及战后一段时间内,提及日本在亚洲罪行的内容“只有二三秒的长度”,那么经过20世纪六七十年代左翼的努力,将这部分内容“延长到了十秒”,而从20世纪90年代后期右翼再度猖獗开始,内容又被删减和篡改,“现在保留最多的可能有五六秒,极端的又回到二三秒”。朱弘介绍说,日本的教科书版本较多,某个学区内的学校最终选用哪本教科书,是由当地的教育委员会指定的,“如果委员会中,右翼的势力比较强,那就选择涉及内容少的教科书。”

“我念书的时候,教科书上就写了‘日本战士在亚洲战场做了一些不太好的事,强奸妇女,设置慰安所关押妇女’,内容非常少,现在都删了。”生于1984年的日本女孩米田麻衣说,“日本的80后多少还知道点这段历史,90后、00后基本都不太了解了。”

本月初,第12届“日军‘慰安妇’问题亚洲团结会议”在日本东京举行。日军“慰安妇”问题研究权威学者、日本中央大学教授吉见义明在会上表示,日本政府早在1991年12月开始对第二次世界大战中与日军相关的“慰安妇”问题进行调查后,于1993年8月4日由时任内阁官房长官的河野洋平宣布调查结果时发表谈话:承认日本在很长一段时间内,在很多地方设置了慰安所,在那里有很多“慰安妇”;慰安所是那时的军事当局要求筹建的,原日本军参与了慰安所的设置、管理以及慰安妇的运送;“慰安妇”的招募,主要是由军方委托进行的,但也有经过花言巧语和高压而违反本人意愿的许多事例,也有一些是官吏直接支持的。但今年2月,日本内阁官房长官菅义伟多次表示,将对“河野谈话”进行验证,调查谈话所依据的日军慰安妇受害者的证词内容。吉见义明展示了近年在海内外新发现的日军“慰安妇”资料,并表示将把其中529个文档提交给安倍政府,“这些新发现的档案才是日本政府应该着手调查和验证的材料”。

本届“日军‘慰安妇’问题亚洲团结会议”主办方工作人员、曾多次走访过山西“慰安妇”幸存者的川见一仁对本报记者说:“日本国内常常有人问我,为什么还要纠缠这些多年前的事呢?我告诉他们,因为如果这些问题不解决,真正的中日友好是很难实现的。”

罗善学:“日本仔”的人生

尽管在村里土生土长了近70年,但站在一众村民中,罗善学还是看着特别。

罗善学的右眼“斗鸡”,右腿瘸了,而真正“泄露天机”的,是他的脸型。在这个闭塞的小村庄——广西桂林市荔浦县新坪镇桂东村小古告屯,村民多是圆盘脸,这让罗善学的长脸在人群中显得突兀。

“像不像电视里的日本鬼子?”村民讪笑着一语道破。

“没办法。”罗善学两手一摊,叹了口气。

“日本仔”

> 六七岁时,被同村小孩骂作“日本仔”。罗善学总是愣在当场:“不知道‘日本仔’到底是什么东西。”

在罗善学的记忆中,童年是在小伙伴的欺负与父亲罗讵贤的白眼中挨过来的。

六七岁时,罗善学与同村小孩打闹时,就会被骂“日本仔”,他总是愣在当场:“不知道‘日本仔’到底是什么东西”。

直到他12岁的一天,跟着大伯罗访贤去放牛。

“大伯爹,为什么人家骂我是‘日本仔’?”

“唉,你还是小娃仔,等你长大了就会知道了。”

“大伯爹你说嘛,是不是我妈妈怎么了?”

“你妈本来躲在山上,被日本鬼子逮住了。她拼命叫,你爸和我在山洞里都看见了。你爸要冲出去救她,我把他死死摁住,对他说:你去了肯定被打死。人家日本兵有枪,杀你跟杀鸡一样。”

“大伯爹,什么是枪?”

“枪可以打子弹,杀人比刀厉害多了。你妈就是被枪逼着绑架走的,要不走她就被杀掉了。”

“大伯爹,什么是日本人?”

“日本人……他们打进村来抢东西,要夺你的粮食夺你的牛,吃你的猪娃和鸡鸭。他们要抓男的去干活,要抓女子去给他们那个那个。”

“日本人逮我妈,但你们在山上,可以拿石头滚他们啊。”

“你这娃娃倒是聪明!”说到这,罗访贤给了侄子两巴掌,“你还没滚石头,他老远就用枪把你打死了。日本人拿着长枪把你妈带走,坐上汽车不知道跑哪里去了。”

罗善学就是从那天起,忽然明白了为什么弟弟妹妹可以吃白米饭,而他从来只能吃糙米杂粮。他也明白了,为什么听说很好治的眼疾,父亲就是不同意送医,好端端的右眼成了“斗鸡眼”。还有,被推车砸了一下右腿受伤,父亲不愿让赤脚医生给他看病,反而赶着他第二天继续干农活,结果落下了一生的残疾。而每次弟弟妹妹生病,父亲总是尽早带他们去看医生。他还明白了,为什么父亲总是看不起他,作为家中长子的他只能念到小学三年级,几近于文盲,而他的弟妹都念完了初中。

“就因为我不是他‘田’里的‘苗’,没办法。”罗善学说。

母　亲

当年韦绍兰被强征的“慰安所”,现在是一座业已废弃的炮楼,“蛮子(指日本兵)在的时候,里面一直有女人在哭在喊。”

关于母亲韦绍兰被抓走后的点点滴滴,罗善学没敢问母亲,母亲也从不跟他提。这段尘封的往事,一直到2007年才大白于天下。

一天,县里的老通讯员孟绍淦找到罗善学的大妹夫武文斌,告诉他现在正在全国范围内寻找慰安妇幸存者,已经把韦绍兰的名字报上去了。武文斌说,农村人不比城里人,文化程度低,想得少,外加老丈人过世多年,县里派人来核实身份,问韦绍兰是不是被日本兵抓过,她点点头;又问罗善学是不是日本兵的后代,老太太又点点头。“这就算公开了。”

因为韦绍兰的公开,罗善学成了“中国第一个公开的‘慰安妇’制度受害者生下的日本兵后代”。消息传到日本,关注中日历史遗留问题多年的旅日中国电视人朱弘,当即决定来广西拜访他们。

年过八旬的韦绍兰见到朱弘时,手里握着一把既是工具又是拐杖的锄头。她刚从山上采了一箩筐枇杷叶,大约3斤重。在当地,晒干了的枇杷叶1斤能卖5毛钱。她家还有4只老母鸡,一星期最多产20个蛋,她要拿这些去赶这周的集市换钱。

丈夫早已过世，两个女儿出嫁，小儿子又常年不归家，这是老太太和大儿子罗善学所有的现金来源。

朱弘跪着跟韦绍兰讲了自己的来意："韦大娘，我们来是想为你讨回公道的，可是让你重新勾起了痛苦的回忆，我们向你道歉。谢谢！"老太太哭了。这是生平第一次有人给她下跪，而在半个多世纪的风雨中，多的是她给人下跪。

朱弘说："大娘，我可能会问些难以启齿的问题，如果您信任我，希望能如实回答。"韦绍兰点点头。她把朱弘和充当翻译的武文斌让进了里屋。

韦绍兰记不清事情具体发生在哪一年，但她记得当时正值收获晚稻的农忙季节。鬼子来了，村民不忍心放弃收成，二三十个人就近找了一处钟乳洞躲避。韦绍兰原本是山里的瑶族，嫁给了村里的汉族人罗讵贤。被抓的那天，是婆婆让她下山去喂猪，她出山洞没多久就遇上了日本兵，苦于身上背着不足周岁的女娃跑得慢，便被日军捉上了卡车。

"被拉上车时，上面已经抓来了四到六个女子，在我后面又抓上来一两个，然后我们被拉到一个陌生的地方，那里有二三十个日本兵。"韦绍兰说，她被卡车送入兵营，第二天"来了一个穿白大褂的，要我们脱光衣服，拿着听诊器在我们身上听听，又把一个长管子塞进我那个地方。"那是日本军医在做"慰安妇体格验证"。

"（最初强迫我的）那个日本人，嘴上有一撮须须（仁丹胡），帽帽上的五角星是黄的，脖子上有两个领章，帽子后面有一块布。他拿着刺刀逼我跟他睡，我不听他的不行啊！我还不敢哭，直到日本人离开房间，我才敢哭出来……"说到这，韦绍兰失声痛哭。她告诉朱弘，日本兵有时候一个人来，有时候两个人来，有时候一起进来三个。

6 年前，上海师范大学教授、中国"慰安妇"研究中心主任苏智良夫妇连续三年利用春节假期到荔浦县做田野调查，在《桂林晚报》社和韦绍兰家人的帮助下，探访当年她被强征的"慰安所"。在离桂东村约 20 公里外马岭镇的两栋炮楼和破旧泥墙平房前,韦绍兰指认了她当年受害的地方。在人民公社时期,这是曾被用作生产队食堂。公社解散后,这里关过猪、牛。20 世纪 80 年代,这里被分给几户附近的村民。嫁来此地 50 年的 69 岁村民陈庆文说,以前有党史办的人来考察过,“蛮子(指日本兵)在的时候,里面一直有女人在哭在喊。”当问及是否得知炮楼和平房原本的用途,陈庆文连连摆手:“嗳不说不说,那么悲惨的事……”

在两栋炮楼间,有条仅容一人通行的小径,这是当年韦绍兰逃跑的小路。原来,韦绍兰在“慰安所”被关了 3 个月后,日军对看上去胆小怕事的韦绍兰的监视略微松缓了。一天深夜,她借口要上厕所,抱着孩子就逃走了。她“朝着太阳升起的方向”连跑带走足足两天两夜。回到村子的时候,丈夫罗讵贤正在堂屋里吃晚饭。“他说:‘你能回来就好,我就担心你忘记回家来’。”韦绍兰说,当时她感到羞愤,放声大哭,丈夫也哭了。

韦绍兰记得,刚回家那阵子丈夫待她很好。但 3 个多月后,跟着自己受苦受难的女儿病死了。这是罗家失去的第二个孩子,前一个男孩出生不久就夭折了。

女儿过世后不久,1945 年 8 月 22 日,儿子罗善学出生了。按村里的习俗,新生的孩子理应作为“转世”受到祝福,但罗善学没有,韦绍兰的好日子也因此到了头。村里风言风语,人人都说罗善学“那是日本鬼子的仔”。丈夫罗讵贤受不了,动不动就骂韦绍兰:“你这个败家婆! 老牛婆!”

“他一这样骂,我就没法回嘴。只要听到这种话,我只能闭嘴。多少次,多少次……”历经日军的性折磨,又遭丈夫的歧视和虐待,想起往事百感交集的韦绍兰一阵恸哭。

屋外,倾听母亲回忆的罗善学,眼泪悄无声息地流。“我妈妈太苦了,唉,没办法。”

另一个父亲

罗善学描述了与父亲“差点相见”的情形:朱弘和父亲在一桌,隔着屏风,张国通陪着他们母子和武文斌一桌,

“但他不敢过来见我们,因为怕我揍他,我一定要揍他呀!”

但实际上生父不可能找到,这些都是他的臆想。

离开罗家后,朱弘有了一个想法——让韦绍兰母子去日本上诉。“韦绍兰和罗善学太特殊了,他们可以成为‘慰安妇’群体起诉日本的突破口。”时至今日,朱弘仍坚定地认为,由罗善学递交诉状,可以规避1972年《中日联合声明》中写明的“放弃对日本国的战争赔偿要求”,“因为这是半个日本人起诉日本政府。”

2010年12月,正值日本东京“女性国际战犯法庭”审判10周年。朱弘决定在纪念活动期间,带着韦绍兰母子赴日。参加过当时审判的国内摄影师张国通介绍说,这是由非政府组织和人权组织针对日本侵略战争中,对女性性奴役、性摧残而设立发起的民间法庭,旨在道义上完成战后远东军事法庭未完成的使命,对日本“慰安妇”制度进行彻底审判。庭审期间,来自中国、朝鲜半岛、印尼、菲律宾、荷兰等性暴力受害者纷纷出庭作证。2000年12月12日,法庭判决日本政府有罪,并敦促日本政府向各国受害妇女谢罪赔偿。但时至今日,一个个受害女性相继故去,日本政府却依然拒不承认这一战争罪行。

2010年12月1日,朱弘揣着从日本回广西两天内“集资”的10万元人民币——父母支援的4万元、苏智良夫妇捐助的两万元、中学同学资助的4万元,来到了罗家。罗善学对村民说:“我要去日本找我爸爸。”

第二天出发前,韦绍兰带着罗善学去给丈夫罗讵贤上坟。罗讵贤的墓离家约1公里,石碑上刻着他的两个兄长、儿孙及儿媳们的姓名,密密麻麻,却没有韦绍兰的名字,更不消说罗善学。韦绍兰骑坐在丈夫的坟头,四周的玉米秆子在风中摇晃。武文斌说这样的做法不是风俗,朱弘把这解释为韦绍兰终于在丈夫死后能“骑到他的头上”。韦绍兰唱着即兴的山歌哭坟,朱弘一句也不懂,只听到里面夹杂着十几遍“日本鬼”“日本兵”,武文斌说具体歌词很难翻译,“简单讲,就是她在告诉老罗,我是个好女人,你错怪我了”。韦绍兰唱了30多分钟,起先罗善学在坟前拔草,后来就一动不动地跪着。

汽车、火车、飞机,一天半后,韦绍兰、罗善学、武文斌和朱弘、张国通抵达了日本东京,参加多场“受害者证言集合”等活动。

韦绍兰的经历曝光后,很多人才知道,原来这片山清水秀的地方,曾经历过这样的劫难。那是1944年日军发动的“大陆打通作战”(即“一号作战”)。这场发端于1944年4月17日,号称“陆军最大作战”的战役后半期,就是占领桂林周边的美军航空基地,以及打击重庆国民党军队的“湘桂作战(代号:卜号作战)”。据记载,日军投入作战的兵力是40余万,人数达到侵华部队总人数的一半。根据《荔浦县志》,从1944年11月3日被占领至1945年7月17日日军最终撤离,人口37万左右的荔浦县“(被)杀害6600人,重伤6804人,轻伤27216人,失踪5500人,因传染病或其他疾病死亡44762。”

在东京,朱弘和罗善学来到一面挂满日本战死军人的照片墙前,他指着一个名为藤森好明的年轻男子头像说,这个人当时隶属日本帝国陆军第3师团第34连队,这支全部由日本静冈县人组成的部队,是最先打到荔浦的。罗善学在这张遗像前伫立良久,看了又看。

快要离开日本时,朱弘在酒店整理照片,罗善学兀自躺在床上看电视新闻,他忽然说:“电视里在讲什么我全都听得懂。”朱弘只当是说笑:“好,那你说他们在讲什么?”“他们在说,罗善学是个好人,你们可不要欺负他啊。”罗善学一本正经道。

时隔三年半,再次说起这段“赴日寻父之旅”,罗善学只说“是为老太太打官司去的”。问起关于父亲的事,罗善学情绪一下激动起来:“找到了!”而后,他描述了“差点相见”的情形:朱弘和父亲在一桌,隔着屏风,张国通陪着他们母子和武文斌一桌,“但是他不敢过来见我们,因为怕我揍他,我一定要揍他呀!”朱弘说,生父不可能找到,这都是罗善学的臆想。

“他不是我爸爸,他是日本畜生!”罗善学大喊道。

“老光棍”

罗善学最大的爱好是看电视。都市剧里和他一个岁数的角色,往往是儿孙绕膝。这是“老光棍”罗善学此生无法体会的天伦之乐。

罗善学至今和韦绍兰住在一起,他还是单身。

罗善学从未娶过亲,甚至没谈过恋爱。他自己的解释是,穷。在这栋挂着“五保户”的土坯房中,娘儿俩一人住一间屋子,中间隔着的客堂里,养着对面武文斌儿子一家的鸡。“连吃饭都成问题,谁要跟你结婚?”

关于这个问题,武文斌的看法是,村里人都知道他是“日本仔”,没有女子愿意嫁给他。而且,他的身世也注定了罗讵贤对他婚姻问题的不上心。也有村民说,娶不到媳妇是罗善学的性格问题,他喜怒无常,还有点歇斯底里。多位接触过罗善学的记者、学者都感到,罗善学确实有些情绪化。

张国通记得,4 年前的 12 月 3 日,就是他们刚到日本的第一天晚上,入住酒店后一直沉默不语的罗善学突然双手猛击脑袋,大声叫喊:“我的日本爹,你作的孽,害得我好惨……”两天后,韦绍兰母子作为仅有的中国受害者代表,出席在东京举行的“女性国际战犯法庭”成立 10 周年纪念大会。在韦绍兰做控诉听证时,罗善学又突然情绪失控,离开座位在台上向母亲长跪不起,直到与会工作人员将他搀回座位。

“我难过啊!我妈妈受了这个罪、这个苦,日本人还不承认、不相信有这回事!”罗善学说,4 年前,他在东京、静冈、京都、大阪等地给日本民众做过好几场讲座,“我没文化,但是我讲了 12 天,日本大学生不懂历史,我要告诉他们。”可惜的是,从现场拍摄的照片来看,来的年轻人并不多。

在日本期间,罗善学向时任日本社民党党首、参议院议员的福岛瑞穗以及时任民主党众议院议员、战后补偿议员联盟的石毛锳子等日本政治家递交了“请愿书”。在这份由武文斌代笔的“请愿书”中写道：“希望你们尽快展开调查。时间不等人，我母亲已经八十多岁，来日不多了，你们应该从人道主义出发，迅速行动起来。”

关于“请愿”的下文，冷静下来的时候，罗善学推测：“日本不敢承认，中国受害的人太多了，日本怕承担责任。”但他还是想继续“跟日本打官司”，因为他们母子身份公开后，每年全国各地都来五六批人，日本也来过几位友好人士，“要对得起他们”。

罗善学说，村民对他们不太友好。“来的人多了，他们就爱问我，人家给了多少钱。”罗善学说，母亲耳朵不好，听不清也乱点头，“明明是200元，结果传到后面变成20万。”

罗善学现在最大的爱好，是去对面武文斌儿子家看电视，他觉得都市剧挺好看。尽管电视里和他一个岁数的角色，往往是儿孙绕膝，虽不乏家长里短，亦有天伦之乐。这些对“老光棍”罗善学而言，恐怕此生都无法体会。

张国通说，这个有着一半日本血统的中国人，从受孕那一刻开始，就成了日军侵华战争的牺牲品。罗善学曾不止一次对他说：“就因为我的鬼子兵爸爸，我这一辈子全毁了！全毁了！”

去过日本，常住中国，有着特殊人生经历的罗善学说，尽管一直被蔑称为“日本仔”，但他一直认定自己“在哪个地方，就是哪个地方的人。”

（原载《文汇报》，2014年6月18日）